Konstantin Plett

Die Geschichte des japanischen Wirtschaftsstandortes Düsseldorf

Konstantin Plett

Die Geschichte des japanischen Wirtschaftsstandortes Düsseldorf

iudicium

Bibliografische Information
der Deutschen Nationalbibliothek

Die Deutsche Nationalbibliothek verzeichnet diese Publikation
in der Deutschen Nationalbibliografie; detaillierte bibliografische Daten
sind im Internet über http://dnb.d-nb.de abrufbar.

D 61

ISBN 978-3-86205-639-2

Druck: Prime Rate Kft.

www.iudicium.de

Inhalt

Verzeichnis der Abbildungen und Tabellen

Vermerk zu Übersetzungen und Transkriptionen

In dieser Arbeit sind zitierte Texte aus japanischsprachigen Quellen vom Autor übersetzt. Japanische Namen, Begriffe oder Titel von Publikationen sind nach dem Hepburn-System (Hebon-shiki) transkribiert. Ausgenommen von der Transkription sind eingedeutschte Namen von japanischen Städten und Unternehmen. Japanische Personennamen werden nach der europäischen Reihenfolge mit dem Vornamen vor dem Nachnamen stehend wiedergegeben.

Ein Index der vorkommenden japanischen Unternehmens- und Institutionsnamen ist der Arbeit angefügt.

Einleitung

„Kein anderes Land hat der Wirtschaft und der Gesellschaft in Düsseldorf und Umgebung so deutlich seinen Stempel aufgedrückt wie Japan.“[1] Zu dieser Schlussfolgerung kam 2010 die Industrie- und Handelskammer Düsseldorf in einer Analyse zu den ausländischen Unternehmen in ihrem Bezirk. Zwar standen die japanischen Unternehmen dabei von ihrer Anzahl her nicht an der Spitze,[2] doch für kaum ein anderes Land stellte im Laufe der Geschichte der Düsseldorfer Wirtschaftsstandort einen so wichtigen Stützpunkt dar wie Japan. Der Standort beherbergt mit rund 400 japanischen Unternehmen die meisten in Kontinentaleuropa und mit über 6000 Einwohnerinnen und Einwohnern die drittgrößte japanische Bevölkerung Europas.[3]

Dieses Ausmaß geht auf eine groß angelegte Auslandsexpansion der japanischen Wirtschaft zurück, die kurz nach Ende des Zweiten Weltkrieges ihren Lauf nahm. Düsseldorf entwickelte sich in Japans damaliger Außenwirtschaftspolitik zu einer essenziellen Anlaufstelle, die den Aufstieg des Landes zu einer der größten Industrienationen der Welt unterstützte. Von vielen Seiten wurde die Landeshauptstadt daher in dieser Zeit als das „japanische Wirtschaftszentrum Europas“ betitelt.[4] So zogen bis Anfang der 1990er Jahre immer mehr japanische Unternehmen mit ihren Angestellten nach Düsseldorf, um eine Basis für ihr Europageschäft aufzubauen. Die japanische Migration nach Düsseldorf fand dementsprechend in erster Linie vor einem wirtschaftlichen Hintergrund statt und wurde von gut ausgebildeten Arbeitskräften und ihren Familien angeführt.

Da die Unternehmensentsandten alle drei bis fünf Jahre wechselten, bedurfte es einer Infrastruktur, die einen möglichst reibungslosen Aufenthalt ermöglichte.[5] Im Laufe der Jahrzehnte entstanden so durch zahlreiche Institutionen und Geschäfte immer tiefergreifend Strukturen japanischen Lebens in Düsseldorf, die die Präsenz und Attraktivität des Japanstandortes noch einmal erhöhten. Für die Stadtverwaltung boten die japanischen Aktivitäten die Gelegenheit für eine rasche Internationalisierung Düsseldorfs, sodass sie sich an einer aktiven Förderung des Japanstandortes beteiligte. Mithilfe von jährlichen Veranstaltungen wie dem „Japan-Tag“ oder Beinamen wie „Klein-Tokio-am-Rhein“ ist sie bis heute engagiert, den japanischen Wirtschaftsstandort und dessen Infrastruktur als Alleinstellungsmerkmal der Landeshauptstadt hervorzuheben.[6]

Doch wie kam es dazu, dass ausgerechnet die Landeshauptstadt Nordrhein Westfalens (kurz: NRW)[7] als Japans „Europazentrale“ erwählt wurde? Vor dem Zweiten Weltkrieg konzentrierten sich die Aktivitäten der japanischen Unternehmen noch auf Berlin oder Hamburg, und auch unmittelbar nach dem Krieg zog es sie als erstes wieder in die Hansestadt.[8] Düsseldorf war zu der Zeit noch völlig unbekannt in Japan gewesen und verfügte nur über vereinzelte Interaktionen mit dem Land. Hierunter zählte unter anderem eine japanische Gesandtschaft, die sich

1862 für ihre Weiterreise nach Köln für zwei Stunden in Düsseldorf befand, oder der Düsseldorfer Kaufmann Louis Kniffler, der 1859 das erste deutsche Handelshaus in Japan eröffnete.[9] Zwar verfügte Knifflers Unternehmen – das 1888 nach der Übernahme von Carl Illies seine Niederlassung nach Hamburg verlegte – über zahlreiche Handelsbeziehungen zu japanischen Unternehmen,[10] die diese in der Vorkriegszeit zunächst nach Hamburg geführt haben könnten, doch für die Entwicklungen in Düsseldorf nach dem Zweiten Weltkrieg scheint die Kniffler & Co. beziehungsweise C. Illies & Co. nicht relevant zu sein.

Auf Landesebene erscheint die Entscheidung der japanischen Unternehmen aufgrund von NRWs Status als wirtschaftsstärkstem Bundesland und damaliger Rolle als politischem Zentrum durch die Verlegung der Bundeshauptstadt nach Bonn plausibel. Auf der Kommunalebene lässt sich jedoch nur schwer erklären, weshalb ausgerechnet Düsseldorf und nicht beispielsweise Köln zum Zentrum der japanischen Wirtschaftsaktivitäten werden konnte. Die Domstadt ist die größte Stadt des Bundeslandes und befand sich noch näher an der politischen Bühne in Bonn, wo sich auch die japanische Botschaft niederließ. Ungeachtet dessen umfasst Köln heutzutage gerade einmal um die 7 % der japanischen Bevölkerung NRWs, während in Düsseldorf über die Hälfte sesshaft ist.[11] Auch die anderen Großstädte NRWs registrieren nur minimale japanische Bevölkerungsgrößen,[12] sodass sich innerhalb NRWs ausschließlich in Düsseldorfs Fall von einer Konzentration japanischer Aktivitäten sprechen lässt.

Es stellt sich die Frage nach den Faktoren, die letztendlich für die Entstehung und Entwicklung des japanischen Wirtschaftsstandortes Düsseldorf verantwortlich waren und welche Akteure dabei eine entscheidende Rolle spielten. Ziel dieser Arbeit ist es, genau dies anhand einer Rekonstruktion und Analyse der Standortgeschichte herauszufinden. Da im Fall des japanischen Wirtschaftsstandortes die Expansion der Unternehmen mit der Migration der japanischen Bevölkerung vor Ort weitestgehend einherging, werde ich mich sowohl auf wirtschaftshistorische Forschungen als auch solche zur Diaspora beziehen. Diasporatheorie wird in der Soziologie und Ethnologie zur Deutung von Migrationsprozessen in der globalisierten Welt verwendet (zu der genaueren Definition komme ich im Laufe dieses Kapitels aber noch). Die Einbindung von Diasporatheorie ermöglicht es, aufzuzeigen, auf welche Weise sich die japanische Bevölkerung im Standort ausdifferenzierte und vernetzte sowie zu einem Wachstum des Standortes beitragen konnte. Die wirtschaftshistorischen Forschungen erlauben es hingegen, die jeweiligen Zeitabschnitte der Standortgeschichte in ihre wirtschaftspolitischen Kontexte einzubetten und so Aufschluss über die Aktivitäten und Erwartungshaltungen der Unternehmen in Düsseldorf zu geben.

In meiner Rekonstruktion und Analyse der Standortgeschichte argumentiere ich, dass die Entstehung und Entwicklung des japanischen Wirtschaftsstandortes jeweils einer gesonderten Betrachtung bedürfen. Die Entstehung führe ich auf die Industriepolitik und -struktur Japans der 1950er/60er Jahre zurück, während ich die Entwicklung als basierend auf einem Zusammenspiel zwischen den Unternehmensexpansionen und der Eigenorganisation der lokalen Diaspora erachte. Dieses Zusammenspiel ermöglichte die Schaffung der eingangs erwähnten japanischen Infrastruktur, die ausschlaggebend für Düsseldorfs Durchbruch zum japanischen Wirtschaftszentrum war. Als einen weiteren entscheidenden Akteur für die Entwicklung des Standortes werde ich zusätzlich noch die Wirtschaftsförderung der Stadt Düsseldorf herausarbeiten, die den Erfolg der japanischen Infrastruktur maßgeblich begünstigte.

Zuletzt argumentiere ich für eine bis heute andauernde Stagnation des Standortwachstums ab Mitte der 1990er Jahre und zeige die dafür verantwortlichen Faktoren auf. Die 1990er/2000er Jahre fungieren aus diesem Grund gleichzeitig als grober Endpunkt des in dieser Arbeit behandelten Zeitrahmens. Am Ende der Arbeit wird dank der Rekonstruktion und Analyse der Standortgeschichte klar werden, wieso ausgerechnet Düsseldorf zu dem Zentrum der japanischen Wirtschaftsaktivitäten in Europa aufstieg und welche jeweiligen Faktoren dafür verantwortlich waren. Die Ergebnisse der Analyse werden zudem Prognosen für die Zukunft des Düsseldorfer Japanstandortes sowie die Entwicklung anderer Wirtschaftsstandorte ermöglichen. Dementsprechend wird die Arbeit eine theoretische Grundlage für weitere Forschungen zu jüngst aufkommenden Wirtschaftsstandorten in der Welt schaffen können.

Forschungsstand

Zur Geschichte des japanischen Wirtschaftsstandortes Düsseldorf existieren zahlreiche Veröffentlichungen von den städtischen und japanischen Institutionen, die jedoch meist nur zu Werbezwecken dienen und daher nicht auf einer ausgiebigen Recherche oder wissenschaftlichen Betrachtung basieren.[13] Gleiches trifft auf Fachzeitschriften oder Zeitungsartikel zu, die sich bis dato mit dem Thema befasst haben.[14] Die einzigen wissenschaftlichen Studien, die dem Vorhaben in dieser Arbeit am nächsten kommen, stammen von Erich Zielke, Shinji Nakagawa, Kristina Jäger und Yōji Kitabayashi.

Erich Zielke befasste sich in seiner 1982 veröffentlichten Promotionsarbeit „Die Japaner in Düsseldorf" ebenfalls mit der Geschichte des japanischen Wirtschaftsstandortes. Jedoch basierte seine Analyse hauptsächlich auf Theorien zu Mobilität und Migration, was aus heutiger Perspektive aufgrund der begrenzten Erklärungsansätze, die die Verwendung dieser Theorien hergibt, nicht mehr zeitgemäß für die Betrachtung komplexer diasporischer Strukturen ist.[15] Darüber hinaus wertete Zielke keine historischen Archivalien oder Zeitzeugenaussagen aus und baute seine Geschichtsrekonstruktion hauptsächlich auf Statistiken auf, weshalb er insgesamt einen eher quantitativen Ansatz verfolgte. Weil seine Arbeit vor 40 Jahren erschien, reichen seine Daten zudem nur bis in die 1970er Jahre, sodass sie aus heutiger Sicht nur die Hälfte der Standortgeschichte abdecken und einer Aktualisierung bedürfen. Ungeachtet dessen stellte Zielke dank seiner historischen Statistiken Daten bereit, die sich heutzutage zum Teil nur noch schwer erheben lassen. Teile seiner Ergebnisse sind daher für die Analyse in dieser Arbeit von Nutzen.[16]

Shinji Nakagawa ist Professor an der Fakultät für Wirtschaftswissenschaften der Kwansei-Gakuin-Universität in Japan und forschte zu der Geschichte der japanischen Diaspora in Deutschland. Die Rekonstruktion der Standortgeschichte in seinem Aufsatz „Die japanische Community in Deutschland nach dem Zweiten Weltkrieg"[17] ähnelt von der methodischen Herangehensweise her dem Vorhaben in dieser Arbeit. Nakagawa wertete auf ähnliche Weise Archivmaterial aus Japan und Deutschland aus und baute die Erwartungshaltungen der Unternehmen als konkrete Fallbeispiele in seine Analyse mit ein. Seine Rekonstruktion konzentriert sich hinwieder auf vereinzelte Ereignisse aus den ersten 20 Jahren der Nachkriegszeit und gibt damit lediglich einen Ausschnitt der Standorthistorie wieder. Des Weiteren fehlt es bei Nakagawa an einer ausreichenden Betrachtung der wirtschaftspolitischen Makroebene, sodass die von ihm rekonstruierten Standortfaktoren und historischen Ereignisse sich nicht in einen größeren Kontext einordnen lassen und somit keine einschlägige Erklärung für die Entstehung des Wirtschaftsstandortes liefern. Seine ausgiebige Quellenaufarbeitung half allerdings hinsichtlich der Erschließung einiger historischer Materialien und vermag es, zu bestimmten Ereignissen einige Details aus der Sicht der japanischen Akteure zu liefern.[18]

Kristina Jäger vom Institut für Migrationsforschung und interkulturelle Studien der Universität Osnabrück setzte in ihren Aufsätzen „Japanische Migration nach Düsseldorf seit den 1950er Jahren" und „Japans Hauptstadt in Deutschland" einen ähnlich großen Zeitrahmen für die historische Rekonstruktion wie die vorliegende Arbeit und bietet dadurch mehr Aktualität als Nakagawa und Zielke. Für ihre Ergebnisse wertete sie Archivmaterial von der Stadt Düsseldorf und den japanischen Institutionen aus, weshalb sich ihre Version der Geschichtsrekonstruktion auf deren Aktivitäten und Perspektiven konzentriert. Eine Einbindung von Unternehmensperspektiven und wirtschaftshistorischen Kontexten ist hingegen bei Jäger nicht vorzufinden. Ihre Arbeit bietet daher ausschließlich einen Einblick in die Geschichte der lokalen Diaspora und Düsseldorfer Wirtschaftsförderung statt der Entwicklung des japanischen Wirtschaftsstandortes im Gesamten. Dennoch war es Jäger während ihrer Forschung möglich, Archivalien des Japanischen Clubs in ihre Analyse mit einzubauen, auf die ich während meiner Forschungszeit wegen Umzugsarbeiten des Clubs keinen Zugriff erhalten konnte. Ihre Daten gewähren somit, ähnlich wie die Nakagawas, detaillierte Einblicke in vereinzelte Ereignisse der Standorthistorie.[19]

Yōji Kitabayashi fragte in seinem Aufsatz „Die Auslandsexpansionen der japanischen Unternehmen und die japanische Gesellschaft"[20] nach dem historischen Hintergrund der japanischen Bevölkerung in Düsseldorf. In seiner Argumentation machte er bereits in Ansätzen auf eine Wechselwirkung zwischen den Unternehmensexpansionen und der japanischen Diaspora aufmerksam, doch konzentrierte er sich dabei hauptsächlich auf die damit einhergehende Bedeutung für die lokale japanische Bevölkerung statt für den Wirtschaftsstandort. Aus methodischer Sicht baute er als einziger der genannten Forscherinnen und Forscher qualitative Interviews in seine Analyse mit ein, doch verzichtete er auf die Auswertung von historischen Archivalien. Insgesamt bietet seine Analyse daher nur einen oberflächlichen Einblick in die Standortgeschichte und dient eher als eine Fallstudie zur historischen Entwicklung einer japanischen Diaspora.[21]

Neben den Forschungen, die einen historischen Ansatz verfolgen, gibt es noch solche, die sich intensiv mit kontemporären Phänomenen des japanischen Lebens in Düsseldorf beschäftigen. Christian Tagsold, Professor am Institut für Modernes Japan an der Heinrich-Heine-Universität Düsseldorf, analysierte in seinen Aufsätzen die Repräsentationen der Japanerinnen und Japaner in Düsseldorf, indem er die Taxonomien des Stadtmarketings und die medialen Darstellungen den tatsächlichen Eigenschaften und Kompositionen der Diaspora gegenüberstellte.[22] In „Establishing the Ideal Foreigner: Representations of the Japanese Community in Düsseldorf" kam er zu dem Ergebnis, dass bei der japanischen „Community" Fragen von Integration nicht aufgeworfen werden und stattdessen Unterschiede mit Veranstaltungen wie dem Japan-Tag von Seiten der Stadt betont werden, um Düsseldorf als internationalisierten Standort zu vermarkten.[23]

Günther Glebe, Professor am ehemaligen Institut für Geografie an der Heinrich-Heine-Universität Düsseldorf, beschäftigte sich in zwei geografischen Schriften mit den Ansiedlungsmustern der japanischen Unternehmen und der Wohnraumverteilung der japanischen Bevölkerung in Düsseldorf.[24] In „Segregation and the Ethnoscape: the Japanese business community in Düsseldorf" macht er unter anderem auf die Existenz von Untergruppen innerhalb der lokalen Diaspora und ihre heterogenen Bedürfnisse aufmerksam. Mit der Heterogenität der Diaspora befassten sich auch Takahito Niwa, Satoshi Nakagawa und Timo Thelen in ihrer Studie zu lokal angestellten japanischen Arbeitskräften in Düsseldorf.[25] Ein weiteres Beispiel für themenrelevante Forschungen liefern noch Megumi Shimizu-Bethe und Kayko Okamura, die sich in ihren Aufsätzen mit einem Wandel der Bildungsbedürfnisse der japanischen Kinder und den einhergehenden Implikationen für die Bedeutung des „Japanischseins" in Düsseldorf auseinandersetzten.[26]

Obwohl die wirtschaftliche Expansion Japans erst die Konditionen für die Entstehung der japanischen Diaspora der Nachkriegszeit setzte,[27] binden die meisten der genannten Publikationen den wirtschaftshistorischen Kontext hinter dem Beginn der japanischen Migration nach Düsseldorf nicht ein. Dies stellt sich als eine generelle Lücke von Publikationen zur japanischen Diaspora heraus und beschränkt sich nicht nur auf solche zum Düsseldorfer Standort.[28] Publikationen zu

Japans Wirtschaftsgeschichte verpassen es hingegen in der Regel, konkrete Standorte als Fallstudien sowie den Einfluss von diasporischen Strukturen auf das wirtschaftliche Geschehen mit einzubeziehen und argumentieren daher großflächiger.[29] Einer Verbindung von beiden Ansätzen am nächsten kommen die Forschungen von Erich Zielke und Junko Sakai – ersterem fehlte es zu seiner Zeit jedoch an einer passenden theoretischen Grundlage und Methode. Sakai bringt in „Japanese Bankers in the City of London" anhand von qualitativen Beispielen die Erfahrungen der entsandten Bankangestellten mit der Geschichte der japanischen Bankenansiedlungen in London in Verbindung. Im Mittelpunkt ihrer Analyse stehen jedoch die Identitätsprozesse der Angestellten statt die Entwicklung des lokalen Wirtschaftsstandortes, sodass ihr Vorhaben sich thematisch von dem der vorliegenden Arbeit unterscheidet.[30]

Letztendlich bedarf es einer Arbeit, die einerseits auf der methodischen Ebene mithilfe einer Standortstudie die Lücke zwischen der Diasporaforschung und Wirtschaftshistorie schließt und andererseits auf der thematischen Ebene schlüssig die Entstehung und Entwicklung des japanischen Wirtschaftsstandortes Düsseldorf unter Einbezug aller relevanten Zeitabschnitte und Akteure darlegt. Meine Arbeit wird sich dieser Aufgabe annehmen. Bevor ich zu der Erklärung komme, auf welche Weise ich mich ihr widme, bedarf es einer kurzen Einführung in die Diasporaforschung, auf der ein Großteil der theoretischen Grundlage in dieser Arbeit aufbaut.

Begriffsdefinition „Diaspora"

Die gegenwärtige Diasporatheorie begründete Anfang der 1990er Jahre der Politikwissenschaftler William Safran. Ursprünglich befasste sich die Diasporatheorie mit der Verteilung von den politisch verstoßenen Juden nach dem Zweiten Weltkrieg. Safran argumentierte für eine zeitgemäßere Anwendung des Konzepts, das sich auf im Ausland lebende Gemeinschaften von Minderheiten im Allgemeinen bezog.[31] Um eine zu breite Definition des Begriffs zu vermeiden, legte Rogers Brubaker in seinem Aufsatz „The ‚Diaspora' Diaspora" drei Kerneigenschaften fest, die die Angehörigen einer solchen Gemeinschaft aufweisen müssen, damit diese als Diaspora gewertet werden kann: 1. eine über mehrere Ländergrenzen hinaus gehende räumliche Verteilung, 2. eine Orientierung an ein wahres oder eingebildetes Heimatland und 3. einen Grenzerhalt gegenüber der Aufnahmegesellschaft zur Betonung der eigenen Fremdheit und Schaffung einer Ingroup. Insbesondere den Grenzerhalt definiert Brubaker dabei als eines der wichtigsten Kriterien von Diaspora, da er es überhaupt erst ermöglicht, sie als eine soziale Einheit zu beschreiben.[32]

Wenn auch die japanischen Unternehmensentsandten sich anders als klassische Arbeitsmigrantinnen und -migranten frei im transnationalen Raum bewegen können und nur für kurze Zeit eine räumliche Trennung von ihrem

Heimatland eingehen, ist es gerade die flüchtige Natur ihrer Aufenthalte, die eine ausgeprägte Orientierung nach Japan sowie einen Grenzerhalt gegenüber der lokalen Gesellschaft begünstigt.[33] Alle drei von Brubaker genannten Kriterien lassen sich als zutreffend für die japanische Entsandtenmigration nach dem Zweiten Weltkrieg werten. Die Verwendung des Diasporakonzeptes zur Definition von japanischen Expat-Communities stellt keinen neuen Ansatz dar. So argumentierten unter anderem auch Christian Tagsold, Ruth Martin oder Aki Harima in ihren Arbeiten für eine Anwendung des Konzepts in diesem Kontext.[34]

Die Verwendung des Diasporabegriffs ermöglicht eine differenziertere Beschreibung der japanischen Bevölkerung in Düsseldorf. Im öffentlichen Diskurs verwendete Begriffe wie „Gemeinde“ oder „Community“ implizieren von ihrer konnotierten Bedeutung her einen hohen Grad an Zusammenhalt und gegenseitiger Bekanntschaft innerhalb der japanischen Bevölkerung basierend auf Ethnizität und tendieren somit zu einer kulturellen Essentialisierung. Wie die Philosophin Flavia Monceri in ihrem Aufsatz „Theoretical Remarks on the Notion of ‚Diaspora‘“ ausführte, läuft das Diasporakonzept ähnlich Gefahr, Individuen diasporische Eigenschaften zuzuordnen und einer vermeintlichen Gruppe nach zu essentialisieren.[35] Nichtsdestotrotz stellt es eine semantische Kompromisslösung dar, indem es versteht, die Gesamtheit der japanischen Bevölkerung in Düsseldorf ohne die oben genannten Implikationen zu umschreiben.

Ungeachtet dessen werde ich in dieser Arbeit an vereinzelten Stellen Begriffe wie „Entsandtengemeinschaft“ verwenden, da gerade die japanische Bevölkerung in den 1960er Jahren aufgrund ihrer dichten Organisation und Vernetzung Eigenschaften aufwies, die dem Prinzip einer Gemeinschaft nahekommen. Je nach Kontext erweist sich damit der Gemeinschaftsbegriff spezifischer als der Diasporabegriff. Zur Beschreibung der lokalen Akteure von der deutschen Seite als Gegenstück zur Diaspora werde ich den Begriff „Aufnahmegesellschaft“ verwenden,[36] um ethnische Signifier zu vermeiden, die abermals kulturelle Essentialisierungen implizieren könnten.

Methodisches Vorgehen

Für eine erfolgreiche Rekonstruktion der Standortgeschichte werte ich in dieser Arbeit ein umfangreiches Datenkorpus aus, das ich während meiner dreijährigen Forschungsphase von Ende 2018 bis Ende 2021 angefertigt habe. Zur Erstellung des Datenkorpus habe ich historisches Material in Form von Archivalien, Fachzeitschriften- und Zeitungsartikeln, Handels- und Vereinsregistereinträgen,[37] Statistiken sowie Chroniken von Unternehmen und Institutionen gesammelt. Dabei handelt es sich um sowohl deutschsprachige als auch japanischsprachige Materialien, die die Geschehnisse aus der Sichtweise beider Länder wiedergeben. Den Großteil des Korpus nimmt das Archivmaterial ein. Insgesamt habe ich während meiner

Recherche die Bestände von sieben Archiven an verschiedenen Standorten erschlossen.

Zu Beginn meiner Forschung ergründete ich in Düsseldorf die Bestände des Stadtarchives, was mir einen umfangreichen Überblick über die Chronologie der Ereignisse am Standort sowie die wirtschaftsfördernden Aktivitäten der Stadtverwaltung ermöglichte. Die Bestände des Japanischen Industrie- und Handelskammer zu Düsseldorf e. V. (kurz: JIHK) gewährten mir hingegen Zugriff auf die historischen Mitgliederlisten des Vereins und dessen Chroniken, wodurch ich ausmachen konnte, wann sich welches Unternehmen zu welcher Zeit am Standort niederließ. Einige der in dieser Arbeit vorkommenden Angaben zu den Niederlassungszeitpunkten eines Unternehmens basieren daher auf dessen Eintrittsdatum bei der JIHK. Da sich bis in die 1990er Jahre die Mitgliederzahlen zum Großteil mit der tatsächlichen Anzahl an Unternehmen am Standort deckten, lassen sich die Mitgliederlisten als statistische Grundlage verwenden.

Zuletzt suchte ich in Düsseldorf das Archiv der Henkel AG & Co. KGaA auf, wo ich Informationen über erste Beziehungen zwischen Düsseldorf und der japanischen Politik vorfand, die weitere Hinweise auf die Entstehungszeit des Standortes gaben. Bestände der japanischen Unternehmensniederlassungen zu erschließen stellte sich während der Forschungszeit als problematisch heraus, da die Unternehmen meist über keinen sortierten Archivbestand verfügten oder diesen nicht herausgeben wollten. Im Gegenzug stellten sie mir meist eine Chronik zur Verfügung, die die Unternehmen anlässlich der Jubiläen ihrer Niederlassungen intern veröffentlichten. Eine Reihe von Veröffentlichungen dieser Art erhielt ich von der Japanischen Schule und dem Japanischen Club, die die Geschichte der Institutionen umfassend dokumentieren.

Ein weiteres Unternehmensarchiv, das ich besuchte, stammt von dem ehemaligen Düsseldorfer Anlagebauunternehmen Schloemann, das heute als Teil der SMS Group seine Archivalien in der Nähe von Siegen aufbewahrt. Wie die Analyse zeigen wird, spielte die Schloemann AG durch ihr Angebot eine zentrale Rolle in der Entstehung des Wirtschaftsstandortes, indem sie die ersten japanischen Handelsunternehmen in die Landeshauptstadt zog. In dem Archiv der SMS group fand ich zahlreiche Akten, Fotos und Kaufverträge aus der Ansiedlungszeit der japanischen Unternehmen in Düsseldorf vor, die mir Einblicke in die frühen Handelsbeziehungen zwischen Düsseldorf und den ersten japanischen Unternehmensentsandten von Anfang der 1950er Jahre gewährten.

Um den Ursprüngen des japanischen Wirtschaftsstandortes in Düsseldorf noch tiefer auf den Grund zu gehen, recherchierte ich im Herbst 2020 für zwei Wochen in der Stadt Hamburg, die unmittelbar nach dem Krieg als die erste Anlaufstelle der japanischen Unternehmen in Deutschland diente. Wie meine Rekonstruktion im Verlauf der Arbeit zeigen wird, wurde man in Düsseldorf erst in den 1960er Jahren auf die japanischen Unternehmensaktivitäten aufmerksam, was bedeutet, dass die meisten Aufzeichnungen zu den japanischen Unternehmensaktivitäten aus den 1950er Jahren sich in Hamburg statt Düsseldorf befinden. Die Bestände der Handelskammer Hamburg und des Hamburger Staatsarchivs klärten mich darüber auf, auf welche Weise die japanischen Unternehmen in der Hansestadt aktiv waren und ihr Umzug nach Düsseldorf ablief. Des Weiteren ermöglichte das Material der beiden Archive es mir, zu erfassen, mit welchen Maßnahmen die Wirtschaftsförderung in Hamburg sich um einen Erhalt von Hamburgs Position als japanisches Wirtschaftszentrum bemühte. In Gegenüberstellung mit den Archivalien aus dem Stadtarchiv Düsseldorf gelang es mir so, den Konkurrenzkampf der Wirtschaftsstandorte aus beiden Blickwinkeln festzuhalten.

Von meinen ersten Forschungsaktivitäten in Deutschland ausgehend reiste ich im Herbst 2019 für eine zweimonatige Feldforschung nach Tokio, wo ich im japanischen Nationalarchiv Zugriff auf weitere Unternehmenschroniken erhielt, die mir von der japanischen Seite aus die ersten Kontakte mit Düsseldorf bestätigen konnten. Allem vorweg half die Feldforschung beim Aufbau eines Netzwerkes, was mir insbesondere durch die Teilnahme am Düsseldorfer Abend im Hotel New Otani möglich wurde, zu dem ehemalige japanische Unternehmensentsandte aus Düsseldorf von der Stadt eingeladen waren. Die dort geknüpften Kontakte ermöglichten es mir, meine Archivforschung um Oral-History-Interviews (Zeitzeugeninterviews) zu ergänzen.

Bisherige Forschungen zu der Geschichte des Wirtschaftsstandortes ließen meist die Perspektive von Zeitzeugen außer Acht und konzentrierten sich stattdessen ausschließlich auf die Auswertung historischer Materialen. Ich verfolge einen qualitativen Ansatz und werde erstmals die Erzählungen von Zeitzeugen mit in die Geschichtsrekonstruktion einfließen lassen, um eine direkte Vorstellung von dem zeitlichen Geschehen von damals und den Perspektiven der beteiligten Akteure zu bekommen. In meiner Forschungsphase führte ich Oral-History-Interviews mit Zeitzeugen durch, die zwischen den 1960er Jahren und der heutigen Zeit am Standort aktiv waren beziehungsweise dies seit mehreren Jahrzehnten sind.

Insgesamt kam ich auf 25 Interviews mit Beteiligten von japanischen Unternehmensniederlassungen, der Stadt Düsseldorf, dem Land NRW und den japanischen Institutionen wie der Japanischen Schule, dem Japanischen Club oder dem Generalkonsulat. Tabelle 1 gibt einen Überblick über die von mir interviewten Personen und ihre berufliche Zugehörigkeit. Ihre Namen habe ich grundsätzlich anonymisiert und werde sie nur anhand ihrer Berufsbezeichnungen oder Funktionen im Laufe der Arbeit zitieren. In wenigen Ausnahmefällen sind die Interviewten bei echtem Namen genannt, da aufgrund ihres zu großen Bekanntheitsgrades eine Anonymisierung sich für die Rekonstruktion nicht als sinnvoll herausstellte. An den Interviews I, K, O und V nahmen mehrere Personen teil, weshalb diese Interviews die Dynamik einer Gruppendiskussion annahmen.

Tabelle 1: Zugehörigkeiten der Interviewten

Interview	Berufsbezeichnung/Zugehörigkeit
A	Mitarbeiter der Kawai Europa GmbH
B	Stadtdirektor der Landeshauptstadt Düsseldorf a. D.
C	Lehrer der Japanischen Internationalen Schule Düsseldorf a. D.
D	Mitarbeiter der DIHK-Tokio/Wirtschaftsförderung Düsseldorf a. D.
E	Ehemaliger Geschäftsführer der Fujifilm Europe GmbH/Selbstständig
F	Ehemaliger Mitarbeiter bei Japan Airlines/Selbstständig
G	Ehemaliger Mitarbeiter der Rheon Automatic Machinery GmbH
H	Ehemalige Mitarbeiterin der Mitsui & Co. Deutschland GmbH
I	Bürgermeister Willich a. D. + Interviewpartner W
J	Ehemaliger Mitarbeiter der NTN Wälzlager GmbH/Geschäftsführer der Mitsutoyo Europe GmbH
K	Präsident der DJG Köln + Geschäftsführerin der DJG am Niederrhein
L	Ehemaliger Generaldirektor der JETRO/Geschäftsführer des Japanischen Clubs und der JIHK zu Düsseldorf
M	Ehemaliger Geschäftsführer der Hitachi Power Tools Deutschland GmbH/Mitgründer des Japan-Club Willich
N	Japanischer Anwalt
O	Zwei ehemalige Schüler der Japanischen Schule Düsseldorf
P	Ehemaliger Vorsitzender des DJG-Dachverbandes/DJW
Q	Japanischer Generalkonsul Düsseldorf a. D.
R	Ehemaliger Schüler der Japanischen Schule Düsseldorf
S	Ehemaliger Mitarbeiter der Kanematsu-Gosho GmbH/Alps Electric Europa GmbH/Selbstständig
T	Ehemaliger Geschäftsführer der JIHK zu Düsseldorf
U	Amtsleiter des Wirtschaftsförderungsamtes Düsseldorf a. D.
V	Zwei Angestellte der NRW.Global Business GmbH
W	Geschäftsführer der Topcon Deutschland Medical GmbH/Pressesprecher des Japanischen Clubs Düsseldorf/Präsident des Japan-Club Willich
X	Gründer und Leiter des Rhein-Kindergartens
Y	Ehemaliger Verwaltungsleiter der Japanischen Internationalen Schule Düsseldorf

(eigene Tabelle)

Die Interviews mit den ehemaligen Unternehmensangehörigen konnten mir Aufschluss über die Erwartungshaltungen der Unternehmen und ihre Gründe für eine Auswahl Düsseldorfs als Niederlassungsstandort geben. Dank der Interviews mit den Vertretern der deutschen Kommunal- und Landesinstitutionen gelang es mir derweil in Erfahrung zu bringen, welche Absichten und Erwartungen hinter der Förderung des Japanstandortes steckten und welche konkreten Strategien sie dabei genau verfolgten. Interviews mit den japanischen Institutionsangehörigen konnten mir hingegen die Sicht der lokalen Diaspora auf Düsseldorf näher bringen und Aufschluss darüber geben, welche Intention ihre Mitglieder bei der Errichtung der Institutionen hatten.

Von ihrer Form her waren die Interviews halbstandardisiert mit narrativen Anteilen. Dem Soziologen Jean-Claude Kaufmann und seiner Methode des „verstehenden Interviews" zufolge ist es bei Interviews notwendig, einerseits eine natürliche Gesprächssituation zu schaffen, um Unsicherheiten beim Erzählenden zu vermeiden, und andererseits mit gezielten Nachfragen Fährten im Gespräch zu folgen, die für die eigene Forschungsfrage relevant erscheinen.[38] Im Rahmen dieser Vorgehensweise gelang es mir, gezielte Antworten auf themenrelevante Fragen zu erhalten und gleichzeitig unvorhergesehene Aspekte der Standortgeschichte ans Licht zu bringen, die nicht unmittelbar aus dem gesammelten historischen Material hervorgingen. Sowohl die Gestaltung der Leitfäden als auch die Durchführung der Interviews erfolgte auf Deutsch (15 Interviews) und Japanisch (10 Interviews). Da es sich bei Oral-History-Interviews lediglich um die subjektiv rekonstruierten Wirklichkeiten der Erzählenden handelt,[39] reichen sie alleine nicht aus, um eine historisch kohärente Rekonstruktion der Standortgeschichte zu gewährleisten. In Verbindung mit den oben genannten historischen Materialien sind sie allerdings in der Lage, Fallbeispiele für die einzelnen Episoden und Ereignisse aus der Standortgeschichte zu liefern und ihnen dadurch bis dato undokumentierte Nuancen zu verleihen.

Aufbau der Arbeit

Der weitere Verlauf dieser Arbeit gliedert sich in acht Kapitel und ein Fazit auf. Die Reihenfolge der Kapitel gibt dabei einen groben Zeitstrahl der Standorthistorie wieder. Beispielsweise thematisiert Kapitel 2 die 1950er–1960er, Kapitel 5 die 1960er–1980er und Kapitel 8 die 1980er–2000er Jahre. Inhaltlich richten sich die Kapitel nach unterschiedlichen Themenschwerpunkten, weshalb es vorkommt, dass sie sich auf zeitlicher Ebene überschneiden. So behandeln zum Beispiel sowohl Kapitel 3 als auch Kapitel 7 Ereignisse aus den 1970er Jahren.

In Kapitel 1 beginne ich mit einer Auflistung der Standortfaktoren, die die deutschen sowie japanischen Institutionen in ihren Veröffentlichungen zur Entstehungsgeschichte des Standortes anführen und stelle diese den Memoiren der ersten Unternehmensentsandten gegenüber. Dabei lege ich den Einfluss eines diskursiv konstruierten Narrativs offen, unter dem diese Veröffentlichungen meist stehen. Im zweiten Kapitel beginne ich dann mit meiner Geschichtsrekonstruktion, indem ich mithilfe der japanischen Industriepolitik und der beteiligten Akteure eine Erklärung für die Entstehung des Standortes in den 1950er/60er liefere und damit die Frage nach dem „Warum?" für Düsseldorf beantworte.

Kapitel 3 und 4 behandeln jeweils einen der Faktoren, die für die Weiterentwicklung des Standortes ab den 1960er Jahren verantwortlich waren, und thematisiert gleichzeitig, inwiefern sich die beiden Faktoren gegenseitig bedingten. So setze ich mich im dritten Kapitel mit den japanischen Unternehmensgruppen auseinander und der Frage, inwiefern die Übertragung ihrer Netzwerke auf Düsseldorf einen Pull-Effekt für weitere Unternehmen auslöste. Im vierten Kapitel widme ich mich hingegen der Formation der lokalen Diaspora und thematisiere, wie ihr Netzwerk Einfluss auf die Unternehmenszuzüge und das Wachstum des Standortes nahm. In den zwei darauffolgenden Kapiteln konzentriere ich mich ausschließlich auf die Aktivitäten und Interessen der Aufnahmegesellschaft, indem ich in Kapitel 5 die Förderungsmaßnahmen der Stadt Düsseldorf rekonstruiere und dann in Kapitel 6 den Maßnahmen der anderen Kommunen gegenüberstelle, um den Konkurrenzkampf der Wirtschaftsstandorte aufzuarbeiten.

Die letzten beiden Kapitel spiegeln mit ihren jeweiligen Themenschwerpunkten den wirtschaftlichen Höhepunkt und den Tiefpunkt des Düsseldorfer Japanstandortes wider und setzen sich mit den dafür jeweils verantwortlichen Faktoren auseinander. Dazu behandle ich in Kapitel 7 die Geschichte der japanischen Bildungsinfrastruktur in Düsseldorf und zeige auf, inwieweit sie der Landeshauptstadt zu ihrem Durchbruch zum japanischen Wirtschaftszentrum in Europa verhalf. Kapitel 8 geht hingegen auf eine Reihe von strukturellen Umbrüchen und ihre historischen Hintergründe ein, die ab den 1990er Jahren ein vorzeitiges Ende des Standortwachstums einleiteten. Im Fazit werde ich dann abschließend mithilfe der gewonnenen Ergebnisse meine einleitende Forschungsfrage beantworten und aus den Ergebnissen eine Prognose für die Zukunft des japanischen Wirtschaftsstandortes Düsseldorf herleiten.

1 Das Narrativ der Standortfaktoren

Eine außerordentliche japanische Infrastruktur, ein starkes Verkehrsnetz, die Nähe zu europäischen Großstädten, oder der Ruf als Hauptstadt NRWs – all das sollen Standortfaktoren sein, die den japanischen Wirtschaftsstandort Düsseldorf ausmachen.[1] In der heutigen Zeit erweisen sich die meisten dieser Vorzüge Düsseldorfs sicherlich als zutreffend. Nicht mehr so leicht lassen sie sich zur Erklärung heranziehen, wenn man auf die Entstehung des Standortes in den 1950er Jahren schaut. Unmittelbar nach dem Krieg existierte weder irgendeine Form von japanischer Infrastruktur noch eine Flugverbindung nach Japan, und ob Düsseldorfs Ruf als Hauptstadt NRWs für die Unternehmen von Anfang an relevant war, lässt sich gewiss anzweifeln. Es stellt sich die Frage nach dem „Warum?“. Warum wählten die japanischen Unternehmen damals ausgerechnet Düsseldorf aus? Wieso nicht andere deutsche Großstädte für die Errichtung ihrer Europazentrale?

Als Antwort auf diese Fragen wurden im Laufe der Zeit eine Vielzahl von Erklärungen von diversen Akteuren angeführt – sowohl von jenen der deutschen als auch der japanischen Seite. Im Rahmen dieser Erklärungsversuche finden sich die unterschiedlichsten Standortfaktoren, die die japanischen Unternehmensentsandten in den ersten Jahren der Nachkriegszeit nach Düsseldorf gezogen haben sollen. Auch wenn die Geschichtsrekonstruktionen der Akteure sich größtenteils decken, trägt jeder von ihnen seine eigene modifizierte Version ins Feld. Sämtliche Erklärungsversuche für die Attraktivität Düsseldorfs lassen sich aber nicht problemlos für eine historisch kohärente Rekonstruktion der Standortgeschichte heranziehen. Was bewegt die jeweiligen Akteure zu der Konstruktion ihrer Auslegungen, und welche der verschiedenen Erklärungsansätze lassen sich am ehesten als initialer Anstoß für die Entstehung des japanischen Wirtschaftsstandortes Düsseldorf rekonstruieren?

Die klassischen Standortfaktoren Düsseldorfs

Die meisten Veröffentlichungen zu der Geschichte des japanischen Wirtschaftsstandortes stammen von Düsseldorfer Institutionen und Vereinen. Das Magazin des Bürgervereins „Düsseldorfer Jonges“ namens „Das Tor“ veröffentlichte in einer Ausgabe von 1977 einen Artikel von Andreas Meckel von der Deutsch-Japanischen Gesellschaft am Niederrhein, der zwei Komponenten als entscheidend für die Entstehung des Wirtschaftsstandortes betrachtet: die Nähe Düsseldorfs zur Schwerindustrie des Ruhrgebietes und Düsseldorfs „zentrale Lage im deutschen Raum“.[2] Die Ausgabe von 1985 meint noch genauer die Hintergründe zu kennen und listet einen Artikel von Karl-Heinz Meid von der Deutsch-Japanischen Gesellschaft in Köln, der das Feld um Faktoren erweitert wie: „die Nähe zu den Seehäfen, das liberale Niederlassungsrecht der Bundesrepublik Deutschland sowie die günstige Anbindung Düsseldorfs an die Autobahnen und der zweitgrößte Flughafen der Bundesrepublik Deutschland".[3] In Bezug auf die „Nähe zum Ruhrgebiet" betonen beide Artikel, wie wichtig nach dem Krieg der Einkauf von schwerindustriellen Investitionsgütern und Know-how für die japanischen Unternehmen war.[4]

In der Tat pflegte Düsseldorf damals eine besondere Beziehung zum Ruhrgebiet. Die Landeshauptstadt war bekannt als „Schreibtisch des Ruhrgebietes", was auf die deutschen Großunternehmen der Montanindustrie wie Thyssen, Mannesmann oder Schloemann zurückzuführen ist, die ihren Verwaltungssitz in Düsseldorf unterhielten. Zudem befanden sich in Düsseldorf viele Organisationen der deutschen Stahlproduzenten wie der wirtschaftspolitische Verband der Stahlindustrie, wodurch Düsseldorf als das Stahlzentrum Deutschlands galt und ein beliebtes Ziel für die Expansionsvorhaben ausländischer Unternehmen nach dem Krieg war.[5]

Eine weitere Veröffentlichung von Ende der 1970er Jahre zu der Entstehung des japanischen Wirtschaftsstandortes trägt den Titel „Das Kleine Reich der Mitte". Die in dem Artikel gezeichnete Version der Geschichte fällt ähnlich aus wie die des Jonges-Vereins. Nachdem der Artikel die Nähe zum Ruhrgebiet als einen Grund für die Entstehung des Standortes anführt, gibt er die folgende Erklärung: „Die Japaner, die auch sogleich den Standortvorteil der von Paris, Brüssel und den Seehäfen Rotterdam und Antwerpen nur wenige Autostunden entfernten Rheinmetropole erkannt hatten, nahmen Platz und machten sich breit".[6]

Neben „Das Kleine Reich der Mitte" dient noch die zum selben Zeitraum erschienene Ausgabe von „Neues Rheinland" als ein Beispiel. Mit dem Artikel „Nippons Start am Rhein" versucht die Ausgabe darzulegen, „weshalb die Landeshauptstadt Düsseldorf die größte Japanerstadt auf dem Kontinent wurde".[7] Anders als die bisher behandelten Zeitschriften bezeichnet der Artikel die Rolle Düsseldorfs als Schreibtisch des Ruhrgebietes nicht unmittelbar als einen Faktor für die Entstehung des Standortes und nimmt keinen Bezug auf den Einkauf der japanischen Unternehmen von schwerindustriellen Gütern. Stattdessen nennt der Text die Nähe zum Ruhrgebiet neben einer Handvoll weiteren Faktoren wie die zentrale Lage Düsseldorfs, das Verkehrsnetz und einen Ruf als „Bankerstadt", der nur mit Frankfurt zu vergleichen sei.[8]

Anhand der vier Veröffentlichungen aus den 1970er–1980er Jahren wird deutlich, was für Auffassungen über die Entstehungsgeschichte des japanischen Wirtschaftsstandortes zur damaligen Zeit geteilt wurden. Im Allgemeinen scheint ein Konsens über die Bedeutsamkeit der geografischen Lage, Infrastruktur und wirtschaftlichen Verbindung Düsseldorfs zum Ruhrgebiet existiert zu haben. Schenkt man den Details ihrer Auslegungen aber Beachtung, unterscheiden sich die Veröffentlichungen deutlich voneinander. Während die 1977er Ausgabe von „Das Tor" nur die geografische Lage und die Nähe zum Ruhrgebiet hervorhebt, fügen die restlichen Veröffentlichungen das Autobahnnetz, den Flughafen oder die Seehäfen als wichtige Faktoren hinzu. Die Ausgabe von 1985 erweitert darüber hinaus den allgemeinen Rahmen und schließt mit der Nennung von dem „liberalen Niederlassungsrecht" die politische Ebene mit ein. Zwischen den Auslegungen der beiden Ausgaben lässt sich somit keine eindeutige Kohärenz ausmachen. Welche der zahlreichen Vorzüge Düsseldorfs letztendlich von den ersten japanischen Unternehmensentsandten als relevant erachtet wurden, bleibt unklar.

Es stellt sich die Frage, ob diese Beobachtungen gleichermaßen auf aktuellere Texte zutreffen. Die Werbebroschüre der Stadtverwaltung „Düsseldorf Japans Hauptstadt am Rhein" von 2005 bezeichnet wie die Magazinartikel aus den 1970er–1980er Jahren Düsseldorfs Verbindung zum Ruhrgebiet und seine „zentrale Lage in Europa" als ausschlaggebend. Dazu nennt die Broschüre noch einen weiteren Vorzug Düsseldorfs, der die Wichtigkeit der städtischen Infrastruktur noch einmal hervorheben soll: „gute Schiffsverbindungen".[9] Eine weitere Veröffentlichung aus der Zeit zur Stadtgeschichte Düsseldorfs mit dem Titel „Düsseldorf: Die Pracht am Rhein" erstattet in einem Sonderkapitel Bericht über die Geschichte der „japanischen Gemeinde". Im Mittelpunkt des Kapitels stehen dabei die Rolle Düsseldorfs als der „Schreibtisch des Ruhrgebietes" und die „zentrale Lage im wichtigsten Ballungsraum Europas".[10] Wie zu erkennen, haben sich auf der Makroebene von den 1980er bis 2000er Jahren die Ansichten über die Standortgeschichte kaum verändert. Sie konzentrieren sich weiterhin auf geografische und infrastrukturelle Vorteile sowie die Wirtschaftlichkeit des Ruhrgebietes. Die Mikroebene bleibt dagegen differenzierter, was das Beispiel der Werbebroschüre verdeutlicht, die mit den „guten Schiffsverbindungen" einen weiteren Erklärungsversuch abgibt, der von anderen Veröffentlichungen aus dieser Zeit nicht breiter geteilt wurde.

Es sind jedoch nicht nur die Akteure von den Vereinen und Institutionen der Landeshauptstadt, die insbesondere der geografischen Lage, der Infrastruktur und der Nähe zum Ruhrgebiet ein hohes Maß an Bedeutung zuschreiben, sondern auch die des Landes NRW. Eine Analyse der Gesellschaft für Wirtschaftsförderung Nordrhein-Westfalen mbH (heute unter dem Namen: NRW.Global Business GmbH) zu den japanischen Unternehmensaktivitäten in der BRD von 1996 verknüpft die vielgenannten Standortfaktoren in einem Satz miteinander: „Eine Präferenz für den Standort Düsseldorf im Herzen des größten europäischen Marktes und mit zentraler Lage zu den übrigen Märkten, ergänzt durch eine Stellung als ‚Schreibtisch des Ruhrgebietes'".[11] Damit deckt sich die Version, die auf Landesebene vertreten wird, mit denen der Kommunalebene.

Doch was für eine Auslegung der Standortgeschichte teilt die japanische Seite? Japanische Institutionen und Vereine in Düsseldorf wie das Japanische Generalkonsulat, die JIHK oder der Japanische Club veröffentlichten diverse Schriften, die die vermeintlichen Beweggründe der japanischen Unternehmen für ihre Niederlassungen in Düsseldorf festhalten.[12] Das Nachrichtenmagazin „Neues aus Japan" vom Japanischen Generalkonsulat und der Botschaft Japans legt in einer Ausgabe anlässlich der Eröffnung des Japanischen Gartens im Jahr 1974 die Entstehungsgeschichte des Wirtschaftsstandortes wie folgt aus:

> Die Erklärung für diese einzigartige Entwicklung des inzwischen größten und wichtigsten Zentrums japanischer Wirtschaftsaktivitäten in Europa dürfte zu einem in der einzigartig günstigen Lage der Stadt nicht nur im Herzen des Wirtschaftsraumes Nordrhein-Westfalen, sondern auch der gesamten Bundesrepublik und darüber hinaus der EWG zu finden sein. Zum anderen ist die Nähe der leistungsfähigen Seehäfen Antwerpen und Rotterdam ebenfalls dafür ausschlaggebend gewesen, daß sich der Schwerpunkt des Japanhandels von Hamburg nach Düsseldorf verlagert hat.[13]

Die Version des Generalkonsulates und der Botschaft aus dem Magazin erkennt somit gleichermaßen die geografische Lage Düsseldorfs als einen entscheidenden Faktor für die Entstehung des Standortes an und nennt mit der Nähe zu den Seehäfen einen weiteren Standortfaktor, der in den bisher behandelten Veröffentlichungen unbeachtet blieb. Auffällig ist hierbei, dass Düsseldorfs Verbindung zum Ruhrgebiet keine Erwähnung findet und stattdessen die Häfen als entscheidend für Hamburgs Ablöse als japanisches Wirtschaftszentrum betrachtet werden. Eine weitere Ausgabe des Magazins von 2008 sowie die Webseite des Generalkonsulates geben eine ähnliche, doch leicht modifizierte Version der Standortgeschichte wieder und heben sowohl den „Schreibtisch des Ruhrgebietes" als auch die Schiffsverbindungen zum Hafen in Rotterdam als entscheidende Standortfaktoren hervor.[14]

Die Veröffentlichungen von der Seite des Generalkonsulates zu dem Thema hören damit aber nicht auf. In seinem Buch „Hanami am Rhein" thematisiert der ehemalige Generalkonsul Ryuta Mizuuchi persönlich den Ursprung des japanischen Wirtschaftsstandortes Düsseldorf. Mizuuchi fasst alle der bisher genannten Standortfaktoren als ausschlaggebend auf, legt aber in seiner Rekonstruktion einen Schwerpunkt auf die politische Ebene. So habe insbesondere die Nähe zur japanischen Botschaft in Bonn eine besondere Pull-Wirkung für Düsseldorf erzielt. Die ersten Unternehmensentsandten hätten sich aufgrund der geografischen Nähe Düsseldorfs zu Bonn erhofft, von der Landeshauptstadt aus leichter an die politische Unterstützung der Bundesregierung zu kommen. Des Weiteren schreibt Mizuuchi noch der japanischen Regierung, der Landesregierung NRWs sowie der Wirtschaftsförderung Düsseldorfs besondere Bewandtnis bei der Entstehung des Standortes zu. Von Seiten dieser Akteure habe es einen Plan gegeben, „Düsseldorf zum Zentrum der japanischen Unternehmen zu machen".[15]

Um auf direkte Weise ein Bild über Mizuuchis Auffassung zu der Standortgeschichte zu erhalten, sprach ich mit ihm im japanischen Außenministerium in Tokio. Im Interview nannte er „das Interesse der japanischen Business Community in Zusammenarbeit mit der Politik" als die maßgebenden Komponenten der Standortentstehung und gab dazu zum Großteil die in seinem Buch aufgezählten Faktoren wieder.[16] Dabei hob er noch einmal das Land NRW und die Stadt Düsseldorf als entscheidende Akteure hervor:

> Damals der Japanstandort zu sein, war wahrscheinlich auch für NRW ein sehr wichtiger Faktor. Deswegen gab es auf der deutschen Seite Versuche, also auf der Ebene der Landesregierung und der Landeshauptstadt Düsseldorf, mit der japanischen Wirtschaft Kontakt aufzunehmen und dann Firmen nach Düsseldorf zu bringen.[17]

Wie ich im Laufe der Arbeit zeigen werde, spielten politische Akteure wie das Land NRW und die Stadt Düsseldorf tatsächlich eine essenzielle Rolle bei der Entwicklung des Wirtschaftsstandortes und engagierten sich bei dem von Mizuuchi genannten Vorhaben. Die Stadt Düsseldorf definierte dennoch erst in den 1960er Jahren ihre japanische Standortpolitik, und das Land NRW beteiligte sich an der Akquisition von japanischen Unternehmen sogar erst ab Ende der 1970er/Anfang der 1980er Jahre, wodurch sich deren Aktivitäten nicht als bestimmende Faktoren für den Ursprung des Wirtschaftsstandortes rekonstruieren lassen. Insgesamt geben somit gleichermaßen die unterschiedlichen Auslegungen der japanischen Seite keinen konkreten Aufschluss über die Entstehungsgeschichte.

Wie steht es jedoch um wissenschaftliche Veröffentlichungen? In der Einleitung nannte ich bereits einige Publikationen, die sich mit der Standortgeschichte befassten. Nakagawa listet beispielsweise in seinem Aufsatz zwölf Faktoren auf, die er für die Entstehung und Entwicklung des japanischen Wirtschaftsstandortes als wesentlich erachtet:

1. Der Umzug der deutschen Bundeshauptstadt von Berlin nach Bonn.
2. Ein Bedeutungsverlust der Handelsrouten der Elbe aufgrund des Kalten Krieges.
3. Eine räumliche Trennung des japanischen Imports und Exports zwischen Hamburg und Düsseldorf.
4. Der Bedarf Japans an Know-How über die deutsche Schwerindustrie.
5. Düsseldorfs Rolle als Hauptstadt des bevölkerungsstärksten Bundeslandes.
6. Die Verbreitung des Containerhandels in Verbindung mit den Seehäfen in Duisburg und Rotterdam.
7. Die Düsseldorfer Börse.
8. Die Hauptzentrale der Commerzbank in Düsseldorf.
9. Der Düsseldorfer Flughafen.
10. Der Ausbau der japanischen Infrastruktur in Düsseldorf.
11. Die Wirtschaftsförderung der Stadt Düsseldorf.
12. Die Konzentration der „japanischen Gemeinde" in Düsseldorf auf bestimmte Wohnräume.[18]

Einige von Nakagawas Punkten wie „Die Verbreitung des Containerhandels" oder „Die räumliche Trennung des japanischen Imports und Exports" vermitteln prima facie ein konkreteres Bild für die Gründe hinter der Wahl Düsseldorfs als die Veröffentlichungen der städtischen und japanischen Institutionen. Andererseits ist bei

Nakagawa nicht nachvollziehbar, weshalb ausgerechnet die Düsseldorfer Börse oder der Sitz der Commerzbank Einfluss auf die Entscheidung der japanischen Unternehmen genommen haben sollen. Unabhängig davon, ob die Punkte plausibel und relevant erscheinen, bleibt damit bei Nakagawa unklar, was ihn genau zu deren Nennung antrieb.

Ob von Seiten der Wissenschaft, der japanischen Institutionen oder der Landeshauptstadt selber, keine der zitierten Interpretationen machen es aufgrund fehlender Kohärenz möglich, eindeutig festzulegen, welches Argument die japanischen Unternehmen in den 1950er Jahren von einer Ansiedlung in Düsseldorf überzeugte und worin der genaue Ursprung des Standortes liegt. Um die Möglichkeiten einzugrenzen sowie zwischen historischer Rekonstruktion und post-Erklärungsversuchen differenzieren zu können, wird es Zeit, die Erzählungen der ursprünglichen Entscheidungsträger in die Analyse mit einzubinden.

Die Erinnerungen der Pioniere

Methodisch wäre eine Befragung der Pioniere (der ersten Unternehmensentsandten aus den 1950er Jahren) der direkteste Weg zu erfahren, welche Faktoren für die Auswahl Düsseldorfs ausschlaggebend waren. Aufgrund des zeitlichen Abstandes ist dies allerdings nicht mehr möglich. Es existieren jedoch zwei historische Veröffentlichungen, die den Erzählungen der Pioniere zu einem noch möglichen Zeitpunkt eine Plattform boten, auf die schon Nakagawa in seiner Arbeit verwies.[19] Diese Veröffentlichungen können am ehesten Aufschluss darüber geben, was die ersten japanischen Unternehmen zur Wahl Düsseldorfs antrieb.

Die erste der beiden Veröffentlichungen ist die 10-Jahre-Jubiläumsschrift der JIHK von 1976. In der Schrift finden sich als Vorwort die Memoiren von Nakaji Nagamine, der als Entsandter des Handelshauses Okura & Co. im Januar 1952 nach Düsseldorf übersiedelte und ein Repräsentanzbüro des Unternehmens errichtete. Vor Nagamine soll sich schon ein Entsandter namens Shimada von dem zu Mitsubishi gehörenden „Neuunternehmen" Tokyo Boeki in Düsseldorf aufgehalten haben.[20] Bei den „Neuunternehmen" handelte es sich um eine Vielzahl an kleinen Handelshäusern, die nach dem Zweiten Weltkrieg aus der Zerschlagung der japanischen Unternehmenskonglomerate wie Mitsubishi oder Mitsui hervorgingen[21] – mehr dazu aber im nächsten Kapitel. Trotz Tokyo Boekis vorausgegangener Anwesenheit in Düsseldorf war Nagamine seiner Aussage nach der erste japanische Unternehmer, der ein Repräsentanzbüro in der Landeshauptstadt einrichtete.[22]

Doch was genau veranlasste Nagamine zu der Eröffnung des Büros in Düsseldorf? Zu Beginn seiner Memoiren greift Nagamine direkt auf, wie schwierig die Suche nach einem geeigneten Platz für die Eröffnung eines Büros in Deutschland nach Kriegsende war. Anschließend zählt er die Städte auf, die als Kandidaten für ihn in Frage kamen: Frankfurt am Main, Hamburg und Düsseldorf. Berlin war Nagamines Ansicht nach durch die Spuren des Krieges nicht mehr wirtschaftlich attraktiv und deshalb im Vorfeld kein geeigneter Kandidat für die Errichtung eines Büros gewesen. Im darauf folgenden Teil seines Textes arbeitet Nagamine die jeweiligen Vor- und Nachteile der einzelnen Kandidaten ab. Für Frankfurt am Main formuliert er als Vorteile dessen Rolle als Zentrum der deutschen Chemieindustrie, das dortige Hauptquartier der US-Armee und den Frankfurter Flughafen. Der Frankfurter Flughafen war zur damaligen Zeit der einzige Flughafen in Deutschland, den Flugzeuge aus Japan anfliegen konnten. Dank der Flugverbindung erhoffte sich Nagamine, leichter Kunden aus Japan in Empfang nehmen zu können und zog auf dieser Grundlage Frankfurt als Kandidaten für die Errichtung des Büros in Erwägung. Der einzige Grund, warum sich Nagamine gegen Frankfurt entschied, war die mangelnde Verfügbarkeit an geeigneten Immobilien für die Eröffnung des Büros. Für Hamburg sah Nagamine wiederum als Standortvorteile den Hafen der Stadt und die dortigen Geschäftsaktivitäten anderer japanischer Handelshäuser. In Hamburgs Falls scheiterte die Eröffnung seines Büros an dem geringen Industrieaufgebot in der Umgebung.[23]

Die Wahl musste laut Nagamine letzten Endes auf Düsseldorf fallen, da der Einkauf von schwerindustriellen Gütern für Japans Wiederaufbau von fundamentaler Wichtigkeit war. Zu Nagamines Zeiten habe Düsseldorf jedoch noch keinerlei Beziehungen zu Japan gepflegt und sei dementsprechend in Japan unbekannt gewesen. Als Vorteil Düsseldorfs beschreibt Nagamine dessen geschäftliche Verbindung zum Ruhrgebiet. Er bezeichnet in seinem Text Düsseldorf als den „geeignetsten Ort, um Geschäfte in der Schwerindustrie zu machen […]".[24] Nagamine schreibt aber nicht ausschließlich über Vorteile Düsseldorfs, sondern auch über einen vermeintlichen Nachteil: die städtische Infrastruktur. Aufgrund der fehlenden Flugverbindung nach Japan musste er für Geschäftsbesuche aus seiner Heimat immer bis nach Frankfurt fahren. Damals seien 20 Stunden Verspätung bei Flügen aus Japan keine Seltenheit gewesen, weshalb für ihn das Abholen von Geschäftspartnern in Frankfurt jedes Mal ein mühseliges Unterfangen darstellte.[25]

Entgegen der Auffassung, die in sonstigen Veröffentlichungen der städtischen und japanischen Institutionen geteilt wird, hat zumindest für Okura & Co. die Infrastruktur der Landeshauptstadt keine entscheidende Rolle bei der Standortauswahl gespielt. Im Gegenteil behaupteten sich aus Nagamines Sicht in puncto Infrastruktur Frankfurt mit seiner Flugverbindung und Hamburg mit seinem Hafen als attraktivere Standorte. Selbst die geografische Lage Düsseldorfs findet bei ihm keine Erwähnung. Die einzige Nähe, die für ihn bei der Auswahl Düsseldorfs relevant war, war die zum Ruhrgebiet und nicht die zu anderen europäischen Ländern. Nagamine fasst an einer Stelle seiner Memoiren die Auswahl für Düsseldorf in einem Satz zusammen: „Letztendlich habe ich bei der Entscheidung, hier ein Büro zu eröffnen, die Arbeit mit der Schwerindustrie in den Fokus gerückt."[26]

Die zweite Veröffentlichung, die Erinnerungen von den Pionieren enthält, ist die Festschrift zum 25. Jubiläum des Japanischen Clubs *Rain no nagare* („Das Fließen des Rheins"). In dem Gesellschafts- und Geschichtsteil der Schrift sind Erinnerungen von ehemaligen Unternehmensentsandten aus der Entstehungszeit des Düsseldorfer Japanstandortes zusammengetragen. Einer der Erinnerungsberichte stammt von Morihide Hattori, dem ersten Geschäftsführer der Deutschen Mitsubishi Export- und Import-Gesellschaft, die sich am 28. Juni 1955 als erstes japanisches Unternehmen im Handelsregister eintragen ließ. Hattori gibt darüber Auskunft, wie es zu der Gründung der Niederlassung in Düsseldorf kam. So dachte man bei Mitsubishi nach dem Krieg zuerst an Hamburg, da man der Überzeugung war, dort leichter Geschäfte mit deutschen Unternehmen abschließen zu können. Mit dem Auftrag, eine profitable Umgebung zu wählen, entschied Hattori sich aber entgegen dieser Überzeugung für Düsseldorf.

Wie bereits Nagamine empfand Hattori Düsseldorf aufgrund seiner Verbindung zum Ruhrgebiet als geeigneten Kandidaten für die Errichtung einer Niederlassung.[27] Seine Entscheidung begründet er in den Memoiren wie folgt: „Für den Wiederaufbau des geschlagenen Japans war es vor allen anderen Dingen am wichtigsten und dringlichsten, so schnell wie möglich mit der entlang des Rhein liegenden Region Westdeutschlands für Schwer- und Chemieindustrie in engen Kontakt zu treten und von deren Wiederaufbau zu lernen[28] [...]". Anschließend führt Hattori aus, in Folge des hohen Bedarfes an Schwerindustrie die Ansiedlung weiterer japanischer Unternehmen vorausgesehen zu haben. Konkurrenzdenken veranlasste ihn demnach dazu, sich so früh wie möglich in Düsseldorf niederzulassen. Im weiteren Verlauf seiner Memoiren schreibt Hattori noch über drei Gründe, die für ihn Düsseldorf zu einem vorteilhaften Standort machten: den Flughafen, die geringe Entfernung zur japanischen Botschaft in Bonn und drei Golfplätze in der Umgebung.[29]

Im Gegensatz zu Nagamine erkennt damit Hattori die städtische Infrastruktur Düsseldorfs als einen Standortvorteil an, auch wenn zu seiner Zeit noch keine direkte Flugverbindung nach Japan existierte. Geografische und infrastrukturelle Standortvorteile Düsseldorfs bleiben damit in Hattoris Erinnerungen nicht unerwähnt. Trotzdem ist eine Unterscheidung zu den Standortfaktoren vorzunehmen, die in den Veröffentlichungen der städtischen und japanischen Institutionen beziehungsweise Vereinen als maßgebend erachtet werden. Hattori bezeichnet den Flughafen und die Botschaft in Bonn lediglich als *vorteilhaft*, aber nicht *entscheidend* für die Auswahl Düsseldorfs. Als entscheidenden Grund für die Auswahl in Düsseldorf nennt er ausschließlich die Verbindung zur Schwerindustrie des Ruhrgebietes.

Als ein letztes Beispiel für Pioniersaktivitäten dienen noch die Aufzeichnungen aus der Festschrift der Mitsui & Co. Deutschland GmbH von 1999, die das Unternehmen anlässlich seines 100. Jubiläums veröffentlichte. Die Schrift umfasst die gesamte Geschichte des Handelshauses Mitsui & Co. in Deutschland. Sie enthält zwar keine direkten Aussagen von den Pionieren des Unternehmens, trägt aber die Gründe für Mitsuis Wahl auf Düsseldorf zusammen, indem sie die Errichtungsphase der Niederlassung dokumentiert. Mitsui & Co. (damals noch als das „Neuunternehmen" Daiichi Bussan) errichtete nach dem Krieg zunächst ein Repräsentanzbüro in Hamburg. Grund dafür war die lange Geschäftsaktivität von Mitsui in Hamburg aus der Vorkriegszeit. Seinerzeit hatte man bei Mitsui das Ziel vor Augen, mithilfe alter Handelsbeziehungen die Geschäfte der Vorkriegszeit wiederzubeleben und im Bereich der Textil- und Petrochemieindustrie zu erweitern.[30] Erst durch einen Bericht des Leiters der Maschinenabteilung Tadashi Nakamura im Jahr 1953 richtete sich die Aufmerksamkeit von Daiichi Bussan auf NRW. In dem Bericht soll Nakamura Essen als das Zentrum der deutschen Industrie bezeichnet und von der dortigen Aktivität anderer japanischer Unternehmensvertreter berichtet haben. Im Anschluss daran eröffnete er im Namen des Unternehmens ein Repräsentanzbüro in Essen.[31]

Nakamuras Aufenthalt in Essen wurde von Nagamine in seinen Memoiren erwähnt. Nagamine berichtete von zwei Vertretern von „Neuunternehmen" des ehemaligen Mitsui-Konglomerates, die sich unmittelbar im Ruhrgebiet aufhielten.[32] Der Jubiläumsschrift zufolge verlegte Nakamura aber in Hinblick auf die in Japan bevorstehende Fusion der „Mitsui-Neuunternehmen" schon nach kurzer Zeit das Büro nach Düsseldorf, wo bereits Fusionspartner Nikkibo vertreten war.[33] Um die räumliche Situation von damals zu veranschaulichen, listet die Jubiläumsschrift eine tabellarische Übersicht zu der initialen Verteilung einiger japanischer Handelshäuser inklusive der Nachnamen ihrer jeweiligen Vertreter:

Tabelle 2: Verteilung japanischer Unternehmensvertreter um 1953

Standort	**Unternehmen**	**Vertreter**
Düsseldorf	Nikkibo	Tanaka und Aihara
	Fuji Shōji	Hiraiwa und Nagoya
	Tokyo Boeki	Sakamoto und ein weiterer Entsandter
	Okura Shōji	Nagamine und ein weiterer Entsandter
	Sumitomo Shōji	Osawa, Fukushima und ein weiterer Entsandter
	Shōkō Shōji	Zwei Entsandte
	Yahata Seitetsu	Sunabori
Duisburg	Nippon Kōkan	Kawada
Frankfurt	Kyōkuto Boeki	Yoshimura
Hamburg	Nichimen	Nakajima
	Tomen	Kawakami
	Yamamoto Shōkai	Yamamoto

(Übernommen aus: Mitsui & Co. Deutschland GmbH, *Die Geschichte von Mitsui in Deutschland*, 98)

Wie zu erkennen, lebten die meisten Kundschafter in Düsseldorf – hauptsächlich von den „Mitsubishi-Neuunternehmen" (Tokyo Boeki, Fuji Shōji) und „Mitsui-

Neuunternehmen" (Shōkō Shōji, Nikkibo). Darüber hinaus werden Nagamine und Okura & Co. mit aufgelistet, was die Kohärenz zwischen seiner Erzählung und Mitsuis Chroniken verifiziert.

Mit der Fusion der „Mitsui-Neuunternehmen" und Neugründung von Mitsui Bussan wurde 1954 die Deutsche Bussan Import und Export Gesellschaft (ab 1964 Mitsui & Co.) in Hamburg mit einer zusätzlichen Zweigniederlassung in Düsseldorf gegründet.[34] Die Niederlassung in Hamburg übernahm das Textil- und Konsumgütergeschäft und die in Düsseldorf den Handel mit Maschinen, Stahl sowie chemischen Erzeugnissen. Dem Bericht eines deutschen Mitarbeiters zufolge konzentrierte sich die Deutsche Bussan nach ihrer Gründung in erster Linie auf das Maschinengeschäft. Er selber war dabei für den Export von Bergwerksmaschinen nach Japan und die Planung mehrerer Werksbesichtigungen verantwortlich gewesen. Nach wenigen Jahren nahm darauf der Handel mit schwerindustriellen Gütern 60 % des Gesamtanteils von Mitsuis Bilanzsumme ein, was Stahl und Maschinen zum Hauptgeschäft des Unternehmens beförderte. Infolge dieser Entwicklung entschied man sich bei Mitsui & Co. im April 1962 für die Verlegung der Hauptniederlassung von Hamburg nach Düsseldorf.[35]

Auch für Mitsui & Co. schält sich der Handel mit der Schwerindustrie als entscheidendes Kriterium für die Wahl von Düsseldorf heraus. Das Großunternehmen versuchte sogar erst mit der Auswahl Essens unmittelbar im Ruhrgebiet Fuß zu fassen und nicht in dessen Umgebung. Letztendlich zog es Mitsui & Co. nach Düsseldorf, was aber nicht auf konkrete Standortfaktoren zurückzuführen ist, sondern auf die Ansammlung weiterer japanischer Entsandter in der Landeshauptstadt. Die Geschichte der Mitsui & Co. GmbH deutet damit auf erste Akteursnetzwerke hin, die von Beginn an die Auswahl der Unternehmen für Düsseldorf mit beeinflussten.

Das Narrativ

Die Erinnerungen der Pioniere zeigen, wie sich die von der Düsseldorfer Seite, dem Generalkonsulat und weiteren Akteuren angeführten Auslegungen der Standorthistorie im Vergleich zu diesen unterscheiden. Weder geben die Pioniere die geografische Lage noch die städtische Infrastruktur Düsseldorfs als ausschlaggebend für ihre Standortauswahl an. Schlussfolgernd hat sich im Laufe der Jahrzehnte eine Geschichte über den Ursprung des Standortes etabliert, die von den beteiligten Akteuren konstruiert und geteilt wird – ein sogenanntes Narrativ. Die Konstruktion dieses Narrativs soll aber nicht als ein absichtliches Vorgehen betrachtet werden. Es ist das Ergebnis eines kontinuierlichen Prozesses, der durch die Aussagen der Akteure konstituiert wird. Das Narrativ ist somit als diskursiv konstruiert zu verstehen. Der Soziologe und Diskurstheoretiker Reiner Keller präzisiert in seiner Theorie zu der wissenssoziologischen Diskursanalyse[36] die Rolle des Diskurses bei der Entstehung von Wissen:

> Diskurse existieren als relativ dauerhafte und regelhafte, d. h. zeitlich und sozial strukturierte Strukturierung von Prozessen der Bedeutungszuschreibung [...]. Ihnen kommt eine gewisse Historizität und Emergenz zu: als institutionalisierte Verbindungen von Formen (Praktiken) und Inhalten der Wissenskonstruktion sind sie einzelnen Akteuren vor- und nachläufig, ihrer Verfügungsgewalt und Kontrolle [...] in mehr oder weniger großen Teilen entzogen, auch wenn sie [...] ohne deren Aktualisierung in Handlungen un-bedeutend [sic!] wären.[37]

Im Fall der Entstehungsgeschichte des japanischen Wirtschaftsstandortes messen sämtliche Akteure Düsseldorfs Standortfaktoren ein unterschiedliches Maß an Bedeutung bei, die durch weitere Veröffentlichungen und weitere Diskursteilnehmende stetig aktualisiert werden. Die dabei entstehende Geschichte (Narrativ) erhält durch ihre Regelmäßigkeit eine Dynamik, die den Diskursteilnehmenden (Akteuren) keine Kontrolle gewährt – das Narrativ wird stetig weitergetragen und modifiziert. Die diskursive Regelmäßigkeit des Narrativs wird dabei insbesondere durch das Wiederholen gleicher Aspekte durch unterschiedliche Akteure gegeben. Gleichermaßen weisen die voneinander abweichenden Aussagen auf eine diskursive Regelmäßigkeit hin,[38] indem sie verdeutlichen, wie die Akteure das Narrativ modifizieren, aber nicht kontrollieren können. Zu einzelnen Subjekten im Diskurs führt Keller aus, dass sie zwar handlungsfähig sind, aber durch die historischen Diskurse mitkonstituiert werden.[39] Dementsprechend zeigen sich einzelne Akteure in ihren Aussagen durch das Narrativ beeinflusst. Sie können der Geschichte neue Elemente hinzufügen, aber sich nicht ihrer Dynamik entziehen.

Auslegungen zu der Geschichte des japanischen Wirtschaftsstandortes Düsseldorf als diskursiv konstruiertes Narrativ zu charakterisieren, soll nicht bedeuten, dass Argumente wie die geografische Lage oder städtische Infrastruktur Düsseldorfs überhaupt keine Rolle bei der Entstehung und Entwicklung des japanischen Wirtschaftsstandortes einnahmen. Es soll lediglich vorführen, wie schwer es ist, bei der Rekonstruktion des Vergangenen zu definieren, inwieweit und ab wann die einzelnen Standortfaktoren tatsächlich relevant waren. Die Erinnerungen der Pioniere können derweil Auskunft darüber geben, welches Argument für Düsseldorf sich am ehesten rekonstruieren lässt: Düsseldorfs Rolle als Verwaltungszentrale des Ruhrgebietes.

Ich möchte darauf hinweisen, dass selbst die von mir rekonstruierte Entstehungsgeschichte sich nicht jenseits des Diskurses bewegen kann. Meine Bedeutungszuschreibung der Standortfaktoren soll daher nicht als faktisch im Vergleich zu den restlichen verstanden werden. Sie dient dazu, das Narrativ aufzuzeigen, aber *nicht* zu dekonstruieren. Wie der schweizer Historiker Philipp Sarasin in seinem Aufsatz zu dem Verhältnis zwischen Diskurstheorie und Geschichtswissenschaft klarmacht, gibt es keine Quelle, die die vergangene Wirklichkeit eins zu eins abbildet. Auch wenn Dinge tatsächlich geschehen, bleibt die in den Quellen dargelegte Wahrnehmung der Wirklichkeit durch die Sprache ihrer Verfasser konstituiert. Sogar die selbsterlebte Geschichte kann sich nicht frei von Interpretationen und Missverständnissen machen. Aus diesem Grund stellen selbst die Erinnerungen der Pioniere keinen unmittelbaren Wirklichkeitsbezug her. Dennoch kann sich der Historiker nicht von den Quellen als Mittel für die Rekonstruktion des Vergangenen befreien. Sarasin zufolge ist es nach wie vor notwendig, die Texte in ihrem manifesten Sinn zu verstehen.[40] In der praktischen Umsetzung bedeutet dies: Düsseldorfs Rolle als der Schreibtisch des Ruhrgebietes erweist sich als der einzige Standortfaktor, dessen unmittelbare Rekonstruktion die Quellen zulassen.

Es verbleibt die Frage nach dem Zeitpunkt des Narrativs. Ab wann wurde es konstruiert? Ab welchem Zeitraum konnte nicht mehr klar definiert werden, welche Umstände Düsseldorf zum japanischen Wirtschaftszentrum des Kontinents machten? Und ab wann war im Diskurs überhaupt von Düsseldorf als „Japanzentrum Europas" die Rede? Für die Beantwortung dieser Fragen eignet sich die Analyse eines bisher noch unbehandelten Diskursteilnehmenden: die Tageszeitungen. Die Rheinische Post, die Westdeutsche Zeitung oder die Neue Ruhr Zeitung haben mit ihren Tagesmeldungen die gesamte Entwicklung des Düsseldorfer Japanstandortes bis heute umfassend dokumentiert. Eine Analyse der Zeitungsartikel ermöglicht es aus diesem Grund, die damalige Ausgestaltung des Diskurses zum Vorschein zu bringen. Der zu untersuchende Zeitraum für die Zeitungen lässt sich auf die 1950–1970er Jahre einschränken, da die Magazinveröffentlichungen der Institutionen und Vereine ab Mitte der 1970er Jahre bereits das Narrativ teilten und mitkonstruierten.

Unter den Artikeln der Rheinischen Post aus den 1950er Jahren lassen sich kaum welche erschließen, die die frühen japanischen Unternehmensaktivitäten in Düsseldorf thematisieren. Die einzigen Artikel, die sich zu dem Thema „Japan in Düsseldorf" ausfindig machen lassen, stehen dabei in keinem wirtschaftlichen, sondern kulturellen Kontext. So berichtete die Rheinische Post am 22. November 1954 von einer Veranstaltung im Kunstmuseum, bei der Düsseldorf drei Türen für die Friedenskirche in Hiroshima an den damaligen japanischen Botschafter überreichte.[41] Ein weiterer Text aus dieser Zeit stammt vom 23. Mai 1955 und handelt von einer „Tokio-Woche" der katholischen Kirche, die das Erzbistum Köln und Vertreter des Erzbistums Tokio zusammen in der Rheinhalle veranstalteten.[42]

Der einzige Artikel zu der Zeit, der die japanischen Expats in den Mittelpunkt rückte, heißt „Ein Gast kam aus Japan" vom 26. Februar 1955. Ein Reporter der Rheinischen Post interviewte einen Entsandten eines japanischen Unternehmens namens Hidenori Yaoi. Inhaltlich nahm der Text weder Bezug auf die Aktivitäten Yaois in Düsseldorf noch den genauen Grund, weshalb er sich in der Landeshauptstadt überhaupt aufhielt. Stattdessen zielte das Interview nur auf einen „kulturellen Austausch" ab, indem es ausschließlich die Herkunft von Yaois Namen und seinen „japanischen" Alltag im Hotelzimmer thematisierte.[43] Die Spärlichkeit der Artikel inbezug auf den Standort und die Diaspora in den 1950er Jahren spiegelt die Abwesenheit eines dazugehörigen Diskurses wider. Sie klären nicht über die

Gründe auf, weshalb die japanischen Unternehmensentsandten sich in Düsseldorf befanden, aber heben genau dadurch das Fehlen des Narrativs hervor. Die 1950er Jahre können somit nicht als Zeitraum für den Ausgangspunkt des Narrativs betrachtet werden.

Der früheste Zeitungsartikel, der sich in der Geschichtskartei des Düsseldorfer Stadtarchivs zu den japanischen Unternehmensaktivitäten in Düsseldorf finden lässt, stammt von den Düsseldorfer Nachrichten (ab 1973 unter dem Namen: „Westdeutsche Zeitung") vom 27. August 1963. Der Titel lautet: „600 Japaner leben in Düsseldorf".[44] Der Artikel beabsichtigte, über die damalige Größe der japanischen Diaspora und deren Entstehungshintergrund aufzuklären. Später bekannte Schlagwörter wie „Japanisches Wirtschaftszentrum in Europa" oder „Klein-Tokio am Rhein" blieben dabei allerdings noch aus. Demnach fand sich zu diesem Zeitpunkt im Diskurs noch keine Darstellung Düsseldorfs als das Zentrum der japanischen Wirtschaftsaktivitäten und keine entsprechende Vermarktung des Standortes. Ungeachtet dessen machte der Artikel bereits auf die Größe der Diaspora im Vergleich zu anderen deutschen Großstädten aufmerksam.[45]

Um die Motivation der japanischen Unternehmensentsandten für ihre Auswahl Düsseldorfs in Erfahrung zu bringen, war in dem Artikel ein Interview mit dem stellvertretenden Direktor der Bank of Tokyo abgedruckt. Die Düsseldorfer Nachrichten fragten ihn, was für eine Art von Geschäften die japanischen Unternehmensentsandten in Düsseldorf tätigen würden. Der Banker erwiderte, dass die japanischen Unternehmen sich trotz ansteigender Exporte aus Japan für den Einkauf deutscher Investitionsgüter in der Bundesrepublik niederließen. Im nachstehenden Abschnitt erkundigte die Zeitung sich nach dem Grund, warum Deutschland für dieses Vorhaben am besten geeignet sei und wahlte als Antwort folgendes Zitat des Bankdirektors: „Wir brauchen Maschinen aller Art, vor allem solche für Automatisierung. Die modern ausgestattete deutsche Industrie kann sie uns liefern."[46] Für Düsseldorfs Position gegenüber den anderen Unternehmensstandorten in Deutschland hatte die Zeitung im Anschluss eine eigene Erklärung: „Über Düsseldorf schleusen sie vor allem Chemikalien, Kugellager und Metallwaren ein. Die kleineren japanischen ‚Brückenköpfe' in Hamburg und Frankfurt widmen sich in erster Linie dem Verkauf von Textilien und optischen Geräten."[47] Der Artikel nannte letztendlich außer der Möglichkeit zum An- und Verkauf von Investitionsgütern keine Standortvorteile Düsseldorfs, die für die Entsandten relevant gewesen sein sollen. Folglich wurde der Diskurs bereits Anfang der 1960er konstituiert, das Narrativ aber noch nicht.

Deutlich anders sieht es bereits ein Jahr später aus. Am 28. März 1964 meldeten die Düsseldorfer Nachrichten: „Düsseldorf: Europäisches Zentrum der Japaner". Der Titel vermittelt direkt ein anderes Bild als der Artikel von 1963. Spätestens mit den einleitenden Worten „Düsseldorf ist das größte japanische Zentrum auf dem europäischen Festland" wird klar, dass der Standort als größter Europas in das diskursive Bewusstsein rückte. Erneut drehte sich der Text um die Frage „Warum Düsseldorf?" und ließ dafür japanische Expats Rede und Antwort stehen. Jeder von ihnen konzentrierte sich dabei in der Erzählung auf ein unterschiedliches Ansiedlungsargument, was den Düsseldorfer Nachrichten ermöglichte, die Landeshauptstadt so facettenreich wie möglich darzustellen.

Als Erstes wurde ein Mitarbeiter der japanischen Botschaft in Bonn gefragt, der die geografische Lage und günstigen Verkehrsanbindungen als Standortvorteile heranzog.[48] Damit ist es wieder ein Institutionsangehöriger und kein Unternehmensentsandter, der diesen Faktoren Wichtigkeit beimisst. Der Kontrast zwischen den Aussagen von Unternehmens- und Institutionsangehörigen wird außerdem im weiteren Verlauf des Artikels auffällig. Beim zweiten Befragten handelte es sich um einen Mitarbeiter eines japanischen Handelshauses. Seiner Auffassung nach ist Düsseldorf durch seinen Ruf als industrielles Zentrum der wichtigste Platz für Ex- und Import Geschäfte – die geografische Lage ließ er unerwähnt. Infrastrukturelle Vorteile baute der Mitarbeiter des Handelshauses hingegen in seine Erzählung mit ein. So empfand er den Flughafen dank der Flugverbindungen in andere EG-Länder als einen attraktiven Vorteil Düsseldorfs.[49]

Schon Morihide Hattori von der Mitsubishi Export- und Import-Gesellschaft beschrieb den Flughafen Düsseldorfs als einen wichtigen Standortfaktor. Die wiederholte Nennung des Flughafens deutet damit auf eine Regelmäßigkeit in den Erzählungen der Expats über die städtische Infrastruktur hin. Nagamines Memoiren demonstrieren indessen die gleichzeitige Unregelmäßigkeit des Flughafens als Standortfaktor hinsichtlich der Entscheidungsfrage für Düsseldorf. Er empfand in Anbetracht der fehlenden Flugverbindung nach Japan den Düsseldorfer Flughafen als einen infrastrukturellen Nachteil.[50] Den Flughafen gilt es daher nach wie vor als *vorteilhaften* aber nicht *entscheidenden* Faktor zu betrachten – einstimmig verbleibt nur der Handel mit der deutschen Schwerindustrie.

Der letzte interviewte Expat in dem Artikel war ein Entsandter der Bank of Tokyo. Für ihn habe als Motivation für eine Niederlassung in Düsseldorf die vorangegangene Entscheidung anderer japanischer Unternehmen im Vordergrund gestanden. Ihn zitiert die Zeitung mit: „Eine Firma zieht eben die andere nach."[51] Der Bankangestellte hat nicht Unrecht: Die Unternehmensnetzwerke und der einhergehende Nachzug weiterer Unternehmen nahmen eine essenzielle Rolle für die Entwicklung des Wirtschaftsstandortes ein; insbesondere in Hinblick auf die Ansiedlung der Banken (siehe Kapitel 3). Wenn man sich aber die Frage nach dem Ursprung des Wirtschaftsstandortes stellt, ist der Nachzug weiterer Unternehmen irrelevant.

Insgesamt gibt der Text der Düsseldorfer Nachrichten von 1964 endlich Aufschluss: Das Narrativ fing bereits 10 Jahre nach den ersten Unternehmensniederlassungen an, konstruiert zu werden. Der Titel sowie das Debüt geografischer und infrastruktureller Faktoren in dem Artikel machen dies deutlich. Während somit in den 1950er Jahren noch kein Diskurs über die Ansiedlung japanischer Unternehmen in Düsseldorf existierte, ist er Mitte der 1960er bereits in vollem Gange. Auffällig ist dabei, dass der Diskurs zur selben Zeit entstand wie die japanische Infrastruktur in der Stadt, die durch die zuströmenden Expats und ihren Familien sich anfing herauszubilden (siehe Kapitel 4). Das heißt: Der Diskurs und die einhergehende Konstruktion des Narrativs sind an die Aufmerksamkeit der Diskursteilnehmenden gebunden, die wiederum von der Größe des Standortes konstituiert wird. Dabei ist wichtig zu erwähnen, dass der Artikel der Düsseldorfer Nachrichten vom 28. März 1964 nicht als der Startschuss des Narrativs zu verstehen ist. Die Artikel von 1964 sollen nur als Indikatoren für den Zeitraum dienen, in dem das Narrativ begann, konstruiert zu werden.

Dem Soziologen Willy Viehöver zufolge sind nicht einzelne Texte als Quellen von Narrationen zu betrachten, vielmehr die übergeordneten Diskurse.[52] Nichtsdestotrotz spielen gerade die Zeitungen eine gesonderte Rolle gegenüber den anderen Akteuren im Diskurs. Sie tragen durch ihre Tagesmeldungen den Diskurs erst an die Öffentlichkeit und bestärken dadurch dessen Eigendynamik. Institutionen wie die Japanische Botschaft in Bonn oder das Generalkonsulat gelangen erst mithilfe der Zeitungen an Zuhörer, die jenseits der institutionellen Grenze liegen.[53] Die Institutionen selber spielen im Diskurs aber gleichermaßen eine zentrale Rolle. Keller bezieht sich auf die Theorie der Wissenssoziologie von Berger und Luckmann und charakterisiert Institutionen als die Kontrollmechanismen hinter den Wissensvorräten einer Gesellschaft. Demnach würden Institutionen allein durch ihr Vorhandensein und ihre spezifische sinnhafte Ordnung von Wirklichkeitsbereichen über eine objektive Faktizität verfügen, die vor allem durch ihre Weitervermittlung an Dritte gewonnen wird.[54] Die unterschiedlichen Versionen der Geschichte, die die Institutionen darlegen, tragen dementsprechend ein außerordentliches Gewicht zu der Schaffung des Narrativs bei – insbesondere wenn die Zeitungen ihnen dabei als „Sprachrohr" dienen. Das Narrativ gilt es trotzdem als ein Gesamtprodukt *aller* Akteure zu verstehen, einschließlich der wissenschaftlichen Veröffentlichungen[55] und Individuen wie der Bürgerinnen und Bürger der Stadt, die durch das Teilen des Narrativs zu dessen Fortleben beitragen.

Für die Analyse des Narrativs soll aber an dieser Stelle Schluss sein. Der Diskurs hinter der Standortgeschichte sowie ein Erklärungsansatz für die Entstehung des Standortes sind von mir rekonstruiert und angeführt worden. Noch ist aber nicht geklärt, wieso sich die Schwerindustrie für die japanischen Unternehmen nach dem Krieg als dermaßen essenziell herausstellte, und damit bleibt die Frage nach der Entstehung des Wirtschaftsstandortes offen.

2 Warum Düsseldorf? Die Richtungsweisung der japanischen Industriepolitik

Warum Düsseldorf? Auf diese Frage liefert ausschließlich eine Aufarbeitung des wirtschaftspolitischen Kontextes eine Antwort, in dem sich Japan in den Jahren nach dem Zweiten Weltkrieg befand. Von Ende der amerikanischen Besatzungszeit bis Japans Beitritt zum internationalen Währungsfond (kurz: IMF) und der Organisation für wirtschaftliche Zusammenarbeit und Entwicklung (kurz: OECD) im Jahr 1964 war Japans Wirtschaftspolitik durch ein industriepolitisches System geprägt, das sowohl die wirtschaftliche Expansion des Landes im In- als auch Ausland diktierte.

Industriepolitik bezieht sich der Definition des Wirtschaftswissenschaftlers David Flath nach auf den Einsatz von Subventionen, Steuererlassungen, Handelsrestriktionen oder Kartellgenehmigungen durch die Regierung zur gezielten Lenkung von Ressourcen an bestimmte Industrien.[1] All dieser Praktiken bedienten sich die japanischen Bürokraten in der Nachkriegszeit, um das wirtschaftliche Wachstum des Landes zu garantieren, was gleichzeitig wegweisende Folgen für Düsseldorf und seinen Wirtschaftsstandort hatte. Um die Geschichte der japanischen Industriepolitik und ihren Einfluss auf Düsseldorf nachvollziehen zu können, ist es zuallererst notwendig, auf Japans unmittelbare Situation nach dem Krieg einzugehen.

Japans Lage nach dem Krieg

Nach dem Zweiten Weltkrieg befand sich die japanische Wirtschaft an einem absoluten Tiefpunkt. Die Zerstörung sorgte für einen Verlust von schätzungsweise 1,38 Billionen Yen, und das nationale Einkommensniveau sank im Vergleich zur Vorkriegszeit von 14,5 auf 6,5 Milliarden Yen. Auch die Produktion litt unter den Folgen des Krieges. Aufgrund der fehlenden Rohstoffe aus dem Ausland fiel das Produktionsniveau auf das von 1926 zurück und konnte nur noch zur Bereitstellung von Strom, Kohle und Gas aufrechterhalten werden, um minimale Lebensanforderungen zu erfüllen.[2] Die japanische Wirtschaft musste auf schnellstem Wege revitalisiert werden, damit das wirtschaftliche Niveau aus der Vorkriegszeit wieder erreicht werden konnte.

Zur Verwirklichung dieses Zieles wurde im August 1946 das „Economic Stabilization Board" (kurz: ESB) errichtet, das die volle Kontrolle über fast alle Bereiche der Wirtschaft übernahm. Das ESB führte ein System zur Priorisierung bestimmter Industrien ein, um zunächst die Wirtschaftszweige wiederzubeleben, die es als essenziell für den Wiederaufbau schätzte – darunter insbesondere die Stahl- und Kohleindustrie. In der praktischen Umsetzung bedeutete dies: Das ESB entschied, welche Industrie durch Kredite der „Reconstruction Finance Bank" (kurz: RFB) subventioniert werden durfte und welche nicht. Selbst Privatbanken mussten auf Anweisung des ESB 50 % ihrer Kredite an die zu priorisierenden Industrien vergeben.[3] Um die Förderung einzelner Industrien besser koordinieren zu können, unterteilte zudem das ESB das japanische Wirtschaftsministerium („Ministry of Commerce and Industry") in industriespezifische Büros. Von nun an führte das Ministerium ein Stahl-, Maschinen- oder Mineralienbüro.[4] Letztendlich stieg durch die Politik des ESB das Produktionsniveau der jeweiligen Industriezweige von 1946 bis 1948 um 80 % an. Angesichts einer immensen Inflation – ausgelöst durch die Menge an Subventionen und Preiskontrollen – schrieb die japanische Wirtschaft aber weiterhin rote Zahlen.[5]

Das Inflationsproblem sollte erst 1949 mit der Ankunft des amerikanischen Bankers Joseph Dodge gelöst werden. Dodge legte im Rahmen seiner Stabilisierungspolitik, der sogenannten Dodge Line, einen einzigen Währungskurs für den Yen fest. Ziel war es, den Yen in die Weltwirtschaft mit aufnehmen zu können und somit den japanischen Außenhandel wiederzubeleben. Dodges Vorgehen brachte gleichzeitig die Schließung der RFB und die Beendigung derer Subventionen mit sich, was für die japanischen Unternehmen schwere Liquiditätseinschränkungen zur Folge hatte. Subventionen sollten von nun an nur noch durch Steuern und Kredite der Bank of Japan ermöglicht werden.[6]

Eine weitere Maßnahme von Dodge lag in der Privatisierung des japanischen Außenhandels, die eine alleinige Preisbestimmung durch den Markt vorsah. Dodge gab allerdings nur in der Theorie den japanischen Außenhandel in die Hände der Unternehmen zurück. Durch die 1949 und 1950 verabschiedeten Gesetze zur Kontrolle des Außenhandels („Foreign Exchange and Foreign Trade Control Law") und der ausländischen Direktinvestitionen („Foreign Capital Law") standen sämtliche Auslandsdevisen sowie Technologietransfers unter der Kontrolle des Wirtschaftsministeriums, das kurz zuvor als „Ministry of International Trade and Industry" (kurz: MITI) reorganisiert wurde. Dem MITI war dank der neuen Gesetze der Weg zur Durchsetzung industriepolitischer Maßnahmen und Aufrechterhaltung der Bürokratiemacht geebnet.[7]

Das MITI und die Hochwachstumsphase

Durch die Verabschiedung der Devisen- und Investitionskontrolle unternahm Japan die ersten und größten Schritte zur Etablierung eines industriepolitischen Systems, und das hatte letztendlich Auswirkungen auf die Entwicklungen in Düsseldorf. Die Gesetze ermächtigten die Regierung dazu, die Zusammensetzung der japanischen Importe zu bestimmen, ausländische Direktinvestitionen zu stoppen und die Ankäufe ausländischer Technologien von Unternehmen zu kontrollieren.[8] Hauptverantwortlich für die Kontrolle der Devisen waren im engeren Sinne das internationale Handelsbüro des MITI und das Devisen Büro des Finanzministeriums (kurz: MOF). Mithilfe dieser Aufteilung stand der elitäre Beamtenapparat der

Regierung an der Spitze der japanischen Wirtschaft der Nachkriegszeit. Für die Unternehmen zogen die Gesetze nach, dass für jede Transaktion mit ausländischer Währung beim Import und Export eine Genehmigung des MITI benötigt wurde, und für alle anderen Transaktionen mit ausländischer Währung jene des MOF – ohne die Genehmigung des MITI durfte keine ausländische Technologie eingeführt und kein Joint Venture gegründet werden.[9]

Der Politikwissenschaftler Chalmers Johnson charakterisiert in seinem Klassiker über das Ministerium, „MITI and the Japanese Miracle", die Auswirkungen der Devisenkontrolle auf die japanische Wirtschaft: „In the era of high-speed growth, control of the foreign exchange Budget meant control of the entire economy. It was MITI that exercised this controlling power, and foreign currency allocations were to become its decisive tool for implementing industrial policy."[10] Die japanische Wirtschaft lag demgemäß fest in den Händen der Ministerien beziehungsweise jenen der Bürokratie.

Doch welche Absichten verfolgte das MITI mit dieser drastischen Kontrollausübung? Die Elitebürokraten waren der Überzeugung gewesen, dass sich für den schnellen Wiederaufbau und das Wachstum der japanischen Wirtschaft sämtliche Handelsaktivitäten auf die Aneignung technologischen Fortschritts konzentrieren sollten. Als Teil dieses Plans beabsichtigten sie, sämtliche Ressourcen auf die zu priorisierenden Industriezweigen zu lenken.[11] Ausschlaggebend für die These der Bürokraten erwiesen sich unter anderem die wirtschaftlichen Auswirkungen des Koreakrieges, dank dem Japan einen enormen Anstieg seiner Exporte verzeichnete. Der Exportanstieg verhalf Japan nach dem Krieg zwar erstmalig aus der Rezession heraus, ließ aber gleichzeitig die Exportpreise zu stark ansteigen, um im internationalen Markt mitzuhalten. Japan sah sich gezwungen, für die Modernisierung der heimischen Industrieausrüstung neue Technologien aus dem Ausland anzuschaffen.[12]

Das langfristige Ziel hinter den Technologieakquisitionen lag darin, qualitativ hochwertige Fertigwaren zum Export bereitstellen zu können. Mittels konkurrenzfähiger Exportwaren beabsichtigte man wiederum Devisen zum Einkauf natureller Ressourcen zu erwirtschaften, um der Ressourcenknappheit des Landes entgegenzuwirken.[13] Diese strukturelle Veränderung der japanischen Wirtschaft bezeichnete das MITI als „industrielle Rationalisierung".[14] Aufgrund der industriellen Rationalisierung machten 1975 bereits Rohstoffe 63 % der japanischen Importe aus und nur 27 % industrielle Erzeugnisse, während die Bundesrepublik Deutschland zu 57 % industrielle Erzeugnisse importierte und nur 27 % Rohstoffe.[15]

Industriezweige, die vom MITI als Schlüsselindustrien erachtet wurden, waren hauptsächlich die Stahl-, Elektro-, Transport-, Bergbau- und Chemieindustrie. Basierend auf der Modernisierung dieser Industriezweige beabsichtigte man, die der restlichen aufzubauen (z. B. die Modernisierung der Maschinenindustrie). Die Schlüsselindustrien profitierten durch Subventionen, Steuererleichterungen oder Kartellausnahmen, mit der Absicht, sie zu Investitionen anzutreiben. Gleichzeitig versuchte das MITI durch protektionistische Methoden wie Zölle oder Importkontingente, die Schlüsselindustrien und den heimischen Markt vor ausländischen Übernahmen zu schützen.[16] So beschwerte sich die deutsche Wirtschaft in den 1950er/60er Jahren immer wieder über die vom MITI festgelegten Importquoten und die Notwendigkeit von Importlizenzen.[17]

Aus einem Briefverkehr zwischen einem deutschen Unternehmen und der Handelskammer Hamburg geht hervor, dass das MITI eine schwarze Liste führte, die den Handel mit betroffenen ausländischen Unternehmen einschränkte. Auf die Liste wurden jene Unternehmen gesetzt, die japanischen Unternehmen bei vergangenen Transaktionen (durch zum Beispiel stornierte Waren) Verluste einbrachten.[18] Protektionistische Maßnahmen hinsichtlich Importkontingenten für leichtindustrielle Exportgüter waren bis zum ersten Deutsch-Japanischen Handelsabkommen von 1960 und weiteren Liberalisierungsschritten Mitte der 1960er Jahre aber auch gängige Mittel der deutschen Wirtschaftspolitik, die der japanischen Wirtschaft Dumpingvorwürfe machte.[19]

Den wichtigsten Baustein zur Umsetzung der gezielten Förderung legten das MITI und das MOF 1951 mit der Gründung der japanischen Entwicklungsbank. Der Entwicklungsbank wurde durch den sogenannten Fiscal Investment and Loan Plan (kurz: FLIP) Zugriff auf die Ersparnisse der Nation gewährt. Das FLIP-System war besonders beliebt bei den Bürgerinnen und Bürgern, da es ihnen ermöglichte, Ersparnisse bei der Post einzuzahlen, ohne dabei Steuern abgeben zu müssen. Der Entwicklungsbank und den Ministerien wurde infolge dessen eine gewaltige Menge an Kapital zur Verfügung gestellt, das sie wiederum in Form von Krediten an die priorisierten Industriezweige zur Finanzierung der Technologieakquisitionen verteilten.[20] Die niedrigen Zinsraten zielten darauf ab, die Unternehmen zur weiteren Aufnahme von Krediten für Investitionsaktivitäten zu bewegen. Das MITI informierte dabei die Entwicklungsbank jährlich über die gewünschte Menge an Krediten. Das System hatte Erfolg: Von 1951 bis 1960 gingen mehr als 63 % der Kredite an die Elektronik und Schiffbauindustrie und weitere 14 % an die Kohle- und Stahlindustrie. In den späten 1950er Jahren finanzierten sich ein Drittel aller Ausrüstungseinkäufe der Kohle-, Schiffbau- und Elektroindustrie durch Kredite.[21] Die Regierung war dementsprechend unmittelbar in die Kapitalausstattungen der Schlüsselindustrien verwickelt.[22]

Den Einfluss des MITI auf die Unternehmen im Rahmen der Industriepolitik gilt es nicht in Form einer Befehlskette, sondern einer Art Druckausübung durch Empfehlungen zu betrachten. Unternehmen, die den Investitionsanweisungen des MITI Folge leisteten, erhielten Zugang zu Kapital, Steuererleichterungen, Genehmigungen für den Import von Technologien oder die Gründung von Joint Ventures.[23] Diese Art von systematischer Einflussnahme bezeichnete das MITI als „administrative Führung".[24] Mithilfe der „administrativen Führung" gelang es dem MITI überdies, eine Einigung zwischen den Unternehmen bei der Adaption neuer Technologien zu schaffen und sie zu Kooperation zu motivieren. Der gezielten Schaffung eines Konsens lag der Gedanke zugrunde, den Wettbewerb so gering wie möglich zu halten, um Ressourcen im nationalen Interesse effizient für das Wirtschaftswachstum nutzen zu können.[25] Johnson zufolge benötigt es einen nationalen Konsens wie die Beschleunigung des Wirtschaftswachstums, damit Industriepolitik effektiv eingesetzt werden kann.[26] Den nationalen Konsens befeuerte die Regierung 1960 mit der Implementierung des „Double Income Plan" noch einmal, der mittels einer Verdoppelung des nationalen Grundeinkommens versuchte, Enthusiasmus für das Wirtschaftswachstum anzukurbeln.[27]

Die Strategie des MITI ging auf: Von Anfang der 1950er bis Anfang der 1960er Jahre kauften zahlreiche japanische Unternehmen im Ausland Know-how und Patente in den besagten Industriezweigen im Namen der Nation beziehungsweise des MITI ein. Hauptsächliche Anlaufstellen waren die USA und Europa, wo sich die heimischen Unternehmen ohne große Einwände zum Verkauf ihrer Technologien an die japanischen Unternehmen bereit erklärten.[28] Der Grund für die Kooperation des Westens liegt dem Historiker Kenneth B. Pyle nach in einer Unterschätzung des japanischen Marktes nach Kriegsende. So habe der Westen Japan als zu klein und ungefährlich für die eigenen Märkte eingeschätzt.[29] Johnson zufolge konnten aus diesem Grund die japanischen Unternehmen die neuen Technologien zu aus heutiger Sicht günstigen Preisen erwerben.[30]

Die Einführung neuer Technologien hatte unmittelbare Auswirkungen auf die japanische Wirtschaft. Dank der Modernisierung der Industrien schaffte Japan es bereits 1955 wieder, sein Produktionsniveau aus der Vorkriegszeit zu erreichen – die Maschinen- und Stahlproduktion übertraf das Niveau sogar. In der Folge fluteten neue Produkte und Industriezweige den Markt, wodurch gleichzeitig das Einkommens- und Konsumniveau anstieg und sich erneut auf dem Level der Vorkriegszeit bewegte – der Wiederaufbau galt als abgeschlossen.[31] Mit dem bloßen Wiederaufbau des Landes sollte aber längst nicht Schluss sein. Bis Mitte der 1970er Jahre wuchs – mit Ausnahme von vereinzelten Rezessionsphasen – die japanische Wirtschaft um das 55-fache: Zwischen 1955 und 1960 betrug die Wachstumsrate 9,1 %, zwischen 1960 und 1965 9,8 % und von 1965 bis 1970 12,1 %. Die durchschnittliche Wachstumsrate von mehr als 10 % bis Mitte der 1970er Jahre stellte die bis dato größte der japanischen Geschichte dar und bewegte sich auf einem drei Mal so hohen Niveau wie die der USA. Wie rapide das Wachstum voranschritt, lässt sich gut am Produktionsniveau erkennen, denn 1962 betrug es nur ein Drittel von 1975.[32] Insbesondere der japanische Export entwickelte sich im selben Zeitraum auf bemerkenswerte Weise. Von 1955 bis 1970 vermochte Japan es, dank der nunmehr technologisch fortschrittlichen und international kompetitiven Produkte, seinen Output um das 25-fache steigern.[33] Dieser Zeitraum (insbesondere ab 1962) wird als „Hochwachstumsphase" bezeichnet und weltweit als ein Wirtschaftswunder der Nachkriegszeit aufgefasst.[34]

Ob jedoch einzig und allein die Industriepolitik des MITI für das Wirtschaftswunder verantwortlich gemacht werden kann, bleibt in der Wissenschaft umstritten. Johnson sieht sich als ein klassischer Vertreter der Position, die die Industriepolitik als Hauptfaktor für das Wirtschaftswachstum erachtet. Auch wenn die Macht des MITI und die Strenge der Industriepolitik mit der Liberalisierung der Devisen im Jahr 1964 deutlich abnahm, deutet Johnson die „administrative Führung" des Ministeriums als den Grundstein für das Wachstum in den Folgejahren. Er bezeichnet das Wirtschaftssystem Japans der Nachkriegszeit als ein *planwirtschaftliches* und nicht *marktorientiertes*.[35] Hierbei grenzt er das System zwar – aufgrund eines Mangels an ideologischen Gründen – von damaligen Wirtschaftssystemen wie jenem der Sowjetunion ab, erkennt aber den alleinigen Einsatz von Industriepolitik als ausreichendes Merkmal für eine Planwirtschaft an:

> In the plan-rational state, the government will give the greatest precedence to industrial policy, that is, to a concern with the structure of domestic industry and with promoting the structure that enhances the nation's international competitiveness. The very existence of an industrial policy implies a strategic, or goal-oriented approach to the economy.[36]

Pyle gilt ebenso als ein Vertreter der Position Johnsons. Er geht so weit und charakterisiert das planwirtschaftliche System Japans als eine Form des Nationalismus. Ihm zufolge hörte nach dem Zweiten Weltkrieg der Nationalismus als grundlegende Ideologie Japans nicht auf zu existieren, sondern äußerte sich nur in einer anderen Form. Während das Ziel der Nation zu Kriegszeiten in der Stärkung der Militärmacht lag, habe es sich nach dem Krieg in ein Streben nach Wirtschaftsmacht umgewandelt. Diese neue Form des Nationalismus bezeichnet Pyle als „Wirtschaftsnationalismus".[37] Sowohl Pyle als auch Johnson sehen das Überleben der Bürokratie aus Kriegszeiten als essenziellen Faktor für die Etablierung und den Erfolg des industriepolitischen Vorgehens der Nachkriegszeit an. Angesichts des größtenteils unveränderten ministerialen Systems und des kontinuierlich gebliebenen Personals, hätten die Elitebürokraten so ihre Erfahrungen aus Kriegstagen sich zu Nutze machen und im Ergebnis optimieren können.[38] Johnson versteht daran anknüpfend die Existenz einer elitären Wirtschaftsbürokratie als Folge von rationaler Planwirtschaft.[39]

Ein prominenter Vertreter einer konträren Position zu der von Johnson und Pyle ist David Flath. Flath sieht die japanische Industriepolitik nicht als am ausschlaggebendsten für das Wirtschaftswachstum an. Der Machtverlust des MITI sowie der Eintritt der Hochwachstumsphase Mitte der 1960er Jahre habe demnach zufällig im gleichen Zeitraum gelegen, und erst durch diese Überschneidung sei Japans Industriepolitik bekannt geworden. Flath bezieht sich in seiner Argumentation auf Industrien wie Kohle, Stahl, Elektronik oder Schiffsbau, die die Industriepolitik zwar bis 1964 priorisierte, die aber weniger zum Hochwachstum beitrugen als andere Wirtschaftszweige. Nach den Handelsliberalisierungen Mitte der 1960er Jahre folgten dann in seiner Theorie die Unternehmen nicht mehr den Vorgaben der Regierung, sondern denen des Weltmarktes.[40] Auch in Bezug auf die Wiederaufbauphase von 1946 bis 1955 sieht Flath die Richtlinien der Regierung nicht als notwendig an. So habe die Marktwirtschaft ganz alleine dank des allgemeinen Wunsches nach Wohlstand den Wiederaufbau in die Wege geleitet und nicht die Regierung.[41]

Ob Industriepolitik nun als der wahre Faktor für das japanische Wirtschaftswunder anzuerkennen ist oder nicht, bleibt in Frage zu stellen. Fest steht: Die Entwicklungen der Nachkriegszeit lösten in der japanischen Industrielandschaft einen nachhaltigen Wandel aus. Bis Mitte der 1970er Jahre zentrierte sich die Industriepolitik auf die Förderung von Schwerindustrie, was sich in der Produktion widerspiegelte. Während vor dem Krieg noch Seide- und Baumwolltextilien sowie landwirtschaftliche Erzeugnisse den Industrieoutput anführten, drängten nach dem Krieg vor allem Stahl, Maschinen und weitere Erzeugnisse in den Vordergrund.[42] Insbesondere anhand der bedeutsamsten Ausfuhrgüter in den jeweiligen Jahrzehnten macht sich der industrielle Wechsel bemerkbar. Während von Ende des Krieges bis Anfang der 1960er Jahre noch leichtindustrielle Erzeugnisse wie Textilien und landwirtschaftliche Erzeugnisse die Ausfuhr Japans in die Bundesrepublik bestimmten, waren es am Ende der Hochwachstumsphase Anfang der 1970er Jahre Maschinen, Eisen- und Stahlerzeugnisse sowie elektrotechnische Produkte, die mit drei- bis achtfach so hohen Werten den japanischen Export nach Deutschland dominierten.[43]

Der industrielle Wandel übte nicht nur Einfluss auf den Handel mit Japan aus. Selbst bei der Standortauswahl der ersten japanischen Unternehmen in Deutschland spiegeln sich die Veränderungen fast eins zu eins wider. Wie aus der Einleitung bereits hervorging, erachtete man vor dem Krieg Hamburg mit seinem Hafen als das Zentrum japanischer Aktivitäten in Deutschland. Die Geschäftsaktivitäten der dortigen Unternehmen konzentrierten sich allerdings hauptsächlich auf den Export leichtindustrieller Güter wie Textilien, Perlen oder landwirtschaftliche Erzeugnisse nach Deutschland.[44] In den ersten Jahren nach dem Krieg beziehungsweise bis zur Etablierung des „MITI-Plans" dominierte die Leichtindustrie den deutsch-japanischen Handel weiterhin.[45]

Im Umkehrschluss sammelten sich Anfang der 1950er Jahre in Hamburg japanische Handelshäuser wie C. Itoh, Marubeni oder Toyomenka, um mit den Geschäften aus der Vorkriegszeit fortzufahren. An der Spitze des Umsatzgeschäftes dieser Handelshäuser stand der Verkauf textiler Güter. Im Laufe der 1950er Jahre mussten die Handelshäuser in Hamburg aber realisieren, dass der bloße Handel mit Konsumgütern nicht mehr ausreichte. Es tat not, so schnell wie möglich Geschäftsbeziehungen zu Eisen- und Stahlherstellern zu knüpfen und in der Schwerindustrie Fuß zu fassen.[46] Wie die Pioniere der Unternehmensentsandten aus Kapitel 1 es betonten, empfand man schwerindustrielle Güter wie Eisen und Stahl als unabdingbar für den Wiederaufbau Japans, und das Know-how des Ruhrgebietes war zu deren Sicherung der beste Garant gewesen.

Doch nicht nur inhaltlich, sondern auch zeitlich stimmt die Ansiedlungsphase der Pioniere in Düsseldorf mit der Ära der Technologieakquisitionen überein. Der

Wirtschaftswissenschaftler Osamu Nariai sieht die Jahre von 1951 bis 1954 als den wesentlichen Zeitraum für die japanischen Technologieeinkäufe.[47] Damit benennt er denselben Zeitraum, in dem Okuras, Mitsubishis und Mitsuis Ansiedlungen in der Landeshauptstadt erfolgten.

Besonders eindeutig lässt sich die Bedeutung des industriellen Wandels für die Wahl Düsseldorfs anhand der Textilhandelshäuser in Hamburg ausmachen. C. Itoh, Marubeni, Toyomenka, Gosho und Nissho eröffneten alle von 1955 bis 1960 zusätzliche Zweigniederlassungen in Düsseldorf oder verlegten gar ihren Hauptsitz dorthin, um ihren schwerindustriellen Expansionen nachgehen zu können.[48] Ob die Umstrukturierung des Umsatzgeschäfts unmittelbar auf industriepolitische Anweisungen oder auf reines Konkurrenzdenken gegenüber den Stahlhandelshäusern wie Mitsubishi zurückzuführen ist, bleibt unklar. Letzten Endes verdeutlicht die geschäftliche Umorientierung der Handelshäuser aber, dass die gezielte Prioritätssetzung des MITI auf schwerindustrielle Güter bis in das Landesinnere der Bundesrepublik ihre Wirkung zeigte.

Düsseldorf und Hamburg im Visier der japanischen Bürokratie

Auf indirekte Weise expandierte das MITI sogar selber nach Deutschland in Form der „Japan Export Trade Promotion Agency" (kurz: JETRO), die 1951 von dem Ministerium als staatliche Exportförderungsorganisation ins Leben gerufen wurde. Die erste Anlaufstelle war hier – wie bei den meisten Unternehmen – zunächst Hamburg gewesen. Die Niederlassung in der Hansestadt eröffnete 1958 unter dem Namen „JETRO Japan Trade Center" und war die erste Handelszentrale beziehungsweise Hauptniederlassung der Organisation auf dem europäischen Kontinent. Einfluss auf die initiale Wahl Hamburgs könnte der Fakt genommen haben, dass der damalige Leiter der JETRO-Hauptzentrale in Tokio, Fumihiko Kai, ein ehemaliger Generalkonsul Hamburgs war. Erst in den Folgejahren entstanden weitere Handelszentralen in London, Mailand und Paris.[49]

Die Bezeichnung „Handelszentrale" erfolgte aus der damaligen Aktivität der JETRO. Zur Bewerbung des japanischen Außenhandels fand dort regelmäßig eine Ausstellung japanischer Industrieerzeugnisse statt. Eine Zweigstelle in Düsseldorf öffnete 1962 ihre Türen, allerdings ohne jegliche Industrieausstellungen.[50] Zwei Jahre später richtete das MITI in Düsseldorf zusätzlich eine Niederlassung der JETRO namens „JETRO Light Machinery Center" ein, die hauptsächlich zu Marktforschungszwecken und Bewerbung leichtindustrieller Exportartikel wie optischer Instrumente und elektronischer Geräte diente.[51] Die Errichtung des Zentrums verdeutlicht, wie Mitte der 1960er Jahre die japanische Regierung und die Unternehmen in Düsseldorf nicht mehr ausschließlich an dem Import deutscher Investitionsgüter und Know-how Interesse zeigten und Kurs auf den Export eigener Erzeugnisse setzten. Bis Mitte der 1980er Jahre folgten weltweit 77 weitere Büros der JETRO in 57 Ländern.[52]

Trotz der verzögerten Eröffnung machen die Einrichtungen der JETRO in Düsseldorf die Haltung des MITI gegenüber dem Standort deutlich. Das Ruhrgebiet scheint dabei schon weitaus früher im Blick der japanischen Regierung gelegen zu haben. So informierte ein Vertreter der Stadt Hamburg in einem Schreiben von Juli 1949 die dortige Handelskammer über den Besuch einer japanischen Delegation in Essen. Der Vertreter klärte in dem Schreiben auf, dass der Besuch rein auf eine private Einladung eines rheinischen Industriellen zurückzuführen ist und die Landesregierung von NRW nichts von dem Treffen wusste.[53] Was für einen genauen Zweck der Besuch der Delegation erfüllte und welche Rolle der „rheinische Industrielle" dabei spielte, lässt sich an dieser Stelle nur mutmaßen. Dennoch belegt das Schreiben Kontaktanbahnungen zwischen dem Ruhrgebiet und der japanischen Regierung, die bis auf das Gründungsjahr des MITI zurückreichen.

In einem weiteren Schreiben an den damaligen Bürgermeister der Stadt Hamburg, Max Brauer, wird die Verbindung zwischen den Wirtschaftsstandorten in Deutschland und dem MITI noch konkreter: Eine Delegation von hochrangigen Beamten des MITI (u. a. Vizeminister und Vizedirektor) besuchte 1950 im Zuge ihrer „Welttournee" die Stadt Hamburg mit der Absicht, sich den Hafen und die wirtschaftlichen Gegebenheiten des Standortes anzuschauen.[54] Es ist anzunehmen, dass Ergebnisse dieser Besichtigung Einfluss auf spätere industriepolitische Richtlinien beim Expansionsvorhaben in Deutschland nahmen – sowohl für als auch gegen die Interessen der Hansestadt.

Zur genaueren Untersuchung der Verbindung zwischen der japanischen Regierung und Düsseldorf sprach ich mit einem ehemaligen Direktor der JETRO-Niederlassung, der seit den 1980er Jahren für die Organisation aktiv war (zunächst als stellvertretender Direktor in Hamburg). Auch wenn die Errichtung der beiden Niederlassungen weit vor seiner Amtszeit stattfand, konnte er mir Einblicke in deren Hintergründe gewähren. Demzufolge betrieb das MITI als Teil seines Planes, Japan zu einer Industrienation auszubauen, Nachforschungen über industriepolitische Maßnahmen in anderen Nationen wie Deutschland. Die Standortauswahl der JETRO stand dabei in Abhängigkeit zu den Industriezweigen, die das MITI besonders interessierten, und das war im Fall Düsseldorfs die Eisen- und Stahlindustrie.[55]

Der Aufgabenbereich der JETRO in Düsseldorf und Hamburg stellte schon seit den Anfängen der Organisation einen breiten Diskussionsgegenstand dar. Ihre Hauptaufgabe lag in der Förderung des japanischen Exports. So betrieb die JETRO eine umfangreiche Forschung des deutschen Marktes, um japanische Unternehmen für eine erfolgreiche Vermarktung ihrer Produkte mit Informationen zu versorgen. Darüber hinaus diente die Handelszentrale in Hamburg mit ihren Ausstellungsräumen dazu, Exporterzeugnisse der japanischen Industrie zu bewerben und die japanischen Handelshäuser mit deutschen Kunden zusammenzubringen. Das Budget für sämtliche Tätigkeiten stammte dabei direkt vom MITI.[56] Auf der deutschen Seite herrschte jedoch zunächst Verwirrung über den tatsächlichen Aufgabenbereich der Organisation, sodass das deutsche Wirtschaftsministerium die Marktforschungen als Versuche von Wirtschaftsspionage interpretierte und die Handelskammer Hamburg um eine Untersuchung der JETRO bat. Die Tätigkeit der Kundenvermittlung wurde derweil als eine absichtliche Benachteiligung der im Japangeschäft stehenden deutschen Handelshäuser verstanden und stieß bei der Handelskammer Hamburg auf Widerstand. Die JETRO wies die Anschuldigungen zurück und betonte, stets eine neutrale Geschäftspolitik zu verfolgen.[57]

Nach Japans abgeschlossener Wiederaufbauphase Anfang der 1960er Jahre und seinem Beitritt zum IMF-Abkommen und zur OECD 1964 erweiterte sich das Aufgabenfeld der Organisation auf den Import von Rohstoffen, um den Rohstoffbedarf des Landes systematisch zu decken. Zur Schaffung eines neuen Images wechselte die JETRO ihren Namen von „Japan Export Trade Promotion Agency" auf „Japan External Trade Organisation". Die Spannungen mit der deutschen Seite gelang es ihr aber nicht dadurch zu beheben, da der Ostasiatische Verein in Hamburg die Bestrebungen der Importförderung als „Störaktionen" bezeichnete und behauptete, dass die Handelskammer in Düsseldorf diese Ansicht teile. Die Handelskammer in Düsseldorf wies dies zurück und betonte, der JETRO keine besondere Bedeutung beizumessen.[58]

Im Laufe der Jahrzehnte und mit Abnahme der industriepolitischen Richtlinien äußerten sich die Ziele der JETRO immer mehr in der Sicherstellung eines gerechten Warenaustausches zwischen beiden Ländern. Zur Dienstaufgabe des von mir interviewten ehemaligen Geschäftsführers in den 1980er Jahren gehörte bereits Lobbyismus bei Bund und Land, die Vorbereitung von Messen sowie Hilfestellungen für den Eintritt deutscher Unternehmen in den japanischen Markt zum Tätigkeitsbereich der Organisation. Zudem nahm die Importförderung deutscher Waren nach Japan einen beachtlichen Raum in den Tätigkeiten der Organisation ein.[59]

Meinem Interviewpartner zufolge hatten darüber hinaus in den 1950er/60er Jahren nicht nur die Aktivitäten der JETRO intensiver mit den Vorstellungen des MITI im Einklang gestanden, sondern auch ihr Personal hatte eine engere Beziehung zu dem Ministerium gepflegt. Als Beispiel dafür nannte er einen seiner Vorgänger, der ein direkter Mitarbeiter des MITI war und nach seinem Posten als JETRO-Direktor in Düsseldorf zum Vizeminister des Ministeriums aufstieg.[60] Auf die nun entscheidende Frage, ob ein direkter Zusammenhang zwischen der damaligen JETRO in Deutschland und der Industriepolitik Japans existiere, entgegnete der ehemalige Geschäftsführer wie folgt: „Ja. Ich denke zwar nicht in Bezug auf alle Aktivitäten, aber sie standen wahrscheinlich mit Japans Industriepolitik in Verbindung. Zu meiner Zeit [1980er Jahre] war es aber tatsächlich die Marktwirtschaft, über die ich am meisten lernen musste. Und vor diesem Hintergrund gab es auch die JETRO".[61] Die Aussage spiegelt den strukturellen Wandel der japanischen Wirtschaft – weg von einer Planwirtschaft und hin zu einer freien Marktwirtschaft – in dem veränderten Tätigkeitsbereich der JETRO wider.

Die JETRO war aber nicht die einzige Institution der japanischen Industriepolitik, die Kontrolle auf die Geschehnisse in Düsseldorf ausübte. Der im Jahr 1955 gegründete Interessenverband „Japan Machine Tool Trade Association" expandierte 1962 (im gleichen Jahr wie die JETRO) in die Landeshauptstadt, wo er seiner zugeteilten Rolle im industriepolitischen Gefüge nachging. Die ursprüngliche Aufgabe des Verbandes bestand darin, Mitgliedsunternehmen dabei zu helfen, an Devisengenehmigungen für den Import von Maschinenwerkzeugen vom MITI zu gelangen und Einfuhrzölle zu reduzieren. Ab 1957 wurde die Japan Machine Tool Trade Association vom MITI damit beauftragt, Bericht darüber zu erstatten, inwiefern die Importe von Maschinenwerkzeugen entsprechend der erlangten Lizenzen durchgeführt wurden. Dabei leitete der Verband zusätzlich Informationen von der Regierung an seine Unternehmensmitglieder weiter.[62] In Düsseldorf verfügte die Japan Machine Tool Trade Association ähnlich wie die JETRO-Hauptniederlassung in Hamburg über Ausstellungsräume, um japanische Exporterzeugnisse zu bewerben.[63] Die Niederlassung des Verbandes erwies sich damit am Standort als ein weiterer verlängerter Arm des Ministeriums und seiner Industriepolitik.

Die Aktivitäten der industriepolitischen Institutionen sowie der industrielle Wandel der japanischen Wirtschaft demonstrieren den Einfluss der japanischen Wirtschaftspolitik auf die Entstehung des Standortes in Düsseldorf. Neben den industriepolitischen Maßnahmen des MITI bestimmten aber noch weitere Reformen die Struktur der japanischen Wirtschaft in der Nachkriegszeit und die Entwicklungen in Deutschland. Mit der Potsdamer Erklärung von 1945 und der resultierenden Besatzung durch die amerikanischen Streitkräfte wurde Japan nicht nur demilitarisiert und demokratisiert. Die amerikanische Militäradministration, auch genannt „General Headquarters" (kurz: GHQ), versuchte außerdem, Japans Industriestruktur an das amerikanische Vorbild anzupassen. Konkret bedeutete dies: die Zerschlagung der mächtigen Konglomerate aus der Kriegszeit, der *Zaibatsu*.[64]

Reorganisation und Auslandsexpansion der Handelshäuser

Die Maßnahmen des GHQ zu Beginn der Nachkriegszeit lösten ein Beben in Japans Unternehmenswelt aus, das die japanischen Unternehmen zum Umdenken ihrer bisherigen Geschäftspolitik zwang. Von der Meiji-Zeit bis zum Ende des Zweiten Weltkrieges hielten Unternehmenskonglomerate, die sogenannten *Zaibatsu*, die japanische Wirtschaft fest in ihrem Griff. Die *Zaibatsu* waren im Familienbesitz stehende Holdinggesellschaften, die Industrie- und Handelsunternehmen in allen Wirtschaftsbranchen sowie zahlreiche Finanzinstitutionen unter sich vereinten.[65]

Die zehn größten *Zaibatsu* beherrschten bis Kriegsende 35 % des eingezahlten Kapitals aller Kapitalgesellschaften in Japan und nahmen 50 % des gesamten Außenhandelsvolumens ein. Sie kontrollierten die komplette Rüstungsindustrie und mehr als die Hälfte der gesamten Landesproduktion. Den größten Bekanntheitsgrad und Einfluss unter den zehn hielten: Mitsui, Mitsubishi, Sumitomo und Yasuda. Deren Monopolstellung baute sich deshalb so stark aus, weil ihr Einfluss bis weit in die Politik hineinreichte. Die Regierung selber setzte sich zum Teil aus Angehörigen oder Interessenvertretern der *Zaibatsu*-Familien zusammen. Den Familien gelang es dadurch, ein monokapitalistisches Wirtschaftssystem über Jahre aufrecht zu erhalten und zu den eigenen Gunsten zu stärken.[66]

Den Vorstellungen des GHQ von einer freien Marktwirtschaft entsprach das Konzept der *Zaibatsu* nicht im Geringsten. Im Zuge von Japans Demokratisierung sahen die Amerikaner vor, den mächtigsten Familien Japans schnellstmöglich das Handwerk zu legen. Das Antimonopolgesetz, das als Teil der neuen Verfassung 1947 in Kraft trat, befahl die umgehende Auflösung der Unternehmenskonglomerate. Im Detail beinhaltete das Gesetz die folgenden Maßnahmen:

1. Die Auflösung und das Verbot sämtlicher Dachgesellschaften.
2. Enteignung aller Arten von Wertpapieren und Neuverteilung der Aktien an Unternehmen und Individuen, die nicht mit den *Zaibatsu*-Familien in Verbindung standen.
3. Die Beschränkung von Personal auf 100 Angestellte und davon nicht mehr als 2 Personen, die zuvor in einer Führungsposition eines *Zaibatsu*-Unternehmens tätig waren.

Eine Freistellung von Schritt drei konnte der Unternehmenschronik der Mitsubishi Corporation zufolge beantragt werden. Aus Sorge, eines Monopolisierungsversuches verdächtigt und weiter sanktioniert zu werden, sah man bei Mitsubishi aber davon ab.[67]

Zur Durchsetzung der Maßnahmen rief das GHQ die „Holding Company Liquidation Commission" ins Leben. Die Kommission enteignete die 56 *Zaibatsu*-Familien und 83 Konzerne ihrer Wertpapiere und stellte sie zum Erwerb für die Bevölkerung zur Verfügung – hierbei durfte niemand mehr als 1 % eines Unternehmens besitzen. Bis 1950 gingen somit 70 % aller Unternehmensaktien in den Besitz von Privatpersonen über. Das Vorgehen gab vielen aufstrebenden Managern die Chance, sich Toppositionen in Japans führenden Unternehmen zu sichern. Die Entflechtungen der Unternehmen betrafen insgesamt um die 20 Dachgesellschaften. Die Übrigen mussten ihre Unternehmensstrukturen den Bestimmungen des Antimonopolgesetzes anpassen.[68]

Im Fall der größten Dachgesellschaften (Mitsui und Mitsubishi) endete der Entflechtungsprozess in der Entstehung von 170 beziehungsweise 163 kleinen Nachfolgeunternehmen. In Mitsubishis Kreisen bezeichnete man diese Unternehmen als *Shingaisha*, übersetzt: „Neuunternehmen". Die *Shingaisha* durften weder den Namen ihrer Konglomeratsvorgänger tragen noch ein Stammkapital von über 250.000 Yen besitzen.[69] Im Laufe der folgenden Jahre reduzierte sich bei Mitsubishi die Anzahl der „Neuunternehmen" erheblich: 35 von ihnen gingen bereits 1948 kurz nach ihrer Gründung bankrott, 25 überdauerten die Deflationsmaßnahmen von Joseph Dodge nicht und 20 weitere gingen zwischen 1952 und 1953 an dem Rückgang der

Textilindustrie zugrunde. Im Jahr 1952 verblieben gerade einmal 54 „Neuunternehmen" und damit die Hälfte ihrer ursprünglichen Anzahl.[70]

Die Entflechtungen akzeptierten Mitsubishi und Mitsui aber nicht auf Dauer. Bereits 1949 strebten beide Konzerne eine Wiedervereinigung ihrer respektiven „Neuunternehmen" an. Entsprechend den Richtlinien der „Holding Company Liquidation Commission" gründeten die ehemaligen Präsidenten Mitsubishis 1950 das Unternehmen unter dem Namen Kōwa Jitsugyō neu – wenn auch in deutlich kleinerer Form. Mitsubishi beziehungsweise Kōwa Jitsugyō nahm nach kurzer Zeit aufgrund diverser Lockerungen immer mehr Größe an. Der erste Schritt beinhaltete die Entschärfung des Antimonopolgesetzes von 1950, durch die die Maßnahmen zur Personalbeschränkung aufgehoben wurden. Im Ergebnis folgte eine Reihe von Fusionen zwischen den „Neuunternehmen", sodass deren Anzahl sich nur noch auf zwölf belief. Diese verbleibenden zwölf teilten daraufhin drei ehemalige Präsidenten des Mitsubishi-*Zaibatsu* in drei Unternehmen unter sich auf: Tokyo Boeki, Tōzai Koeki und Fuji Shōji. Die drei Unternehmen fungierten als voneinander unabhängige Handelshäuser, auf die die drei Präsidenten die Geschäfte des Mitsubishi-*Zaibatsu* verteilten – Konkurrenzdenken blieb dabei nicht aus. Ihre Unternehmensstrukturen und Arbeitsweisen sollen dem ursprünglichen Handelshaus des *Zaibatsu* geähnelt haben.[71]

Eine weitere Lockerung, die Mitsubishi deutlich näher an seine ursprüngliche Form bringen sollte, versprach die Auflösung der „Holding Company Liquidation Commission" ausgelöst durch den Friedensvertrag von San Francisco im Jahr 1951. Von nun an durften Kōwa Jitsugyō und dessen Pendants bei Mitsui und Sumitomo ihre alten Namen wieder führen, wodurch das Handelshaus offiziell zum neuen Mitsubishi transformierte. Es verblieb nur noch ein Schritt zur erhofften Wiedergeburt des Großunternehmens: die Zusammenschließung der drei verbleibenden *Shingaisha* unter dem neuen Mitsubishi-Handelshaus.[72]

Das Vorhaben erwies sich allerdings aufgrund der unterschiedlichen Wirtschaftskraft der Unternehmen schwieriger als erwartet. Fuji Shōji schrieb deutlich schlechtere Geschäftszahlen als seine beiden Mitstreiter, weshalb diese zunächst eine Fusion verweigerten. Mit der Einsicht, ohne eine vollständige Fusion die geplante Vereinheitlichung des Schwerindustriezweiges nicht vollziehen zu können, gelang es letztendlich den drei Unternehmen und Mitsubishi sich zu einigen. Der Fusionsbeschluss von Juli 1953 beauftragte die vollständige Übertragung der Geschäfte und des Personals von Tokyo Boeki, Tōzai Koeki sowie Fuji Shōji auf das Handelshaus Mitsubishi – alle vier Unternehmen sollten in diesem Prozess gleichberechtigt behandelt werden. Am 12. Januar 1954 machte Mitsubishi die Fusion offiziell. Die Position des Präsidenten stand Katsujirō Takagi von Fuji Shōji zu, während Ichirō Hattori von Tokyo Boeki als auch Kansan Tanaka von Tōzai Koeki als dessen Berater dienten. Mit einem Stammkapital von 650.000.000 Yen galt die „Wiedergeburt" Mitsubishis als abgeschlossen. Erneut nahm das Unternehmen dadurch die Größe eines Generalhandelshauses (auf japanisch: *Sōgō Shōsha*) an.[73]

Die Unternehmenschronik hält die neue Geschäftspolitik des damals frisch gegründeten Generalhandelshauses fest:

> Die nach dem Krieg vollständig veränderte Wirtschaft unseres Landes rückte für den Wiederaufbau Importe zur Weiterentwicklung der Schwer- und Chemieindustrie, die Sicherung von Lebensmitteln sowie Exporte zur Beschaffung der dafür nötigen ausländischen Währung in den Mittelpunkt unseres Außenhandels. Hierunter fanden sich Geschäfts- und Handelsfelder, die man in der Vorkriegszeit noch nicht zu Gesicht bekommen hatte.[74]

Die von Mitsubishi formulierte Ausrichtung auf schwerindustrielle Güter gibt die Ziele der Industriepolitik des MITI wieder und legt gleichzeitig eine Orientierung zum Ruhrgebiet nahe. Doch wie vermochte Mitsubishi es, so kurz nach seiner Neugründung eine Verbindung zum Ruhrgebiet herzustellen? Die Antwort findet sich bei den „Neuunternehmen", die in den Jahren vor der Fusion bereits den Grundstein für einen erfolgreichen Außenhandel legten. Durch Geschäftsbeziehungen aus Vorkriegszeiten knüpften sie Verbindungen zum Ausland und reaktivierten so das Auslandsnetzwerk des alten Mitsubishi.[75] So befanden sich bereits vor der Fusion Mitsubishis 1952 Tokyo Boeki und Fuji Shōji am Düsseldorfer Standort. Nach den Aussagen des Pioniers von Okura & Co. hatte sich schon vor ihm ein Geschäftsmann von Tokyo Boeki namens Shimada in Düsseldorf aufgehalten. Von Fuji Shōji sei ein Geschäftsmann namens Hiraiwa kurz darauf im Februar 1952 in der Landeshauptstadt eingetroffen.[76]

Insbesondere bei Tokyo Boeki lässt sich das Interesse für Düsseldorf problemlos nachvollziehen, denn das Handelshaus übernahm in der Nachkriegszeit die Geschäfte von Mitsubishi Heavy Industries, dem Schwerindustriezweig des alten Mitsubishi. Die Chronik des Unternehmens liefert darüber hinaus die unmittelbare Erklärung dafür, wie Düsseldorf als Standort die Aufmerksamkeit von Tokyo Boeki auf sich ziehen konnte. Demzufolge konnte Tokyo Boeki dank eines ehemaligen Vertreters des Krupp Repräsentanzbüros in Japan Kontakt zur Hauptzentrale in Essen herstellen. Dabei verfolgte das Handelshaus das Ziel, deutsche Maschinen nach Japan zu importieren. Des Weiteren vermochte Tokyo Boeki es, Vorkriegs-Handelsbeziehungen Mitsubishis zu dem Düsseldorfer Anlagebauunternehmern Schloemann[77] (heute unter dem Namen: SMS Group) wieder aufzubauen und damit Zugriff auf Hütten- und Walzwerktechnik wie Eisenverarbeitungsmaschinen und Strangpressen zu erhalten. Darüber hinaus erwarb Tokyo Boeki im Rheinland Handelsrechte zum Import von Maschinen der Kohleindustrie und Know-how über Gießverfahren.[78]

Auch auf Seite der Schloemann AG gelang es mir, die ersten Geschäftsbeziehungen zwischen Tokyo Boeki und dem Anlagebauunternehmen nach dem Krieg festzuhalten. Demnach empfing die Schloemann AG bereits im Oktober/November 1950 eine Nachkriegskommission der japanischen Eisenindustrie im Haus ihres Vorsitzenden Rolf Hentschel in der Sohnstraße 7, der ein Mitarbeiter von einem der vier „Neuunternehmen" angehörte, die sich 1952 zu Tokyo Boeki zusammenschlossen (Taijirō Suzuki von der Seiwa Trading Co., Ltd).[79] Die ersten Aktivitäten der japanischen Handelshäuser in Düsseldorf gehen somit auf die Zeit vor Tokyo Boeki und den Friedensvertrag von San Francisco zurück, was in bisherigen Veröffentlichungen zu der Geschichte des japanischen Wirtschaftsstandortes Düsseldorf unbeachtet blieb.[80]

Zwischen April 1951 und März 1953 folgten drei weitere Besuche von Suzuki bei Schloemann. Beim Besuch im April 1951 begutachtete Suzuki zusammen mit anderen Unternehmensangehörigen aus Japan Walzwerkmodelle des Unternehmens und dinierte mit den Entscheidungsträgern Schloemanns erneut im Haus Hentschel. Im August desselben Jahres erfolgte ein weiteres Abendessen dort, an dem neben Suzuki der von Nagamine genannte Entsandte Tokyo Boekis, Yoshio Shimada, teilnahm. Dies bestätigt, dass sich dieser noch vor dem von Nagamine erfassten Zeitraum in Düsseldorf aufhielt. Zusätzlich zu den beiden Entsandten versammelten sich bei dem Abendessen zahlreiche Geschäftsvertreter japanischer Stahlhersteller wie Nippon Kōkan oder Kawasaki Iron & Steel Works, was darauf hindeutet, dass das Treffen dazu diente, Kaufverträge auszuhandeln, die über Seiwa Trading beziehungsweise Tokyo Boeki zwischen den japanischen Stahlherstellern und Schloemann abgewickelt werden sollten.[81] Wie Max Eli in „Sogo Shosha", seiner umfangreichen Arbeit zu den japanischen Generalhandelshäusern argumentiert, stand die japanische Eisen- und Stahlindustrie in einer hohen Abhängigkeit zu dem Beschaffungs- und Absatznetz der japanischen Handelshäuser, sodass diese das Import- und Export-Geschäft der Stahlhersteller stemmten.[82]

Neben der Besprechung von ersten Handelsverträgen könnten die Abendessen im Haus Hentschel zur Planung von Schloemanns Aktivitäten in Japan gedient haben. 1953 eröffnete Schloemann ein Büro neben Tokyo Boeki im Mitsubishi Shōji Building in Tokyo, bei dessen Errichtung der Präsident von Tokyo Boeki namens Shō und Tajirō Suzuki dem Anlagebauunternehmen zur Seite standen.[83] Die Aufgabe des Büros bestand darin, „die von japanischen Firmen in Auftrag gegebenen Maschinenanlagen ihres Erzeugungsprogramms zur Einsparung von Devisen in japanischen Werkstätten fertigen zu lassen".[84] Die Geschäftsbeziehung zwischen Schloemann und Tokyo Boeki half somit der geschäftlichen Expansion beider Unternehmen und nicht ausschließlich der von Tokyo Boeki.

Aber wie stand es um die beiden anderen Vorgänger Mitsubishis, Fuji Shōji und Tōzai Koeki? Bei Fuji Shōji lassen sich die Aktivitäten in Düsseldorf schwieriger zurückverfolgen als bei Tokyo Boeki, da das Handelshaus keine Geschäftsbeziehungen mit der Schloemann AG unterhielt. Fuji Shōji pflegte stattdessen nach dem Krieg Beziehungen zu zwei Unternehmen in Hamburg und Berlin: der European Import- und Export Gesellschaft und Klassen & Iglish GmbH. Nichtsdestotrotz lassen sich von Fuji Shōjis Tätigkeitsfeld schnell Rückschlüsse auf Düsseldorf ziehen, denn das Handelshaus übernahm die Geschäfte des ehemaligen Mitsubishi Chemical und in Teilen die von Heavy Industries. Fuji Shōji trug dadurch ebenso die Verantwortung für den Import von Eisenverarbeitungsmaschinen, was die Suche nach Geschäftsbeziehungen zu anderen Düsseldorfer Anlagebauunternehmen nahelegt.[85]

Tōzai Koeki befasste sich zwar wie Fuji Shōji mit dem Import von Maschinen zur Stahlproduktion, konzentrierte seine Aktivitäten aber ausschließlich auf den amerikanischen Markt. Da damals schon die USA Japans wichtigster Handelspartner waren, galten die Geschäftsbeziehungen von Tōzai Koeki als die wichtigsten unter den drei „Neuunternehmen". Zugleich war Tōzai Koeki das umsatzstärkste Unternehmen des Trios.[86] Wie ich aus meinem Interview mit dem ehemaligen Präsidenten der Wirtschaftsvereinigung Stahl entnehmen konnte, konnte trotz der ertragreichen Umsätze in Amerika die Qualität des amerikanischen Stahlgeschäftes nicht mit der des deutschen mithalten. Dieser Qualitätsunterschied sei entscheidend für die Expansion der japanischen Unternehmen in Deutschland gewesen:

> Die japanischen Unternehmen haben kräftig investiert; gemeinsam mit der deutschen Stahlindustrie gehörten sie zur Weltspitze. Beide bemühten sich, im Qualitätswettbewerb ganz vorn zu sein. Wenn man sich auf der Stahllandkarte damals umsah: die USA hingen technisch weit zurück, China steckte noch in den Anfängen. Deutschland war in Europa führend, sowohl mit Blick auf die Volumina, als auch mit Blick auf die Qualität der Produkte, nicht zu vergessen die Ausrüstungstechnik.[87]

Das Argument des Qualitätsunterschieds lässt sich als ein zusätzlicher Faktor dafür interpretieren, weshalb Tokyo Boeki und Fuji Shōji ausgerechnet in demselben Standort in Europa ihre Geschäftsbeziehungen verfolgten.

Mit der Fusion von 1954 endeten die Aktivitäten der beiden „Neuunternehmen" in Düsseldorf und gingen im selben Jahr mit der Ankunft von dem Pionier Morihide Hattori an die „Deutsche Mitsubishi Export- und Import-Gesellschaft" über, die sich am 28. Juni 1955 als erstes japanisches Unternehmen im Düsseldorfer Handelsregister eintragen ließ. Prokura erhielten unter anderem die beiden Pioniere Yoshio Shimada und Tatsuo Hiraiwa von Tokyo Boeki und Fuji Shōji.[88] Die Geschäftsbeziehungen zur Schloemann AG blieben bestehen, sodass bereits im Juli 1956 Morihide Hattori zusammen mit Yoshio Shimada und weiteren Angestellten der Mitsubishi-Niederlassung sowie dem Präsidenten von Kobe Steel Works erneut im Haus Hentschel eingeladen waren.[89] Wie den Kundenkarteikarten Schloemanns zu entnehmen, führte das Treffen mit hoher Wahrscheinlichkeit zu dem Abschluss eines Kaufvertrages für den Import von Stahlrohr- und Profilpressanlagen durch Mitsubishi im Oktober und November desselben Jahres. Doch auch für weitere Stahlhersteller wie Fuji Iron & Steel oder Kawasaki Steel übernahm ab der zweiten Hälfte der 1950er Jahre Mitsubishi den Import der Schloemann-Produkte.[90]

Bei der „Deutschen Mitsubishi Export- und Import-Gesellschaft" handelte es sich aber nicht um das einzige japanische Handelshaus, dessen *Shingaisha* den Grundstein für die Geschäfte in Düsseldorf legten. Anfang der 1950er Jahre waren gleichermaßen die „Neuunternehmen" von Mitsui wie Daiichi Bussan, Nikkibo oder Daiichi Tsūshō am Standort aktiv gewesen. Seine Ursprungsform erlangte das Handelshaus Mitsui zwar erst nach einer Reihe von Fusionen durch die Daiichi Bussan im Jahr 1959,[91] aber seine Geschäfte nahm das Unternehmen genau wie Konkurrent Mitsubishi bereits 1954 als „Deutsche Bussan Import- und Export Gesellschaft" wieder auf und ließ sich rund zwei Monate nach diesem im lokalen Handelsregister eintragen.[92]

Auch Mitsuis Haupttätigkeit in Düsseldorf lag beim Import neuester Technologien der Stahl- und Chemieindustrie. Der hohe Stellenwert des Technologieimportes sorgte bei Mitsui 1960 obendrein für die Errichtung des „Mitsui Technical Development Centers". Dessen einzige Aufgabe bestand in der Akquisition neuester Technologien für das Heimatland.[93] Mit dem Eintritt der Hochwachstumsphase und Japans Exportbestrebungen im Jahr 1962 setzte Mitsui in Düsseldorf seinen geschäftlichen Schwerpunkt auf die Ausfuhr japanischer Maschinen, deren Entwicklung das Handelshaus dank der vorausgegangenen Phase des Technologietransfers realisierte. Zur Beschleunigung der Absätze verlegte Mitsui noch im selben Jahr seine Hauptgeschäftsstelle von Hamburg nach Düsseldorf.[94]

Sowohl Mitsubishi als auch Mitsui erkannten somit schon früh das Potential vom „Schreibtisch des Ruhrgebiets" und wickelten über diesen mit ihren Niederlassungen einen Großteil ihrer Geschäfte in Europa ab. Die beiden *Zaibatsu*-Nachfolger blieben aber mit ihrem Expansionsvorhaben nicht lange alleine. Schon bald sorgte deren Standortauswahl für den Nachzug der restlichen *Sōgō Shōsha*.

Die *Sōgō Shōsha* als Speerspitze des japanischen Außenhandels

Der Begriff *Sōgō Shōsha* beschreibt einen kleinen Kreis an Handelshäusern, die nach dem Zweiten Weltkrieg den japanischen Außenhandel dominierten und dessen technologische Expansion anführten. Bereits vor Abschluss des Friedensvertrages von San Francisco stemmten sie 36 % des japanischen Außenhandels – 1960 sogar die Hälfte. Ihr Sortiment umfasste, angefangen bei Metallen und Elektrogeräten bis hin zu Textilien oder Lebensmitteln, das gesamte Spektrum an Welthandelsgütern – daher die Bezeichnung „Generalhandelshaus".[95]

Neben dem Handel als Hauptaktivität vereinten die *Sōgō Shōsha* eine Vielzahl weiterer Funktionen wie Informations- und Güterbeschaffung, Marketingübernahme, Finanzierung oder Transport- und Lagerbereitstellung.[96] Den Grund für die Funktionsvielfalt der Generalhandelshäuser sieht Zielke in der Trennung von Handel und Produktion in Japan. Demnach existierte nach dem Krieg in Japan eine große Anzahl an kleinen Herstellern, die aus Zeit-, Wissens- oder Kapitalmangel beim Handel auf die Übernahme der *Sōgō Shōsha* angewiesen waren. In der Praxis bedeutete dies: Die Generalhandelshäuser führten im Auftrag der Hersteller die komplette Marktforschung durch und durften im Gegenzug deren Produkte unter ihrem Unternehmenszeichen vertreiben.[97]

Zielke stützt sich bei seiner Argumentation auf Max Eli, der in „Sogo Shosha" die Rolle und Funktionen der Generalhandelshäuser ausgiebig analysierte. Ähnlich wie Zielke deutet Eli die gestiegene Nachfrage für Güter und Leistungen in der Nachkriegszeit als entscheidenden Faktor für den Machtzuwachs der *Sōgō Shōsha.* Eli zählt insgesamt 14 Unternehmen, die bis zur Publikation seines Buches im Jahr 1977 zu dem Kreis der *Sōgō Shōsha* gehörten:

1. Mitsubishi Corporation
2. Mitsui & Co.
3. Marubeni Corporation
4. C. Itoh & Co.
5. Nissho-Iwai
6. Sumitomo Shōji Kaisha
7. Toyomenka Kaisha
8. Nichimen Co.
9. Kanematsu-Gosho
10. Ataka & Co.
11. Nozaki & Co.
12. Okura Trading Co.
13. Toshoku
14. Chori Company

Die 14 Handelshäuser teilt Eli wiederum aufgrund ihrer diversen historischen Hintergründe in drei unterschiedliche Gruppen auf:

Gruppe 1: Ehemaliger Teil eines *Zaibatsu* (Mitsubishi, Mitsui, Sumitomo).
Gruppe 2: Ursprünglich auf den Handel mit Textilien spezialisiert (Marubeni, C. Itoh, Toyomenka, Nichimen, Kanematsu-Gosho, Chori).
Gruppe 3: Ursprünglich auf den Handel mit Eisen- und Stahlerzeugnissen spezialisiert (Nissho-Iwai, Ataka, Okura).

Eine weitere Unterscheidung nimmt Eli in Bezug auf die Größe und Aktivitäten der Generalhandelshäuser vor. Selbst wenn alle 14 den Titel eines Generalhandelshauses führten, waren sie nicht miteinander gleichzustellen. Insbesondere die *Zaibatsu*-Nachfolger Mitsubishi, Mitsui und Sumitomo nahmen laut Eli eine weitaus größere Rolle im japanischen Außenhandel ein als Generalhandelshäuser, die sich größtenteils nur auf einen Industriezweig spezialisierten wie Nozaki, Toshoku oder Chori.[98]

Auch wenn die *Sōgō Shōsha* sich hinsichtlich ihrer Geschäftshintergründe in verschiedene Kategorien unterteilen lassen, waren Elis Daten zufolge bis Mitte der 1970er Jahre bei den meisten von ihnen schwerindustrielle Erzeugnisse an der Spitze ihres Import- und Exportgeschäftes. Selbst bei den traditionell auf den Textilverkauf spezialisierten Handelshäuser aus der Kansai-Region (auch genannt: *Kansai Gomen*) wie Marubeni oder Toyomenka, befanden sich Mitte der 1970er Jahre Eisen- und

Stahlerzeugnisse mit durchschnittlich 25 % über den Textilwaren auf Platz eins ihrer wichtigsten Handelsgüter. Beide Generalhandelshäuser verfolgten im Zuge der Hochwachstumsphase und des industriellen Wandels eine aggressive Expansionspolitik hinsichtlich schwerindustrieller Güter, obwohl die Textilindustrie ihnen ursprünglich den Status einer *Sōgō Shōsha* verschaffte.[99] Der Wandel der Exporterzeugnisse verdeutlicht damit, wie gravierend sich der durch die Industriepolitik des MITI veranlasste industrielle Wandel Japans letztendlich vollzog.

Inwieweit gab es aber Kooperationsversuche zwischen dem MITI und den *Sōgō Shōsha*? Eli beschreibt die Beziehung zwischen dem Staat und den *Sōgō Shōsha* als „intensiv und mannigfaltig". In der Nachkriegszeit standen die Handelshäuser demzufolge nicht mehr in einem derartig engen Verhältnis zu den Ministerien wie zu Zeiten der *Zaibatsu*. Dennoch fungierten sie für die Regierung – ähnlich wie in anderen planwirtschaftlichen Systemen – als Kooperationspartner,[100] und vor allem als wichtige Werkzeuge zur Umsetzung der industriepolitischen Ziele. Die beiden Wirtschaftswissenschaftler James R. Lincoln und Michael L. Gerlach argumentieren, dass zu diesem Zweck das MITI mittels Steuerentlastungen und Subventionen gezielt beim Wiederaufbau der *Sōgō Shōsha* mitgeholfen hatte.[101]

Eine enge Zusammenarbeit zwischen dem MITI und den 14 Generalhandelshäusern fand aus Elis Sicht in erster Linie durch den sogenannten Trading Firms President Club statt. Im Rahmen dieser Vereinigung arbeiteten die Präsidenten der Generalhandelshäuser Empfehlungen zu außenpolitischen sowie wirtschaftlichen Problemen aus und legten diese den Ministerien vor.[102] Die Handelshäuser mussten daher nicht ausschließlich den Guidelines des MITI Folge leisten, sondern hatten partiell Einfluss auf den Entscheidungsprozess:

> In diesem Spiel haben vor allem die Vertreter des Big Business – und damit die *Sōgō Shōsha* – die Möglichkeit, nicht nur Meinungsbildung zu betreiben, sondern von Grund auf an Entscheidungsbildungsprozessen teilzunehmen. Damit steht ihnen ein bedeutender machtpolitischer Aktionsparameter zur Verfügung, denn sie können staatliche Aktivität als Mittel zur Erreichung ihrer wirtschaftlichen Ziele stimulieren, lenken und einsetzen.[103]

Dieses System schaffte einen Konsens, der dafür sorgte, dass die Unternehmen der „administrativen Führung" des MITIs Folge leisteten. Das nationale Interesse an Wirtschaftswachstum und technologischem Fortschritt lag somit gleichermaßen im Interesse der Generalhandelshäuser. Gerade die initiale Expansionsphase zur Gewinnung neuer Marktanteile im Ausland stand vor einem vornehmlich politischen Hintergrund.[104] Nach erfolgreichem Ausbau ihres Auslandsnetzes – mittels der Errichtung eines Büros oder einer Niederlassung – übten die Handelshäuser eine vermittelnde Funktion zwischen dem japanischen Staat und dem Ausland beim Technologietransfer aus. Zur Festigung der Kommunikation am Standort stimmten sie Eli zufolge ihr Vorgehen mit den JETRO-Niederlassungen ab und nahmen deren Hilfsangebote in Anspruch.[105]

Insgesamt trafen sich bis 1963 (mit Ausnahme von Nozaki und Toshoku[106]) alle relevanten *Sōgō Shōsha* am Düsseldorfer Standort wieder. Alle 12 Generalhandelshäuser fassten mittels einer eigenständigen Auslandsniederlassung Fuß, wobei in den meisten Fällen die Muttergesellschaften in Japan als Hauptgesellschafter fungierten.[107] Die rasche Errichtung einer Niederlassung war Zielke zufolge eine typische Geschäftsstrategie von japanischen Handelsgesellschaften. Da die Handelshäuser ohne eine längere Beobachtungsphase direkt in den hiesigen Markt einsteigen wollten, betätigten sich bis zu den 1970er Jahren die meisten von ihnen unmittelbar in Form einer Niederlassung und nur die wenigsten erst nach der Eröffnung eines Repräsentanzbüros – Nicht-Handelsunternehmen gingen genau umgekehrt vor. Ein Repräsentanzbüro nutzte Zielkes Auslegung nach generell nur bei der Suche nach Geschäftspartnern und der allgemeinen Marktforschung, weshalb die Muttergesellschaften in der Regel nicht mehr als drei Kundschafter zu dessen Aufrechterhaltung entsandten. 21 % der Repräsentanzbüros mussten aufgrund mangelnder Ertragsaussicht noch vor der Errichtung einer Niederlassung schließen.[108]

Die allgemeine Niederlassungsstrategie der *Sōgō Shōsha* in Deutschland fasst Zielke folgendermaßen zusammen:

> Die erste Niederlassung erfolgte in Hamburg um 1950. Neben der Hamburger Hauptniederlassung wurde dann um 1955 in Düsseldorf ein Büro oder eine Zweigniederlassung errichtet, die von der Hauptniederlassung abhängig war. Im Laufe der 60er und 70er Jahre wurde die Düsseldorfer Geschäftsstelle aufgewertet und […] die Zweigniederlassung in eine Hauptniederlassung umgewandelt, während in Hamburg danach eine von der Düsseldorfer Hauptniederlassung abhängige Zweigniederlassung verblieb, die womöglich im Laufe der Zeit sogar ganz aufgegeben wurde.[109]

Mit Mitsui, Toyomenka sowie Nichimen passen über der Hälfte der *Sōgō Shōsha* aus Hamburg zu Zielkes beschriebener Niederlassungsstrategie. C. Itoh, Kanematsu-Gosho und Marubeni werteten dabei ihre zusätzlichen Niederlassungen in Düsseldorf sogar direkt zu Hauptgeschäftsstellen auf. Mitsubishi, Sumitomo und Okura errichteten demgegenüber ihre Sitze direkt in Düsseldorf, wobei Mitsubishi eine zusätzliche Zweigniederlassung in Hamburg unterhielt, die sich für das Textilgeschäft des Konzerns verantwortlich zeigte.[110] Auch bei Toyomenka und C. Itoh hat nach Elis Recherche eine solche geschäftliche Aufteilung unter den Niederlassungen in Düsseldorf und Hamburg stattgefunden.[111] Okura und Sumitomo unterhielten derweil *keine* weiteren Niederlassungen oder Büros in Hamburg, während Nissho-Iwai als einziges Handelshaus trotz Expansion nach Düsseldorf seinen Hauptsitz in Hamburg behielt.

Zur Visualisierung habe ich mithilfe von Handelsregisterauszügen der Amtsgerichte in Düsseldorf und Hamburg sowie einem Datenabgleich mit Eli und Zielke eine Übersicht zu den Niederlassungszeitpunkten und -formen der Generalhandelshäuser in Düsseldorf und Hamburg erstellt:

Tabelle 3: *Sōgō Shōsha*-Niederlassungen in Düsseldorf und Hamburg

Name der *Sōgō Shōsha*	HR-Eintragung in Hamburg	HR-Eintragung in Düsseldorf	Verlegung der Hauptniederlassung nach Düsseldorf	Art der Niederlassung in Hamburg
Deutsche Mitsubishi Export- und Import-Gesellschaft	Keine Eintragung	1955	Keine Verlegung	Zweigniederlassung
Mitsui & Co. Europe GmbH	1954	1955	1962	Zweigniederlassung
Marubeni Deutschland GmbH	1955	1963	1963	Zweigniederlassung
C. Itoh & Co. GmbH	1957	1966	1966	Zweigniederlassung
Deutsche Sumitomo Export und Import GmbH	Keine Niederlassung	1958	Keine Verlegung	Zweigniederlassung
Deutsche Nissho-Iwai GmbH	1957	1963	Keine Verlegung	Hauptniederlassung
Toyomenka GmbH	1956	1958	1962	Zweigniederlassung
Kanematsu-Gosho GmbH	1957	1963	1962	Zweigniederlassung
Ataka & Co. GmbH	Keine Niederlassung	1957	Keine Verlegung	Keine Niederlassung
Deutsche Nichimen GmbH	1921	1963	1978	Zweigniederlassung
Chori GmbH	Keine Niederlassung	1963	Keine Verlegung	Keine Niederlassung
Okura & Co. GmbH	Keine Niederlassung	1952	Keine Verlegung	Keine Niederlassung

(eigene Tabelle)[112]

Die initiale Aufteilung der Handelshäuser steht sowohl in Zusammenhang mit deren Geschäftsstrategie als auch den Standortbedingungen der beiden Großstädte. Hamburg verfügte mit seinem Hafen und seiner generellen industriellen Infrastruktur über ideale Konditionen für den Export leichtindustrieller Güter wie Textilien, Nahrungsmittel oder optischen Instrumenten und war somit bestens geeignet als Standort für die *Kansai Gomen* sowie potenzielle Zweigniederlassungen für das Textilgeschäft wie die von Mitsubishi. Im Gegenzug konnte Düsseldorf Handelsbeziehungen zu den Anlagebauunternehmen des Ruhrgebietes bereitstellen, was lukrativ für die auf schwerindustrielle Güter spezialisierten Unternehmen wie Mitsubishi, Sumitomo oder Okura war. Dabei war Okura in der Lage, als erstes japanisches Unternehmen in Düsseldorf ein Repräsentanzbüro zu errichten, da es bereits zu Vorkriegszeiten sein Überseenetz ausbaute und weitestgehend von den

Entflechtungsmaßnahmen der US-Amerikaner verschont blieb. Schon 1946 gelang es dem Handelshaus, seine Auslandsbeziehungen wieder aufzunehmen und sich exklusive Importrechte von großen Unternehmen zu sichern.[113]

Ähnlich wie Mitsubishi war Okura nach seiner Handelsregistereintragung von 1957 ein Handelspartner der Schloemann AG, zu der das Handelshaus bereits in den Vorkriegstagen Geschäftsbeziehungen pflegte.[114] Mitsuis Geschäfte konzentrierten sich zwar genauso auf die Expansion der Schwerindustrieabteilung, aber Handelsbeziehungen zu deutschen Unternehmen aus der Vorkriegszeit veranlassten das Unternehmen zunächst zu einer Niederlassung in Hamburg.[115] Zur Schloemann AG unterhielt es – anders als noch zu Vorkriegszeiten – derweil keinerlei Geschäftsbeziehungen.[116] Ungeachtet dessen zogen aufgrund von Konkurrenzdenken und industriepolitischem Druck früher oder später Mitsui sowie der Großteil der verbleibenden *Sōgō Shōsha* aus Hamburg in die Landeshauptstadt, um so eine erfolgreiche Umstrukturierung ihres Geschäftes auf den Import schwerindustrieller Erzeugnisse gewährleisten zu können.

Die Rolle der Bank of Tokyo

Die *Sōgō Shōsha* waren nicht die einzigen Unternehmen, die die Kontinuität der japanischen Industriepolitik am Standort garantierten und im Zuge des industriellen Wandels von Hamburg nach Düsseldorf zogen. Aufgrund der Abhängigkeit der japanischen Unternehmen von Fremdkapital folgte auf die Niederlassungen der *Sōgō Shōsha* nach kurzer Zeit die erste japanische Bank am Standort: die Bank of Tokyo. Die Bank of Tokyo (ursprünglich als Yokohama Specie Bank und heute als Mitsubishi Tokyo UFJ Bank) errichtete am 1. Juli 1959 ihre Niederlassung in der Landeshauptstadt, um die nötigen Finanzierungsmittel für das Importvorhaben der *Sōgō Shōsha* zu liefern.[117]

Der Gründer und erster Prokurist der Filiale, Yoshimori Ono, schilderte in der Jubiläumsschrift des Japanischen Clubs *Rain no nagare* den Ablauf hinter der Errichtung. So unterhielt die Bank zunächst nur eine Niederlassung in Hamburg.[118] Aufgrund der dortigen Vielzahl an Generalhandelshäusern sei die Bank of Tokyo zu Beginn der Nachkriegszeit von Hamburg als Zentrum der japanischen Wirtschaftsaktivitäten überzeugt gewesen. Eine Umorientierung erfolgte jedoch schnell: Als Antwort auf den Umzug der Generalhandelshäuser entsandte die Bank nach nur zwei Jahren Geschäftszeit in Hamburg 1956 Ono nach Düsseldorf mit dem Auftrag, ein Repräsentanzbüro zu eröffnen. Die Aufwertung zu einer vollwertigen Niederlassung erfolgte, wie erwähnt, weitere zweieinhalb Jahre später.[119]

Der Grund für die Ansiedlung der Bank of Tokyo als erste und zunächst einzige Bank am Standort, liegt ebenso den industriepolitischen Maßnahmen des MITI zugrunde wie die Ansiedlung der *Sōgō Shōsha*. Während der Außenhandelskontrollen des Ministeriums war der Handel mit Devisen ausschließlich der Bank of Tokyo gestattet. Dieses Privileg verschaffte ihr eine Position als alleiniger Kreditgeber für sämtliche japanischen Unternehmen im Ausland.[120]

Der Düsseldorfer Standort blieb von dieser Aufteilung nicht ausgenommen. Alle meine Interviewpartner, die in den 1960er bis 1970er Jahren für japanische Unternehmen tätig waren, gaben als damalige Kapitalquelle ihrer Unternehmen die Bank of Tokyo an. Während in Bezug auf spätere Geschäftsbeziehungen zu anderen Banken am Standort die Auslegungen der Interviewpartner voneinander abwichen, blieb die Bank of Tokyo durchweg ein gemeinsamer Nenner ihrer Erzählungen.[121] So beschrieb mir beispielsweise der Gründer der Niederlassung vom Elektronikhersteller Alps Electric die Aktivitäten der Bank in Düsseldorf als einen hauptsächlichen Grund für die hohe Konzentration japanischer Unternehmen in der Landeshauptstadt. Demnach hätte die Bank of Tokyo aufgrund ihrer wichtigen Funktionen einen maßgebenden Pull-Effekt für japanische Unternehmen ausgelöst.[122] Für einen weiteren Interviewpartner von dem Elektronikhersteller Hitachi Power Tools hatte die Bank in Bezug auf das Auslandsgeschäft eine Monopolstellung inne. Ihm zufolge standen alle Unternehmen in ihrer Abhängigkeit, was dazu führte, dass sogar Leute vom Finanzministerium dort tätig waren.[123] Aufgrund ihrer Verbundenheit mit den Ministerien und essenziellen Funktion, die die Bank of Tokyo am Standort einnahm, stellte sie damit ein weiteres Instrument der japanischen Industriepolitik dar, das die Entstehung des japanischen Wirtschaftsstandortes Düsseldorf in den 1950er Jahren begünstigte.

Rekonstruktion des Ansiedlungsprozesses

Mit der Bank of Tokyo, den *Sōgō Shōsha* und der JETRO waren Anfang der 1960er Jahre alle relevanten Akteure der damaligen japanischen Industrie- und Außenpolitik in Düsseldorf vertreten. In Anbetracht der bisherigen Analyse lässt sich nun die Einstiegsfrage nach dem „Warum?" für Düsseldorf konkret beantworten und der initiale Ansiedlungsprozess der japanischen Unternehmen rekonstruieren. Wenn man die wirtschaftspolitischen Veränderungen Japans der Nachkriegszeit in Relation zu den Ereignissen in Düsseldorf setzt, die sich von Anfang der 1950er bis Mitte der 1960er Jahre abspielten, ergeben sich folgende drei Phasen des Ansiedlungsprozesses:

1. 1950–1955: Die „Neuunternehmen" der ehemaligen Mitsubishi- und Mitsui-*Zaibatsu* sowie das auf Stahl spezialisierte Handelshaus Okura entdeckten den Standort im Zuge der industriepolitischen Expansionspolitik des MITI. Diese schrieb ihnen vor, im Sinne des Wiederaufbaus einen Standort mit engen Verbindungen zur Schwerindustrie ausfindig zu machen, wobei sich das Ruhrgebiet mit seinem hohen Industrie-Output am besten eignete. Für einen schnellen Markteinstieg dienten den Pionieren bei ihrem Vorhaben Handelspartner aus Vorkriegszeiten wie Thyssen oder Schloemann, die in Düsseldorf sesshaft waren.

2. 1955–1962: Die Initialentscheidung der ersten *Sōgō Shōsha* und die gezielte Förderung der Schwerindustrie in Japan regten den Nachzug der restlichen Generalhandelshäuser aus Hamburg an. Deren Ansiedlung erfolgte entweder in Form einer zusätzlichen Zweigniederlassung oder einer sofortigen Verlegung ihres Hauptsitzes. Zur Erfüllung des nationalen Interesses lenkten die Textilhandelshäuser ihre Geschäftspolitik weg vom Export leichtindustrieller Erzeugnisse hin zu dem Import von Investitionsgütern sowie technischem Know-how. Die finanzielle Unterstützung im Ausland erhielten sie dabei von der Bank of Tokyo, die den *Sōgō Shōsha* von Hamburg nach Düsseldorf folgte.

3. Ab 1962: Der Großeinkauf von Technologien leitete in Japan die Weiterentwicklung der restlichen Industriezweige und den Abschluss der Wiederaufbauphase ein. Mit Eintritt der anschließenden Hochwachstumsphase eröffneten in Düsseldorf neben einer Vielzahl weiterer Unternehmen die staatliche Organisation JETRO und der Interessenverband Japan Machine Tool Trade Association eine Niederlassung. Die JETRO half den Unternehmen vor Ort bei der Förderung ihrer Ausfuhrbestrebungen und hielt die Kooperation zwischen Staat und Unternehmen aufrecht.

Die Rekonstruktion und Einbindung des wirtschaftspolitischen Kontextes sollte die Frage nach dem „Warum?" für Düsseldorf geklärt haben. Von Institutions- und Presseberichten angeführte Standortfaktoren wie die geografische Lage oder Infrastruktur Düsseldorfs eignen sich trotz ihres potenziellen Einflusses aus historischer Sicht nur bedingt als plausible Erklärungsversuche. Die Aufarbeitung des industriepolitischen Hintergrundes hingegen vermittelt in Verbindung mit den Aussagen der Pioniere einen historisch-kohärenten Ausgangspunkt der Standortgeschichte. Auf Basis der Erkenntnisse zur *Entstehung* des Standortes wird es Zeit, sich den Komponenten für dessen *Entwicklung* in den 1960er Jahren zu widmen.

3 Pull-Effekt der Unternehmensnetzwerke

Mit der Ankunft der Generalhandelshäuser war der Startschuss für die weitere Entwicklung des japanischen Wirtschaftsstandortes Düsseldorf gegeben. Von Ende der 1950er Jahre an stiegen die japanischen Unternehmens- und Bevölkerungszahlen in Düsseldorf in einem Maße, das in Japan ein Image der Landeshauptstadt als einen attraktiven Stützpunkt in Europa schaffte.

Als verantwortlich für dieses rapide Wachstum lassen sich zwei Cluster von Netzwerkorganisationen betrachten: die Unternehmensnetzwerke und das Diasporanetzwerk. Beide Netzwerkformen lösten einen maßgeblichen Pull-Effekt aus, der immer mehr japanische Unternehmen und Entsandte in den Standort nachrücken ließ. Was hierbei in bisherigen Forschungen außer Acht blieb: Der Einzug der Unternehmen und das Wachstum der Diaspora bedingten und förderten sich gegenseitig, sodass sie nicht als voneinander getrennte Faktoren zu betrachten sind. Beiden Clustern bedarf es daher an einer eingängigen Analyse.

Die Unternehmensnetzwerke traten hauptsächlich in Form von den damals in der japanischen Wirtschaft vorherrschenden Unternehmensgruppen auf, den Keiretsu. Ihr Netzwerk erwies sich nach den Ansiedlungen der Generalhandelshäuser als der Auslöser für den Nachzug zahlreicher weiterer Unternehmensbranchen in Düsseldorf. Mit zunehmender Branchenvielfalt vor Ort ließen sich so im Laufe der 1960er Jahre die Strukturen der Keiretsu aus Japan immer deutlicher am Standort wiederfinden. Um jedoch die genaue Form der Keiretsu in Düsseldorf und ihre wirtschaftlichen Auswirkungen erfassen zu können, ist es zunächst notwendig, auf ihren historischen Hintergrund sowie ihre strukturelle Organisation einzugehen.

Geschichte und Organisation der Keiretsu

Die Keiretsu sind Gruppenformationen unabhängiger industrieller, finanzieller und kommerzieller Unternehmen, die enge und fortlaufende Geschäftsbeziehungen führen.[1] Von den 1960er bis 1990er Jahren galten sie als die unternehmerischen Instanzen, die die japanische Wirtschaft dominierten. Der Begriff wird für eine Vielzahl an Organisationsformen von Unternehmensgruppen verwendet. Die beiden prominentesten Ableger sind die horizontalen und vertikalen Keiretsu. Horizontale Unternehmensgruppen meinen Netzwerke zwischen mehreren gleichgestellten Herstellern und Dienstleistern verschiedener Industriezweige, die aus einer finanziellen Abhängigkeit zu denselben Finanzinstitutionen resultieren. Vertikale Unternehmensgruppen hingegen beschreiben Netzwerke, in denen ein Hersteller sich langfristig und exklusiv zusammen mit einer Kette von Zulieferern und Vertrieben in einer pyramidenähnlichen Struktur organisiert. Als berühmte Anwender dieser Art der Netzwerkorganisation gelten Großunternehmen wie Matsushita, Toyota, Toshiba oder Hitachi.[2] Auch wenn beide Organisationsformen nicht grundsätzlich voneinander zu trennen sind, ist für die Geschichte des japanischen Wirtschaftsstandortes Düsseldorf in erster Linie die horizontale Variante relevant.

Der Ursprung der Keiretsu liegt bei den *Zaibatsu*, die die Amerikaner Ende des Zweiten Weltkrieges zerschlugen, um Japan auf den Weg einer marktorientierten Wirtschaft zu bringen. Dieses Ziel gab das GHQ allerdings nach kurzer Zeit in gewissem Maße auf. Niedrige Aktienpreise und exzessive Spekulationen sowie der Wunsch, Japan rasch zu einem starken Verbündeten für den Kalten Krieg zu formen, führten zu Revisionen des Antimonopolgesetzes.[3] Ab 1949 wurde es den Unternehmen wieder gestattet, gegenseitigen Aktienbesitz zu halten, solange dadurch nicht der Wettbewerb eingeschränkt wurde. Revisionen von 1951 und 1953 erhöhten zudem den möglichen Aktienbesitz von Banken an einem Unternehmen von fünf auf zehn Prozent.[4] Generell blieben Banken aus Sorge vor einem Zusammenbruch des Finanzmarktes größtenteils unberührt von den Entflechtungsmaßnahmen.[5]

Die Unternehmen nutzten die Gelegenheit der Revisionen, um sich konform zu den neuen Regelungen in Gruppen zu reorganisieren. Als Ersatz für die Holdinggesellschaft brauchten die Unternehmen ein Äquivalent zur Konstruktion und Instandhaltung des Netzwerkes. Aufgrund des industriepolitischen Systems – das Bankkredite statt Kapitalmärkte als primäre Finanzquelle von Unternehmen festlegte – sahen sie sich zu einer Aufstellung im Umkreis der ehemaligen Hausbanken der *Zaibatsu* gezwungen. Es resultierten neue Unternehmensnetzwerke, die statt einer Holdinggesellschaft die Banken in das Zentrum der Organisation stellten.[6] Lincoln und Gerlach beschreiben anhand dieser Entwicklung die Maßnahmen der Nachkriegszeit als eine *Erweiterung* der japanischen Netzwerkorganisation und nicht als *Eliminierung*.[7] Entsprechend der Anzahl der größten Hausbanken ergaben sich im Laufe der Nachkriegsjahre sechs Gruppen, die als die bekanntesten und einflussreichsten Keiretsu galten: Mitsubishi, Mitsui, Sumitomo, Fuyō, Dai-Ichi Kangyō und Sanwa. Die ersten drei stammten unmittelbar von ihren namensgebenden *Zaibatsu*-Vorgängern ab, während letztere nur teilweise oder gar keine Verbindungen zu den Konglomeraten unterhielten und sich neu zusammenfanden.[8]

Als Hausbank der Fuyō-Gruppe diente seit den 1960er Jahren die Fuji Bank, die zu Kriegszeiten bereits als Yasuda Bank das namensgleiche Konglomerat mitfinanzierte. Die Dai-Ichi-Kangyō-Gruppe, die erst 1972 mit der Fusion der Dai-Ichi Bank und Nippon Kangyō Bank sowie dem Abgang von C. Itoh aus der Sumitomo-Gruppe zustande kam, vereinte stattdessen ehemalige Mitglieder des Furukawa- und Kawasaki-*Zaibatsu*. Die Sanwa-Gruppe kam seit ihrer Gründung in den 1960er Jahren ohne jegliche *Zaibatsu*-Mitglieder aus. Die Mitsubishi-, Mitsui- und Sumitomo-Keiretsu wiesen demgegenüber eine hohe Konsistenz an ehemaligen Konglomeratsmitgliedern auf. Gemessen an dieser „Traditionsfortführung" waren die Bindungen und das Zusammengehörigkeitsgefühl innerhalb der drei *Zaibatsu*-Nachfolger (Mitsubishi, Mitsui und Sumitomo) deutlich strikter und stärker als bei den Newcomer-Gruppen (Fuyō, Dai-Ichi Kangyō und Sanwa). Dies zeigt sich unter anderem an Mehrfachmitgliedschaften wie die von dem Elektronikhersteller Hitachi, der gleichzeitig zu allen drei Newcomer-Gruppen zählte.[9]

Die Keiretsu-Mitgliedschaft eines Unternehmens äußerte sich grundsätzlich in der Geschäftsbeziehung zu den Finanzinstitutionen einer Gruppe (Hausbank, Treuhandbanken und Versicherungsgesellschaften) und den jeweiligen Generalhandelshäusern. Wenn ein Unternehmen einen Großteil seines Kapitals von einer der sechs Hausbanken bezog, gehörte es mit hoher Wahrscheinlichkeit zu der dahinter stehenden Gruppe. Während Banken und Versicherungen durch die Vergabe von Krediten die Finanzierung der Import- und Exportbestrebungen übernahmen, sorgten die *Sōgō Shōsha* durch langjährige Liefer- und Absatzverträge für deren praktische Umsetzung.[10] Beide Akteure bürgten zudem für ihre Mitglieder, um sie vor Konkurs zu schützen, was wiederum diese zu riskanten Unternehmungen wie Auslandsexpansionen animierte.[11] Eli zufolge nahmen Banken und *Sōgō Shōsha* in den Gruppen die Rolle einer Art Kerngesellschaft[12] wahr. Es sei genau dieses Gespann gewesen, das die Gruppen zusammenhielt.[13]

Trotz der essenziellen Funktionen, die die Kerngesellschaften einnahmen, lässt sich ihnen dieser Titel nicht bedenkenlos zuweisen. Beobachter wie der Ökonom Franz Waldenberger oder Lincoln und Gerlach betonen die rechtliche und wirtschaftliche Unabhängigkeit der einzelnen Mitglieder sowie den Wegfall einer zentralen, kontrollierenden Instanz.[14] Lincoln und Gerlach charakterisieren genau dieses Paradoxon – von unabhängigen Mitgliedern und koordinierten Gruppenaktionen – als das Phänomen der Keiretsu.[15] Um trotz fehlender Kontrollinstanz die Bindungen der einzelnen Mitglieder an das Netzwerk aufrechterhalten zu können, nutzten die Gruppen zwei grundlegende Mittel: Überkreuzbeteiligungen und sogenannte Präsidentenclubtreffen.

Überkreuzbeteiligungen stehen für gegenteiligen Aktienbesitz innerhalb einer Gruppe oder Interessengemeinschaft zum Schutz vor einer „feindlichen" Übernahme. Die Methode war insbesondere ab 1964 beliebt, als infolge der Kapitalliberalisierungen die Angst vor ausländischen Übernahmen in der japanischen Wirtschaft wuchs. Die Unternehmen waren überzeugt davon, sich mittels ineinander verzahnter Aktien schützen und den Markt in Japan geschlossen halten zu können.[16] Allein im Zeitraum von 1965 bis 1971 nahmen Überkreuzbeteiligungen um fast 50 % zu.[17] Hierbei durfte zwar kein Anteilseigner kontrollierende Anteile erwerben, aber in der Summe[18] schloss die Menge an gegenteiligem Aktienbesitz die Möglichkeit der gefürchteten Übernahme aus.[19] Eli zufolge trieben insbesondere die Banken gezielt dieses Vorgehen an, trotz der gesetzlichen Beschränkung von Maximalanteilen in Höhe von zehn Prozent. Der durchschnittliche Aktienbesitz der sechs Hausbanken (inklusive der Bank of Tokyo) an den 14 Generalhandelshäusern betrug 1974 ungefähr 7,1 %, wovon die Bank of Tokyo die meisten zehnprozentigen Anteile innehatte.[20]

Das zweite Bindemittel der Keiretsu, die Präsidentenclubtreffen, standen für ein Mal im Monat von den Kerngesellschaften organisierte Zusammenkünfte der Leiter herausragender Mitgliedsunternehmen.[21] Das Marketingunternehmen „Dodwell Marketing Consultants" dokumentierte seit den frühen 1970er Jahren regelmäßig die Teilnehmerlisten der Treffen, was eine Zuordnung der Unternehmen in die sechs Gruppen vereinfachte. Inhalte sowie Dauer der Treffen gerieten nie an die Öffentlichkeit, weshalb die Anlässe bis heute umstritten bleiben.[22] Während die damalige Forschung sie als Gelegenheiten zur gezielten Koordination von Gruppenaktionen und Überwachung der Mitglieder auffasste, bestritten die eigentlichen Teilnehmer diese Vorwürfe vehement. Sie deklarierten die Treffen lediglich als einen Mittagstisch zur Diskussion allgemeiner wirtschaftlicher Entwicklungen, sodass ihnen eine rein soziale Komponente zugrunde gelegen habe.[23] Waldenberger unterstellt den Treffen weder eine durchweg wirtschaftliche noch soziale Motivation und sieht „die Wahrheit vermutlich irgendwo in der Mitte liegen".[24]

Jede Gruppe verlieh den Clubs unterschiedliche Namen. Bei Mitsubishi sprach man vom *Kin'yō-kai* (金曜会), zu dem Anfang der 1970er Jahre 27 Unternehmen zählten, bei Mitsui vom 36-köpfigen *Getsuyō-kai* (月曜会), Sumitomo traf sich mit 16 Mitgliedern im Rahmen des *Hakusui-kai* (白水会) und Fuyō im gleichnamigen *Fuyō-kai* (芙蓉会) mit 29. Mitsubishi unterteilte seine Mitglieder abermals in den *Sewanin-kai* (世話人会) und Mitsui in den *Nimoku-kai* (二木会), denen nur die wichtigsten zehn beziehungsweise 22 Gesellschaften der Gruppe angehörten. Die Sanwa-Gruppe veranstaltete mit dem 36-köpfigen *Sansui-kai* (三水会), dem 23-köpfigen *Clover-kai* (クローバー会) und 31-köpfigen *Midori-kai* (みどり会) gleich drei Clubtreffen.[25] Der Dai-Ichi-Kangyō-Gruppe fehlte es bis zur Formation des *Sankin-kai* (三金会) lange Zeit an einer übergreifenden Instanz. Sie organisierte sich daher zu Beginn entsprechend der Herkunft ihrer Mitglieder im Rahmen des *Furukawa Sansui-kai* (古河三水会), *Kawasaki-kai* (川崎会) und *Jūgosha-kai* (十五社会) getrennt voneinander. Die Dai-Ichi Kangyō Bank war dabei als Einzige Mitglied aller drei Clubs.[26]

Die Mitgliederauswahl der Präsidentenclubs wurde hauptsächlich durch das „one-set-principle" bestimmt. Dem Prinzip nach musste jedem Club mindestens ein Großunternehmen aus nahezu jedem Industriezweig stellvertretend für diesen angehören. So repräsentierten die Automobilindustrie im *Kin'yō-kai* Mitsubishi Motors, im *Nimoku-kai* Toyota Motor und im *Fuyō-kai* Nissan Motor. Wegen des „one-set-principle" konnten sich somit nur die wichtigsten und finanziell am engsten verbundenen Mitglieder als Teil der Führungsebene behaupten, die die Clubs darstellten.[27] Den 16 Teilnehmern des *Hakusui-kai* standen 1974 bei Sumitomo beispielsweise 111 Gruppenmitglieder gegenüber.[28]

Wenn man alle Mitglieder der Gruppen in die Untersuchung mit einbezieht, ergibt sich für die horizontalen Keiretsu ein immenses Wirtschaftspotential. Als eine Einheit gerechnet beschäftigte nach Eli allein die Mitsubishi-Gruppe in den 1970er

Jahren mit ihren 1300 Unternehmensbeteiligungen ein Viertel der japanischen Bevölkerung. Seinen Daten zufolge ermittelte die Fair Trade Commission 1974 zudem, dass die sechs Keiretsu gemeinsam für 41 % des Gesellschaftskapitals aller japanischen Unternehmen verantwortlich waren. Aus diesen Gründen definiert Eli die japanischen Unternehmensgruppen als enorme Wirtschaftsmächte, die in den 1960er und 1970er Jahren alle Wirtschaftsbereiche und Branchen in Japan tangierten.[29]

Trotz der enormen Zahlen sind die Keiretsu Waldenbergers Argument nach nicht als konzentrierte Wirtschaftsmächte zu verstehen: „But, given the internal structure and the lack of a central locus of strategic control, they could hardly be interpreted as single organizations, and neither would the six taken together represent any meaningful economic entity".[30] Beobachter wie Miwa und Ramseyer nehmen eine noch drastischere Position ein und sprechen den Keiretsu jegliche Form wirtschaftlichen Einflusses ab.[31] Ihre Sichtweise missachtet jedoch essenzielle Attribute japanischer Wirtschaftsgeschichte und stellt im Diskurs eine Ausnahme dar.

Wenn Keiretsu-Netzwerke nicht als konzentrierte Wirtschaftskräfte zu erfassen sind, wie äußert sich dann ihr Einfluss auf die japanische Wirtschaft? Die Antwort liegt im damaligen industriepolitischen System Japans. Keiretsu sind nicht nur eine Folge der Industriepolitik, zugleich fungierten sie als Werkzeug zu deren Umsetzung.[32] Die horizontale Organisationsform generierte das nötige Kapital für die von der Regierung angestrebte Veränderung der Industriestrukturen. Die vertikalen Organisationsformen hingegen – die gleichermaßen ein Produkt der damaligen Industriepolitik[33] waren – beschleunigten den Prozess des Wissensaustausches für die technologische Aufholjagd.[34] Lincoln und Gerlach bezeichnen die Keiretsu unter anderem deshalb als Grundstein der Infrastruktur, die Japan zur Förderung stagnierender Industriezweige benötigte – ohne gezielte Kooperationen wäre der industrielle Wandel nicht so schnell vonstattengegangen.[35]

Zur Verwirklichung der industriepolitischen Ziele stand das MITI mit den Keiretsu im Rahmen gesonderter Präsidentenclubs wie dem „Trading Firms President Club" und mittels gegenseitigem Personalaustausch im stetigen Kontakt, um gemeinsame Beschlüsse zum wirtschaftlichen Vorgehen zu formulieren.[36] Lincoln und Gerlach beschreiben aus diesem Grund die Beziehung zwischen der Regierung und den Unternehmen als eine weitere Art von Keiretsu-Organisation. Sie argumentieren, dass das MITI und das MOF durch ihre planwirtschaftliche Politik absichtlich die Formation der Keiretsu begünstigten. Nichtsdestotrotz sehen Lincoln und Gerlach die Ministerien nicht an der Spitze der Unternehmensnetzwerke stehen. Ihr Einfluss und ihre Ressourcen würden sich nicht von denen der Unternehmensgruppen abheben, weshalb sie nur als ein weiterer Akteur des Netzwerkes zu betrachten sind.[37] Den Einfluss sowie die Präsenz des MITI in Düsseldorf habe ich bereits im letzten Kapitel ausgiebig dargelegt, doch wie schaut es nun bei den Keiretsu aus?

Keiretsu-Strukturen in Düsseldorf

Eines der Keiretsu, das als erstes in Düsseldorf Strukturen gemeinschaftlicher Organisation aufwies, war das von Mitsubishi. Dank des wegweisenden Einzuges der Deutschen Mitsubishi Export- und Import-Gesellschaft folgten Ende der 1950er/Anfang der 1960er Jahre Repräsentanzbüros von Mitsubishi Heavy Industries, Mitsubishi Chemical Industries und Mitsubishi Shipbuilding & Engineering in ihre Niederlassung auf der Grünstraße 12 in der Nähe der Königsallee.[38] Aus Platzmangel zogen die drei Industrieunternehmen im Juni 1964 gemeinsam mit dem Handelshaus und ihren insgesamt 83 Angestellten in ein siebenstöckiges Bürogebäude auf der Ludwig-Zimmermann-Straße 1 im Bereich der Altstadt, das sogar Ausstellungsräume umfasste.[39]

Zielke beschreibt die Errichtung einer eigenständigen Niederlassung als die typische Niederlassungsstrategie japanischer Unternehmen in Düsseldorf – nur 34 % blieben nach drei Jahren noch in Form eines Büros bestehen.[40] Bei den genannten Industrieunternehmen der Mitsubishi-Gruppe erfolgte die Umwandlung in eine eigenständige Niederlassung jedoch erst nach einer Reihe weiterer Umzüge in den 1980er Jahren. Diese Niederlassungsstrategie verfolgte die Gruppe unverändert bei späteren Auslandsexpansionen von weiteren Mitgliedern: Mitsubishi Steel (1970), Mitsubishi Petrochemical (1971), Mitsubishi Rayon (1975) und Mitsubishi Paper (1981) ließen sich alle am Standort mithilfe eines Büros unter dem Dach des Handelshauses nieder. Selbst Gruppenmitglieder, die nicht „Mitsubishi" in ihrem Namen führten, nahm die Deutsche Mitsubishi Export- und Import-GmbH unter sich auf. So zogen das Spezialhandelshaus Kinsho-Mataichi sowie der Hersteller Sankyo Seiki Mitte der 1960er Jahre auf die Ludwig-Zimmermann-Straße 1.

Das Teilen einer Adresse stellte aber nicht die Bedingung für die Auslandsexpansionen der Gruppenmitglieder dar. Das Spezialhandelshaus Seika Sangyo und das Transportunternehmen Nippon Yusen der Gruppe ließen sich in anderen Arealen der Landeshauptstadt als die *Sōgō Shōsha* nieder. Gerade für Transportunternehmen stellte es sich als üblich heraus, ihr Büro unter einer deutschen Reederei einzurichten. Die geografische Trennung bedeutete längst keine geschäftliche: Wie Eli hervorhebt, übernahmen die Transportunternehmen den Warenaustausch der *Sōgō Shōsha* – in diesem Fall Nippon Yusen von der Deutschen Mitsubishi Export- und Import-Gesellschaft. Spezialhandelshäuser wie Sankyo Seiki hingegen konzentrierten sich auf die Übernahme des Exportgeschäftes in gezielten Industriezweigen. Dabei übten sie aber deutlich geringere Rollen als die Generalhandelshäuser aus, weshalb sie üblicherweise nur kleine Verkaufsorganisationen im Ausland unterhielten.[41] Gleichzeitig soll der Bindungsgrad von Sankyo Seiki zur Mitsubishi-Gruppe deutlich schwächer gewesen sein als der von den Unternehmen auf der Ludwig-Zimmermann-Straße 1, was eine Erklärung für die getrennten Adressen sein könnte.[42]

Anhand der zahlreichen Mitglieder, die unter der Deutschen Mitsubishi Export- und Import-Gesellschaft nach Düsseldorf expandierten, lässt sich eine Fortführung der Kerngesellschaftsfunktion am Standort ausmachen. Wie die Muttergesellschaft in Japan setzte die Niederlassung der *Sōgō Shōsha* die Konditionen für den Markteintritt der Mitglieder. Nur über sie gelang den Keiretsu-Unternehmen der Einstieg in das Auslandsgeschäft. Die in den meisten Fällen geteilte Adresse mit den Büros zeigt dabei, wie stark sich im Ausland die Abhängigkeit der Mitglieder von den Kerngesellschaften sowie die Bindungen der Gruppe entfalteten. Es ist davon auszugehen, dass ohne die vorangegangene Standortauswahl der Mitsubishi Corporation (Tokyo Boeki und Fuji Shōji) keine weiteren Unternehmen der Gruppe ihren Weg in die Landeshauptstadt gefunden hätten. Wie die Rheinische Post zu dem Umzug Mitsubishis in den Neubau von 1964 berichtete, hatte der Konzern „viele andere Unternehmen aus Ostasien nach Düsseldorf geholt“.[43]

Mitsui & Co. und die Deutsche Sumitomo Export und Import Gesellschaft verfolgten eine nahezu identische Niederlassungsstrategie für ihre Gruppen. Zu beiden Handelshäusern zogen in den 1960er Jahren eine Vielzahl von Mitgliedern, die einen hohen Bindungsgrad aufwiesen.[44] Die Deutsche Sumitomo Export und Import Gesellschaft teilte zu Beginn ihre Räumlichkeiten mit der Sumitomo Chemical Corporation und Sumitomo Metal Industries auf der Bismarckstraße 95 nahe des Hauptbahnhofes. Ab den 1970er Jahren siedelte die Gruppe mit weiteren Mitgliedern wie Sumitomo Warehouse auf die Georg-Glock-Straße 14 im Stadtteil Golzheim um, während Sumitomo Metal Industries sich mit Sumitomo Precision Products und Sumitomo Special Metal auf der Königsallee 48 zusammenschloss. Mitsui & Co. zog 1962 mit Mitsui Toatsu, Mitsui Shipbuilding und The Japan Steel Works von der Berliner Allee 22 in ein Bürogebäude auf die Königsallee 92a, um einen engeren Kontakt innerhalb der Gruppe zu fördern.[45] Kurze Zeit darauf stießen Mitsui Petrochemical, Mitsui Miike Machinery, Toyo Engineering, Daicel und Denki Kagaku Kōgyō hinzu. Zusätzlich zu den Büros der Industrieunternehmen teilte das Handelshaus seine Geschäfte in mehrere Divisionen ein: General Affairs & Accounting, Machinery, Iron & Steel und Chemical – die Maschinendivision bildete die größte Abteilung. Die Aktivitäten der Maschinendivision mündeten in den 1970er Jahren in der Gründung einer neuen Tochtergesellschaft, der Mitsui Maschinen GmbH.[46]

Eine langjährige Mitarbeiterin der Mitsui & Co. Niederlassung in Düsseldorf klärte mich im Interview über die Bedeutsamkeit der Netzwerkorganisation der Gruppe auf: „Innerhalb der Gruppe [Mitsui] waren alle Funktionsteile vorhanden: Produktion, Beschaffung, Finanzierung, Verkauf – alles war in dieser großen Gruppe. Da war Mitsubishi, da war Sumitomo, da war Marubeni [Fuyō]. Also man sagte, im Prinzip waren 10 Gruppen für die ganze Wirtschaft verantwortlich“.[47] Im Anschluss führte sie aus, dass man in Düsseldorf darauf geachtet hatte, die Gruppenkonstellation aus Japan so gut es geht fortzuführen: „Die meisten der Geschäfte waren innerhalb des Konzerns. Und das war auch Priorität für die Japaner, die Gruppen zu stärken und zu halten."[48] Die Aussagen legen nahe, aus welchem Anlass sich die Deutsche Mitsui & Co. mit den Repräsentanzbüros der Gruppenmitglieder an derselben Adresse niederließ. Wie meine Interviewpartnerin mir nachträglich per Mail mitteilte, bestand die Aufgabe der Repräsentanzen nichtsdestotrotz nur aus technischer Unterstützung, da die Mitsui & Co. alle Geschäfte über die genannten Divisionen abwickelte. Erst als Gruppenmitglieder in den 1970er/80er Jahren ihre eigenen Niederlassungen gründeten, waren sie unabhängiger vom dem Handelshaus in Düsseldorf und der Muttergesellschaft in Japan.

Auf die Frage, wie die Organisation der Mitsui-Gruppe am Standort ausgesehen habe, bezeichnete die Managerin diese als ein „riesiges Konstrukt". An der Spitze stand die Muttergesellschaft des Handelshauses in Japan, darunter die Auslandsvertretungen und nochmals darunter die Divisionen sowie die Büros der Gruppenmitglieder.[49] Die Divisionen waren dabei abermals wie eigene Unternehmen strukturiert: „[...] innerhalb der Abteilungen war das wieder so eine kleine Firma. Ein Direktor und dann die verschiedenen Gruppierungen, und die haben alle funktioniert wie kleine Firmen. Das heißt, in der Abteilung wurde auch Kontrollbuchhaltung geführt, obwohl Mitsui eine eigene Buchhaltung hat".[50] Sie ergänzte, dass die doppelte Buchhaltung zur Kontrolle der Kreditwürdigkeit von Gruppenmitgliedern und Nichtmitgliedern diente. Die Gruppe solvent zu halten war eine der großen Aufgaben der Mitsui & Co.[51] Die Erzählung demonstriert, wie eng Gruppenmitglieder aufgrund der in Japan vorherrschenden Netzwerkstruktur an das Handelshaus gebunden waren. Mittels räumlicher Nähe und einer geschäftlichen Einteilung in industriespezifische Divisionen bewahrte das Handelshaus die Organisation auch hierzulande.

Nicht alle Gruppenmitglieder von Mitsui, die sich in den 1960er Jahren ansiedelten, teilten dieses Prinzip. Ähnlich wie bei der Mitsubishi-Gruppe gründeten Mitglieder mit einem niedrigen bis mittleren Bindungsgrad unabhängige Niederlassungen in anderen Teilen der Landeshauptstadt – zum Beispiel Yuasa Battery oder Kanegafuchi Chemical Industry. Auch Mitsuis Transportunternehmen Mitsui O. S. K. Lines[52] ließ sich nicht unter dem Handelshaus nieder, sondern bei der deutschen Reederei Sartori & Berger in der Schadowstraße 62 in der Stadtmitte. Zur letzten Kategorie von „Mitsui-Angehörigen", die in den 1960er Jahren nach Düsseldorf expandierten, zählen Unternehmen vertikaler Organisationsformen wie Toshiba, Fujifilm oder Ishikawajima-Harima (Hitachi-Gruppe). In deren Fall lässt sich die separate Adresse mit der Netzwerkorganisation ihrer eigenen Gruppe erklären. Wie schon bei Mitsubishi bildete die geografische Distanz aber nicht den Grad ab, wie die Unternehmen geschäftlich zueinander standen.

Die initiale Aufstellung der drei bankorientierten Gruppen am Standort unterschied sich erheblich von jener der drei *Zaibatsu*-Nachfolger. Mit Ausnahme von

Shōwa Denkō teilte kein Unternehmen des Fuyō-Keiretsu in den 1960er Jahren seine Räumlichkeiten mit der *Sōgō Shōsha* der Gruppe, der Marubeni-Iida Corporation, sondern wählte fast durchweg eigene Adressen. Die geografische Trennung spiegelt dabei die vergleichsweise lockeren Bindungen der Newcomer-Gruppen wider. Im Gegensatz zu den *Zaibatsu*-Nachfolgern holte Fuyō wiederum bereits 1963 zusätzlich zu der Marubeni-Iida Corporation ihre Hausbank, die Fuji Bank an den Standort. Hiermit galt Fuyō als das erste Keiretsu, das sich sowohl mit seiner *Sōgō Shōsha* als auch Hausbank niederließ und von Anfang an den Kern seiner Netzwerkstruktur auf den Standort übertrug. Gleichzeitig war die Fuji Bank damit nach der Bank of Tokyo die zweite japanische Bank in Düsseldorf. Die frühe Ankunft der Kerngesellschaften zeigte Wirkung: In den Folgemonaten und -jahren siedelten sich mit NSK Kugellager (1963), Kureha Chemical Industry (1966) oder Nippon Kōkan (1965) mehrere Kreditnehmer der Fuji Bank an, wodurch das Fuyō-Netzwerk stetig Zuwachs gewann.

Bei der DKB-Gruppe verlief die Etablierung des Netzwerkes gegensätzlich. Wegen der späten Formation der Gruppe befanden sich bereits vor der Dai-Ichi Kangyō Bank eine Großzahl an Mitgliedern am Standort, die sich teilweise noch anderen Keiretsu zuordnen ließen. Als Beispiel dient der Stahlhersteller Kobe Steel und das Transportunternehmen Nippon Express, die Mitte der 1960er Jahre zu Sanwa zählten. Die Dai-Ichi Kangyō Bank agierte aber zeitnah: Noch im Jahr ihrer Fusion (1972) aus der Dai-Ichi Bank und der Nippon Kangyō Bank errichtete die Bank eine Niederlassung in Düsseldorf. Ihre sofortige Standortauswahl für die Landeshauptstadt lässt sich mit den Niederlassungen der bereits aktiven Mitglieder (insbesondere denen der *Sōgō Shōsha*) in Verbindung bringen. Sowohl die Kerngesellschaft C. Itoh als auch Handelshäuser wie Kanematsu-Gosho, Nissho-Iwai und Kawasho sah man bereits vor Ort vertreten. Ähnlich wie bei Fuyō löste die Niederlassung der Hausbank einen Zuwachs an Gruppenmitgliedern in den Folgejahren aus. Nippon Zeon (1973), Fujitsu Ten (1976), Kurita Water Industries (1976) oder Asahi Kasei (1978) schlossen sich im Laufe der 1970er Jahre der Düsseldorf-Expansion von DKB an.

Der rasche Nachzug der Fuji Bank und DKB Bank sowie die erzielte Pull-Wirkung verdeutlichen die Rolle der Banken als Bindeglieder in den Newcomer-Gruppen. Innerhalb der *Zaibatsu*-Nachfolger beruhte der Gruppenzusammenhalt nicht ausschließlich auf den Krediten der Banken, was man daran erkennt, dass ein Großteil ihres Netzwerkes sich vor der Ansiedlung ihrer Hausbanken etablierte.

Die Banken der *Zaibatsu*-Nachfolger ließen sich bereits kurz vor der DKB am Standort nieder. Mitsubishi und Mitsui eröffneten beide Repräsentanzen 1971, während die Sumitomo Bank bereits in demselben Jahr als vollwertige Geschäftsbank operierte.[53] Der gleichzeitige Einzug der Mitsubishi und Mitsui Bank steht im Einklang mit der bis dato parallel verlaufenden Niederlassungsstrategie ihrer Keiretsu: Beide Gruppen entdeckten Anfang der 1950er den Standort mit ihren „Neuunternehmen", errichteten 1955 Niederlassungen ihrer Handelshäuser und nahmen in den Folgejahren eine Vielzahl an Industrieunternehmen unter deren Adressen auf. Die Entwicklungen in Düsseldorf stellten damit keine Ausnahme von der starken Konkurrenz der beiden Gruppen in Japan dar. Die Umwandlung der Repräsentanz in eine ordentliche Filiale fand bei der Mitsubishi Bank im Juli 1974 statt und bei der Mitsui Bank ein Jahr später im September 1975. Für die Mitsubishi Bank war es die erste Filiale auf dem europäischen Kontinent, während es für die Mitsui Bank die dritte nach einer in London und Brüssel war.[54] Zur Eröffnung der Mitsubishi-Bankfiliale veröffentlichte das Handelsblatt am 30. September 1974 folgende Zeilen:

> Zusammen mit der Mitsubishi Bank sind nun mehr sechs japanische Bankhäuser in Düsseldorf vertreten [...]. Die Bankkundschaft in der Bundesrepublik liegt zur Zeit bei 80 % japanischen Firmen und 20 % deutschen Kunden. Schon nach drei bis fünf Jahren sollen die deutschen Kreditnehmer ein Volumen von etwa 30 % erreichen. Ein Massengeschäft soll allerdings nicht betrieben werden. Daher seien auch keine weiteren deutschen Filialen vorgesehen.[55]

Selbst wenn die Mitsubishi Bank die deutsche Kundschaft nicht von ihrem Geschäft gänzlich ausschloss, verweist der 80-prozentige Anteil japanischer Kundschaft auf eine initiale Niederlassungsstrategie zur Stärkung des lokalen Gruppennetzwerkes.[56] Gleichermaßen deutet die fehlende Absicht, weitere Filialen zu eröffnen, daraufhin, dass die Bank nicht als Konkurrent deutscher Banken, sondern als Unterstützer der heimischen Unternehmen in den Markt eintrat. Auch Zielke sah die primäre Aufgabe der japanischen Banken in Düsseldorf in der Finanzierung der Außenhandelsbestrebungen japanischer Unternehmen liegen. Seiner Auffassung nach erfüllten die Banken die Bedürfnisse ihrer Gruppenmitglieder gleichermaßen im In- und Ausland. Ihre Funktion als Geldgeber und Kerngesellschaft sind damit nicht den Netzwerken in Japan exklusiv geblieben.[57] Die Motivation für die Auslandsexpansionen der Banken konnte mir noch einmal der ehemalige Geschäftsführer von Alps Electric bestätigen: „Damals kamen tatsächlich alle japanischen Banken hierher, weil ohne die Banken konnte man keinen Außenhandel betreiben [...]. Die japanischen Banken waren einfach damals besser zum finanziellen Austausch mit Japan geeignet gewesen."[58]

Zu ungefähr demselben Zeitraum wie die Banken der *Zaibatsu*-Nachfolger und die DKB traf die Sanwa Bank in Düsseldorf ein, womit alle Kerngesellschaften der sechs horizontalen Keiretsu in Düsseldorf vertreten waren. Ähnlich wie bei der DKB-Gruppe hatten durch den verspäteten Nachzug der Sanwa Bank die meisten Unternehmen der Gruppe wie Sekisui Chemical (1963) oder Teijin (1965) ihre Büros und Niederlassungen bereits errichtet gehabt. Während die Entscheidung der Sanwa Bank für Düsseldorf durch die bereits anwesenden Mitglieder offensichtlich scheint, lässt sich die Motivation der Mitglieder hinter ihren Aktivitäten in der Landeshauptstadt mithilfe von Keiretsu-Organisation nur schwer nachvollziehen. Die

Niederlassungen von Nissho-Iwai und Nichimen stellten sicherlich für manche Sanwa-Mitglieder ein ausreichendes Ansiedlungsargument dar, doch beide *Sōgō Shōsha* nahmen keine Kernfunktionen innerhalb der Gruppe ein, sodass an dieser Stelle nur Mutmaßungen verbleiben.

Das erste Unternehmen von Sanwa, das Düsseldorf für sein Europageschäft wählte, war der Kugellagerhersteller NTN. Ein ehemaliger Mitarbeiter der Niederlassung, der damals kurz nach Eröffnung aus Japan entsandt wurde, gab mir den Grund für die Auswahl Düsseldorfs in einem Gespräch wieder: „Das war eine Gründung, eine Zusammenarbeit mit Mitsui Bussan. Ich gehe davon aus, dass umfangreiche Marktuntersuchungen oder Lageuntersuchungen durch Mitsui geführt wurden. Mitsui war ja vorher schon in Düsseldorf gewesen."[59] NTNs Entscheidung für Düsseldorf basierte damit nicht auf dessen Verbindung zu Sanwa, sondern einem Joint Venture mit Mitsui. Die Jubiläumsschrift der Deutschen Mitsui & Co. gewährt noch tiefere Einblicke in die Zusammenarbeit beider Unternehmen. Demzufolge begann die Maschinendivision der Deutschen Mitsui & Co. bereits 1960 mit dem Vertrieb von NTNs Kugellagern. Der geschäftliche Erfolg des Vorhabens führte dann im Januar 1962 zu dem Entschluss, die NTN Wälzlager GmbH als Joint Venture zu gründen.[60]

Mein Interviewpartner räumte ein, die Verbindung zu Mitsui als besonders empfunden zu haben, da NTN aus Osaka stammte und Unternehmen aus dieser Region üblicherweise zur Sanwa-Gruppe zählten. Sanwa war jedoch zur damaligen Zeit noch nicht im Ausland geschäftlich aktiv gewesen, weshalb man sich außerhalb Japans um Verbindungen zu anderen Gruppen bemühte. Die Kooperation mit Mitsui habe dabei rein aus finanziellem Interesse bestanden, sodass NTN sämtliche Freiheiten erhalten blieben. Des Weiteren ging die Partnerschaft nicht über die Gründung des Joint Ventures hinaus und endete im Laufe der Geschäftszeit.[61] Im Fall von NTN und Mitsui lässt sich also nicht von einer für Keiretsu typischen Bindung sprechen.

Als ein weiteres Beispiel für ein Unternehmen, das sich mittels alternativer Netzwerkformen niederließ, dient der Elektronikhersteller Alps Electric. Obwohl das Unternehmen der Mitsui-Gruppe angehörte, startete es 1970 mit einem Repräsentanzbüro unter dem Handelshaus Kanematsu-Gosho, das wenig später sich der DKB-Gruppe anschloss.[62] Wie es zu dieser Entscheidung kam, erörterte mir der Gründer der Repräsentanz:

> So ein großes Handelshaus wie Kanematsu-Gosho war normalerweise in der Maschinen-, Textilmaschinen- oder Kohleindustrie tätig, aber es unterhielt auch eine Abteilung für elektronische Bauteile. Und dann wurde ich von der Firma gefragt, ob ich nicht bei Kanematsu-Gosho in Düsseldorf mithelfen wolle. Und so kam es, dass ich unter Kanematsu-Gosho das Büro errichtete.[63]

Die dargelegte Situation erwies sich als kein ungewöhnliches Ereignis. Auf der Makroebene gestalteten sich die Konkurrenzverhältnisse japanischer Unternehmen im Ausland auf eine andere Weise als im heimischen Markt. Besonders in den 1950er/60er Jahren regte die nationale Agenda der technologischen Aufrüstung zur Zusammenarbeit unter den Gruppen an. Obendrein leitete der Staat unmittelbar Kooperationen zwischen Keiretsu in die Wege.[64]

Die Beispiele von NTN und Alps demonstrieren, wie Unternehmensnetzwerke abseits der Keiretsu einen Pull-Effekt für den Standort generierten. Gerade für Unternehmen aus Gruppen, deren Netzwerk sich noch nicht in den Standort integrierte, galten Alternativen wie Joint Ventures als Argument für eine Niederlassung. Die Bedeutsamkeit der *Sōgō Shōsha* blieb dabei bestehen, denn Mitsui und Kanematsu-Gosho als Organisator und Geldgeber machten die gruppenübergreifenden Aktionen erst möglich. Wieder einmal zeigt sich, wie abhängig der Nachzug weiterer Branchen von der Initialentscheidung der Handelshäuser für Düsseldorf war.

Die Branchenvielfalt des Standortes erreichte mit dem Einzug der sechs Hausbanken und der jeweiligen Industrievertreter aber noch längst nicht ihre Grenze. Nach nur kurzer Zeit folgten auf ihre Niederlassungen die Büros der Versicherungsgesellschaften, der übrigen Kapitalgeber der Gruppen. Für Mitsubishi sprang die Tokyo M&F Insurance ein, für Mitsui die Taisho M&F und für Sumitomo die Sumitomo M&F.[65] Bei den verbleibenden drei Gruppen stieß die Yasuda F&M für Fuyō hinzu, für DKB die Nissan F&M und letztlich die Nippon F&M sowie Koa F&M für Sanwa. Im Ergebnis beherbergte Düsseldorf die meisten japanischen Versicherungsgesellschaften von allen japanischen Wirtschaftsstandorten in Europa – gleiches galt für Transportunternehmen.[66]

Mit sämtlichen Kerngesellschaften und dem Großteil der Kapitalgeber vor Ort konnte man Anfang/Mitte der 1970er Jahre die Netzwerkstrukturen der Keiretsu in Düsseldorf als vervollständigt erachten. Fast jede der bedeutsamen Unternehmensgruppen ließ sich im Umkreis der Landeshauptstadt wiederfinden. Ein Ende für den Ausbau der Unternehmensnetzwerke bedeutete dies aber noch lange nicht: In den darauffolgenden Jahrzehnten erweiterten die Gruppen ihre Präsenz um ausstehende Mitglieder, was zu einer drastischen Zunahme an japanischen Unternehmensvertretungen führte. Von 1952 bis 1992 befanden sich mit rund 150 Niederlassungen von Keiretsu-Unternehmen ganze 70–80 % der Präsidentenclubmitglieder aus Japan in der Landeshauptstadt. Die Zahlen betonen sowohl die ökonomische Bedeutsamkeit Düsseldorfs für die Unternehmensgruppen als auch umgekehrt die der Unternehmensgruppen für den Standort.

Tabelle 4 listet alle Unternehmen aus meiner Recherche auf, die sich von 1952 bis 1992 im Großraum Düsseldorf niederließen und zu einer der sechs Gruppen zählten.[67] Der Großteil der Daten bezieht sich dabei auf die Mitgliederlisten der JIHK. Da eine Mitgliedschaft auf Freiwilligkeit beruhte, beanspruchen die Daten keine Vollständigkeit, jedoch waren japanische Unternehmen ohne eine Mitgliedschaft bei der JIHK zur damaligen Zeit die Ausnahme.

Tabelle 4: Horizontale Keiretsu in Düsseldorf und Umgebung 1952–1992

Branche	Mitsubishi	Mitsui	Sumitomo	Fuyō	Dai-Ichi Kangyō	Sanwa
Banken	The Mitsubishi Bank	The Mitsui Bank	The Sumitomo Bank	The Fuji Bank	The Dai-Ichi Kangyō Bank	The Sanwa Bank
Versicherungen	Tokyo Marine & Fire Insurance	Taisho Marine & Fire Insurance	Sumitomo Marine & Fire Insurance	Yasuda Fire & Marine	Nissan Fire & Marine	Nippon Fire & Marine Insurance
				Nichido Fire & Marine Insurance		Koa Fire & Marine Insurance
Handelshäuser	Deutsche Mitsubishi Export- und Import-Gesellschaft	Mitsui & Co.	Deutsche Sumitomo Export und Import Gesellschaft	Marubeni-Iida	C. Itoh & Co.	Deutsche Nissho-Iwai
	Kinsho-Mataichi Corporation	Toyomenka Import- und Export	Ataka & Co.	Okura Trading Co.	Kanematsu-Gosho	Deutsche Nichimen
	Seika Sangyo				Nissho-Iwai	Iwatani & Co.
					Kawasho	
Chemie & Pharma	Mitsubishi Chemical Industries	Mitsui Toatsu Chemicals	Sumitomo Chemical	Showa Denko	Kyowa Hakko Kogyo	Hitachi Chemicals
	Mitsubishi Gas Chemical	Mitsui Petrochemical Industries	Sumitomo Pharmaceuticals	Kureha Chemical Industry	Denka Chemicals	Sekisui Chemical
	Nippon Gohsei	Daicel	Sumitomo Seika	Nissan Chemical Industries	Nippon Zeon	UBE Industries
	Nippon Carbide Industries	Kanegafuchi Chemical Industry	Shionogi	Nippon Oils & Fats	Asahi Kasei	Nippon Soda
		Denka Chemicals	Asahi Kasei		Shiseido	Tokuyama
						Nitto Denko
Textilien	Mitsubishi Rayon					Teijin
						Unitika
						Daiwabo

Branche	Mitsubishi	Mitsui	Sumitomo	Fuyō	Dai-Ichi Kangyō	Sanwa
Elektronik	Mitsubishi Electric	Toshiba	Sumitomo Electric Industries	Hitachi	Hitachi	Hitachi
	Nikon	Alps Electric	Sumitomo Special Metals	Oki Electric	Yasukawa Electric	Hayakawa Electric
	Japan Storage Battery	GS Yuasa Battery	NEC Electronics	Yokogawa	Fujitsu Ten	Kyocera
			Tohoku Metal Industries			
			Toyo Communication Equipment			
			Anritsu Electric			
			Nissin Electric			
			Nitsuko			
			Chukyo			
			Meidensha			
Optik & Präzision	Shimadzu	Fujifilm	Sumitomo Precision Products	Canon		
Maschinen	Mitsubishi Heavy Industries	Mitsui Miike Machinery	Daikin Manufacturing	NSK Kugellager	Kawasaki Heavy Industries	NTN Wälzlager
		Mitsui Engineering & Shipbuilding		Kubota	Kurita Water Industries	Hitachi Zosen
		Ishikawajima-Harima		Kayaba Industry	Ishikawajima-Harima	Shin Meiwa
				Teikoku Piston		Teijin Seiki
				Mayekawa		
Eisen & Stahl	Mitsubishi Steel Mfg.	Japan Steel Works	Sumitomo Metal Industries	Nippon Kokan	Kobe Steel	Kobe Steel
			Nippon Stainless Steel		Kawasaki Steel Corporation	Hitachi Metals
						Nisshin Steel

Branche	Mitsubishi	Mitsui	Sumitomo	Fuyō	Dai-Ichi Kangyō	Sanwa
Nicht-eisen-metalle	MMC Hartmetall					Hitachi Cable
Auto-mobil		Deutsche Toyota Vertriebs GmbH		Nissan Motor		Daihatsu
Gummi					Yokohama Rubber	Toyo Tire and Rubber
Papier	Mitsubishi Paper Mills	Japan Pulp & Paper				
Glas, Ke-ramik & Zement	NGK Spark Plug	Onoda Cement				
Lebens-mittel	Kirin Brewery			Nichirei		
Einzel-handel		Isetan Mitsukoshi				Taka-shimaya
Bau		Toyo Engineering			Shimizu Construction	Sekisui Bau
Trans-port und Lager	Nippon Yusen	Mitsui O. S. K. Lines	Mitsui O. S. K. Lines		Nippon Express	Nippon Ex-press
	Mitsubishi Warehouse & Transportation	Mitsui-Soko	Sumitomo Warehouse		Kawasaki Kisen	Yamashita – Shin'nihon Steamship
						Nissin Transporta-tion & Ware-housing Co.
						Hankyu Ex-press
Sonstige Dienst-leister		Mitsui Air & Sea Service		Fuyo Air & Sea Service	Dentsu Incorporated	

(eigene Tabelle)[68]

Mit einem Blick auf die Tabelle lässt sich das „one-set-principle" der Präsidentenclubs aus Japan in Düsseldorf wiedererkennen. Jede Gruppe verfügte über ihr Generalhandelshaus, ihre Hausbank und Versicherungsgesellschaft sowie ihre Transportunternehmen und Spezialisten aus den jeweiligen Industriezweigen. Wenn man die Auswahl der Mitglieder mit den Listen der Präsidentenclubs vergleicht, sticht gerade für die 1960er Jahre eine hohe Dichte an Unternehmen aus schwerindustriellen Zweigen ins Auge. Die Verbreitung von Unternehmen leichtindustrieller Zweige wie der Textil- und Lebensmittelindustrie erweist sich demgegenüber als deutlich spärlicher. Diese Konzentration auf schwerindustrielle Zweige ergibt sich mit Düsseldorfs Rolle als Stahlzentrum Deutschlands – für Hamburg wäre mit einem gegensätzlichen Trend zu rechnen. Neben den zahlreichen Stahl- und Maschinenherstellern fällt noch besonders die Großzahl an Keiretsu-Unternehmen in Düsseldorf aus der Elektro-/Elektronikindustrie auf. Deren Präsenz steht mit der aggressiven Expansionspolitik Japans hinsichtlich elektronischer Fertigerzeugnisse zu diesem Zeitraum in Verbindung, der ich mich in Kapitel 8 widme. Unterm Strich spiegelt die Formation der lokalen Keiretsu-Netzwerke damit die Anlässe der Unternehmen für die Auswahl Düsseldorfs zu den jeweiligen Jahrzehnten wider.

Wie sieht es bei vertikalen Organisationsformen aus? Dodwell Marketing Consultants listet für das Jahr 1973 sieben Großunternehmen als vertikale Keiretsu: Nippon Steel, Hitachi, Nissan, Toyota, Matsushita, Toshiba, Tokyu. Tabelle 5 dokumentiert mithilfe der Mitgliederlisten der JIHK, inwieweit die sieben Unternehmensgruppen von 1952 bis 1992 im Wirtschaftsraum Düsseldorf vertreten waren:

Tabelle 5: Vertikale Keiretsu in Düsseldorf und Umgebung 1952–1992

Nippon Steel	Hitachi	Nissan	Toyota	Matsushita	Toshiba	Tokyu
Nippon Steel	Hitachi	Nissan Motor	Toyota Motor	Matsushita Electric Works	Tokyo Shibaura Electric	Tokyu Air Cargo
Nisshin Steel	Hitachi Power Tools		Aisin Seiki		Tokyo Electric	
	Hitachi Electronics		Daihatsu		Ishikawajima-Harima Heavy Industries	
	Kokusai Electric		Toyoda Machine Works		Toshiba Ceramics	
	Hitachi Maxell		Toyota Tsusho		Showa Densen	
	Shin-Kobe Electric Machinery		Toyoda Gosei		Toshiba Machine	
	Hitachi Chemical		Toyota Financial Services		Toshiba Tungaloy	
	Hitachi Metals		Toyota Material Handlings		TEC Elektronik	

Nippon Steel	Hitachi	Nissan	Toyota	Matsushita	Toshiba	Tokyu
	Hitachi Cable				Toshiba TEC Imaging Systems	
	Hitachi Seiki				Toshiba Consumer Products	
	Hitachi Zosen					

(eigene Tabelle)[69]

Wie zu erkennen, übertrugen die Hitachi-, Toyota- und Toshiba-Gruppe nahezu ihr vollständiges Unternehmensnetzwerk auf Düsseldorf, während die übrigen sich nicht einmal problemlos als Gruppe bezeichnen lassen. Vertikale Netzwerkstrukturen in Düsseldorf waren damit deutlich weniger ausgeprägt und konsistent als horizontale.

Diese Erkenntnis macht vertikale Organisationsformen aber nicht gleich irrelevanter: Der Gründer und Geschäftsführer der Vertriebsniederlassung des Elektrowerkzeugherstellers Hitachi Power Tools berichtete mir über den Einfluss von Hitachis Gruppenorganisation bei der Standortauswahl. Demzufolge habe Hitachi Power Tools bereits vor seiner Expansion von den zahlreichen Schwestergesellschaften am Standort Informationen über dessen Gegebenheiten erhalten, was letzten Endes zur Errichtung einer Repräsentanz unter der Niederlassung der Hitachi-Muttergesellschaft führte. Obwohl Unternehmen üblicherweise erst nach drei Jahren ihre Büros in selbstständige Niederlassungen umwandelten, stufte Hitachi Power Tools seines bereits nach nur einem Jahr auf.[70] Zielke nach war die zügige Gründung eines eigenständigen Auslandsapparates eine typische Niederlassungsstrategie der vertikalen Gruppen, da deren Produktion besondere Marketing- und Serviceleistungen erforderte.[71] Hitachi Power Tools zählte aber nicht ausschließlich zur vertikalen Organisationsform. Dem Geschäftsführer zufolge unterhielt der Elektrowerkezughersteller durch die Mitgliedschaft der Muttergesellschaft bei Sanwa selber Geschäftsbeziehungen zu der Bank der Gruppe.[72]

Spätestens mit diesen Aussagen sollte nun klar sein, dass Keiretsu-Netzwerke auf horizontaler sowie vertikaler Ebene mit ausschlaggebend für den Zuwachs japanischer Unternehmen in Düsseldorf ab den 1960er Jahren waren. Bevor sich Unternehmen einer Gruppe für eine Niederlassung entschieden, übten in den meisten Fällen bereits andere Mitglieder am Standort ihre Tätigkeiten aus. Dieser Vorsprung befähigte sie dazu, Informationen und Hilfeleistungen für weitere Mitglieder bereitzustellen, die einen Markteintritt in Erwägung zogen. Vor Ort sorgten dann die Banken und *Sōgō Shōsha* für eine attraktive Infrastruktur des Außenhandelsgeschäftes und hielten das Netzwerk am Laufen. In Fällen von schwächeren oder fehlenden Gruppenstrukturen wiederum passten Unternehmen sich mit Hilfe anderer Organisationsformen wie Joint Ventures an die Bedingungen des Auslandsstandortes an.

Die Frage nach der Existenz von Keiretsu-Strukturen in Düsseldorf dürfte damit geklärt sein, deren praktische Umsetzung aber nicht. Wie schafften die Gruppen es, im Ausland die Bindungen an das eigene Netzwerk aufrechtzuerhalten, wenn Überkreuzbeteiligungen, Präsidentenclubtreffen oder Personalaustausch sich nicht umsetzen ließen und gruppenübergreifende Kooperationen sich mehrten? Was gab ihnen Anlass dazu, die Bindungen zu bewahren?

Reziprozität und institutionelle Einschränkungen

Zu den Bindungen von Keiretsu-Unternehmen in Düsseldorf interviewte ich den ehemaligen Geschäftsführer der Fujifilm-Niederlassung. Fujifilm wurde 1934 als Tochtergesellschaft des Chemieunternehmens Daicel ins Leben gerufen. Beide Unternehmen gehörten der Gruppe von Iwai Shōten an, dem sogenannten *Saisho-kai*. Üblich für eine Kerngesellschaft übernahm Iwai Shōten den Außenhandel von Daicel und Fujifilm – selbst nach dessen Fusion mit Nissho. Fujifilms Düsseldorf-Expansion wurde schlussfolgernd von der vorangegangenen Niederlassung Nissho-Iwais in Gang gesetzt. Entsprechend Nissho-Iwais Mitgliedschaft in der Sanwa-Gruppe ordneten sich mit Ausnahme von Daicel auch die meisten Mitglieder des *Saisho-kai* dieser unter. Daicel zählte zur Mitsui-Gruppe, wodurch gleichermaßen Fujifilm sich dieser zugehörig fühlte. Dem ehemaligen Geschäftsführer der Niederlassung zufolge trug man bei Fujifilm dieses Zugehörigkeitsgefühl nach Düsseldorf weiter.[73]

Auf die Frage, ob die Beziehung zwischen Fujifilm und der Mitsui-Gruppe hierzulande geschäftliche Formen annahm, reagierte er folgendermaßen:

> Weil es hier auch die Mitsui-Gruppe gab, heißt das nicht gleich, dass man bei Fujifilm daran dachte, mit dieser im Kontakt zu stehen, um gemeinsam Geschäfte zu unternehmen. Fujifilm verfolgt letztendlich seine eigene Strategie und Mitsui Bussan ebenso. Wenn man beispielsweise etwas gemeinsam aufbauen würde, müsste der eine sich dem anderen unterordnen, und das will keiner. Eher denkt man darüber nach, wie man sein eigenes Unternehmen voranbringen kann. […] Daran ist man interessiert, aber die Vorstellung, als ein Bestandteil unter Mitsui Bussan zu arbeiten, gab es nicht.[74]

Anschließend gab er zu verstehen, dass die Beziehung zwischen Fujifilm und Mitsui ausschließlich privater Natur war. Statt gemeinsam Geschäftsstrategien zu entwerfen, veranstaltete man regelmäßig Golfturniere, zu denen die Deutsche Mitsui & Co. einlud.[75] Auch von Mitsuis Seite aus gelang es mir, die Relevanz der Golfturniere zu bestätigen. Die Assistant Managerin des Großunternehmens sprach davon, wie sehr die Turniere innerhalb der Gruppe beliebt waren.[76]

Nicht nur die Mitsui-Gruppe organisierte solche sozialen Veranstaltungen. Der Geschäftsführer von Hitachi Power Tools berichtete von ähnlichen Events: „Ja, damals waren wir zusammen in der Gruppe Nissan-Hitachi. Mit den anderen Chefs haben wir zusammen Golf gespielt. Wir haben einmal im Monat zusammen gegessen. […] Kontakt durch Gespräche halten, das haben wir innerhalb der Gruppe zusammen gemacht.“[77] Zusammenkünfte dieser Art zu organisieren war somit ein gängiges Mittel zur Kontakterhaltung, das gleichermaßen die vertikalen Gruppen praktizierten.

Doch wie können nun „Spaßveranstaltungen“ wie Golfturniere oder Restaurantbesuche als Bindemittel japanischer Unternehmen verstanden werden? Lincoln und Gerlach berufen sich in ihrer Analyse von japanischen Unternehmensnetzwerken auf einen strukturalistischen Ansatz, der soziale Beziehungen als eine essenzielle Eigenschaft der Netzwerkorganisation sieht. Wirtschaftliche Transaktionen sind demzufolge in voneinander abhängige Beziehungen eingebettet, die aus Vertrauen und Reziprozität bestehen. Sie argumentieren, dass wirtschaftliche Rationalität nicht die vollständige Motivation von Akteuren in einem Netzwerk ausmachen kann. Vielmehr sind menschliche Interaktionen der Grundstein, auf dem die Unternehmensnetzwerke aufbauen.[78] Eine rein wirtschaftliche Betrachtung von Unternehmensnetzwerken ist demnach unzureichend:

> If, for example, bounded rationality and opportunism are basic to the cognition and motivation of human actors, then these must be incorporated in models of decision making. Similarly, we content that if economic actors approach transactions, not as abstracted and isolated economic processes but as socially embedded, broadly interdependent relations infused with qualities such as trust and reciprocity, then the study of economic action requires a network-analytic framework.[79]

Lincoln und Gerlachs Argument zeigt, wie soziale Komponenten von Unternehmensnetzwerken neben den wirtschaftlichen als ein weiteres Bindemittel existieren. Vertrauen und Reziprozität erhöhen das Pflichtbewusstsein der Akteure, das sie im Umkehrschluss an das Netzwerk bindet. Selbst wenn dabei nicht alle beteiligten Akteure in einem engen und regelmäßigen Austausch stehen, implizieren den beiden Forschern nach die sozialen Bindungen einen hohen Verbundenheitsgrad des Netzwerkes.[80]

Der Geschäftsführer von Fujifilm sprach gleichermaßen von Reziprozität als einer zentralen Eigenschaft von Keiretsu-Organisation in Düsseldorf: „Ganz hart ausgedrückt war es ein Verhältnis wie bei Verwandten. Die Bindung konnte nicht unterbrochen werden. […] Auch wenn es keine geschäftlichen Beziehungen gab, kamen sie alle aus dem Herzen heraus.“[81] Zum Abschluss beschrieb er die Beziehung in den Gruppen als eine Art Tradition, die eine wechselseitige Hilfsbereitschaft der Mitglieder evozierte.[82] In Verbindung mit Lincoln und Gerlachs strukturalistischer Perspektive verdeutlichen die Aussagen des Geschäftsführers, wie stark Keiretsu-Netzwerke in Düsseldorf sozial konstituiert waren. Statt wirtschaftlicher Bindungen wie Kapitalbeteiligungen sorgte der traditionelle Charakter der Beziehungen aus Japan für die Etablierung und den Fortbestand der Netzwerke am Standort. Aus diesem Grund gilt es, die japanischen Unternehmensnetzwerke in Düsseldorf vor allem als ein soziales und reziprokes Gefüge zu betrachten, das mit wirtschaftlichen Faktoren wie Gemeinschaftsunternehmungen und Absatzverträgen korrespondiert.

Das Argument der sozialen Bindungen vermag zwar die Motivation hinter dem Erhalt der Netzwerke verständlich darzulegen, jedoch reicht es nicht als Erklärung für den gruppenübergreifenden Konsens, über Dauer nahezu identische Organisationsformen wie in Japan anzuwenden. Wenn keine gruppenübergreifenden Absprachen zu gezielten Expansionsstrategien stattfanden, wie kann es dann sein, dass dennoch alle Keiretsu mit ihren Kerngesellschaften und sonstigen Mitgliedern in Erscheinung traten? Welche sonstigen Kräfte steuerten den Niederlassungsprozess? Aufklärung bietet ein weiterer aufschlussreicher Ansatz von Lincolns und Gerlachs Strukturanalyse. Den beiden Wirtschaftswissenschaftlern nach ist es nötig, institutionelle Einschränkungen in die Analyse miteinzubeziehen, da sie die Rahmenbedingungen für Netzwerke setzen und ihnen Substanz verleihen. Mit institutionellen Einschränkungen sind historische Prozesse gemeint, die das institutionelle Umfeld in der Gegenwart bestimmen, das wiederum den Handlungsrahmen von Akteuren beschränkt. Mit anderen Worten kreieren institutionelle Einschränkungen Verhaltensmuster für Akteure, auf die sie keinen direkten Einfluss haben.[83]

Zur genaueren Untersuchung teilen Lincoln und Gerlach institutionelle Einschränkungen in drei grundsätzliche Erscheinungsformen auf: „institutionelle Trägheit", „institutionelle Koevolution" und „institutioneller Isomorphismus". „Institutionelle Trägheit" meint den Fortbestand von Organisationsformen trotz ihres verloren gegangenen Nutzens. Als passendes Beispiel dafür nennen Lincoln und Gerlach die *Zaibatsu*. Nach dem Krieg überlebten die Konglomerate trotz ihres fehlenden Nutzens in Form der Keiretsu aufgrund der Tatsache, dass Unternehmensgruppen eine bereits etablierte Form von japanischer Wirtschaftsorganisation waren. Die Entstehung der Keiretsu ist somit als eine „automatische" Folge zu verstehen, auf die selbst die Zerschlagung der *Zaibatsu* durch die Besatzungsmacht keinen Einfluss nehmen konnte.[84] Das Prinzip spricht gleichermaßen für die Verläufe in Düsseldorf: So wie die Keiretsu als eine institutionelle Folge der *Zaibatsu* zu identifizieren sind, lassen sich die Netzwerke in Düsseldorf als eine Folge von denen aus Japan erfassen. Obwohl faktische Bindungen durch Kapitalbeteiligungen hierzulande keinen Mehrwert generierten, führten die Unternehmen die Organisationsform aus Japan auf sozialer Ebene fort. Ohne den institutionellen Rahmen aus Japan hätte es weder horizontale noch vertikale Netzwerke in Düsseldorf gegeben.

Der zweite Typ, „institutionelle Koevolution" erkennt das sozialökonomische Organisationssystem eines Landes als die Folge von institutionellen Feldern, die sich gegenseitig bedingen. Regierungen und Märkte sind demnach miteinander verbunden, da ihre Entwicklungen sich gegenseitig vorantreiben. Als Beispiel dafür nennen Lincoln und Gerlach die Industriepolitik der japanischen Regierung. Die Regularien der Ministerien leiteten die Entstehung der horizontalen Unternehmensnetzwerke in die Wege, indem sie für die Durchsetzung nationaler Ziele die Unternehmen abhängig von Fremdkapital durch Bankkredite machten. Der Ursprung dieses Finanzsystems liegt wiederum bei den Unternehmen – genauer gesagt bei den *Zaibatsu*-Familien – die zu Kriegszeiten mit ihrem Einfluss auf die Regierung den Kapitalfluss zu ihren Gunsten formten.[85] Die Auswirkungen der institutionellen Koevolution lassen sich in Düsseldorf wiedererkennen. Das industriepolitische System der Regierung lotste die Handelshäuser in den Standort, die wiederum mit ihren Exporten für die Verwirklichung des gewünschten industriellen Wandels sorgten. Der industrielle Wandel bedingte dabei die Auswahl der ausstehenden Gruppen-Mitglieder, die sich überwiegend aus Unternehmen schwerindustrieller Zweige zusammensetzten.

Die letzte Kategorie, „institutioneller Isomorphismus", beschreibt die Konsistenz organisatorischer Felder trotz ihrer Variationen in geschichtlichen Verläufen oder lokalen Bedingungen. Unternehmen identifizieren basierend auf geteilter Erkenntnis oder unbewussten kulturellen Annahmen eine bestimmte Organisationsform als die am besten geeignete. Obwohl Keiretsu sich in ihrem geschichtlichen Erbe unterscheiden, adoptierten alle dieselben organisatorischen Eigenschaften: Präsidentenclubs zur Identifizierung von Kernmitgliedern, eine Bank als Kapitalgeber und ein Generalhandelshaus zur Koordination des Außenhandels.[86] Gleiches lässt sich über die Netzwerkstrukturen in Düsseldorf sagen: Jede Gruppe verfügte über Niederlassungen ihrer Handelshäuser, Banken, Transportunternehmen sowie Versicherungsgesellschaften, und das trotz abweichender Ansiedlungsverläufe. Die unterschiedliche Abfolge bei der Ansiedlung der Branchen (zum Beispiel: der frühe Einzug der Fuji Bank gegenüber dem anderer Hausbanken) stellte kein Hindernis für die Vervollständigung der Netzwerke dar und brachte im Ergebnis bei allen sechs dieselben Gruppenkonstellationen zustande.

Die drei Prinzipien vermögen es, die Herkunft des gruppenübergreifenden Konsenses in der Etablierung und Entwicklung der Unternehmensnetzwerke herauszuarbeiten. Institutionelle Einschränkungen schafften durch die Vorgabe historisch bedingter Verhaltensmuster ein quasi-Spiegelbild von der Netzwerkorganisation in Japan, das einen Pull-Faktor für Unternehmen generierte. Je mehr sich die Organisationsformen der Netzwerke denen in Japan ähnelten, desto mehr Unternehmen schafften es in den Standort. Düsseldorfs Entwicklung zum japanischen Unternehmensstandort ist damit eng an die Historie der japanischen Industriestruktur gebunden.

Düsseldorf als japanischer Unternehmensstandort

Erste Statistiken von Mitte der 1960er Jahre verdeutlichen, mit was für einem Tempo Düsseldorf dank der Netzwerkorganisation japanischer Unternehmen zu einem bedeutsamen Wirtschaftsstandort heranwuchs. Während sich Mitte der 1950er Jahre noch lediglich eine Handvoll Handelshäuser in der Landeshauptstadt aufhielten, verzeichnete das erste Mitgliederverzeichnis der JIHK von 1965 bereits 65 Unternehmen. Bei den Mitgliedern handelte es sich nach Angaben der Kammer um 26 Handelshäuser, 36 Hersteller, 3 Transportunternehmen und 2 Banken, wovon ca. 70 % zu einer der sechs horizontalen Keiretsu zählten.[87]

Die Bezeichnung „Hersteller" für die Industrieunternehmen führt jedoch in die Irre, denn keines der Industrieunternehmen, die sich in den 1950er/60er Jahren niederließen, produzierte. Stattdessen beteiligten sie sich am Import- und Exportgeschäft zwischen Europa und Japan in Form eines Repräsentanzbüros oder einer eigenständigen Handels- beziehungsweise Vertriebsniederlassung. Die japanischen Investitionen in Düsseldorf zu der Zeit erstreckten sich somit ausschließlich auf den tertiären Bereich (Handels- und Dienstleistungssektor).[88] Dies trifft jedoch bis heute auf den Großteil der Wirtschaftsgeografie Düsseldorfs zu und war daher kein besonderes Merkmal der damaligen japanischen Unternehmensaktivitäten.[89]

Ungefähr zur selben Zeit wie die Zusammenstellung des ersten JIHK-Mitgliederverzeichnisses veröffentlichten die lokalen Zeitungen ihre Schlagzeilen, die Düsseldorf als Zentrum japanischer Unternehmensaktivitäten in Europa darstellten und das Narrativ in Bewegung setzten.[90] Was hinter dem in Kapitel 1 behandelten Zitat aus den Düsseldorfer Nachrichten, „Eine Firma zieht die andere eben nach"[91] steckte, sollte nun dank der Analyse der Unternehmensnetzwerke deutlich geworden sein. Es wäre jedoch falsch, sämtliche Unternehmensnachzüge ausschließlich dem Einfluss von Unternehmensnetzwerken zuzuschreiben. Es handelt sich lediglich um *einen* Cluster, der die Entwicklung des Standortes begünstigte. Mit dem Nachzug zahlreicher Unternehmen und Branchen nahm gleichzeitig die japanische Bevölkerung vor Ort deutlich zu. Bis 1961 ließen sich 279 Japanerinnen und Japaner in der Landeshauptstadt nieder – drei Jahre später sogar 802.[92] Doch auf welche Weise organisierten sich die Entsandten und inwiefern bildeten sie ein Netzwerk, das als ein weiterer Cluster der Standortentwicklung zu verstehen ist?

4 Pull-Effekt des Diasporanetzwerkes

Mit der globalen Expansion der japanischen Unternehmen entstand gleichzeitig eine neue Form von japanischer Migration ins Ausland. Das Ziel dieser neuen Migrationsform zeichnete sich nicht durch persönliche Motivationen aus, sondern es war die Stärkung des japanischen Auslandsgeschäftes – vornehmlich in Westeuropa, Nordamerika und Asien.[1] Angefangen bei jeweils einem Pionier, der mit der Auskundschaftung des Düsseldorfer Standortes und der Errichtung eines Repräsentanzbüros beauftragt wurde, entsandten die Muttergesellschaften in Japan zunehmend ihre Angestellten, um einen heimischen Arbeitsstil in ihren Auslandsniederlassungen zu gewährleisten.[2]

Da sie nur um der Arbeit für ihr Unternehmen willen nach Düsseldorf zogen, blieben die Aufenthalte der japanischen Entsandten meist nur von kurzer Dauer.[3] Ihr regelmäßiger Abzug bedeutete allerdings nicht das Geschäftsende für die Unternehmensniederlassungen. Nach Ablauf der durchschnittlich drei- bis fünfjährigen Aufenthalte folgten unmittelbar ihre Nachfolger aus dem Heimatland – es existierte ein sogenanntes Rotationssystem. Auch wenn die Aktivitäten des einzelnen Entsandten als flüchtig galten, war so die „Gemeinschaft" dank ihres rotierenden Charakters von Permanenz geprägt.[4] Von den 279 Japanerinnen und Japanern, die sich Anfang der 1960er Jahre in Düsseldorf aufhielten,[5] lässt sich der eindeutige Großteil auf dieses Migrationsmuster zurückführen.[6]

Mit der zunehmenden Anzahl an japanischen Unternehmensentsandten wuchs deren Verlangen nach einer auf ihre Bedürfnisse ausgerichteten Infrastruktur in den Aufenthaltsländern. Dieser geteilte Wunsch brachte vielerorts die Entsandten zusammen, wodurch sich allmählich ein soziales Netzwerk zur gemeinsamen Schaffung einer solchen Infrastruktur bildete. Düsseldorf blieb von diesen Abläufen nicht ausgenommen. Auf welche Weise das japanische Diasporanetzwerk in Düsseldorf zustande kam und inwieweit es einen wirtschaftlichen Vorteil für den Standort generierte, gilt es unter Einbezug aller relevanten Akteure und Beachtung der soziokulturellen Implikationen herauszufinden.

Erste diasporische Strukturen

Als Mitte der 1950er Jahre die Pioniere der Generalhandelshäuser anfingen, ihre Büros zu eröffnen, hielten sich gerade einmal um die 30 bis 40 japanische Staatsangehörige in Düsseldorf auf – ungefähr die Hälfte von ihnen soll zum Mitsubishi-Keiretsu gehört haben.[7] Zu dieser Zeit traten die Unternehmensentsandten aufgrund des noch unbekannten Umfeldes ihre Aufenthalte fast ausschließlich im Alleingang an und ließen ihre Familien zurück in Japan. Erst ab Mitte der 1960er Jahre, als viele von ihnen mit dem neuen Umfeld vertrauter wurden, ließen einige ihre Familienangehörigen nachziehen. Dieser Ablauf erwies sich zu dieser Zeit als ein typisches Merkmal von japanischer Expatmigration.[8]

Der Soziologin und Anthropologin Nobuko Adachi zufolge – die als eine der Ersten zur japanischen Diaspora forschte – sorgt die fremde und neue Umgebung der Aufnahmegesellschaft dafür, dass Expats aus einer Nation dazu tendieren, sich in einer Gruppe zu organisieren.[9] Regelmäßige und informelle Zusammenkünfte zwischen den Entsandten gab es laut des ehemaligen Air France-Entsandten Shunzō Sanchōme bereits ab 1953 im Rahmen des *Nihonjinkai*. Die frühesten Aufzeichnungen des *Nihonjinkai* gehen Sanchōmes Recherche nach auf den Februar 1955 zurück. In diesem Monat fand das 13. Treffen zwischen den Unternehmensentsandten und den Angehörigen der japanischen Botschaft in Bonn statt. Die Teilnehmerzahl belief sich auf 25 Personen, und ein China-Restaurant in Köln fungierte als Austragungsort. Bis Ende 1956 fanden die Treffen monatlich in verschiedenen Restaurants zwischen Düsseldorf und Bonn statt und von da an nur noch zum Jahresende in einem Restaurant namens „Wolfsschlucht" in Düsseldorf.[10]

Doch aus welchem Grund trafen die Unternehmensentsandten regelmäßig die Diplomaten aus Bonn, obwohl sich die Hintergründe ihrer Aufenthalte sowie ihre Positionen vollkommen unterschieden? Wie in der Einleitung beschrieben, erkennen Safran und Brubaker die Orientierung zum Heimatland als die grundlegende Eigenschaft einer Diaspora an. Demnach versteht sich eine Gruppe von Menschen nur als Teil einer Diaspora, wenn ihre Angehörigen die Vorstellung von einer „wahren" Heimat hegen und teilen, in der sie – im Fall der Entsandten – zu jeder Zeit zurückkehren können.[11] Adachi nach beeinflusst die Orientierung zum Heimatland unabhängig von dem ökonomischen Status des Einzelnen die gegenseitige Wahrnehmung der Migranten und weckt basierend auf Ethnizität als „Signifier" ein Gefühl von Gemeinschaft unter ihnen. Im Rahmen der resultierenden sozialen Netzwerke versuchen die Expats dann, bestimmte Werte und Bräuche aus dem Heimatland aufrechtzuerhalten, um eine Abgrenzung zur Aufnahmegesellschaft zu schaffen und das Leben in der fremden Umgebung mit einem Grad von Vertrautheit auszustatten.[12]

Es ist anzumerken, dass der Grenzerhalt mittels Ethnizität in erster Linie einem sozialen Prozess untergeordnet ist und nicht primordial fixierten Eigenschaften.[13] Der Ethnologe Frederik Barth gilt als Begründer dieser grundlegenden Definition von ethnischer Grenzziehung. In seiner klassischen Theorie aus „Ethnic Groups and Boundaries" von 1969 stellt eine geteilte Kultur kein definierendes Merkmal von ethnischen Gruppen dar. Stattdessen wird die Kontinuität von ethnischen Gruppen erst durch die Dichotomisierung zwischen ihren Angehörigen und den Außenstehenden konstruiert. Als das entscheidende Mittel für diesen Prozess nennt Barth die kategorische Fremdzuschreibung, mit deren Hilfe sich Akteure und ihre Gegenüber einer grundlegenden Identität nach klassifizieren, die durch Herkunft bestimmt wird.[14] Zu ihrer Zeit galt Barths Theorie als revolutionär und wird bis heute in den Geisteswissenschaften zur Definition von Ethnizität herangezogen. Im Fall der ersten japanischen Entsandten in Düsseldorf lässt sich jedoch die Formation ihres Netzwerkes nicht ausschließlich auf einen sozialen Prozess zurückführen, da bereits die Sprachbarriere zur Aufnahmegesellschaft sie dazu drängte, sich gemeinsam zu organisieren. Die Organisation der Unternehmensentsandten und Diplomaten im Rahmen des *Nihonjinkai* ist daher sowohl als ein Produkt von sozialer Abgrenzung als auch kulturellen Eigenschaften (Sprache) zu verstehen.

Neben ersten diasporischen Strukturen dokumentieren die Treffen der Unternehmensentsandten und Angestellten der japanischen Botschaft erneut die damalige enge Beziehung zwischen Staat und Unternehmen in Japan. Die Restaurantbesuche könnten demnach als eine Plattform zur Besprechung von Japans globaler Expansion gedient haben. Sanchōme geht davon aus, dass die Treffen den Entsandten als Informationsquelle zum Stand der bilateralen Verhandlungen zwischen Deutschland und Japan gedient hatten, die kurze Zeit später zur Schließung eines ersten Handelsabkommens führten.[15] Seiner Recherche nach stießen ab 1962 noch die Mitarbeiter der JETRO zu den Treffen hinzu, was die These vom politischen Zweck noch einmal unterstreicht.[16]

Eine der bedeutsamsten Sitzungen des *Nihonjinkai* fand am 16. Februar 1959 statt, als mit dem *Nihon Boekikai* die Gründung einer Interessenvertretung für die lokalen japanischen Unternehmen beschlossen wurde. Mit der Leitung des *Nihon Boekikai* wurde die Bank of Tokyo beauftragt,[17] die wegen der anhaltenden Devisenkontrolle eine essenzielle Funktion für die japanischen Unternehmen einnahm. Aus informellen Restauranttreffen der Entsandten resultierte somit neben dem *Nihonjinkai* eine Organisation, die Japans wirtschaftliche Bestrebungen im Ausland unterstützen sollte. Die Formation beider Organisationen verdeutlicht, wie früh das Diasporanetzwerk sich darum bemühte, eine kompatible Infrastruktur für die Entsandten und ihre Unternehmen zu kreieren. Anfang der 1960er Jahre wurden dann mit zunehmender Größe der japanischen Bevölkerung die Stimmen nach einer offiziellen Gründung beziehungsweise Vereinseintragung des *Nihonjinkai* und *Nihon Boekikai* immer lauter.

Institutionalisierung durch Eigenorganisation

Um die offizielle Gründung des *Nihonjinkai* zu konkretisieren, trafen sich die damaligen Geschäftsführer von Mitsui, Mitsubishi, Tokyo Tsūshō und Yawata Steel ein bis zwei Mal im Monat mit der Bank of Tokyo in deren Konferenzraum. Als Erstes richteten sie für den *Nihonjinkai* ein Konto bei der Bank of Tokyo sowie ein Sekretariat ein, mit dessen Inbetriebnahme sie 1962 eine der wenigen weiblichen Expats am Standort beauftragten.[18] Bei einer Generalversammlung auf den Rheinterrassen im Januar 1964 war es dann so weit: Unter dem Namen „Japanischer Club Düsseldorf e. V." ließ sich der *Nihonjinkai* offiziell als Verein eintragen. Der erste Sitz des Clubs befand sich auf der Königsallee, dort wo das Handelshaus Kinoshita seine Niederlassung eingerichtet hatte. Erster Vorsitzender wurde der damalige Geschäftsführer der Mitsui & Co. Niederlassung Taneichi Hirano[19] – insgesamt beschäftigte der Verein in seinem Gründungsjahr drei Personen.[20]

Der Verein zielte darauf ab, den rotierenden Unternehmensentsandten bei ihrer Ankunft Hilfestellungen für ihre Alltagsprobleme und Auskünfte über das Leben in Deutschland zur Verfügung zu stellen. Darüber hinaus sollten mithilfe von diversen Veranstaltungen wie Feiern, Sportfesten oder Filmabenden Vernetzungsmöglichkeiten geschaffen werden.[21] Beispielsweise veranstaltete der Japanische Club jährlich auf den Rheinterrassen eine in Japan traditionelle Neujahresfeier, zu der die Teilnehmerinnen in Kimonos erschienen.[22] Adachi nach konstruieren transnationale Migranten insbesondere mittels gemeinsam organisierten Veranstaltungen ihre Vorstellungen des Heimatlandes und dadurch ihre Wahrnehmung von sich als Teil einer ethnischen Gemeinschaft.[23] Das Programm des Clubs, Bräuche aus dem Heimatland zu zelebrieren, zielte also darauf ab, die Identifikation seiner Mitglieder mit der Herkunftskultur zu stärken und die Grenze zur Aufnahmegesellschaft zu erhalten.

Neben den Veranstaltungen dienten im Japanischen Club dazu gleichermaßen materielle Angebote wie ein Mahjong-Spielzimmer oder eine Bibliothek mit importierten Büchern und Magazinen aus Japan. Selbst für die medizinische Versorgung der Entsandten beauftragte der Club einen japanischen Arzt, damit sie den sprachlichen Barrieren, die eine deutsche Behandlung bedeuten würde, aus dem Weg gehen konnten.[24] Der Verein verringerte somit schrittweise für die Expats die Notwendigkeit, mit der Aufnahmegesellschaft zu interagieren und verbesserte dank seines Angebotes gleichzeitig die Bedingungen, um Familienangehörige aus Japan nachziehen zu lassen.

Erik Cohen war mit seinem Aufsatz „Expatriate Communities" von 1977 der Erste, der sich auf wissenschaftlicher Ebene umfassend mit der Entsandtenmigration und ihren soziokulturellen Implikationen auseinandersetzte. In seiner Argumentation stellt er die Akteure der „Expatgemeinschaft" denen der „Gastgebergesellschaft" gegenüber und gibt damit ein veraltetes Bild von definierten und abgeschlossenen kulturellen Räumen wieder.[25] Ungeachtet dessen spiegelt seine Argumentation die Denkweise aus den ersten Jahrzehnten der japanischen Entsandtenmigration nach Düsseldorf wider und dient dadurch als eine Art Primärquelle für die Untersuchung in dieser Arbeit. Cohens Argument nach besteht wegen des flüchtigen Aufenthalts keine Notwendigkeit für Expats, sich den Normen und Institutionen der Aufnahmegesellschaft umfassend anzupassen. Hinzukommend verschafft ihnen ihr – im Vergleich zu anderen Migrationsgruppen – hoher sozialer Status Zugriff auf die Mittel, die sie für eine Anpassung der Umgebung an ihre Bedürfnisse benötigen. Aus diesem Grund errichten sie Institutionen, die eine Trennung zu der Aufnahmegesellschaft ermöglichen und sie vor typischen unangenehmen Folgen von Migration schützen. Als die relevanteste Institution sieht Cohen dabei den sozialen Club, der wie in Düsseldorfs Fall üblicherweise als Erstes errichtet wird.[26] Der Club sei das Herzstück des Soziallebens von den Expats: „[...] internally, they focus and structure the life of the expatriate community; externally, they symbolize its separateness and exclusiveness from the surrounding host society".[27]

Insbesondere den Ehefrauen der Entsandten diente der Club zur Strukturierung ihres Soziallebens. Wegen der damals vorherrschenden Geschlechterrollen wurden sie im Aufenthaltsland in die Position einer begleitenden Hausfrau gedrängt; selbst wenn sie zuvor im Heimatland über feste Arbeit verfügten. Während die Ehemänner aufgrund ihrer Tätigkeit vorweg Zugriff auf ein soziales Umfeld erhielten, gelang es den Frauen in der Regel erst über den Club, sich mit anderen Mitgliedern zu vernetzen und potenziellen Anpassungsproblemen aus dem Weg zu gehen. Den Ehefrauen wird nachgesagt, dass sie als anfällig für Assimilationsprobleme galten, da ihnen im Gegensatz zu ihren Männern die sprachliche Ausbildung vor Antritt des Aufenthalts gefehlt habe.[28]

Wie Ruth Martin – die zu den japanischen Ehefrauen in London geforscht hat – aber zeigt, sind Generalisierungen über die Rolle der japanischen Ehefrauen im Aufenthaltsland mit Vorsicht zu genießen. Gerade innerhalb der japanischen Diaspora in England hat es jeher Ehefrauen von Entsandten gegeben, die zur Vermeidung von Integrationsproblemen Englisch lernten und den Kontakt zur Aufnahmegesellschaft suchten.[29] Dieses Bild gelang es mir im Rahmen meiner Interviews zu bestätigen. Der Sohn aus einer japanischen Entsandtenfamilie, die Anfang der 1970er Jahre nach Düsseldorf kam, erzählte mir davon, wie seine Mutter statt zu anderen Japanerinnen und Japanern einen engen Kontakt zur deutschen Nachbarin pflegte und dadurch lernte, auf Deutsch zu kommunizieren.[30] Für die Diaspora im Allgemeinen sind Martin zufolge die Aktivitäten der Ehefrauen essenziell zur Förderung der „Heimatlandorientierung", indem sie eine häusliche Umgebung kreieren, die nostalgische Gefühle gegenüber dem Vaterland weckt. Auch innerhalb der Clubaktivitäten sorgen sie mit dem Einhalten bestimmter Etikette für eine fortlaufende Bindung an das Heimatland.[31]

Laut Adachi konstituieren aber nicht nur die Aktivitäten der Expats deren Orientierung zum Heimatland und ethnische Selbstwahrnehmung. Die Repräsentationen seitens der Aufnahmegesellschaft haben außerdem einen Anteil daran, wie Expats ihre Rolle im Aufenthaltsland und ihre Bindung zum Heimatland wahrnehmen.[32] Als Mitte der 1960er Jahre durch den Nachzug der Familienangehörigen die Bevölkerungszahl der Japanerinnen und Japaner in Düsseldorf deutlich wuchs und die Aufmerksamkeit der Öffentlichkeit auf sich zog, sahen einige Zeitungen dies als Anlass, um über den Alltag der japanischen Familien zu berichten. Journalisten besuchten die Wohnsitze von Entsandtenfamilien mit der Absicht, deren „japanischen" Alltag in der fremden Umgebung zu erkunden.[33] In einem Artikel der Rheinischen Post vom 15. Juni 1963 hieß es: „Japanische Höflichkeit bestimmt unseren Besuch. Die Damen tragen japanische Festtracht, den Kimono, weil die Kamera ein Stück Japan in Düsseldorf festhalten will. [...] Mit einem Zeremoniell, das

Würde und Anmut vereinigt, reicht die Dame des Hauses heißen japanischen Tee".[34]

Der Bericht der Rheinischen Post demonstriert, wie bestimmte Eigenschaften der japanischen Bevölkerung gleichermaßen durch Akteure der Aufnahmegesellschaft zugeschrieben werden. Die Zeitungen ordnen mit ihren Darstellungen den Entsandten und ihren Familien eine vermeintliche kulturelle Identität zu, was deren Fremdheit betont. Wie weitreichend solche Repräsentationen die Existenz von kulturellen Identitäten suggerieren, betonte der Begründer der Kulturwissenschaften Stuart Hall. Hall zeigte, dass Identitäten wie auch Kulturen einen stetigen Wandel durchleben und nicht fixierbar sind.[35] Aus diesem Grund sind trotz der Darstellungen von kultureller Homogenität in der Aufnahmegesellschaft und der schützenden Funktionen des Japanischen Clubs die Entsandten und ihre Familien während ihres Aufenthaltes stetig dazu gezwungen, in alltäglichen Interaktionen mit der fremden Umgebung ihre Identitäten auszuhandeln.[36]

Für den Japanischen Club löste der Nachzug der Familien einen bedeutenden Zuwachs an Mitgliedern aus. Der Verein verzeichnete bereits bei seiner Gründung im Jahr 1964 638 natürliche Personen als Mitglieder, was ganzen 80 % der japanischen Bevölkerung vor Ort entsprach. In den Folgejahren glichen sich die Mitgliederzahlen immer weiter der allgemeinen Bevölkerungsstatistik an, sodass bereits 1968 rund 95 % aller in Düsseldorf registrierten Japanerinnen und Japaner eine Mitgliedschaft hielten, was die damalige Bedeutung der Institution bestätigt.[37]

Von Beginn an bot der Club gleichermaßen juristischen Personen die Gelegenheit sich zu vernetzen. Im Gründungsjahr gab es mit 63 Mitgliedern kaum ein japanisches Unternehmen, das nicht zum Kreis des Clubs zählte. Als hauptsächliches Forum der Unternehmen war aber der *Nihon Boekikai* vorgesehen, dessen offizielle Gründung und Vereinseintragung ein Komitee aus neun Geschäftsführern in Angriff nahm. Bei den Geschäftsführern handelte es sich größtenteils um den gleichen Personenkreis, der bereits die Vereinseintragung des Japanischen Clubs vorangetrieben hatte. Insbesondere die Bank of Tokyo und ihr Filialleiter Yōichi Deguchi setzten sich für eine Vereinseintragung der Organisation ein. Plan war es, den japanischen Unternehmen eine eigene Industrie- und Handelskammer zu stiften.[38]

Knapp über zwei Jahre nach der Gründung des Japanischen Clubs wurde am 1. März 1966 bei einer Vollversammlung der Mitglieder die „Japanische Industrie- und Handelskammer zu Düsseldorf" als erste und einzige ihrer Art in Deutschland ins Leben gerufen – erneut auf den Rheinterrassen.[39] Zum ersten Präsidenten schlug Deguchi den Vorsitzenden von Mitsui & Co. Taneichi Hirano vor, dem zwei Jahre zuvor der erste Vorsitz des Japanischen Clubs zuteil wurde, doch diesen 1965 weitergab.[40] Die quasi Doppelfunktion Hiranos veranschaulicht, wie eng die Ursprünge des Clubs und der Kammer miteinander in Verbindung stehen. Auch innerhalb ihrer Tätigkeiten arbeitete die JIHK laut dem dritten Vorsitzenden des Japanischen Clubs, Genji Furushō, wie eine Einheit mit dem Japanischen Club zusammen.[41] Anders als der Club konzentrierte sich die Kammer nicht auf das Wohlbefinden der Entsandten und ihrer Familien, sondern die Interessensvertretung der Unternehmen. Ein Teil dieser Aufgabe lag in der Informationsbeschaffung für ihre Mitglieder, zum Beispiel über die wirtschaftlichen Gegebenheiten Deutschlands. Zu Beginn erstellte dazu noch der erste Geschäftsführer Akira Arikawa Informationsblätter – später veranstaltete man ganze Seminare. Deguchi zufolge fiel der Kammer es am Anfang noch schwer, ihren Aufgaben nachzukommen, was unter anderem damit zusammenhing, dass sie von der Bank of Tokyo-Filiale aus operierte und über kein eigenes Büro verfügte.[42]

Die größte Aufgabe der JIHK bestand zu Beginn darin, genügend Mitglieder zu gewinnen. Da es sich bei der JIHK um einen eingetragenen Verein handelte und anders als bei ihrem Namensvetter (der regulären Industrie- und Handelskammer) um keine Körperschaft des öffentlichen Rechts, beruhte die Mitgliedschaft auf freiwilliger Basis. Zwar konnte der Verein Mitte der 1960er Jahre mit 66 Mitgliedern fast alle der ansässigen 70 Handels- und Industrieunternehmen zu seinen Reihen zählen, jedoch gab es einen Anteil an Unternehmen, der sich gegen eine Nennung in der Mitgliederliste wehrte. Grund dafür war das damalige System der Doppelbesteuerung. Japanische Unternehmen waren dazu gezwungen, sowohl in Japan als auch Deutschland Steuern für ihre Niederlassungen zu bezahlen. Für das Landesfinanzamt zählten dabei bereits die Repräsentanzbüros der ersten Kundschafter als vollwertige Niederlassungen. Aus Angst, zur doppelten Steuerzahlung gebeten zu werden, scheuten manche Kundschafter sich davor, ihre Tätigkeiten offiziell zu machen und entschlossen sich gegen eine Mitgliedschaft bei der JIHK.[43]

Deguchi und die Kammer wandten sich mit einer Petition an die japanische Botschaft in Bonn, um auf eine schnelle Verabschiedung eines Abkommens zwischen Deutschland und Japan zur Beendigung der Doppelbesteuerung zu drängen, was kurz darauf am 22. April 1966 Realität werden sollte. Nach Inkrafttreten des Abkommens am 9. Juni 1967 forderte daraufhin die JIHK zusammen mit der japanischen Botschaft das Finanzamt NRWs auf, die überflüssigen Steuerforderungen zu unterlassen und zu viel gezahlte Steuern aus den vergangenen Jahren an die Repräsentanzbüros zurückzuzahlen. Die Kammer hatte Erfolg: Die Repräsentanzen durften ihre Geschäfte ohne finanzielle Einschränkungen fortsetzen, was der JIHK zu Ansehen unter den japanischen Unternehmen verhalf und eine Mitgliedschaft attraktiv machte.[44]

Der Fall der Doppelbesteuerung zeigt auf, in welchem Maße das Netzwerk der Diaspora den Wirtschaftsstandort in seiner Aufbauphase stärkte. Aus ersten Treffen der Entsandten entstanden mit dem *Nihonjinkai* und dem *Nihon Boekikai* Institutionen, die in der Lage waren, weiche Standortfaktoren zu schaffen und harte zu ihren Gunsten zu formen. Während die Aktivitäten des Clubs den Nachzug von Familienmitgliedern und damit eine Stärkung des Diasporanetzwerkes ermöglichten, sorgten die Tätigkeiten der Kammer für einen Zuwachs an Unternehmen. Die Abschaffung der Doppelbesteuerung blieb kein Einzelfall. Die JIHK machte sich im Namen der Unternehmen gleichermaßen bei Problemen wie dem Fehlen eines automatischen Durchwahlsystems in Düsseldorf oder der Besteuerung von Bonuszahlungen aus Japan bei der Stadtverwaltung Düsseldorf stark (siehe Kapitel 5).[45]

Doch selbst die Routineaufgaben der Kammer ließen für die japanischen Unternehmen eine Mitgliedschaft attraktiv erscheinen. Dazu befragte ich den Geschäftsführer und Gründer eines japanischen Lebensmittelvertriebes in Düsseldorf. Er erzählte mir von den Vorteilen, die er durch eine Mitgliedschaft bei der JIHK für sein Unternehmen zieht:

> Für uns war es zunächst von großem Vorteil, durch die Industrie- und Handelskammer an Informationen zu gelangen, an die wir so nicht direkt gekommen wären. Hinzu kommt, dass man dort mit anderen Mitgliedern Informationen austauschen kann. Dies sind die zwei wichtigsten Gründe. Unser Unternehmen ist also auf die Kammer angewiesen.[46]

Auf gleiche Weise spielte für den Gründer der Hitachi Power Tools-Niederlassung das Angebot des Vereins eine zentrale Rolle. Vor der Errichtung der Niederlassung erhielt er zusätzlich zu den Informationen von den anderen Keiretsu-Mitgliedern welche von Akira Arikawa und der JIHK, die seine Entscheidung für Düsseldorf mit beeinflussten.[47] Der Fall bestätigt unmittelbar die Wirkung, die die Institutionen des Diasporanetzwerkes auf das Wachstum des Standortes hatten.

Auch nach der Ankunft von Hitachi Power Tools hörten die Interaktionen des Unternehmens mit dem Diasporanetzwerk nicht auf. Der Geschäftsführer selber wurde zu einem bedeutenden Teil der Institutionen, indem er zum Vize-Vorsitzenden des Japanischen Clubs gewählt wurde.[48] Wie die bisherige Rekonstruktion der Geschichte andeutete, stellte der Einsatz eines Unternehmensmanagers in den Vorständen des Japanischen Clubs und der JIHK kein unübliches Vorgehen dar. Angefangen bei Taneichi Hirano von Mitsui & Co. über Yōichi Deguchi von der Bank of Tokyo saßen an der Spitze beider Institutionen ausschließlich die Manager der ansässigen Unternehmen.[49] Sobald es Zeit für sie wurde, nach Japan zurückzukehren, stellte das Rotationssystem sicher, dass sofort der nächste Manager die Rolle als Präsident beziehungsweise Vorsitzender oder Vorstandsmitglied wahrnahm. Beide Vereine waren formal eigenständig, aber die Doppelfunktion ihrer Vorstandsmitglieder demonstriert, wie stark die Diasporainstitutionen im Interesse des Wirtschaftsstandortes operieren.

Vor welchem Hintergrund die systematische Besetzung der Vorstandsposten mit Unternehmensmanagern zustande kam, illustrierte mir ein ehemaliger Geschäftsführer beider Institutionen. Demnach war das System dem *Keidanren* aus Japan nachempfunden, dem größten Wirtschaftsverband des Landes. Seit Gründung steht an der Spitze des *Keidanren* ein Vorsitzender, der gleichzeitig die Leitung eines Großkonzerns innehält. Laut meinem Interviewpartner hat die Nachahmung dieses Systems für Düsseldorf bedeutet, dass Entsandte, die dort Karriere machten, nach ihrer Rückkehr hohe Positionen zu Teil wurden, was gleichzeitig der Landeshauptstadt zu einem hohen Bekanntheitsgrad in Japan verhalf.[50]

Die Aussagen zeigen, wie die Institutionen der Diaspora den Wirtschaftsstandort gleichzeitig mithilfe ihrer internen Strukturen stärkten. Ähnlich wie die Auslandsexpansionen der Keiretsu zielten die Institutionalisierungen der Diaspora darauf ab, die institutionellen Strukturen des Heimatlandes nachzubilden, um den Entsandten einen vertrauten Handlungsrahmen zu ermöglichen. Dieses Abbild stand dabei im Einklang mit dem Rotationssystem, was in Kombination mit der institutionellen Infrastruktur den Fortbestand des Diasporanetzwerkes sicherstellte. In Anbetracht dessen ist es verständlich, wenn das Japanische Generalkonsulat in Düsseldorf den Japanischen Club und die JIHK als Säulen der „japanischen Gemeinde" bezeichnet.[51]

Politische Unterstützung des Netzwerkes

Mit zunehmender Größe und Bekanntheit des Standortes weckte die japanische Diaspora Mitte der 1960er die Aufmerksamkeit des Heimatlandes, was zu der Errichtung einer weiteren Institution führte. Im Februar 1965 wurde als eine Ausgliederung der japanischen Botschaft in Bonn ein Konsulat in der Landeshauptstadt eröffnet, womit die japanische Bevölkerung in Düsseldorf ihre eigene politische Repräsentanz erhielt.[52] Da bis zur Eröffnung des Konsulates kein geeigneter Ort gefunden werden konnte, richtete der erste Konsul Murakami sich neben dem *Nihon Boekikai* in der dritten Etage der Bank of Tokyo-Filiale ein. Dem Filialleiter Yōichi Deguchi zufolge konnte dank der räumlichen Nähe der *Nihon Boekikai* eng mit dem Konsulat zusammenarbeiten. Im Rahmen ihrer Zusammenarbeit half Konsul Murakami sogar bei der Vereinseintragung der JIHK mit, was seine Teilnahme und die vom damaligen japanischen Botschafter an der Eröffnungsfeier der Kammer erklärt.[53] Aus räumlicher Sicht endete die enge Zusammenarbeit der beiden Institutionen, als das Konsulat mit seiner Erhebung zum Generalkonsulat losgelöst von der japanischen Botschaft in Bonn zu einer eigenständigen Auslandsvertretung aufstieg und eine Immobilie auf der Immermannstraße bezog.[54]

Die Beziehung zwischen dem Konsulat und der JIHK verdeutlicht, dass der Ausbau des Diasporanetzwerkes nicht ohne politische Mitsprache stattfand. Bereits die Formation des *Nihonjinkai* Anfang der 1950er Jahre, an der sich die Japanische Botschaft beteiligte, weist darauf hin.[55] Einschließlich des Konsulates operierten alle Akteure von der Filiale der Bank of Tokyo aus, die zur damaligen Zeit noch als politisches Werkzeug fungierte. Safran zufolge kann die Regierung des Heimatlandes die Zugehörigkeitsgefühle von Expats für politische Ziele instrumentalisieren.[56] Im Fall des Düsseldorfer Standortes nutzte die japanische Politik die „Heimatlandorientierung" der Entsandten, um die wirtschaftliche Auslandsexpansion des Landes in einen institutionellen Kontext einzubetten, der deren Loyalität zu Japan garantierte. Als Motor dieser Garantie funktionierte dabei das Rotationssystem, was bis heute gleichermaßen auf die Generalkonsuln zutrifft. Versprechen einer Beförderung nach der Heimkehr sorgen dafür, dass die Entsandten sich an das

Rotationsprinzip halten und keine Bindungen mit der Aufnahmegesellschaft eingehen, die die Loyalität zum Heimatland gefährden könnte.[57] So kommt es, dass in der Regel Generalkonsuln nach ihrer Amtszeit zu Botschaftern in anderen Standorten befördert werden – Gleiches galt für einen von mir interviewten Generalkonsul.

Die Kooperationen zwischen den Diasporainstitutionen und den politischen Akteuren des Heimatlandes setzten sich nach der Errichtung der Institutionen fort. Der dritte Vorsitzende des Japanischen Clubs Genji Furushō berichtet in seinen Memoiren von regelmäßigem Kontakt zum Botschafter Uchida in Bonn, der dem Club diverse Aufträge zur Förderung der deutsch-japanischen Beziehungen erteilt haben soll. Über den Inhalt der Aufträge gibt Furushō leider keine Auskunft. Dennoch belegen seine Memoiren den Einfluss der außenpolitischen Institutionen Japans auf die Aktivitäten des Clubs. Zu bestimmten Anlässen wie Delegationsbesuchen war der Club sogar selbst als politischer Akteur aktiv, indem seine Vorsitzenden als Repräsentanten der „Entsandtengemeinschaft" die Delegationen mit in Empfang nahmen.[58]

Wie weitreichend sich der Einfluss der politischen Organe auf die Diaspora entfaltete, legte mir der ehemalige Geschäftsführer von Hitachi Power Tools dar:

> Hier haben das Generalkonsulat und die JETRO, sagen wir MITI, natürlich etwas zu sagen in unserer Gesellschaft. Deswegen sagen wir das Generalkonsulat ist die Nummer eins, dann kommt die JETRO und so weiter. [...] Wenn wir uns im Japanischen Club einmal im Jahr getroffen haben, kamen diese Leute auch.[59]

Auf meine anschließende Frage, inwiefern das Generalkonsulat und die JETRO „etwas zu sagen" hatten, entgegnete mir mein Interviewpartner, dass es sich nur um Empfehlungen handelte, die er persönlich nicht immer als hilfreich empfand.[60] Auch wenn die politischen Akteure damit keine Entscheidungsgewalt gegenüber den Entsandten und ihren Institutionen trugen, legt die Erzählung meines Interviewpartners eine Hierarchie innerhalb der Diaspora offen, die darauf abzielte, die sozialen Strukturen des Heimatlandes auf den Standort zu übertragen. Obendrein bestätigen die Aussagen, wie sowohl die Unternehmensnetzwerke als auch jenes der Diaspora unter dem Einfluss politischer Institutionen standen, was demonstriert, wie stark sich beide Cluster überschneiden. So wie im Heimatland die Keiretsu auf die Bürokraten der Ministerien trafen, waren es im Standort die Unternehmensentsandten, die sich durch den Japanischen Club mit den Diplomaten des Heimatlandes vernetzten.

Eine weitere Gelegenheit zum Austausch mit den Diplomaten des Heimatlandes ergab sich durch die Veranstaltungen des Generalkonsulates. Einmal im Jahr lud der Generalkonsul um die 200 Entsandte und ihre Familien in seine Residenz nach Büderich zu einem Neujahresempfang,[61] was sich als ein Versuch zur Bewahrung und Stärkung der Zugehörigkeitsgefühle zur Herkunftskultur der Entsandten werten lässt. Das Generalkonsulat organisiert obendrein bis heute Veranstaltungen, die auf Interaktionen mit der Aufnahmegesellschaft abzielen. Ein Beispiel dafür ist der Empfang anlässlich des Geburtstags vom japanischen Kaiser, zu dem der Generalkonsul seit Jahrzehnten jährlich die bedeutendsten Mitglieder der lokalen Diaspora und politische Akteure der Aufnahmegesellschaft einlädt, was den Entsandten die Gelegenheit gibt, sich mit ihnen zu vernetzen. Beispielsweise lud schon 1974 Generalkonsul Kōzaburō Fukuda den damaligen Leiter des Wirtschaftsförderungsamtes Edmund Linden und seine Frau zu diesem Emfpang ein.[62] Auch der ehemalige Stadtdirektor Düsseldorfs Bolo Mayweg berichtete mir, regelmäßig zu dem Event eingeladen worden zu sein.[63]

Cohen sowie Glebe untersuchten die Beziehung von „Expat-Gemeinschaften" und der Aufnahmegesellschaft und kamen zu dem Ergebnis, dass Entsandte in der Regel nur mit einem kleinen Segment der lokalen Gesellschaft in Verbindung stehen: den sozialen Eliten. Die Interaktionen mit den Eliten beschränken sich in Cohens Theorie dabei zum Großteil auf soziale Settings wie Cocktailparties, Empfänge oder Clubveranstaltungen, sodass sie nie über eine offizielle Ebene hinausgehen.[64] Im Fall des Geburtstagsempfanges findet sich somit die Absicht hinter der Teilnahme der lokalen Eliten in der Zusicherung von politischer Unterstützung der Aufnahmegesellschaft – „nicht-elitäre" Gäste der lokalen Gesellschaft blieben dementsprechend von der Veranstaltung ausgeschlossen. Über einen Mangel an damaligen Gelegenheiten für private Zusammenkünfte zwischen den japanischen Entsandten und den Akteuren der lokalen Gesellschaft äußerte sich mit Bedauern der zweite Geschäftsführer der Deutsch-Japanischen Gesellschaft Andreas Meckel in der Jubiläumsschrift des Japanischen Clubs *Rain no nagare*.[65]

Die Deutsch-Japanische Gesellschaft stellte eine Art Gegenentwurf zu den geschlossenen Veranstaltungen des Japanischen Clubs und des Generalkonsulates dar, indem sie mit ihrem Angebot versuchte, Interessenten aus der lokalen Gesellschaft mit der japanischen Diaspora vertraut zu machen und umgekehrt. Zurück geht die Geschichte der DJG in Düsseldorf auf einen kleinen Kreis an lokalen Akteuren aus der Diaspora und der Aufnahmegesellschaft, die sich darum bemühten, in einen Dialog zu treten, um das gegenseitige Verständnis zu fördern. Auf Initiative des damaligen stellvertretenden Vorsitzenden des *Nihonjinkai* wurde dazu ab 1962 alle ein bis zwei Monate ein Mittagstisch mit deutschen und japanischen Akteuren aus der Wirtschaft und Politik veranstaltet. Nach einem gemeinsamen Mittagessen hörten dort die 40 bis 50 Industriellen und Institutionsangehörigen beider Länder Vorträge über wirtschaftspolitische Themen in deutscher und japanischer Sprache – als Austragungsort war der Düsseldorfer Industrieclub festgelegt. Nach bereits kurzer Zeit erfuhr die Deutsch-Japanische Gesellschaft in Köln von der Veranstaltung und übernahm von da an unter ihrem Namen die Organisation. Hauptverantwortlich war dafür der Sohn des in Japan bekannten Metallurgen Curt-Adolf Netto, Willibald Netto, der als Mitglied der DJG Köln in Düsseldorf lebte.[66]

Abseits von der DJG Köln existierten damals Deutsch-Japanische Gesellschaften bereits in Hamburg, Frankfurt und München.[67] Einer Pressemitteilung der DJG

Hamburg lassen sich die Aufgaben der Vereine entnehmen: „Durch persönliche Begegnungen soll das gegenseitige Verständnis geweckt und vertieft, Informationen ausgetauscht und Kenntnisse auf kulturellem und wirtschaftlichem Gebiet über Japan in der Bundesrepublik verbreitet werden."[68] Zur Umsetzung dieser Ziele organisierten die DJGs seit jeher diverse kulturelle und wirtschaftliche Veranstaltungen wie Vorträge, Ausflüge oder Ausstellungen. Der Ursprung der DJGs liegt in der Vorkriegszeit, als Berlin sich noch als das Zentrum der japanischen Aktivitäten in Deutschland rühmen konnte. Die verschiedenen DJGs in Deutschland operierten zu dieser Zeit nur als Zweigstellen der DJG Berlin. Erst nach ihren Wiedereinrichtungen nach dem Krieg formierten sich die DJGs in Deutschland als unabhängige Vereine. 1963 folgte ein zusätzlicher Dachverein, der unter Leitung von Carl Jürgen Illies von dem Hamburger Traditionsunternehmen Illies & Co. einmal pro Jahr abwechselnd in Bonn und Köln tagte.[69]

In Düsseldorf häuften sich Anfang bis Mitte der 1960er Jahre die Stimmen für die Errichtung einer DJG. Netto und eine Gruppe japanischer Unternehmensmanager hatten sich Arikawa zufolge für die Einrichtung einer DJG in Düsseldorf ausgesprochen, da trotz der vermehrten Nachzüge von Familienangehörigen aus Japan nur den Unternehmern die Teilnahme an dem Mittagstisch gestattet war und man allen Beteiligten einen derartigen Austausch ermöglichen wollte.[70] Bis zu den Unternehmensexpansionen in den Nachkriegsjahren war Düsseldorf in Japan kein Begriff gewesen, was die Abwesenheit einer DJG in der Landeshauptstadt verständlich macht. Dies sollte sich 1964 ändern, als der damalige Oberbürgermeister, das Wirtschaftsförderungsamt, Konsul Murakami sowie der Bank of Tokyo-Leiter Yōichi Deguchi ihre Unterstützung für das Vorhaben aussprachen. Am 6. November 1964 wurde eine DJG in Düsseldorf mit dem Namen „Deutsch-Japanische Gesellschaft am Niederrhein" als eingetragener Verein gegründet. Den Posten des ersten Präsidenten nahm der Industrielle Erich Schulte ein, und zum Geschäftsführer wählte man Willibald Netto.[71] Von nun an sollte der Mittagstisch neben weiteren Veranstaltungen von dem Verein in Düsseldorf ausgerichtet werden und nicht mehr von der DJG Köln.

Akira Arikawa von der JIHK – der sich an der Planung der Gesellschaft beteiligte – erinnert sich an initiale Probleme bei den Vorhaben der DJG am Niederrhein. So war es aufgrund der mangelnden Fremdsprachenkenntnisse der Mitglieder zunächst schwierig gewesen, sich über wirtschaftspolitische Themen auszutauschen. Um trotz alledem die angestrebte Verständnisförderung zu erreichen, festigte sich schnell der Gedanke, das Programm des Vereins zusätzlich auf Veranstaltungen mit kulturellen Inhalten auszurichten, was gleichzeitig einem breiteren Publikum die Teilnahme ermöglichte.[72] Zwei prominente Beispiele für diese Veranstaltungen aus der Gründungszeit des Vereins sind die „Deutsch-Japanische Freundschaftsfahrt" auf dem Rhein und die „Japan-Woche". Zur Deutsch-Japanischen Freundschaftsfahrt zitierte das Handelsblatt den Präsidenten der DJG Erich Schulte mit den folgenden Worten: „Ausflüge, wie die alle zwei Jahre stattfindende Dampffahrt […] helfen den japanischen Gästen, die deutsche Mentalität besser zu verstehen und eventuell bestehende Sprachprobleme zu vergessen".[73] Schultes Worte deuten auf einen Versuch des Vereins hin, mithilfe der Veranstaltung potenzielle Grenzen zwischen der Diaspora und der Aufnahmegesellschaft zu durchbrechen. Doch wie erfolgreich äußerte sich die DJG bei diesem Versuch?

Die erste Deutsch-Japanische Freundschaftsfahrt organisierte die DJG am Niederrhein bereits wenige Monate vor ihrer offiziellen Vereinseintragung gemeinsam mit der DJG Köln. An dem Event nahmen 400 japanische Entsandte mit ihren Familien und 200 Akteure der Aufnahmegesellschaft teil. Eröffnet wurde die Veranstaltung vom japanischen Botschafter Katsuhiro Narita, dem Ministerpräsidenten NRWs Franz Meyers und dem Oberbürgermeister Düsseldorfs Peter Müller. Zu den Inhalten der Veranstaltung berichtete die Rheinische Post über „Kimonobekleidete Töchter Nippons", die „warmen Sake zum Curryreis nach japanischer Art" servierten.[74] Die Zeilen weisen bereits daraufhin, dass die Veranstaltung eher kulturelle Räume definierte, statt Grenzen zur Aufnahmegesellschaft zu durchbrechen. Im Gegenteil ist davon auszugehen, dass die Repräsentation Japans die Entsandten an ihre Rolle des flüchtigen Gastes erinnern ließ, wodurch die Veranstaltung die Orientierung zum Heimatland und damit den Grenzerhalt nur bestärkt haben muss.

Die Japan-Woche veranstaltete die DJG Köln kurz nach ihrer Vereinseintragung 1961 in Düsseldorf, Köln und Bad Godesberg – erneut mit einleitenden Worten von Ministerpräsident Franz Meyers. Mit einer Ausstellung japanischer Kulturerzeugnisse wie Puppen und Landschaftsaufnahmen sowie Vorführungen von japanischen Sportarten und Filmen bemühte sich die Gesellschaft darum, das Verständnis gegenüber der Diaspora zu vertiefen.[75] Wie das Programm erkennen lässt, begünstigte die Japan-Woche jedoch nur einen oberflächlichen Austausch und keine bedeutende Einbindung der japanischen Bevölkerung. Letztendlich beschränkten sich die ersten Veranstaltungen der DJG damit auf Interaktionen zwischen den lokalen Akteuren und den Diasporamitgliedern im Radius ihrer zugewiesenen Rollen und ließen keinen Raum für Hybridität oder kulturelle Zwischenräume.[76]

Ungeachtet ihrer damaligen Tendenz zu kulturellen Essentialisierungen trug die DJG wichtige Funktionen, wenn es um den Ausbau des Diasporanetzwerkes ging. Der Mittagstisch und die kulturellen Veranstaltungen ermöglichten es den Entsandten, direkte Verbindungen zu politischen Schlüsselfiguren der lokalen Gesellschaft herzustellen – Verbindungen, die für Expats zur Anpassung ihres Umfeldes von großer Bedeutung sind.[77] So half beispielsweise Anfang der 1970er Jahre der Präsident der DJG Erich Schulte den Diasporainstitutionen dabei, eine Petition beim Bildungsministerium NRW für die Genehmigung zum Bau einer Japanischen Schule einzureichen (siehe Kapitel 7).[78] Die Eröffnungsreden des Ministerpräsidenten bei den Veranstaltungen sowie die Befürwortung der Vereinsgründung seitens des Oberbürgermeisters belegen zudem, wie die DJG den Entsandten Zugriff auf die höchsten politischen Sphären ihres Umfeldes gewährte. Dank der DJG gelang es ihnen somit, sich die politische Unterstützung der lokalen Akteure zu sichern, ohne dabei die Exklusivität und Autarkie der „Gemeinschaft" aufgeben zu müssen.[79]

Die direkteste Form von politischer Unterstützung erlangte die japanische Diaspora in Düsseldorf 1964 mit der Errichtung des ersten japanischen Restaurants in Europa von einem japanischen Betreiber: dem Nippon-Kan. Seit Beginn ihrer Aktivitäten beklagten die Entsandten die fehlende Verfügbarkeit von japanischem Essen beziehungsweise japanischen Lebensmitteln in Düsseldorf.[80] Diese Lücke erkannte der ehemalige Ministerpräsident Japans Nobusuke Kishi[81] zusammen mit dem damaligen Keidanren-Präsidenten Inayama und plante wenige Jahre nach seiner Amtszeit die Errichtung des Restaurants, wozu er 1963 nach Düsseldorf reiste. Hinter dem Nippon-Kan stand eine gleichnamige GmbH, deren Führung der Privatsekretär Kishis und Leiter des PR-Unternehmens Public Relations Japan, Michio Kawabe übernahm. Für die Inbetriebnahme des Lokals beauftragte die Nippon-Kan GmbH ein Edel-Restaurant aus Tokio. In Kombination mit einer japanischen Inneneinrichtung und 20 aus Japan eingeflogenen Hostessen sollte so dem Nippon-Kan ein Gefühl von Authentizität verliehen werden. Finanziert wurde das Projekt zwar von 14 japanischen Unternehmen, die Kapitalanteile der Nippon-Kan GmbH erwarben, dennoch war es Kishi, der durch seine Beziehungen für die nötige Genehmigung des Devisentransfers sorgte.[82] Sanchōmes Recherche nach ist Kawabe in Kishis Auftrag für die Finanzierung des Nippon-Kans an den Japanischen Club herangetreten, wo man zu der Zeit die Errichtung einer Mensa plante. Der Club sah jedoch von einer Beteiligung an dem Projekt ab, da dies nicht den Richtlinien des Vereins entsprach.[83]

Am Beispiel des Nippon-Kan lässt sich das damalige Interesse Japans an der Unterstützung seiner Entsandten am eindeutigsten ausmachen. Während sich politische Akteure aus Japan beim Japanischen Club und der JIHK nur peripher an deren Gründung beteiligten, waren sie beim Nippon-Kan sowohl für die Idee als auch die Umsetzung des Projektes verantwortlich und griffen unmittelbar in die Infrastruktur des Standortes ein. Mit Kishi handelte es sich dabei um einen Unterstützer, der als ehemaliger Premierminister aus den höchsten politischen Kreisen Japans stammte. Dass die Errichtung des Restaurants ein ungewöhnliches Vorgehen war, arbeitete Nakagawa in „Die japanische Community in Deutschland nach dem Zweiten Weltkrieg" heraus. So dokumentiert er eine Sitzung des japanischen Unterhauses von 1969, bei der ein Abgeordneter die Initiatoren politischen Fehlverhaltens verdächtigte und sich nach den Investoren des Nippon-Kans erkundigte.[84]

Kishis Interesse an Düsseldorf begann nicht erst mit dem Bau des Nippon-Kans. Schon 1953, als die Unternehmenspioniere gerade erst den Standort entdeckten, stattete der spätere Premierminister der Landeshauptstadt einen Besuch ab. Wie aus Archivalien der Henkel AG & Co. hervorgeht, traf Kishi bei seinem Aufenthalt das Aufsichtsratmitglied des Unternehmens Helmut Wohlthat, der während des Zweiten Weltkrieges als Leiter der deutschen Wirtschaftsdelegation in Japan im

Einsatz war. Wohlthat rekapituliert in einem Schreiben aus dem Jahr 1969 zu Henkels Japanexpansion[85] das Treffen mit Kishi und behauptet, ihm damals angeraten zu haben, „seine japanischen Freunde auf eine Niederlassung in Düsseldorf hinzuweisen".[86] Ob Wohlthats Ratschlag Auswirkungen auf Kishis Düsseldorfpolitik während seiner Amtszeit oder die Idee für das Nippon-Kan hatten, bleibt unklar. Der frühe Besuch Kishis und der Kontakt zu Wohlthat aber bestätigen erneut, wie rasch die japanische Politik den Standort in Düsseldorf im Blick hatte.

Auch nach der Errichtung des Nippon-Kans machte Kishi den Ausbau der japanischen Infrastruktur in Düsseldorf zum Teil seiner Agenda. Ein Jahr nach Eröffnung des Restaurants verabredete Kishi sich dort mit der Stadtspitze Düsseldorfs, um über die Finanzierung des nächsten Großprojektes zu sprechen, das die japanische Infrastruktur Düsseldorfs maßgeblich vorantreiben sollte: das Japan-Haus, später bekannt als Deutsch-Japanisches Center.[87] Auf die Geschichte des Deutsch-Japanischen Centers sowie dessen Bedeutung für Düsseldorf werde ich erst im nächsten Kapitel eingehen. Für die Untersuchung in diesem Kapitel legt die Planung des Projektes offen, wie das Nippon-Kan zeitweise als eine Bühne für politische und diplomatische Angelegenheiten fungierte.

Nicht nur Kishi und die Düsseldorfer Stadtspitze machten sich die Räumlichkeiten des Lokals auf diese Weise zunutze. Der erste Generalkonsul Seiken Sasaki schildert in seinen Memoiren, wie er das Nippon-Kan zum Empfang für politische Gäste aufsuchte – darunter den späteren japanischen Innenminister Daisuke Akita und Premierministier Yasuhiro Nakasone.[88] Archivalien des Wirtschaftsförderungsamtes zufolge fand zwischen seinem Nachfolger Generalkonsul Saiki und der Stadt Düsseldorf ein Austausch im Nippon-Kan anlässlich eines Jahresempfanges statt.[89] Sogar der von mir interviewte Geschäftsführer der NTN-Niederlassung nutzte das Restaurant für die Pflege seiner politischen Kontakte und aß dort gemeinsam mit dem damaligen Bundeswirtschaftsminister Otto Graf Lambsdorff.[90]

In erster Linie war das Nippon-Kan dazu gedacht, die Unternehmensentsandten mit Lebensmitteln aus Japan zu versorgen. Die Rheinische Post betitelte aus diesem Grund ihren Artikel zur Eröffnung des Restaurants mit: „Nippon-Kan ein Stück Heimat für Japaner".[91] Der Titel lässt sich als eine weitere Zuschreibung der japanischen Bevölkerung zur Herkunftskultur interpretieren. Wie wichtig sich das Restaurant für die Entsandten in der Praxis erwies, konnte ich insbesondere durch meine Interviews erschließen. Beispielsweise erzählte mir der ehemalige Geschäftsführer der Alps Electric-Niederlassung davon, wie er sich in dem Restaurant oft mit dem Geschäftsführer der JIHK zum gemeinsamen Umtrunk verabredete.[92] Das Generalkonsulat schreibt bezüglich der Beliebtheit des Restaurants auf seiner Webseite von einem „Andrang sehnsüchtiger Kunden", den es bei seiner Eröffnung „kaum bewältigen" konnte.[93]

Zusätzlich zu dem Nippon-Kan wurde 1964 das Mensa-Projekt des Japanischen Clubs umgesetzt, wodurch die Unternehmensentsandten Zugriff auf eine zweite

Anlaufstelle für den Verzehr von japanischem Essen erhielten. Im Herbst 1964 zog der Club in die Räumlichkeiten des japanischen Restaurants „Tokyo“, das ein Jahr zuvor von einem Koreaner aus Paris und seiner japanischen Ehefrau eröffnet wurde, doch wegen Konkurrenzdruck seitens des Nippon-Kans schließen musste.[94] Genau genommen hatte es damit bereits vor dem Nippon-Kan ein japanisches Restaurant in Düsseldorf gegeben, was in der Literatur (vermutlich aufgrund des nicht-japanischen Besitzers) meist unerwähnt bleibt. Damaligen Unterlagen des Wirtschaftsförderungsamtes der Stadt Düsseldorf zufolge hatte es aufgrund der Existenz des Restaurants sogar Zweifel innerhalb der Diaspora gegenüber der Errichtung des Nippon-Kan und seinem tatsächlichem Nutzen gegeben, was sich während meiner Recherche jedoch nicht durch anderweitige Quellen bestätigen ließ.[95]

Dem Japanischen Club verschafften die Räumlichkeiten des Restaurants Tokyo Zugang zu einer Küche, woraufhin der Verein die Nippon-Kan GmbH für die Inbetriebnahme der Mensa beauftragte. Aufgrund des verhältnismäßig kostengünstigen Essens gewann die Mensa an enormer Popularität unter den Unternehmensentsandten, sodass täglich um die 70 Gäste das Angebot nutzten.[96] Auch einige meiner japanischen Interviewpartner, die in den 1970er Jahren in Düsseldorf aktiv waren, bestätigten mir, dort regelmäßig gegessen zu haben.[97] Die Mensa des Japanischen Clubs sowie das Nippon-Kan markierten aber nur den Anfang der japanischen Dienstleistungsangebote in Düsseldorf.

Der Einzug der Geschäftsleute und Dienstleister

Der Kulturanthropologe Harumi Befu teilt die japanische Diaspora der Nachkriegszeit in zwei generelle Gruppen: Die Entsandten und ihre Familien, die im Rahmen des Rotationssystems ihren Aufenthalt antreten, und die Geschäftsleute und Dienstleister, die keinen konkreten Plan für ihre Rückkehr hegen. Die zweite Gruppe beschreibt Befu als ein Produkt der ersten, da der Bedarf der Unternehmensentsandten nach einem infrastrukturellen Angebot die Kondition für ihren Einzug setzt.[98] Demzufolge erkennen Geschäftsleute und Dienstleister aus dem Herkunftsland Möglichkeiten, um mit diversen Angeboten vom Wachstum der „Expat-Community“ zu profitierten und ziehen dafür auf unbestimmte Zeit in den Auslandsstandort.[99] Auch wenn damit die Unternehmensentsandten die Existenz der Geschäftsleute und Dienstleister bedingen, sind letztere diejenigen, die dank ihrer oftmals permanenten Aufenthalte der Diaspora Kontinuität verleihen.[100] Dieses Schema traf gleichermaßen auf die japanische Diaspora in Düsseldorf zu: Bis Mitte der 1970er Jahre etablierten sich, neben weiteren Restaurants, japanische Lebensmittelgeschäfte, ein Friseursalon, ein Zeitungskurier und eine Buchhandlung.[101]

Die Geschichte des Zeitungskuriers und der Buchhandlung sind beide auf den ehemaligen Entsandten Tsunejirō Takagi zurückzuführen, der 1970 vom Unternehmen „Overseas Courier Service" (kurz: OCS) von Hamburg nach Düsseldorf für die Einrichtung einer Filiale versetzt wurde. Das Geschäft von OCS konzentrierte sich auf den Import japanischer Tageszeitungen in Auslandsstandorte mit einer großen japanischen Bevölkerung. Filialen des Unternehmens hatte es innerhalb Europas zunächst in London und Hamburg gegeben. Da die Zeitungen aus Hamburg bei ihrer Ankunft bereits vier bis fünf Tage alt waren, folgte 1970 auf Wunsch der hiesigen Unternehmensentsandten eine eigenständige Filiale in Düsseldorf. Ab 1974 unterstützte daraufhin die japanische Nachrichtenagentur Jiji Press die Tätigkeiten von OCS, die dank ihres Telex-Netzes einen tagesaktuellen Erhalt von Nachrichten aus Japan in Düsseldorf ermöglichte.[102]

Im selben Jahr erkannte Tsunejirō Takagi aufgrund zunehmender Anfragen eine hohe Nachfrage für japanische Bücher in Düsseldorf, was ihn veranlasste, mit „Takagi Shoten" die erste japanische Buchhandlung in Europa zu eröffnen.[103] Takagi Shoten diente über Jahrzehnte den Unternehmensentsandten als eine weitere Quelle für Informationen aus Japan. So hingen beispielsweise 1995 mithilfe von Jiji Press in den Schaufenstern der Buchhandlung Listen mit Opfern des Kobe-Erdbebens aus, um die Entsandten über die Lage in ihrem Herkunftsland und das Befinden ihrer Angehörigen zu informieren.[104] Dank OCS und Takagi wurde es den Entsandten am Standort somit ermöglicht, an Informationen aus Japan zu gelangen und so ihre diasporische Verbindung zu ihrem Herkunftsland zu bestärken.

Ähnlich wie Tsunejirō Takagi ging es einem meiner Interviewpartner, der in den 1970er Jahren als – seiner Aussage nach – erster japanischer Rechtsanwalt am Standort aktiv war, um eine weitere Lücke in der Infrastruktur des Standortes zu schließen. Er erzählte mir, nach Düsseldorf gekommen zu sein, da er aufgrund der großen japanischen Bevölkerung vor Ort einen Bedarf für seine Tätigkeit erkannte.[105] Auch das Nippon-Kan bemühte sich, die Infrastruktur weiter auszubauen, indem es dem ehemaligen Sushi-Koch des Restaurants Fumiyo Itō zufolge Anfang der 1970er Jahre ein japanisches Fischgeschäft in Oberkassel anmeldete. Itō selber leistete seinen Beitrag zur Erweiterung der Infrastruktur, als er 1978 das besonders bei der japanischen Bevölkerung beliebte Restaurant Kikaku eröffnete[106] (bis Anfang der 2000er etablierten sich 24 japanische Restaurants in Düsseldorf).[107]

Neben der Gastronomie und den Fachgeschäften machten noch die umliegenden Golfplätze einen zentralen Teil der Infrastruktur aus. Wie aus der Analyse der Keiretsu aus dem letzten Kapitel hervorging, nutzten die Entsandten das Golfspielen primär zum Netzwerken. Während zu Beginn der Japanische Club noch Turniere auf Golfplätzen in der Umgebung organisierte, folgte 1989 im Stadtteil Hubbelrath ein eigener Golfplatz für die japanischen Expats durch das japanische Unternehmen Kosaido.[108]

Die verschiedenen Beispiele demonstrieren, wie sich für die Unternehmensentsandten die Notwendigkeit für eine ernsthafte Auseinandersetzung mit der Aufnahmegesellschaft dank des vielfältigen Angebots an Geschäften und Dienstleistungen von Jahrzehnt zu Jahrzehnt immer weiter verringerte.[109] Zusammen mit dem Japanischen Club, dem Generalkonsulat und der DJG stand somit bereits ab Ende der 1960er Jahre den Expats eine Infrastruktur zur Verfügung, die ihr Bedürfnis nach einem heimischen Lebensstil und den dafür benötigten Zugriff auf politische Ressourcen des Heimat- sowie Gastgeberlandes gewährleistete.

Japanische Infrastruktur als Pull-Faktor

Die stetig wachsende Infrastruktur schaffte es nicht nur, das Alltagsleben der Diaspora zu erleichtern. Obendrein brachte sie dem Standort einen nachhaltigen Zuwachs an Unternehmen ein. Wie wichtig die japanische Infrastruktur für die Niederlassungen der Unternehmen sein kann, legte mir mein Interviewpartner von dem japanischen Lebensmittelvertrieb dar, der das Unternehmen Mitte der 1980er Jahre in Düsseldorf gründete: „Der Grund warum ich mich von Düsseldorf nicht trennen kann, ist letztendlich, dass es vermutlich keine andere Stadt gibt, in der Japaner so gut leben können. [...] Es ist wirklich eine tolle Stadt. Man kann hier so sorgenfrei wohnen. Die Größe der Stadt ist zwar überschaubar, aber es gibt einfach alles."[110] Die Meinung des Geschäftsführers über Düsseldorf demonstriert, wie die Infrastruktur einen Pull-Faktor für weitere Unternehmen generierte. Darüber hinaus zeigt das Beispiel des Lebensmittelvertriebes, dass die Ausbreitung der Geschäftsleute und Dienstleister einen weiteren Bedarf an neuen Branchen erzeugte. Bis heute übernimmt das Unternehmen meines Interviewpartners die Belieferung der meisten japanischen Supermärkte und Restaurants in Düsseldorf.[111]

Die Infrastruktur überzeugte aber nicht nur aufstrebende Unternehmer von der Füllung neuer Marktlücken. Sie beeinflusste gleichermaßen die Standortentscheidungen der japanischen Unternehmen, die eine Expansion auf dem europäischen Markt in Erwägung zogen. Für den Gründer der Hitachi Power Tools Niederlassung erwies sich zusätzlich zu der vorangegangenen Standortwahl der Hitachi-Gruppenmitglieder der Komfort, den die Infrastruktur den Entsandten bereite, als ein entscheidender Faktor für die Wahl Düsseldorfs.[112]

Der Ansiedlungsablauf des Elektronikherstellers bestätigt damit letztendlich den Einfluss *beider* Netzwerkformen auf die Standortentwicklung. Sowohl infrastrukturelle Standortfaktoren, die aus der Organisation der Diaspora hervorgingen, als auch die Reziprozität der Unternehmensnetzwerke sorgten für das Wachstum des Japanstandortes in dessen Aufbauphase. Ein Netzwerkcluster setzte die Konditionen des anderen: Die Unternehmensgruppen begünstigten mit ihren reziproken Eigenschaften eine gemeinsame Organisation der Entsandten, aus der Institutionen hervorgingen, die Düsseldorf attraktiver für den Nachzug weiterer Unternehmensgruppenmitglieder gestalteten. Die Geschichte des Japanischen Clubs veranschaulicht dabei die Überschneidung beider Netzwerkformen, da sich zur Gründungszeit des *Nihonjinkai* der Großteil der Mitglieder aus Entsandten des Mitsubishi-Keiretsu zusammensetzte,[113] die wiederum dank des Netzwerkes ihrer Unternehmensgruppe vor Ort eine soziale Einheit bildeten. Yōji Kitabayashi fasste in seiner Analyse des Düsseldorfer Japanstandortes die Faktoren für das Zusammenspiel von Unternehmen und Diaspora folgendermaßen zusammen:

> Diese Nachfrage [der Entsandten] ruft letztendlich ein Angebot an Gütern und Dienstleistungen für den Alltag und die Bildung hervor, die das Leben vor Ort erleichtern. Die verbesserte Alltagsumgebung wirkt wiederum als ein Pull-Faktor für japanische Unternehmen, die eine Expansion nach Europa anstreben. Wenn dann neue Unternehmen expandieren, nehmen die Entsandten zu, was nochmals progressiv die Nachfrage steigert. Der Pull-Faktor wirkt auch auf die Nicht-Unternehmensentsandten, schließt sie mit ein und vergrößert sich dadurch. Auf diese Weise hat sich die japanische Gesellschaft in Düsseldorf entwickelt.[114]

Für das Zusammenspiel der Netzwerke lässt sich aber noch ein weiterer, im Hintergrund operierender Faktor heranziehen: die Politik des Heimatlandes. Sowohl für die Bildung der Unternehmensnetzwerke als auch den Ausbau des Diasporanetzwerkes spielte die japanische Politik eine wichtige Rolle. Während die industriepolitischen Maßnahmen die Formation der Unternehmensgruppen sowie deren Auslandsexpansionen bedingten, waren politische Akteure wie Konsul Murakami oder Kishi in der Etablierung einer institutionellen und dienstleistenden Infrastruktur direkt involviert. Diese Infrastruktur sollte die Loyalität der Diaspora und den reibungslosen Vorstoß der Unternehmen garantieren. Nichtsdestotrotz war es erst die Organisation der Diaspora, die ein institutionelles Abbild von Japan erzeugte, was das Interesse des Landes an der Unterstützung seiner Unternehmensentsandten vertiefte. Insgesamt ist für die Entwicklung des Wirtschaftsstandortes in dieser Phase daher die japanische Politik nur als ein begleitender Akteur zu verstehen, der das teils orchestrierte und teils natürlich zustande gekommene Zusammenspiel von Unternehmen und Diaspora begünstigte.

Einhergehend mit der Entwicklung des Standortes Mitte der 1960er Jahre nahm Düsseldorfs Bekanntheitsgrad in Japan erheblich zu. Dies zeigt sich am deutlichsten an den damaligen Besucherzahlen japanischer Touristen sowie dem Dreh einer in Japan beliebten Fernsehserie in Düsseldorf von 1965.[115] Zielke dokumentiert, dass von 1964 bis 1979 9,3 % der Auslandstouristen in Düsseldorf aus Japan kamen.[116] Einer Analyse der IHK Düsseldorf von 1974 nach belegten die japanischen Touristen ab 1973 mit ungefähr 45.000 Übernachtungen den zweiten Platz hinter denen aus dem Vereinigten Königreich.[117] Die wachsenden Zahlen zogen bereits Mitte der 1960er Jahre die Aufmerksamkeit der Stadtverwaltung auf sich. Am 14. März 1967 kam ein Ausschuss der Düsseldorfer Stadtspitze zusammen, um sich einen Vortrag des damaligen Leiters des Amtes für Fremdenverkehr und Wirtschaftsförderung Edmund Linden anzuhören, der auf den gestiegenen Fremdenverkehr aus Japan und die wirtschaftliche Entwicklung des Standortes aufmerksam machte. In Bezug auf den Besucherverkehr ließ Linden verkünden:

> Ausnahmslos alle japanischen Firmengruppen in Düsseldorf erzeugen einen bedeutenden Besucherverkehr von Japan in diese Stadt. So zeigt die Besucherstatistik des Jahres 1965 einen Schnitt von 842 Japanern pro Monat. Jeder Japaner bleibt durchschnittlich 2,1 Tage in der Landeshauptstadt. Diese Besuche resultieren fast ausschließlich aus der Existenz der japanischen Niederlassungen in Düsseldorf, denn ohne diese wäre die Stadt in Japan fast unbekannt.[118]

Die Stadt erkannte demnach früh den Pull-Faktor, den die japanischen Unternehmensgruppen in Verbindung mit der Diaspora generierten. Im Anschluss an seine Analyse sprach Linden von den wirtschaftlichen Vorteilen, die das japanische Expansionsvorhaben Düsseldorf einbringt und stellte seinen Plan vor, die Landeshauptstadt zum definitiven Zentrum der japanischen Aktivitäten in Europa auszubauen.[119] Dies bedeutete den Startschuss für eine gezielte Ansiedlungspolitik und Wirtschaftsförderung, die über Jahrzehnte das Wachstum des Standortes und seiner Infrastruktur begleitete.

5 Die Rolle der Düsseldorfer Wirtschaftsförderung

Mit der Einrichtung des Wirtschaftsförderungsamtes[1] im Jahr 1947 zielte die Stadt Düsseldorf darauf ab, Standortfaktoren wie die Nähe zum Ruhrgebiet aktiv zu nutzen, um für die Ansiedlung ausländischer Unternehmen zu werben und den lokalen Wirtschaftsstandort zu internationalisieren. In den 1950er Jahren verliefen die Aktivitäten der japanischen Repräsentanzbüros noch zum Großteil unter dem Radar des Amtes, sodass noch keine gezielte Förderung des japanischen Wirtschaftsstandortes existierte. Mit der steigenden Anzahl an japanischen Unternehmensniederlassungen legte das Wirtschaftsförderungsamt sich dann ab 1963 gezielt auf Japan in seiner Standortpolitik fest. So machte die Stadtverwaltung sich für die kommenden Jahre zur Aufgabe, Düsseldorf zum definitiven Zentrum japanischer Unternehmensaktivitäten auszubauen.[2]

Die erst relativ späte Fokussierung auf Japan begründet Jäger in ihrem Aufsatz zur Düsseldorfer Wirtschaftsförderung mit der Einführung der statistischen Aufteilung von ausländischen Staatsbürgerinnen und -bürgern nach ihren Nationalitäten im Jahr 1961. So habe das Wirtschaftsförderungsamt erst durch die statistische Aufteilung den Anstieg an japanischen Entsandten erfassen können.[3] Als ein weiterer Faktor für die verzögerte Einschaltung des Amtes lässt sich noch die Tatsache erwägen, dass die lokale Presse erst ab Mitte der 1960er Jahre auf die japanischen Unternehmensaktivitäten in der Stadt aufmerksam machte.

Die Stadtverwaltung versprach sich von den japanischen Unternehmen eine gesteigerte Wirtschaftskraft Düsseldorfs, indem deren Ansiedlung für diverse Steuereinnahmen, einen erhöhten Besucherverkehr und eine wachsende Internationalität des Standortes sorgen sollte. In ihrer Standortpolitik konzentrierte sich die Wirtschaftsförderung dabei zunächst hauptsächlich auf die Ansiedlung von Unternehmen aus dem tertiären Bereich (Handelsgesellschaften und Dienstleister).[4] Damit diese Unternehmen sich weiterhin für die Landeshauptstadt statt anderer Standorte in Deutschland entschieden, machte das Wirtschaftsförderungsamt von den unterschiedlichsten Methoden Gebrauch. Angefangen bei Werbemaßnahmen in Japan über eine gezielte Anwerbung von Unternehmen bis hin zu diversen Projekten zur Stärkung der Infrastruktur versuchte man, das japanische Expansionsvorhaben zu begleiten und zu stärken. In den Archivalien des Amtes stechen dabei insbesondere zwei Großprojekte aus den 1960er Jahren hervor, die aufgrund diverser bürokratischer Konflikte mehr als ein Jahrzehnt bis zu ihrer Realisierung benötigten: das „Japan-Haus" und die „Japan-Tage".[5]

Odysseische Großprojekte: Japan-Haus

Wegen der zunehmenden Größe des Wirtschaftsstandortes Anfang der 1960er Jahre entwickelte das Wirtschaftsförderungsamt Düsseldorf unter der Leitung von

Edmund Linden 1963 einen ambitionierten Plan zum Ausbau der japanischen Infrastruktur. Mit der Begründung, dass für Ortsansässige und Touristen der japanische Wirtschaftsstandort Düsseldorf nicht erkennbar sei, konzipierten Linden und das Amt die Idee für ein Gebäude, in dem sämtliche japanische Unternehmen und Institutionen vereint werden sollten: dem sogenannten Japan-Haus.[6] In der Projektdarstellung von 1965 durch Direktor Linden hieß es:

> Die Ansässigmachung der japanischen Niederlassungen geschah eben lediglich entsprechend den jeweiligen Gegebenheiten, ohne Konzept, ohne System. Dieses Versäumnis kann heute nur nachgeholt werden durch die Errichtung eines Gebäudes, welches auf Grund seiner Größe und Beschaffenheit als eine echte Manifestation der japanischen Wirtschaft rein optisch zu erkennen gibt, dass sich in dieser Stadt ein Schwerpunkt japanischer Interessen in Europa befindet[7] [...].

Anschließend konstatierte Linden, dass mit dem Japan-Haus keine japanische Handelsmission mehr an Düsseldorf vorbeigehen könne und es „ohne Zweifel zu einer Verstärkung der Ansiedlungstätigkeit japanischer Firmen in Düsseldorf beitragen" wird.[8]

Für die praktische Umsetzung stellte Linden sich vor, ein vierstöckiges Gebäude von einem japanischen Träger errichten zu lassen, auf dessen Etagen die japanischen Unternehmen und Institutionen sich verteilen würden. Im Erdgeschoss sollten sich vornehmlich der Einzelhandel und die Finanzbranche ansiedeln – darunter das Nippon-Kan sowie die Fuji Bank. Für die erste, zweite und dritte Etage plante Linden, sämtliche Institutionen und Vereine wie das Konsulat, die JETRO oder die JIHK unterzubringen. Im vierten Stock sah er neben weiteren Unternehmensniederlassungen die Einrichtung eines japanischen Hotels vor, um den Besucherverkehr aus Japan zu bestärken. Zusätzlich sollten Räumlichkeiten für kulturelle Veranstaltungen sowie für eine permanente Ausstellung japanischer Exportartikel geschaffen werden. Da Linden und das Amt beabsichtigten, das Gebäude von einer japanischen Kapitalgesellschaft errichten zu lassen, sollte die Stadtverwaltung lediglich das Grundstück bereitstellen, um kein wirtschaftliches Risiko einzugehen.[9]

Zu Beginn zog das Wirtschaftsförderungsamt für die Trägerschaft die Nippon-Kan GmbH in Betracht, in deren Hintergrund der ehemalige Premierminister Nobusuke Kishi stand, der bereits ein ähnliches Projekt in Mailand unterstützt haben sollte.[10] Dieser erste Plan drang bis an die Presse, sodass schon 1964 zur Eröffnung des Nippon-Kans die Rheinische Post von einer geplanten Erweiterung des Restaurants um Büroflächen berichtete.[11] Im September 1965 traf sich die Stadtspitze Düsseldorfs mit Kishi im Nippon-Kan zu einem Mittagessen, um ihn für das Projekt des Japan-Hauses zu gewinnen. Den Unterlagen des Wirtschaftsförderungsamtes zufolge vertrat Kishi die ähnliche Ansicht, dass „eine Verstärkung des japanischen Wirtschaftszentrums in Düsseldorf zu erwarten sei". Dennoch wies er auf die Schwierigkeit der Devisenbeschaffung für die Finanzierung hin. Zudem betonte

Kishi, dass die Stadt Düsseldorf bereit sein müsse, für die Verwirklichung des Projektes „ein gewisses Opfer zu bringen", womit er auf die Beschaffung eines geeigneten Grundstücks drängte.[12] Weitere Unterstützung erhielt das Projekt von dem damaligen japanischen Botschafter Katsuhiro Narita, der das Vorhaben an die japanische Regierung weiterleitete. Von der japanischen Regierung erhoffte sich das Wirtschaftsförderungsamt eine Bezuschussung des Projektes.[13]

Abseits der anfänglichen Unterstützungszusagen hatte das Amt in der ersten Phase des Projektes viel Gegenwind von der japanischen Seite erfahren müssen. Bereits kurz nach der Konzipierung des Projektes erklärte der damalige Präsident der Mitsubishi Export- und Import-GmbH und spätere Vorsitzende des Japanisches Clubs Akitake Miura, dass aufgrund des Konkurrenzverhältnisses die Unterbringung sämtlicher Unternehmen in einem Gebäude „unzweckmäßig" sei und dieser Gedanke fallen gelassen werden müsse.[14] Gleichermaßen zeigten sich der damalige Stadtdirektor Just sowie Generalkonsul Sasaki diesem Teil des Vorhabens gegenüber skeptisch. Der Generalkonsul lehnte zusammen mit Yōichi Deguchi von der Bank of Tokyo das Projekt vollständig ab und wollte sich mit diesem nicht „identifizieren".[15] Aufgrund der Absage des Generalkonsuls gerieten zugleich die Gespräche mit der japanischen Regierung für eine Bezuschussung des Projektes ins Stocken, da mit der Erhebung des Konsulates zum Generalkonsulat von 1967 die Zuständigkeit nicht mehr beim Botschafter in Bonn lag. Selbst von dem vorgesehenen Träger des Projektes, der Nippon-Kan GmbH, erhielt das Wirtschaftsförderungsamt Gegenstimmen. Michio Kawabe, der Vorsitzende des Unternehmens, kritisierte die hohe Anzahl an staatlichen Organisationen, die in dem Haus unterkommen sollten.[16]

Nach wenigen Jahren kristallisierte sich heraus, dass die Nippon-Kan GmbH – aufgrund unzureichender Bereitschaft ihrer Gesellschafter – nicht alleine in der Lage war, das Projekte zu finanzieren und sich nur zu einer Teilfinanzierung bereiterklärte.[17] 1968 startete das Wirtschaftsförderungsamt deshalb einen weiteren Versuch, indem es die Tokyo Terminal Company zur Finanzierung des Projektes in Erwägung zog, die sich schon für den Bau des World Trade Centers in Tokio verantwortlich zeigte. Nach monatelangem Briefverkehr zwischen Direktor Linden und dem PR-Manager der Tokyo Terminal Company erteilte dieser dem Projekt eine Absage mit der Begründung, dass eine Kooperation zwischen einem gewinnorientierten Unternehmen „weder natürlich noch ideal vom Standpunkt eines ‚nationalen' Projektes sei". Als Gegenvorschlag brachte der PR-Manager die Option ins Spiel, das Projekt über die JIHK, der JETRO oder einer potenziellen japanischen Partnerstadt finanzieren zu lassen. Letztendlich kam dadurch auch die Tokyo Terminal Company nicht als geeigneter Kandidat in Frage, und das Projekt des Japan-Hauses geriet für die nächsten Jahre ins Stocken.[18] Erst 1972 – und damit neun Jahre nach Projektentwurf – gelang es dem Wirtschaftsförderungsamt mit der Tochtergesellschaft der Marubeni Corporation, Marubeni Enterprises, einen Träger zu finden.[19]

Die Finanzierungsfrage des Projektes galt durch die Beteiligung Marubenis zwar als geklärt, jedoch standen die Stadt und ihr gefundener Träger noch vor einem weiteren essenziellen Problem: der Grundstückssuche. Schon 1966 plante die Stadtverwaltung Düsseldorf das Grundstück von dem damaligen Sitz der Rheinbahn zwischen der Immermann-, Karl- und Kurfürstenstraße zu erwerben und darauf das Japan-Haus zu realisieren. Ein Problem bestand aber darin, dass für die Bebauung des Geländes die angeschlossene Gleisschleife verlegt werden musste. Über die Verlegung herrschten zwischen der Stadtverwaltung und der Rheinbahn Uneinigkeiten, sodass die Freigabe des Grundstückes auf 1969 verschoben wurde.[20]

Letztendlich konnte erst 1970 das Rheinbahngebäude abgerissen und mit den Bebauungsplänen für das Grundstück fortgefahren werden. Befreit von Komplikationen war das Projekt des Japan-Hauses aber noch lange nicht. Zwischen Marubeni und der Immobiliengesellschaft Coop, die das Grundstück der Stadt abkaufte, entbrannte ein neuer Konflikt. Nach Coops Vorstellungen sollte Marubeni lediglich als Mieter des Grundstückes auftreten, doch das Unternehmen lehnte dies ausdrücklich ab und bestand auf einem Teilerwerb. Die Stadtverwaltung reagierte auf die Unstimmigkeiten und bot Marubeni ein alternatives Grundstück im Bereich des Kennedydamms an, was das Unternehmen mit der Begründung verweigerte, eine Bebauungsfläche in der Innenstadt zu bevorzugen. Im August 1973 gelang es den Beteiligten letztendlich, mit dem Gelände der Druckerei Schwann auf der Ecke Immermann-, Charlotten-, Ost- und Friedrich-Ebert-Straße ein geeignetes Grundstück zu finden und mit der konkreten Planung des Japan-Hauses zu beginnen.[21]

Für die Errichtung des Gebäudes beauftragte 1974 Marubeni das Architekturbüro „Hentrich, Petschnigg und Partner" sowie die japanische Baugesellschaft Takenaka Komuten, die bei der Gelegenheit im selben Jahr nach Düsseldorf expandierte. Für den Baubeginn visierte Marubeni Anfang 1976 an. Bevor aber der Grundstein gelegt werden konnte, brauchte es noch die Unterstützung der japanischen Regierung für den Devisentransfer sowie die Genehmigung des Bebauungsplanes durch die Stadt Düsseldorf. Nachdem 1973 der damalige Generalkonsul Ōchi wegen eines vermeintlich schlechten Rufes von Marubeni das Unterstützungsgesuch an die japanische Regierung ablehnte, startete die Stadtverwaltung 1975 einen zweiten Versuch, als Ōchis Nachfolge durch Kozaburō Fukuda feststand.[22] Der damalige Oberbürgermeister Klaus Bungert wandte sich an den neuen Generalkonsul mit den Worten:

> Die Tatsache, dass ein japanisches Unternehmen eine Investition von solch großem Umfang tätigen will, begrüßt die Stadt Düsseldorf außerordentlich […]. Als Oberbürgermeister und Oberstadtdirektor der Stadt Düsseldorf dürfen wir Sie, sehr geehrter Herr Generalkonsul, darum bitten, die zuständigen Ämter der japanischen Regierung um Unterstützung für dieses Projekt zu bitten.[23]

Das Ansinnen des Oberbürgermeisters stieß auf Unterstützung und wurde von Generalkonsul Fukuda an das Auswärtige Amt in Tokio weitergeleitet. Der Verlauf der Anfragen verdeutlicht, wie die Durchführung von Projekten, die eine behördliche Kooperation zwischen beiden Nationen abverlangten, in Abhängigkeit zu der Besetzung der diplomatischen Ämter stand. Bereits Kristina Jäger kam in ihrer Rekonstruktion der Geschichte des Japan-Haus-Projektes zu dem Ergebnis, dass das persönliche Interesse einzelner Akteure wie jenes des Generalkonsuls maßgeblich für das erfolgreiche Wachstum des Standortes war.[24] Über dieses „Dilemma" brachte Direktor Linden seine Frustration zum Ausdruck, als er Anfang der 1970er Jahre sein Resümee über die bisherige Entwicklung des Projektes zog: „Divergierende Auffassungen zwischen den hier ansässigen japanischen Unternehmen einerseits und der negativen Einstellung einiger Vorgänger des amtierenden japanischen Generalkonsuls sowie planerische Schwierigkeiten verhinderten jedoch den Fortgang dieser Bemühungen."[25]

Nach der Zusage für den Investitionstransfer erteilte die Stadt Düsseldorf am 25. September 1975 in einer Ratssitzung die Genehmigung für den Bebauungsplan Marubenis. Für die Genehmigung setzte der Stadtrat als Bedingung, dass Marubeni neben Geschäften und Büroräumen Platz für Wohnräume in seinem Gebäudekomplex schafft. Zusätzlich zu den Appartements enthielt der Bebauungsplan – trotz zeitweiliger Ablehnung der Stadtverwaltung – die Errichtung eines Großhotels durch die Fluggesellschaft Japan Airlines (kurz: JAL), was ein Beben in Düsseldorfs Hotellerie auslöste.[26]

Anfang 1976 berichteten die Tageszeitungen von einem Aufschrei der lokalen Hotels in Düsseldorf, die befürchteten, japanische Gäste zu verlieren, da die Expats zum Zeitpunkt ihrer Ankunft in der Regel zunächst Unterkunft bei Hotels suchten, bevor ihre Unternehmen ihnen eine Wohnung zur Verfügung stellten.[27] Am meisten empörte sich der Hotel- und Gaststättenverband aber über die von der Stadt Düsseldorf beantragte Bürgschaft beim Land NRW, die Marubeni einen Kredit der Deutschen Bank in Höhe von 115 Millionen Mark gewährleisten sollte. Der Verband warf der Stadt Düsseldorf eine Bevorzugung Marubenis auf Kosten der Steuerzahlenden vor. Die Stadt entgegnete, dass die Bürgschaft eine Bedingung für den Devisentransfer sowie die Einhaltung der Bauzeit sei. Ohne die Bürgschaft hätte zudem die Gefahr bestanden, das Wohlwollen der japanischen Unternehmen zu verlieren, denn Marubeni drohte im Falle einer Nicht-Erteilung der Bürgschaft mit einer Abwanderung aus Düsseldorf.[28]

Die Zeitung Die Welt zitierte in ihrem Artikel „Hotelkrieg am Rhein: Droht der Exodus der Japaner?" vom 20. Februar 1976 den damaligen Finanzminister NRWs und schrieb zu dem Dilemma: „Niemand verkennt die Gefahr, daß die Japaner Düsseldorf nach und nach ebenso freundlich-lächelnd wieder verlassen wie sie gekommen sind."[29] Aus Sorge, die Entwicklung des Wirtschaftsstandortes zu bremsen, unternahm die Stadt Düsseldorf mit der Begründung, dank des Projektes 600 Arbeitsplätze in der Bauindustrie zu schaffen, keinen Rückzieher und fuhr planmäßig mit der Beantragung der Landesbürgschaft fort. Aus dem Darlehensantrag von Direktor Linden an die Deutsche Bank ging hervor, was die Stadt sich explizit von dem Bau des Hotels erhoffte. So war man der Überzeugung, dass das Hotel einerseits zu einer Steigerung des Besucherverkehrs und andererseits zu einer Entscheidung der Japan Airlines führen könne, den Düsseldorfer Flughafen direkt anzufliegen.[30]

Am 8. Juli 1976 sollte es endlich so weit sein: Nach der Grundsteinlegung für den zehnstöckigen Gebäudekomplex begannen die auf zwei Jahre ausgelegten Bauarbeiten.[31] Vor der Fertigstellung benötigte das Projekt aber noch seinen endgültigen Namen. In der Befürchtung, mit einem einseitigen Namen wie „Japan-Haus" oder „Japan-Center" das Gebäude als unzugänglich für die Düsseldorfer Bevölkerung wirken zu lassen und damit ein Symbol der Abschottung zu kreieren, entschloss man sich, die Bevölkerung selber nach einem passenden Namen zu fragen. In einer Sonderausgabe der Rheinischen Post zum Japanstandort vom 22. Mai 1975 hieß es in einer Anzeige von Marubeni: „Es darf alles heißen – nur nicht Japan-Center".[32] Um nach außen hin möglichst Offenheit zu demonstrieren, einigte man sich auf den Namen: „Deutsch-Japanisches Center".[33] Diesen Namen nahm ab 1978 auch der Bauherr des Centers, die Marubeni Enterprises GmbH, an.

15 Jahre nach dem ursprünglichen Entwurf fand das Projekt des Japan-Hauses dann am 8. September 1978 mit der offiziellen Eröffnung des Deutsch-Japanischen Centers sein Ende. Und das mit Erfolg: Zum Eröffnungszeitpunkt waren bereits 70 % der Büroflächen vermietet. Auf den 9000 Quadratmetern Grundstücksfläche und neun Stockwerken siedelten sich neben der Marubeni Deutschland GmbH und Japan Airlines unter anderem das Generalkonsulat, die JIHK, die Bank of Tokyo sowie das jüngst nach Deutschland expandierte Kaufhaus Mitsukoshi an. Entgegen des ambitionierten Planes von Direktor Linden vereinte das Center damit allerdings weitaus weniger japanische Unternehmen als ursprünglich erhofft.[34]

Den mit Abstand größten Teil des Gebäudes und des Budgets nahm das umstrittene Hotel Nikko ein, das unter einem deutschen Generaldirektor am 15. August 1978 seine Türen öffnete. Mit 300 Zimmern, einem Schwimmbad auf der Dachterrasse, Massagesalons sowie einem damals noch neuen Computersystem fiel es unter die Kategorie eines Luxushotels.[35] Die Flugverbindung, die sich die Stadtverwaltung von dem Hotelvorhaben erhoffe, kam entgegen dem ursprünglichen Projektplan allerdings nicht zustande. Dennoch richtete die Japan Airlines eine direkte Busverbindung vom Hotel Nikko zum Frankfurter Flughafen ein, die die Verkehrsinfrastruktur des Düsseldorfer Japanstandortes aufwertete.[36]

Anlässlich der Eröffnung des Centers veranstaltete Marubeni in Zusammenarbeit mit der Stadt Düsseldorf eine Feier, an der unter den 500 geladenen Gästen die Bürgermeister, der Ministerpräsident NRWs Heinz Kühn sowie Bundeswirtschaftsminister Otto Graf Lambsdorff teilnahmen. Auf japanischer Seite wohnten der Veranstaltung Botschafter Bunroku Yoshino und der Präsident der Japan Airlines bei.[37] Während die politischen Spitzen und japanischen Unternehmen den Erfolg des Projekts feierten, stieß das Center aus den Reihen der Kommunalverwaltung und Bevölkerung weiterhin auf Kritik. Die NRZ zitierte ein Mitglied des Planungsbeirates, der das Konzept des Centers als „total überzogen" und „inhuman" bezeichnete und es mit einem „weinenden Auge" betrachtete.[38] An einer anderen Stelle in dem Artikel betitelte die NRZ wie auch weitere Tageszeitungen das Center als „Betonkoloss" und bemängelten die fehlende deutsche Beteiligung an dem Projekt – trotz des diplomatischen Namens „Deutsch-Japanisches Center".[39]

Zieht man zu diesen Vorwürfen noch die Hotelproteste und zahlreichen institutionellen Schwierigkeiten in Betracht, die das Japan-Haus-Projekt in seiner „Odyssey" durchlief, wird einerseits deutlich, wie die Großprojekte des Wirtschaftsförderungsamtes auf Kooperationspartner angewiesen waren und die Entwicklung des Standortes von institutionellen Konflikten geprägt war.[40] Andererseits dokumentiert das Projekt mit seinem Gesamtkapital von 180 Millionen DM – das zum damaligen Zeitpunkt die größte japanische Direktinvestition in der BRD darstellte[41] –, wie die Wirtschaftsförderung nicht nur den Kurs für das Wachstum des Wirtschaftsstandortes setzte, sondern dazu auch ihren direkten Beitrag leistete. Da ab Ende der 1970er Jahre generell die japanischen Direktinvestitionen in der BRD und Europa einen deutlichen Anstieg erfuhren, ist davon auszugehen, dass, wie vom Wirtschaftsförderungsamt beabsichtigt, das Deutsch-Japanische Center eine gewisse Signalwirkung erzielte. Besonders für die Entwicklung der Immermannstraße als Zentrum des Japanstandortes leistete Glebe zufolge das Center einen ausschlaggebenden Beitrag.[42] Im Gegensatz zu den vielen negativen Schlagzeilen zog eine lokale Zeitschrift in ihrer Titelgeschichte folgendes Fazit:

> Daß gerade in Düsseldorf ein solches Erfolgsrezept in einer auch für eine japanische Handelsfirma beachtlichen Größenordnung verwirklicht wurde, spricht nicht nur für den Standort Düsseldorf, sondern auch für das unerschütterliche Vertrauen in die zukünftige Entwicklung der Stadt als internationales Wirtschaftszentrum.[43]

Odysseische Großprojekte: Japan-Tage

Das zweite Großprojekt des Wirtschaftsförderungsamtes, die „Japan-Tage", nahm einen ähnlich konfliktreichen Verlauf wie das Japan-Haus. In den 1960er Jahren verfolgte Düsseldorf den Ansatz, mithilfe von kulturellen und wirtschaftlichen Veranstaltungen im Rahmen von sogenannten Themenwochen die jeweiligen ausländischen Niederlassungen in der Stadt zu würdigen und sein Image als internationalen Standort zu stärken. Auf diese Weise veranstaltete die Landeshauptstadt bis 1964 bereits eine französische, österreichische, niederländische, schwedische, belgische, schweizerische und zuletzt eine britische Woche. Anlässlich des wachsenden Japanstandortes und des Erfolges der britischen Woche plante der damalige Verkehrsdirektor Schweig in Zusammenarbeit mit dem Wirtschaftsförderungsamt die Durchführung einer japanischen Woche.[44]

Unterstützung erhielten sie vom Deutsch-Japanischen Wirtschaftsbüro,[45] das 1960 durch das Japanische Generalkonsulat in Hamburg zur Bewerbung Japans sowie Förderung des deutsch-japanischen Handels gegründet wurde. Ab 1967 unterhielt es eine Zweigniederlassung in Düsseldorf unter dem leicht modifizierten Namen „Deutsch-Japanisches Wirtschaftsförderungsbüro".[46] Trotz seiner Finanzierung aus Japan stand das Büro mit dem Rechtsanwalt Hans Bernd Giesler unter deutscher Leitung. Die Tätigkeit des Büros bestand hauptsächlich in der Informationsbereitstellung über Japans Wirtschaftsaktivitäten sowie der Vermittlung zwischen deutschen und japanischen Behörden. Hierdurch nahm das Büro bei der Planung der japanischen Woche eine gesonderte Rolle als Mittler ein.[47]

Für die Umsetzung der japanischen Woche wandte sich 1964 zunächst der damalige Oberbürgermeister Peter Müller an den japanischen Botschafter Katsuhiro Narita in Bonn und stellte ihm ein vorläufiges Programm vor. Die Stadt Düsseldorf plante für 1966 diverse kulturelle und wirtschaftliche Veranstaltungen, die jeweils vier Thementagen untergeordnet werden sollten: einem Tag der Wirtschaft, Tag der Kunst, Tag der Folklore und des Sports sowie Tag der Kolonie. Da es sich nur um einzelne Tage handelte, führte die Stadtverwaltung intern die Veranstaltung unter dem Namen „Japan-Tage" statt „Japan-Woche". Für den Tag der Wirtschaft, der als Eröffnungstag dienen sollte, plante man ein deutsch-japanisches Wirtschaftsgespräch, während für die kulturorientierten Tage unter anderem japanische Malereiausstellungen, eine Ikebana Vorführung, eine Teezeremonie im Nippon-Kan sowie Turniere von japanischen Sportarten in Betracht kamen. Zusätzlich plante die Stadt mehrere Empfänge, eine Sitzung des Ostasiatischen Verein Hamburgs sowie eine Tagung des Dachvereins der DJGs in Deutschland.[48]

Unter den Programmpunkten lag der Fokus der Stadt eindeutig auf den wirtschaftlichen Veranstaltungen, wie Direktor Linden in einer Stellungnahme zu dem Programm verlauten ließ:

> Ein solcher Erfolg [für die Stadt Düsseldorf] kann und wird sich aber nur auf wirtschaftlichem Gebiet äußern, weil alle anderen Erscheinungsformen dieser deutsch-japanischen Begegnung [...] keine nachhaltige Wirkung erzielen können. Umso mehr sollen wirtschaftliche Veranstaltungen im Rahmen dieser Tage dazu beitragen, neue Fäden zu knüpfen, um unsere Stadt noch mehr als bisher zum unumstrittenen Zentrum japanischer wirtschaftlicher Aktivitäten in der Bundesrepublik und darüber hinaus in Europa werden zu lassen.[49]

Lindens Worte verdeutlichen das wirtschaftliche Interesse Düsseldorfs an den japanischen Unternehmen und der zugehörigen Diaspora. Kulturelle Veranstaltungen scheinen dabei nur als Mittel zum Zweck gedient zu haben.

In Anbetracht des wirtschaftlichen Schwerpunktes entwickelte die Stadt zudem Pläne für eine Ausstellung japanischer und deutscher Industriegüter durch die JETRO, die während der gesamten Tage auf dem Messegelände stattfinden sollte. Die Durchführung der Ausstellung stellte sich jedoch schwieriger heraus als zunächst vermutet. Das erste Problem bestand darin, die deutsche Industrie von einer Teilnahme zu überzeugen.[50] Grund dafür lag in dem damaligen bilateralen Verhältnis zwischen Deutschland und Japan. Der Ruf der japanischen Industrie war aufgrund von Dumpingvorwürfen und billig produzierten sowie kopierten Exporterzeugnissen schlecht, sodass Teile der deutschen Industrie die wirtschaftlichen Aktivitäten Japans als Störfaktor empfanden. Zudem war diese Zeit trotz des Handelsabkommens von 1960 noch stark von beiderseitigen Handelshemmnissen geprägt.[51]

Aus diesen Gründen stellten sich bereits kurz nach den ersten Entwürfen die Hauptgeschäftsführer der IHK Hagen und der niederrheinischen IHK Duisburg gegen die Durchführung der Japan-Tage. Sie rechtfertigten ihre Position damit, dass aufgrund des angespannten bilateralen Verhältnisses „heftigste Animositäten seitens der deutschen Industrie" zu befürchten seien. In Verunsicherung über die Realisierbarkeit des Projektes wandte sich Linden an die IHK Düsseldorf, die nach Begutachtung der Situation „keine psychologischen Schwierigkeiten für [die] Vorbereitung und Durchführung der Japan-Tage 1966" feststellte. Die IHK Düsseldorf begründete ihre Ansicht damit, dass nur in der Textil- und Schirmindustrie Druck auf die deutsche Wirtschaft zu spüren sei und in den restlichen Branchen die japanische Konkurrenz stattdessen „zu größeren Leistungen" anregen würde.[52]

Trotz der positiven Beurteilung der IHK rechnete Linden weiterhin mit Widerständen und Ressentiments gegenüber den wirtschaftlichen Programmpunkten des Projektes, hoffte aber mithilfe der Japan-Tage Vorurteile gegenüber der japanischen Industrie zu beseitigen. Aus Sorge vor Protesten rief Linden den Initiator des Projektes, Verkehrsdirektor Schweig, zu einer vorsichtigen Planung auf, da „alles, was die Stadt Düsseldorf in Hinblick auf Japan unternimmt, [als] ein mehr oder weniger heißes Eisen" gelte. An anderer Stelle schrieb Linden, dass es wichtig sei, nicht den Anschein zu erwecken, dass sich die Stadt Düsseldorf mit dem Vorschlag des Projektes „identifiziere".[53]

Das zweite Problem, vor dem die Japan-Tage standen, war die Frage der Finanzierung. Die Landeshauptstadt erhoffte, sich das Projekt in großen Teilen von der japanischen Regierung finanzieren zu lassen und arbeitete dazu gemeinsam mit dem damaligen Konsul Murakami und dem Deutsch-Japanischen Wirtschaftsbüro einen Programmvorschlag aus, den sie dem japanischen Außenministerium unterbreiten sollten. Bei Konsul Murakami entstand jedoch der Eindruck, dass die Stadt Düsseldorf versuche, die Organisation sowie sämtliche Kosten auf die „japanische Gemeinde" abzuwälzen, obwohl diese nicht über die nötigen Mittel verfügte. Da konkrete Vorschläge zur Finanzierung seitens der Stadt ausblieben und man sich stattdessen dazu entschloss, an die japanische Regierung heranzutreten, wertete die japanische Seite das Vorhaben der Japan-Tage so, dass dieses „ausschließlich im deutschen Interesse liege".[54] Demgegenüber hieß es in einem Gespräch zwischen Linden und Stadtdirektor Ingenstau, dass „es hauptsächlich die Japaner seien, die an einer solchen Woche interessiert wären", und „falls sie nicht bereit wären, die

Unkosten selbst auf sich zu nehmen", sein Interesse nicht allzu groß sei.[55] Beide Positionen zeigen nicht nur die Uneinigkeiten, die zwischen den Institutionen herrschten, sondern verdeutlichen zudem das frühe Stadium, in dem sich das Verhältnis zwischen Düsseldorf und Japan befand.

Letztendlich kamen die Verhandlungen mit Konsul Murakami zu dem Ergebnis, dass eine Finanzierung durch die japanische Seite ausgeschlossen sei. Für eine Bezuschussung der Japan-Tage bestand Murakamis Auffassung nach die letzte Möglichkeit in der Austragung einer Industrieausstellung der JETRO, auch wenn für diese die Messe in Hannover eher als Austragungsort in Betracht kam. Doch einen Monat später fing Murakami an, sich selbst von diesem Vorschlag zu distanzieren und sprach davon, aufgrund der hohen Kosten von der Durchführung einer Industrieausstellung abzusehen und die Japan-Tage mit einem kulturorientierten Programm auf das nächste Jahr zu verschieben. Abschließend betonte der Konsul, „keineswegs gegen Japan-Tage in Düsseldorf eingestellt" zu sein und lediglich wegen der problemhaften Finanzierung die Realisierbarkeit „ernsthaft in Frage" stelle.[56]

Mit der Erhebung des Konsulates zum Generalkonsulat von 1967 und dem einhergehenden Wechsel des Konsuls kamen die bis dato veranlassten Vorbereitungen mit Murakami zum Stillstand. Der neue Generalkonsul Sasaki stellte sich grundsätzlich gegen die Durchführung der Veranstaltung und entgegnete mit den Worten: „Zunächst müßte ich einmal Lust dazu haben", was das Vorhaben erst einmal beendete.[57] Wie bereits beim Japan-Haus wird deutlich, wie abhängig die Pläne des Wirtschaftsförderungsamtes von der personellen Besetzung des Generalkonsulates waren.[58]

Nach der zwischenzeitlichen Überlegung, mit erneuter Hilfe vom ehemaligen Premierminister Nobusuke Kishi den Generalkonsul zu umgehen, entschloss das Amt sich anlässlich einer für 1968 angesetzten Japanreise von Andreas Meckel vom Deutsch-Japanischen Wirtschaftsbüro für eine direkte Kontaktaufnahme mit der japanischen Regierung. Verkehrsdirektor Schweig, der unter keinen Umständen ohne den Willen der japanischen Regierung die Durchführung des Projektes vorantreiben wollte, verfasste ein Schreiben an einen japanischen Abgeordneten, in dem er um dessen Unterstützung für das Vorhaben warb. Auch diese Maßnahme stieß auf keine nachhaltige Reaktion in Japan, sodass auf Anregung des Deutsch-Japanischen Wirtschaftsbüros die Landeshauptstadt sich 1968 vermehrt auf Murakamis einstigen Vorschlag konzentrierte, die Japan-Tage im Rahmen einer JETRO-Industrieausstellung finanzieren zu lassen.[59]

Innerhalb der Kommunalverwaltung machte sich währenddessen ein immer größeres Unverständnis gegenüber der japanischen Seite breit, da man in Hamburg bereits für Mai 1968 eine Japan-Woche plante, die abseits der Kosten für den Empfang des Oberbürgermeisters restlos von den dortigen japanischen Institutionen getragen wurde. Als Grund für die gelungene Finanzierung in Hamburg betrachtete das Deutsch-Japanische Wirtschaftsbüro die Bereitschaft der dortigen japanischen Institutionen, insbesondere des Generalkonsuls Tani.[60] Die Aussage bestätigt das Argument für die Notwendigkeit von Kooperationsbereitschaft zwischen der Stadtverwaltung und den Diasporainstitutionen bei der Planung und Durchführung von Großprojekten wie den Japan-Tagen – vor allem die der Generalkonsuln. Trotz seines statistischen Vorsprunges lag damit hinsichtlich der institutionellen Zusammenarbeit der japanische Wirtschaftsstandort Düsseldorf im Rückstand.

Um die JETRO für die Durchführung einer Industrieausstellung in Düsseldorf zu gewinnen, fing das Wirtschaftsförderungsamt bereits 1967 an, mit ihr und der Düsseldorfer Messegesellschaft NOWEA zu verhandeln. Aus Sorge vor einer erneuten Vereitelung des Vorhabens durch den japanischen Generalkonsul bat das Amt die JETRO um höchste Diskretion und versuchte die Verhandlungen so gut wie möglich im Verborgenen zu halten, was das geschwächte Vertrauen der Stadt in die japanische Seite deutlich macht.[61]

Die JETRO veranstaltete eine Industrieausstellung in Europa einmal pro Jahr in einer ihrer Niederlassungen. Als mögliche Kandidaten für den Austragungsort kamen 1968 London, Paris, Brüssel, Hamburg oder Düsseldorf in Betracht. Die Entscheidungsträger der JETRO von Düsseldorf als Austragungsort zu überzeugen, stellte sich wegen der Messegesellschaft NOWEA allerdings als schwierig heraus. Die Stadt Düsseldorf hielt mit der NOWEA eine Vereinbarung, sämtliche Ausstellungen von ihr organisieren und durchführen zu lassen. Die JETRO setzte hinwieder als Bedingung, ihre Ausstellung in Eigenorganisation austragen zu können, sodass letztendlich die Wahl auf Konkurrent Hamburg fiel, wo die Kommunalverwaltung konkretere Zusagen zu den Veranstaltungsmöglichkeiten geben konnte. Unmittelbar auf die fehlgeschlagene Kandidatur versuchte Düsseldorf es 1969 erneut, erhielt aber eine weitere Absage, da sämtliche Mittel von der japanischen Regierung bereits für die 1970 in Osaka stattfindende Weltausstellung verplant waren.[62] Mit der erneuten Absage nahmen Düsseldorfs Pläne ein Ende, die Japan-Tage über die Industrieausstellung finanzieren zu lassen.

Im selben Jahr gab es auch Hoffnung: mit dem Nachfolger von Generalkonsul Sasaki, Senkurō Saiki, sollten die Gespräche wieder aufgenommen und über alternative Finanzierungsmöglichkeiten nachgedacht werden. Um der Weltausstellung in Osaka aus dem Weg zu gehen und genügend Vorlauf für die Planung zu haben, legten sich die Landeshauptstadt und die japanischen Institutionen auf den neuen Zeitraum 1972–1973 fest.[63] In der Zwischenzeit fand mit der „Dänischen Woche 1970" eine weitere Themenwoche in Düsseldorf statt, was unter anderem erneut das Unverständnis Lindens über den bisherigen Projektverlauf der Japan-Tage hervorbrachte:

> Trotzdem ist in Düsseldorf, [sic!] im Gegensatz zu München, Hamburg, Stuttgart und anderen deutschen Städten bis jetzt noch keine Japanwoche veranstaltet worden, obwohl diese aufgrund des großen Einzugsgebietes von Düsseldorf,

sowie seiner Wirtschafts- und Ausstrahlungskraft, eine außerordentlich günstige Resonanz finden würde.[64]

Passend zu dem neuen Austragungszeitraum entstand in Zusammenarbeit mit der DJG am Niederrhein ein neuer Programmplan, der mit einer Kunstausstellung, Filmwoche, Theateraufführungen und Sportturnieren einen Fokus auf kulturelle Veranstaltungen legte. Während der Nachfolger von Generalkonsul Saiki, Tomizō Arimoto, zusammen mit der japanischen Regierung einen kulturorientierten Veranstaltungsplan für geeigneter hielt, erweckt Linden in den Unterlagen des Wirtschaftsförderungsamtes den Eindruck, sich an der untergeordneten Rolle der wirtschaftlichen Veranstaltungen gestört zu haben.[65]

Erneut stellte der Programmplan nicht das grundsätzliche Problem dar, sondern die Finanzierung. Generalkonsul Arimoto lehnte die von der Stadtverwaltung geforderte Summe von zwei Millionen DM ab, die in der Vergangenheit zur Durchführung der Britischen Woche von der britischen Regierung gestellt wurden. Als Ursache nannte der Generalkonsul den Bau der Japanischen Schule, der die Mittel der japanischen Unternehmen und Institutionen bereits ausschöpfte (siehe Kapitel 7).[66] Letztendlich blieb der Stadt keine andere Wahl, als das Projekt um ein weiteres Jahr zu verschieben.

1973 startete die Stadt zusammen mit der IHK Düsseldorf den nächsten Versuch, indem sie die Spitzen der japanischen Institutionen um ein Treffen für die endgültige Klärung der Finanzierungsfrage baten. Dem ehemaligen Geschäftsführer der JIHK Akira Arikawa zufolge sahen die japanischen Institutionen die Finanzierung von einem flüchtigen Event wie den Japan-Tagen jedoch als Verschwendung an.[67] Insbesondere der Nachfolger Tomizō Arimotos, Generalkonsul Ōchi, war dabei den Akten des Wirtschaftsförderungsamtes zufolge dem gesamten Vorhaben gegenüber nicht positiv eingestellt.[68] Da die Institutionen dennoch ein Zeichen der Danksagung gegenüber Düsseldorf setzen wollten, schlug der Generalkonsul stattdessen die Realisierung eines weiteren langjährigen Projektes des Wirtschaftsförderungsamtes vor: den Bau des Japanischen Gartens.[69]

Seit Anfang der 1970er Jahre plante die Stadt Düsseldorf als Antwort auf die Errichtung von japanischen Gärten in anderen Städten den Bau eines japanischen Gartens. Für die Umsetzung des Projektes sammelten der Japanische Club und die JIHK Spenden ihrer Mitglieder, die sie in einen Verein einzahlten, der zwecks des Vorhabens im September 1973 gegründet wurde.[70] Der Vorstand des Vereins setzte sich aus dem ehemaligen Clubvorsitzenden Saburō Iwai, Akira Arikawa von der JIHK und Andreas Meckel vom Deutsch-Japanischen Wirtschaftsbüro zusammen. Diese beauftragten ein Gartenbauunternehmen aus Tokio, das seine Architekten und Gärtner für die Anlegung des Gartens auf dem etwa 5000 Quadratmeter großen Gelände im Nordpark nach Düsseldorf schickte. Am 24. Mai 1975 (etwa ein Jahr nach dem ersten Spatenstich) übergab in symbolischer Weise der japanische Botschafter Akira Sono zusammen mit den japanischen

Institutionen bei einer groß angelegten Eröffnungsfeier im Nordpark das 1,8 Millionen DM-Projekt an Oberbürgermeister Klaus Bungert und die Stadt Düsseldorf.[71]

Während der Japanische Garten sich in relativ kurzer Zeit umsetzen ließ, zeigte das Projekt der Japan-Tage keinerlei Fortschritte. In Anbetracht der verstrichenen Zeit und des Baus des Deutsch-Japanischen Centers wies der Beigeordnete und spätere Stadtdirektor Bolo Mayweg Linden darauf hin, das Japan-Haus zu priorisieren und erst nach dessen Fertigstellung das Projekt der Japan-Tage wieder aufzunehmen. Als quasi letzten Versuch schlug Linden daraufhin vor, die Japan-Tage in einem geringeren Umfang als Eröffnungsprogramm des Deutsch-Japanischen Centers im September 1978 durchzuführen. Nach reiflicher Überlegung und Entwürfen eines zweitägigen Programmplanes äußerten der Präsident der Marubeni-Niederlassung Hiroichi Baba und weitere Beteiligten darüber ihre Bedenken. Sie befürchteten bei dem Plan, den Eindruck einer Bevorzugung Marubenis durch die Stadt Düsseldorf zu erzeugen, da eine kommunale Beteiligung bei einer Privatinvestition dieser Größe unüblich sei. Linden hielt nichtsdestotrotz an der Idee fest und wies auf den Namen „Deutsch-Japanisches Center" hin, der seiner Meinung nach eine offene Beteiligung der Stadt erlaube.[72]

Letzten Endes musste Linden seine Idee aufgeben, als er 1977 nach einer erneuten Umstrukturierung des Wirtschaftsförderungsamtes durch den Beigeordneten Bolo Mayweg in den Ruhestand versetzt wurde.[73] Dieser nahm Anfang der 1980er Jahre zusammen mit dem unter neuer Leitung stehenden Wirtschaftsförderungsamt die Verwirklichung der Japan-Tage in Angriff. Zu diesem Zweck suchte Mayweg nach eigenen Aussagen persönlich das japanische Außenministerium auf, um Bedenken der japanischen Seite zu beseitigen und eine Genehmigung für die Veranstaltung zu erhalten.[74] Da die japanische Regierung sich nicht finanziell beteiligen wollte, wurde für die Finanzierung letztendlich ein paritätisches Organisationskomitee aus Vertretern der Stadt und jenen der japanischen Diasporainstitutionen gegründet. Stellvertretend für die städtische Seite stand Beigeordneter Mayweg als Vorsitzender und auf der japanischen Seite der damalige Generalkonsul Araki, der sich im Gegensatz zu seinen Vorgängern stark für die endgültige Umsetzung des Projektes einsetzte.[75]

Einen besonderen Platz im Komitee nahm das Büro des *Keidanren* ein, des größten Industrieverbands Japans. Mit dem *Keidanren* plante Düsseldorf vor allem die Austragung eines Wirtschaftssymposiums im Rahmen der Japan-Tage, die von nun an unter dem neuen Namen „Japan-Woche" geführt wurden. Insbesondere Beigeordneter Mayweg knüpfte hierdurch enge Kontakte zu dem Verband, wodurch sich ein enges Verhältnis zwischen Düsseldorf und dem Industrieverband entwickelte, das auf Dauer bei der Umsetzung späterer Werbeprojekte in Japan half. Im Interview mit mir hob Bolo Mayweg mehrfach die Beziehung zum *Keidanren* für die Entwicklung des Wirtschaftsstandortes hervor, und in der Jubiläumsschrift des Japanischen Clubs betitelte er diese sogar als den „Schlüssel zum Erfolg".[76]

Durch das Organisationskomitee gelang es den Beteiligten, das Problem der Finanzierung endgültig zu lösen. Statt einer einseitigen Finanzierung zahlten sowohl die deutsche als auch japanische Seite 500.000 beziehungsweise 700.000 DM – der japanische Anteil kam durch Spenden der JIHK-Mitglieder zusammen. Die restlichen 800.000 DM des Budgets verteilten sich auf Gelder verschiedener Stiftungen wie der Japan Foundation. Mit einem Gesamtbudget von etwa zwei Millionen DM war es dann nach einer fast 20-jährigen Planungsphase so weit: Düsseldorf lud vom 10. bis zum 18. Juni 1983 zu seiner ersten Japan-Woche ein.[77]

Zu dem einwöchigen Programm zählten zusätzlich zu dem geplanten Wirtschaftssymposium Theateraufführungen, Konzerte, Ausstellungen kultureller Erzeugnisse wie auch eine Ausstellung der japanischen Wirtschaft durch die JETRO. Auch das Hotel Nikko beteiligte sich mit einer Teezeremonie und Ikebanavorführungen in seinen Räumlichkeiten, um den Abschottungsvorwürfen, die das Center für Manche symbolisierte, entgegenzuwirken.[78] Den Höhepunkt des Programmes umfasste das mit 6000 Sprengkörpern bestückte Feuerwerk am Abend des 18. Juni an der Rheinpromenade, zu dem rund eine Millionen Zuschauer aus der Umgebung anreisten. Die Rheinische Post berichtete am nächsten Tag über den wirtschaftlichen Erfolg des Ereignisses und dessen Außenwirkung.[79] Bolo Mayweg zufolge hatte das Feuerwerk insbesondere beim *Keidanren* Anklang gefunden, dessen Präsident den Startschuss für die Raketen erteilen durfte.[80] Trotz der über Jahrzehnte andauernden Planungsphase und etlicher Konflikte ging damit die Japan-Woche 1983 sowohl in die Geschichte Düsseldorfs als auch die der deutsch-japanischen-Beziehungen ein.

Der Erfolg der Japan-Woche sollte kein einmaliger bleiben, sodass 10 Jahre später mit einem erweiterten Programm unter dem Namen „Japan-Wochen 1993" eine weitere veranstaltet wurde. Wie bereits bei der Japan-Woche 1983 teilten sich die Stadt und die Institutionen der Diaspora die Kosten. Dieses Mal steuerte sogar das Land NRW ein Drittel bei, da es 1993 im Rahmen des „NRW Japan-Jahres" die Kommunen des Landes bei Veranstaltungen mit Japanbezug finanziell unterstützte.[81] Im Allgemeinen handelte es sich um die Zeit, in der das Land damit begann, sich intensiver für die Förderung seines japanischen Wirtschaftsstandortes einzusetzen. So richtete beispielsweise die Wirtschaftsförderungsgesellschaft des Landes eine Repräsentanz in Tokio ein, die 1992 zu einer Tochtergesellschaft aufgewertet wurde und veranstaltete in Zusammenarbeit mit den Landesministerien 1999 das „Japan-Jahr", das ein fast zweijähriges Program aus kulturellen und wirtschaftlichen Einzelveranstaltungen an mehreren Standorten umfasste.[82]

Das Programm der Japan-Wochen 1993 erstreckte sich mit einer Vielzahl an kulturellen wie auch wirtschaftlichen Veranstaltungen über einen zweimonatigen Zeitraum von Anfang September bis Ende Oktober.[83] Im Gegensatz zu 1983 erhielt nicht das Feuerwerk die größte mediale Aufmerksamkeit, sondern der Besuch des japanischen Kaiserpaares. Am 14. September 1993 empfingen der damalige Oberbürgermeister Klaus Bungert und der Ministerpräsident NRWs Johannes Rau Kaiser Akihito und Kaiserin Michiko im Rathaus Düsseldorfs, wo sie sich in das goldene Buch der Stadt eintrugen. Nach einem Konzert der Düsseldorfer Symphoniker in der Tonhalle verließen sie die Landeshauptstadt wieder.[84] Der kurze Besuch galt sowohl der Stadtverwaltung als auch der japanischen Diaspora als ein symbolisches Ereignis, das den Aufstieg des Düsseldorfer Japanstandortes samt seiner Akteure anerkannte und abrundete. Im Übrigen stand der Besuch des Kaiserpaares symbolisch für die „Odyssey", die die Japan-Tage durchmachten, da bereits im ersten Entwurf von 1966 Verkehrsdirektor Schweig und das Wirtschaftsförderungsamt beabsichtigten, den damals noch als Kronprinzen fungierenden Akihito für die Veranstaltung in Düsseldorf zu gewinnen.[85]

Auf der einen Seite zeigt damit das Projekt der Japan-Tage dank seiner hohen Besucherzahlen und Anziehungskraft für politische Akteure, wie erfolgreich die Wirtschaftsförderung Düsseldorfs dem Standort zu einem höheren Bekanntheitsgrad verhalf. Auf der anderen Seite demonstriert es eine „Schattenseite" institutioneller Auseinandersetzungen in der sonst als reibungslos dargestellten Beziehung zwischen der Stadtverwaltung und der Diaspora.

Schablonen des Stadtmarketings

Ab Mai 2002 sollten auf Anregung des Oberbürgermeisters Joachim Erwin die zeitlichen Abstände zwischen den Japan-Wochen verringert und die Veranstaltung fest in den Traditionen der Stadt verankert werden. Das neue und komprimiertere Konzept „Japan-Tag" dient seither als das jährliche Event zur Feier des Japanstandortes.[86] Wie bereits bei den Vorgängermodellen des Japan-Tages vermarkten die Pressestellen der Stadt und der japanischen Institutionen die Veranstaltung als ein „Zeichen der Freundschaft" und eine „Stätte der Begegnung zwischen Deutschen und Japanern".[87] Eine Ausgabe des Düsseldorf Magazins druckte 1993 zu den Japan-Wochen folgende Zeilen:

> Unter dem Motto „Partnerschaft und Freundschaft – Japan in Düsseldorf" werden die zweiten Japanischen Wochen [...] erneut die Verbundenheit der Landeshauptstadt mit ihren japanischen Mitbürgerinnen und Mitbürgern zeigen. Neben einem umfangreichen kulturellen Programm steht dabei die Begegnung zwischen Deutschen und Japanern im Mittelpunkt.[88]

Wie Tagsold in seiner Analyse zu den Funktionen und Auswirkungen des Japan-Tages verdeutlicht, erhält die Veranstaltung jedoch durch ihre klar verteilten Rollen von deutschen Zuschauern und japanischen Darstellern ein Bild von abgeschlossenen kulturellen Räumen aufrecht und lässt keinen bedeutungsvollen Austausch oder Synkretismen zu. Der Japan-Tag sei eine rein visuelle Erfahrung, die einerseits kulturelle Unterschiede hervorhebt statt gemeinsames Verständnis schafft und andererseits die Entwicklung ignoriert, die die Diaspora als Teil der lokalen Gesellschaft von den 1950er Jahren an durchgemacht hat.[89] In der Veranstaltung des Japan-Tages und der Vermarktung der Diaspora erkennt Tagsold daher bei der Stadt Düsseldorf eine rein wirtschaftliche Absicht, die dem Image der Stadt als kosmopolitischen Standort dient: „The Japanese community is of interest to the city's officials because of its economic strength and its utility as an indicator of a cosmopolitan atmosphere".[90] Das Generalkonsulat schließe sich hierbei als Mitveranstalter den Strategien der Stadt Düsseldorf an, da es dank der einseitigen kulturellen Repräsentationen und Bewerbung Japans profitiert, ohne dabei vorherrschende Ethnizitätsdiskurse von einem homogenen Japan zu gefährden.[91]

Bereits Safran schrieb in seinem wegweisenden Aufsatz zu der Definition von Diaspora von der Fähigkeit des Heimatlandes und der Aufnahmegesellschaft (in diesem Fall von dem Generalkonsulat und der Stadt Düsseldorf), durch eine Vermarktung der Diaspora diplomatischen sowie wirtschaftlichen Interessen nachgehen zu können.[92]

Über die wirtschaftlichen Vorteile der japanischen Aktivitäten für Düsseldorf verfasste 1974 Herbert te Kloot von der IHK Düsseldorf einen Aufsatz. Er erkannte Steuereinnahmen durch die Unternehmen (1974 betrugen ihre Umsätze 3,9 Millionen DM), die Kaufkraft der Entsandtenfamilien sowie den erhöhten Fremdenverkehr als primäre Vorteile für die Stadt.[93] Zu einem vergleichbaren Ergebnis führte mein Interview mit dem ehemaligen Leiter des Wirtschaftsförderungsamtes und de facto Nachfolger Edmund Lindens. Er beschrieb vor allem die Gewerbesteuer und touristische Anziehungskraft des Japanstandortes als Profittreiber für die Stadt. In der Überzeugung, dass Standortentscheidungen von Unternehmen nicht mit einer systematischen Ansiedlungspolitik beeinflussbar seien, hatte das Wirtschaftsförderungsamt in den 1980er Jahren unter seiner Leitung vermehrt auf die „Kundenpflege" der bereits ansässigen Unternehmen gesetzt und unter anderem zu diesem Anlass die Japan-Tage beziehungsweise Japan-Wochen veranstaltet:

> Deshalb ist alles das, [...] was von städtischer Seite mit Japanwochen und Aktivitäten gemacht worden ist, eigentlich der Versuch sozusagen, die Atmosphäre an diesem Wirtschaftsstandort [...] so zu gestalten, dass die sagen: „Wir wollen in Düsseldorf bleiben und wir wollen halt nicht nach Hannover und auch nicht nach Hamburg und nicht nach Berlin."[94]

Dass die Japan-Wochen und die Förderung der Stadt ausschließlich auf einem wirtschaftlichen Interesse basieren würden, wurde der Stadt in einem Kommentar in einer Sonderausgabe der Rheinischen Post zur Japan-Woche 1983 vorgeworfen:

> Kein Wunder also, daß man vom Rathaus aus um beste Beziehungen zu den Japanern bemüht ist, daß jede Möglichkeit genutzt wird, sich gegenseitig Hochachtung zu bekunden [...]. Nicht selten wird das Wort der Freundschaft jedoch ein wenig strapaziert. In Wirklichkeit ist es eher eine Vernunftehe, die beiden Partnern zugute kommt und solange hält, wie es dem jeweiligen Geschäft nutzt.[95]

Bis zu welchem Grad tatsächlich dem „Japan-Tag" ein wirtschaftliches Interesse zugrunde lag, lässt sich bereits aus der langen Vorbereitungszeit des Projektes entnehmen. Linden beschrieb den Zweck des Events noch drastischer als sein Nachfolger:

> Diese Maßnahme [der Japan-Tag] dient ausschließlich der Fortsetzung unserer Bemühungen um die Ansiedlung weiterer japanischer Niederlassungen in Düsseldorf. Sie verfolgt dabei grundsätzlich zweierlei Zwecke, nämlich: a) den bereits hier befindlichen japanischen Firmen, Institutionen u. dgl. das Bewußtsein zu vermitteln, daß man ihre Existenz in Düsseldorf nicht nur zur Kenntnis nimmt, sondern auch schätzt und anerkennt, und b) einer Anzahl an weiteren Firmen, die noch nicht in Düsseldorf ansässig sind, nahezulegen, ebenfalls nach hier zu verlagern, bzw. eine Zweigstelle in Düsseldorf zu errichten.[96]

Nicht nur die Veranstaltung des Japan-Tages und dessen Geschichte verdeutlichen die wirtschaftlichen Interessen der Stadt. Schon vergangene Förderungsversuche hinsichtlich der Unternehmensaktivitäten anderer Länder verdeutlichen dies. Bevor das Wirtschaftsförderungsamt die zunehmenden Aktivitäten japanischer Unternehmen registrierte, konzentrierte es sich in den 1950er Jahren noch insbesondere auf die Förderung eines „Indienstandortes Düsseldorf". So betrieb das Amt eine systematische Ansiedlungspolitik indischer Organisationen und ließ 1964 ähnlich wie das Deutsch-Japanische Center (wenn auch in geringerem Umfang) ein „Indien-Haus" durch ein indisches Unternehmen in Düsseldorf errichten. Erst als sich in den 1960er Jahren herausstellte, dass die indischen Organisationen keinen nachhaltigen wirtschaftlichen Effekt erzeugten und im Gegenzug die Anzahl der japanischen Unternehmen immer weiter zunahm, ließ man das Indienprojekt fallen.[97]

Beinamen des Japanstandortes wie „Klein-Tokio am Rhein" oder „Japans Hauptstadt am Rhein" sind somit als „Schablonen" des Marketings für den Wirtschaftsstandort zu verstehen und nicht als das Ergebnis einer gezielten kultur- oder sozialorientierten Konzentration auf Japan. Gleichermaßen hätte man daher heute von „Klein-Dehli am Rhein" oder „Indiens Hauptstadt am Rhein" sprechen können, wenn in den 1950er/60er Jahren Japans Wirtschaft nicht ihre industriepolitischen Pfade auf Düsseldorf ausgerichtet hätte. Diese Erkenntnis verdeutlichte mir im Interview noch einmal ein ehemaliger Mitarbeiter des Wirtschaftsförderungsamtes: „Ich meine, dass ist doch eine allgemeine Förderung gewesen, dass man auf die Japaner zugegangen ist und die natürlich unterstützt hat. Aber nicht dass man gesagt hatte: ‚wir müssen unbedingt die Japaner hier haben'."[98]

Trotz dieser Beobachtungen sind die Aktivitäten der Düsseldorfer Wirtschaftsförderung bezüglich Japan nicht als ein vollkommen gleichgültiger Prozess zu verstehen, der in selber Form mit jeder anderen Nation hätte stattfinden können. Wie die bisherige Analyse zeigte, spielten gleichermaßen die persönlichen Interessen und Affinitäten von Entscheidungsträgern eine ausschlaggebende Rolle für die kontinuierliche Förderung des Standortes. Für Stadtdirektor Mayweg und den ehemaligen Leiter des Wirtschaftsförderungsamtes hätten die zahlreichen persönlichen Erlebnisse sogar im Privaten für eine überdauernde Freundschaft und Verbundenheit mit Japan gesorgt.[99] Das Land nahm demnach für die beiden Akteure und Düsseldorf eine besondere Rolle ein:[100] „Düsseldorf hatte Japan für ein besonders leuchtendes Zeichen für internationalen Wirtschaftsaufstieg und internationalen Handel gesehen."[101]

Ansiedlungspolitik und Werbemaßnahmen

Abseits der behandelten Großprojekte bestand eine weitere Methode des Wirtschaftsförderungsamtes zur Verstärkung japanischer Unternehmensaktivitäten in der Standortwerbung. Schon Mitte der 1960er Jahre druckte die Stadt Düsseldorf Werbeprospekte in japanischer Sprache und verteilte sie an Reiseunternehmen und sonstige Interessenten der Tourismusindustrie im In- und Ausland. Zusätzlich bemühte sich die Stadt laufend darum, Werbeanzeigen in ausländischen Zeitungen und Fachmagazinen zu schalten.[102]

Das erste erfolgreiche Beispiel dafür stellt das japanische Wirtschaftsmagazin „The Japan Business News" dar, das in den 1960er Jahren eines der wenigen Fachmagazine in Japan war, die monatlich in englischer Sprache veröffentlichten. Ein deutscher Vertreter der Zeitschrift aus Hamburg, der auf die fortgeschrittene Verlagerung der japanischen Unternehmen von Hamburg nach Düsseldorf aufmerksam wurde, schlug Direktor Linden in einem Schreiben die Beteiligung an einer Sonderausgabe über den Düsseldorfer Wirtschaftsstandort vor – zuvor veröffentlichte das Magazin eine solche Ausgabe über Hamburg. Linden erkannte das Werbepotential hinter dem Vorschlag und gab in seiner Antwort zu verstehen, sich an der Gestaltung der Ausgabe persönlich beteiligen zu wollen, sofern fest mit einer Leserschaft aus japanischen Wirtschaftskreisen zu rechnen sei.[103] Hierauf teilte Linden dem Kulturamt der Stadt Düsseldorf mit: „Das Vorhaben des Verlags wird diesseits unterstützt, da diese Sondernummer zur Verstärkung der Position der Stadt Düsseldorf als wirtschaftlicher Schwerpunkt Japans in der EWG beiträgt."[104]

Nach gemeinsamer Konzipierung mit dem Vertreter der Zeitschrift erschien am 5. Januar 1966 die Sonderausgabe der Japan Business News mit Beiträgen von Linden über die Vorzüge und bisherige Geschichte Düsseldorfs. Linden zeigte sich mit dem Ergebnis relativ unzufrieden, da geplante Beiträge über die Messe und Stadtgeschichte ausblieben. Innerhalb der Stadtverwaltung machten sich derweil Stimmen gegen das Werbevorhaben breit, da man nicht davon ausging, dass im Vergleich zur Pull-Wirkung, die die Netzwerke der Unternehmen erzielten, weitere Unternehmensansiedlungen mittels Standortwerbung beeinflusst werden können. Nichtsdestotrotz schienen Linden und die Stadtverwaltung Gefallen an der Japan Business News als Werbequelle gefunden zu haben, denn es folgten von 1967 bis 1968 drei weitere Sonderausgaben über Düsseldorf.[105]

Eine weitere und weitaus umfangreichere Werbemaßnahme erfolgte im Rahmen der sogenannten Big 8-Aktion, bei der sich acht deutsche Großstädte mit japanischen Wirtschaftsstandorten für eine Werbekampagne in Japan zusammenschlossen. In Zusammenarbeit mit der Lufthansa und der deutschen Zentrale für Tourismus stellten 1972 Düsseldorf, Hamburg, Frankfurt, Berlin, Hannover, Köln, München und Stuttgart ein Programm auf, das ihren Bekanntheitsgrad in Japan und die Zahl an japanischen Touristen erhöhen sollte. Dadurch konzentrierte sich das Programm eher auf die touristischen Aspekte der japanischen Aktivitäten in Deutschland statt auf die unternehmerischen. Dieser Umstand könnte als Ursache für das kooperative Vorgehen der Städte betrachtet werden, deren Verhältnis in Bezug auf japanische Unternehmensaktivitäten in Deutschland sonst von Konkurrenzdenken geprägt war. Das zweijährige Programm der Aktion beinhaltete: 1. Werbeprospekte zu den jeweiligen Städten und ihren Regionen, 2. eine Rundreise japanischer Reisebüroagenten durch die acht Städte sowie eine zehntägige Tour der Fremdenverkehrsdirektoren durch Japan, 3. Werbeaktionen bei der japanischen Bevölkerung mit Schaufensterdekorationen oder der Ausschreibung eines Quiz über Deutschland und 4. den Dreh eines Werbefilms über die acht Großstädte durch ein japanisches Fernsehteam. Jede Kommune beteiligte sich an dem Programm mit jeweils 32.000 DM.[106]

Von den acht Städten unternahm zumindest die Düsseldorfer Wirtschaftsförderung nicht nur für die Tourismusbranche Werbemaßnahmen in Japan. Im Interview erzählten mir der ehemalige Stadtdirektor Bolo Mayweg und der Leiter des Wirtschaftsförderungsamtes über ihre Besuche bei Großunternehmen in Japan wie Mitsubishi oder Mitsui, die zur Akquisition weiterer Unternehmensniederlassungen führen sollten[107]– 1980 und 1984 begleitete sie der damalige Oberbürgermeister Josef Kürten.[108] Anlässlich der Deutschen Leistungsschau 1984 in Japan gingen Stadtdirektor Mayweg und die Stadtspitze noch einen Schritt weiter und luden über den damaligen BDI-Ehrenpräsidenten und Vorstandsvorsitzenden von Thyssen, Hans-Günther Sohl, die deutschen Industrievertreter und Politiker zu einem Empfang im Luxushotel Okura ein. Ziel war es, mit Hans-Günther Sohl als Ehrensprecher die Aufmerksamkeit der Präsidenten japanischer Großunternehmen zu wecken und für eine Teilnahme an der Veranstaltung zu gewinnen. Dazu erklärte Mayweg: „[…] wenn der Chef von Thyssen kam, da musste also der Chef von Nippon Steel, der Chef von Sumitomo, die mussten auch kommen und das gab das Niveau vor."[109] Stadtdirektor Mayweg und Oberbürgermeister Kürten gelang es durch den Empfang – an dem 60 Unternehmensführer beider Länder sowie der Präsident des *Keidanren* teilnahmen – im Namen Düsseldorfs direkte Kontakte zu den höchsten Vertretern der japanischen Industrie zu knüpfen.[110]

Zum Anlass der Deutschen Leistungsschau ergriffen Mayweg und die Stadt noch eine weitere Werbemaßnahme, die sich wie der Japan-Tag bis heute als ein wesentlicher Bestandteil der Standortpolitik beweist: der Düsseldorfer Abend in Tokio. Mithilfe von Akira Arikawa und der JIHK Düsseldorf lud die Stadt 1984 ehemalige Entsandte in das Gartenlokal Happo-en in Tokio zu einer Feier ein, bei der 700 Liter Altbier aus Düsseldorf ausgeschenkt wurden.[111] Im Interview schilderte der Hauptinitiator der Veranstaltung, Stadtdirektor Mayweg, mir den Ablauf hinter der Planung:

> Werbung in Japan ist wahnsinnig teuer und aufwendig. Und da habe ich mir gesagt, unsere besten Botschafter sind doch die, die hier mal gelebt und sich in Düsseldorf ja offensichtlich wohlgefühlt haben. Und dann sind wir, weil wir von der Japanwoche davor die gute Beziehung zur Kammer [JIHK] hatten, hin zur Kammer und haben Arikawa aufgetrieben und der sagte, er könnte die ganzen Adressen besorgen. Der ließ sich also in jeder Gruppe, in jedem Keiretsu als Vertrauensmann benennen.[112]

Den wirtschaftlichen Gedanken hinter dem Event gab mir wiederum der damalige Leiter des Wirtschaftsförderungsamtes zu verstehen: „Ziel war: Wir müssen Leute einladen, die Düsseldorf kennen. Das sind unsere besten Multiplikatoren. Denen müssen wir ihre Erinnerung an die schöne Düsseldorfer Zeit geben."[113] Dies geschah mit Erfolg: Etwa 1000 ehemalige Entsandte folgten auf die Einladung der Stadt, und die Düsseldorfer Tageszeitungen berichteten mit Schlagzeilen wie „Ruf in Tokyo ausgezeichnet" durchweg positiv über das Event.[114] Der Erfolg führte dazu, dass der Abend unabhängig von der Leistungsschau alle drei Jahre mit einer Teilfinanzierung des Düsseldorfer Flughafens und der NOWEA-Messegesellschaft in Tokio veranstaltet wurde. Erst Anfang der 2000er Jahre verringerte man die zeitlichen Abstände zwischen den Abenden, da Oberbürgermeister Joachim Erwin – wie schon beim Japan-Tag – auf eine erhöhte Regelmäßigkeit der Veranstaltung gedrängt hatte.[115]

Mit der einzigartigen Werbemethode, die der Düsseldorfer Abend darstellte, nutze demnach die Stadt aktiv ein von Nostalgie geprägtes Zugehörigkeitsgefühl der Diaspora gegenüber dem Standort aus, um für eine erhöhte Präsenz von Düsseldorf in Japan zu sorgen. Wie aus Archivalien und dem Interview mit dem Leiter des Wirtschaftsförderungsamtes hervorging, probierten sich die konkurrierenden Standorte Frankfurt und Hamburg auf gleiche Weise an der Durchführung ähnlicher Veranstaltungen in Japan, aber in keinem Ausmaß, das eine ähnlich nachhaltige Wirkung erzielte.[116]

Die vermutlich drastischste Methode des Wirtschaftsförderungsamtes bestand in der systematischen Anwerbung von Unternehmen. Damit beschäftigte sich das Amt vornehmlich von Ende der 1960er bis Mitte der 1970er Jahre. Für die Umsetzung erhielt Direktor Linden von der Deutschen Industrie- und Handelskammer in Tokio eine Liste mit den 100 größten Unternehmen Japans und deren Adressen sowie eine weitere Liste von der JIHK in Düsseldorf. Mit dem Ziel, die Unternehmen in einem direkten Anschreiben von den Standortvorteilen Düsseldorfs zu überzeugen, fertigte Linden einen Werbebrief an, dessen Übersetzung ins Japanische er bei der Nippon-Kan GmbH in Auftrag gab.[117] In dem Brief forderte Linden die Unternehmen unmittelbar zu einer Ansiedlung in Düsseldorf auf: „Ihre große

Firma ist bis jetzt noch nicht hier vertreten; ich stehe aber auf dem Standpunkt, daß die Vorteile des Standortes Düsseldorf auch für Ihr Unternehmen zur Verfügung stehen sollten. Mit anderen Worten: ich fordere auch Sie auf, eine Niederlassung Ihres Betriebes in Düsseldorf zu errichten."[118]

Während die meisten Unternehmen Linden eine Absage erteilten oder gar nicht erst reagierten, gab es solche, die seiner Aufforderung folgten und mit einer Zusage antworteten. So gelang es ihm beispielsweise, den Maschinenhersteller Kubota Iron & Machinery Works von einer Niederlassung in Düsseldorf zu überzeugen, auch wenn diese erst Mitte der 1970er Jahre realisiert wurde. Darüber hinaus gab es Unternehmen, die zunächst eine Absage erteilten und erst später eine Niederlassung in Düsseldorf errichteten, wie zum Beispiel Nisshin Steel und Nissan Chemical Industry. Im Gegenzug erhielten auch Unternehmen einen Werbebrief, die bereits im Vorfeld die Eröffnung einer Niederlassung in Düsseldorf geplant hatten, beispielsweise Kanegafuchi Chemical Industry.[119]

Das Wirtschaftsförderungsamt warb aber nicht ausschließlich um Unternehmen in Japan, die noch keine Niederlassung in Europa hielten. Zusätzlich praktizierte es eine direkte Abwerbung von Unternehmen aus anderen Standorten in Europa. Das prominenteste Beispiel dafür ist der Elektronikhersteller NEC, den das Wirtschaftsförderungsamt 1969 erfolgreich davon überzeugte, seinen Sitz in Brüssel aufzugeben und nach Düsseldorf umzusiedeln.[120] Es zeigt sich, dass das Amt nicht nur eine ideelle und unterstützende Rolle bei der Verstärkung des Wirtschaftsstandortes einnahm, sondern auch eine aktive und von anderen Akteuren unabhängige. Da die systematischen An- und Abwerbungsversuche jedoch nur mäßigen Erfolg hatten, stellten sie eine Ausnahme dar. Der ehemalige Leiter des Amtes und Nachfolger Lindens gab mir zu verstehen, dass zu seiner Amtszeit (1978–2005) eine Ansiedlungspolitik dieser Art nicht mehr praktiziert wurde. Vielmehr setzte man auf eine rein vermittelnde Rolle, indem man den Unternehmen während und nach ihrer Ansiedlungsphase Hilfestellungen bot. Aufgrund des gewachsenen Standortes war man der Überzeugung gewesen, dass die Unternehmen ohne systematische Förderung ihren Weg nach Düsseldorf finden würden.[121]

Unterstützung und Vermittlung

Eine Rolle als Mittler- und Unterstützer nahm das Wirtschaftsförderungsamt für Unternehmen hauptsächlich bei der Grundstückssuche oder der Lösung von behördlichen Problemen mit der Stadt ein. Beispielsweise half das Amt Unternehmen wie NEC oder Mitsubishi bei der Suche nach einem geeigneten Grundstück für ihre Niederlassungen, wodurch Linden oftmals zu deren Eröffnungsfeiern eine Einladung erhielt. Zugleich leistete die Wirtschaftsförderung Unterstützung bei Umzügen von Organisationen wie der JIHK und JETRO, die obendrein die Hilfe des Amtes bei besonderen Problemen mit den örtlichen Behörden in Anspruch nahmen.[122] So entrüstete sich die JIHK im Namen ihrer Mitglieder Anfang der 1970er Jahre über das Fehlen eines automatischen Durchwahlsystems in Düsseldorf bei Anrufen nach Japan, woraufhin sich der damalige Oberstadtdirektor Just bei der Oberpostdirektion der Deutschen Bundespost beschwerte. Die Oberpostdirektion versprach ihm eine Bereinigung der Situation für Anfang 1973.

Ein weiteres Problem, für das sich die JIHK 1977 im Auftrag der Unternehmen bei der Stadtverwaltung stark machte, war die Besteuerung von Bonusgehältern aus Japan. Da aufgrund der anhaltenden Besteuerung japanische Unternehmen bereits mit einer Abwanderung aus Düsseldorf drohten, nahm sich das Wirtschaftsförderungsamt umgehend der Problematik an und leitete die Anfrage an das Finanzministerium NRWs weiter.[123] Eine Anfrage der JETRO richtete sich hingegen auf die Aufenthaltssituation von einem ihrer Mitarbeiter, der 1964 bei der Einrichtung des Light Machinery Centers ohne Aufenthaltsgenehmigung aus London einreiste. Linden wandte sich mit Vermerk auf „eine reibungslose Fortführung unseres Japan-Programmes" an einen Stadtoberinspektor, um dem Entsandten nachträglich ein Visum zu gewähren. Der Stadtoberinspektor willigte mit dem Hinweis darauf ein, „künftig weitere Ausnahmen nicht mehr zulassen" zu können.[124]

Die Beispiele demonstrieren den intensiven Kontakt, den das Wirtschaftsförderungsamt mit Unternehmen und Institutionen nach deren Ansiedlung pflegte. Auch einige der von mir interviewten Unternehmensangehörigen bestätigten mir, dass ihre Unternehmen (hauptsächlich für die Grundstückssuche) in einem regelmäßigen Kontakt mit dem Amt standen.[125] Ferner zeigen die Beispiele in Verbindung mit den rekonstruierten Großprojekten und Werbemaßnahmen auf, wie das Wirtschaftsförderungsamt zusammen mit den übrigen Akteuren der Stadtverwaltung das Wachstum des Standortes maßgeblich beeinflusste und für seine eigenen Interessen nutzte. Zwar erwiesen sich damit die Akteure der Stadt nicht als die Initiatoren des japanischen Wirtschaftsstandortes, jedoch als ein essenzieller Bestandteil, der mit diversen Hilfestellungen und einer Förderung der institutionellen Infrastruktur die japanischen Aktivitäten verstärkte. Ohne den Einfluss der Düsseldorfer Wirtschaftsförderung ist daher nicht von einem ähnlich rapiden Verlauf des Standortwachstums auszugehen. Der ehemalige Stadtdirektor und Mitinitiator des „Japanprojektes" Bolo Mayweg fasste im Interview mit mir die Rolle der Stadt Düsseldorf mit den Worten zusammen: „Ich sag es mal so. Es ist auf uns zugekommen. Und wir haben es dankbar begrüßt."[126] Die Düsseldorfer Wirtschaftsförderung behauptete sich innerhalb der BRD aber nicht als die einzige ihrer Art, die sich für eine erhöhte Attraktivität und Wirtschaftskraft ihres japanischen Wirtschaftsstandortes einsetzte.

6 Konkurrenzkampf der Wirtschaftsstandorte

> Wenn man weiß, mit welcher Intensität andere Großstädte in der Bundesrepublik sich um die Internationalisierung ihres Wirtschaftslebens bemühen, dann erkennt man, daß die in Düsseldorf bis jetzt erreichte Position keineswegs ungefährdet ist. So wird insbesondere Hamburg versuchen, die ehemals innegehabte Stellung auf dem Gebiete der deutsch-japanischen Wirtschaftsbeziehungen zurückzugewinnen.[1]

Mit diesen Worten machte der Leiter der Düsseldorfer Wirtschaftsförderung, Edmund Linden, 1967 die Stadtspitze auf die drohende Konkurrenz anderer Standorte in Bezug auf die Ansiedlung der japanischen Unternehmen aufmerksam. In der Tat galt Düsseldorf Mitte der 1960er Jahre trotz des statistischen Vorsprungs nicht als die einzige Anlaufstelle für japanische Unternehmen in Europa. Mit ungefähr 80 Unternehmensniederlassungen gegenüber 60 in der Hansestadt Hamburg hielt die Landeshauptstadt zwar die Spitze, aber noch keineswegs eine Monopolstellung als japanisches Wirtschaftszentrum Europas.[2] Die Aufgabe der Düsseldorfer Wirtschaftsförderung bestand somit nicht nur darin, die Infrastruktur des eigenen Standortes für japanische Unternehmen außerhalb Deutschlands attraktiv zu gestalten, sondern auch für jene, die bereits in Deutschland waren.

Einschlägige Fallbeispiele für Standorte, die abseits Düsseldorfs eine aktive Ansiedlungspolitik verfolgten oder aufgrund vereinzelter Vorzüge ihrer Wirtschaftsstandorte einen Konkurrenzdruck auf die Landeshauptstadt ausübten, sind insbesondere die Städte Köln, Frankfurt am Main und Hamburg. Köln stellte zwar aufgrund seiner vergleichsweise geringen japanischen Unternehmensaktivitäten keinen unmittelbaren Konkurrenten Düsseldorfs dar, doch wies es initiale Standortvorteile und Verbindungen zu Japan auf, die die Landeshauptstadt zu weiteren Förderungsmaßnahmen animierten. Frankfurt verfügt bis heute über einen Japanstandort von ernstzunehmender Größe und legt als Zentrum der Finanzen und Flüge in Deutschland vor allem infrastrukturelle Rückstände des Düsseldorfer Wirtschaftsstandortes offen. So verdeutlicht Frankfurts Beispiel, wie schon früh in vereinzelten Branchen die Führungsposition der Landeshauptstadt zunehmend gefährdet wurde. Als Hauptkonkurrent des Düsseldorfer Japanstandortes ist aus historischer Sicht allerdings Hamburg zu werten. Die Hansestadt verfolgte als ehemaliges japanisches Wirtschaftszentrum in den 1960er/70er Jahren eine ähnliche Standortpolitik wie die Wirtschaftsförderung Düsseldorfs und lieferte sich dadurch für lange Zeit ein „Kopf-an-Kopf-Rennen" mit der Landeshauptstadt.

Standort Köln: Verlierer und Vorreiter

Der Standort Köln umfasste schon seit Beginn der japanischen Unternehmensexpansionen in NRW erheblich weniger Unternehmensniederlassungen und Entsandte als die Landeshauptstadt und galt daher nur indirekt als ein Konkurrent für Düsseldorf. 1992 befanden sich einer Studie der Gesellschaft für Wirtschaftsförderung NRW (NRW.Global Business GmbH) zufolge mit 30 Unternehmen nur 2,7 % aller japanischen Unternehmen des Bundeslandes in Köln – Düsseldorf beherbergte dagegen 48 %.[3] Die JIHK dokumentiert derweil von ihrer Gründungszeit bis in die 1990er Jahre nur 13 Mitgliedsunternehmen mit einem Sitz in Köln.[4] Entsprechend der geringen Anzahl an Unternehmen verhielt sich die Größe der japanischen Bevölkerung in Köln. Die frühesten Aufzeichnungen des Kölner Statistikamtes gehen auf Ende der 1970er Jahre zurück. Während die Domstadt 1977 nur 329 Japanerinnen und Japaner beheimatete, waren es im selben Jahr in Düsseldorf 2497.[5]

Ungeachtet der niedrigen Bevölkerungs- und Unternehmenszahlen fanden sich in Köln prominente Großunternehmen wieder, deren Ansiedlungen eine Lücke am Düsseldorfer Standort erzeugten. So errichteten beispielsweise 1974 der Automobilhersteller Toyota und wenige Jahre später Sekisui Bau ihren Deutschlandsitz in Köln – letzteres expandierte als zweites japanisches Bauunternehmen nach Takenaka Komuten nach NRW. Ungefähr zur selben Zeit ließ sich außerdem der Elektronikhersteller Sony in Köln nieder, bevor er Ende der 1990er Jahre nach Berlin abwanderte.[6] Die Beispiele demonstrieren, wie es Köln vereinzelt gelang, japanische Großunternehmen anzuziehen. Nichtsdestotrotz soll es innerhalb der Unternehmensniederlassungen üblich gewesen sein, dass einige Angestellte ihren Wohnsitz in Düsseldorf statt Köln hatten.[7]

Doch wie kommt es zu solch einer geringen Konzentration auf die mit Abstand größte Stadt des Bundeslandes? Anhand der bisherigen Rekonstruktion der Standortgeschichte lässt sich bereits feststellen, dass für Düsseldorf essenzielle Pull-Faktoren wie die japanische Infrastruktur und die Unternehmensnetzwerke der Keiretsu in Köln ausblieben. Diese Pull-Faktoren bekamen erst gar nicht die Gelegenheit, sich in einem gleichen Ausmaß wie in Düsseldorf zu entfalten, da die initialen Expansionen der japanischen Unternehmen sich auf Standorte mit Schwerindustrieunternehmen konzentrierten.

Dank eines Interviews mit dem Präsidenten der DJG Köln und der Geschäftsführerin der DJG am Niederrhein gelang es mir, noch eine dritte Ursache für die geringen Aktivitäten in der Domstadt festzuhalten: die fehlende Unterstützung der lokalen Wirtschaftsförderung. Den beiden Interviewpartnern zufolge betrieb die Stadtverwaltung Kölns keine aktive Wirtschaftsförderung hinsichtlich japanischer Unternehmen. Statt in Steuereinnahmen durch ausländische Unternehmensniederlassungen sah die Stadt mehr Wirtschaftlichkeit in der Tourismusbranche, die dank ihrer Sehenswürdigkeiten florierte.[8] Im Ergebnis hätten japanische Unternehmen bei Direktinvestitionen Jahre auf Baugenehmigungen der Stadt warten müssen:

> So lange Investitionsspannen kann sich eigentlich keine Firma leisten. Und wenn es da zu klein ist und sie erweitern müssen, wissen sie, dass das Verfahren wieder von vorne startet, also gehen sie lieber irgendwo nach außen, eine kleine Stadt, wo der Bürgermeister dahinter ist, wo die Wirtschaftsförderung verstanden hat, dass man die Steuern braucht.[9]

Die geringe Förderung der Stadtverwaltung Köln hatte nicht nur Konsequenzen für die Unternehmen zur Folge, sondern auch für die Entsandten. Demnach hatten die Japanerinnen und Japaner, die in Köln lebten, Schwierigkeiten dabei, ohne Nachweis ihrer Deutschkenntnisse eine Aufenthaltsgenehmigung zu erhalten, was in Einzelfällen für Abwanderungen nach Düsseldorf gesorgt habe.[10] In der Landeshauptstadt galt im Gegenzug die Erteilung von Aufenthaltsgenehmigungen als besonders reibungslos und auf das Rotationssystem der Unternehmen angepasst, was der Präsident der Japanisch-Deutschen Gesellschaft in Tokio mir als einen ausschlaggebenden Vorteil Düsseldorfs gegenüber anderen Standorten konstatierte.[11]

Nach Beschwerden des Japanischen Clubs in Hamburg führte die dortige Stadtverwaltung 1986 eine Untersuchung der Genehmigungsdauer von Aufenthaltstiteln in der Bundesrepublik durch und kam zu dem Ergebnis, dass Düsseldorf und München mit 28 bis 42 Tagen die mit Abstand schnellsten Verfahren anboten – in Hamburg benötigte man 42 bis 56 Tage.[12] Das Beispiel zeigt, wie ernstzunehmend sich die Interessen und Bemühungen der Kommunalverwaltungen auf die Entwicklung der Wirtschaftsstandorte auswirkte. Zudem macht es darauf aufmerksam, wie stark sich die Stadtverwaltung Düsseldorfs im Gegensatz zu der Kölns und Hamburgs um ihr Ansehen bei den japanischen Unternehmen bemühte.

Trotz der institutionellen Rückstände hatte Köln insbesondere in den 1950er/1960er Jahren Düsseldorf einige Verbindungen mit Japan voraus, die die Landeshauptstadt zum Teil erst viele Jahrzehnte später aufholen konnte. So pflegte Köln ab 1954 über sein Erzbistum eine Patenschaft mit der Diözese der katholischen Kirche in Tokio, was zu einer Reihe an Gelegenheiten zum Austausch führte. 1955 veranstaltete das Erzbistum Köln in Düsseldorf eine „Tokio-Gebetswoche", an der der Generalvikar des Erzbistums Tokio mit einer Delegation teilnahm.[13] Darüber hinaus war die Patenschaft Auslöser für die Aufnahme des japanischen Schwesternordens „Misono" (heute: Schwestern von der Liebe Jesu) in einem Kölner Kloster im Jahr 1962, der sich insbesondere mit Blick auf die Bildung japanischer Kinder in Düsseldorf engagierte (siehe Kapitel 7).[14] Eine weitere initiale Verbindung zwischen Köln und Japan bestand Anfang der 1960er Jahre in der Neugründung der DJG Köln,[15] deren Aktivitäten in der Veranstaltung einer vorläufigen Japan-Woche und Errichtung der DJG in Düsseldorf mündeten.

Hinsichtlich infrastruktureller Standortfaktoren galt Köln als Vorreiter dank der Errichtung des Japanischen Kulturinstituts. 1969 wurde es als Deutschlandvertretung der „Japan Kulturgesellschaft“ (ab 1972 unter dem Namen: „Japan Foundation“) zur Verbreitung der japanischen Kultur im Ausland eröffnet. Zu diesem Zweck bietet das Institut bis heute eine Vielzahl an Kulturveranstaltungen, Sprachkursen sowie Förderprogrammen für Japaninteressierte an. Zurück geht die Initiative des Kulturinstituts auf ein Kulturabkommen zwischen der Bundesrepublik und Japan aus dem Jahr 1957 und Japanbesuchen von dem damaligen Oberstadtdirektor Kölns und Sohn Konrad Adenauers, Max Adenauer, sowie Bundespräsident Heinrich Lübke. Nachdem die Stadt Köln ein 5400 Quadratmeter großes Grundstück für den Bau bereitstellte, fand nach zweieinhalb Jahren Bauzeit am 2. September 1969 ein Eröffnungsempfang statt, zu dem 700 internationale Gäste aus der Politik- und Wirtschaftswelt geladen waren. Besondere Gäste waren der damalige japanische Botschafter Fujio Uchida sowie der ehemalige Premierminister Japans Nobusuke Kishi, der als Präsident der Japan Kulturgesellschaft und damit als Mitverantwortlicher für die Leitung des Instituts eine Eröffnungsrede hielt.[16] Auch Helmut Wohlthat von der Henkel AG nahm an der Feier teil und berichtete in einem internen Schreiben von seinem dortigen Wiedersehen mit Kishi.[17] Die Teilnahme der zahlreichen entscheidungstragenden Akteure und insbesondere die Kishis unterstreichen die Bedeutsamkeit der Institution für den Kölner Standort.

Edmund Linden von der Düsseldorfer Wirtschaftsförderung sah in dem Kulturinstitut einen ernstzunehmenden Standortvorteil Kölns und entwarf als Gegenmaßnahme bereits vor dessen Fertigstellung das Projekt des Japan-Hauses.[18] Im Entwurf hieß es: „Wenn wir auch nicht verhindern können, dass in Köln das japanische Kulturzentrum entsteht, so ist es doch sogar die Ansicht der Japanischen Botschaft, dass in einem ‚Japanischen Haus‘ in Düsseldorf japanische Kultur besser vermittelt werden kann als in dem beziehungslosen Kölner Institut[19] […].“ Lindens Ärgernis über die Bevorzugung Kölns verdeutlicht, dass zumindest von Seiten der Stadt Düsseldorf Mitte der 1960er Jahre ein Konkurrenzverhältnis zwischen beiden Standorten herrschte. Dass das Wirtschaftsförderungsamt das Kulturinstitut mit als Anlass für die Pläne des Deutsch-Japanischen Centers nahm, demonstriert zusätzlich die Sorge, die es um den Erhalt des Düsseldorfer Japanstandortes hegte. Auch wenn die Entwicklungen in Köln unzureichend für den Ausbau eines bedeutungsvollen japanischen Wirtschaftsstandortes waren, trugen sie mittels Konkurrenzdruck indirekt zu einer intensiveren Förderung der japanischen Infrastruktur in Düsseldorf bei.

Den größten Druck übte Köln auf Düsseldorf in Hinblick auf Städtepartnerschaften aus. Während es der Domstadt im Zuge einer Delegationsreise von Angehörigen der Universität zu Köln 1963 gelang, eine Partnerschaft mit Kyoto einzugehen,[20] brauchte man in Düsseldorf Jahrzehnte für den erfolgreichen Abschluss einer solchen Verbindung. Als Grund dafür galt die geringe Initiative der Landeshauptstadt bei der Vereinbarung von Städtepartnerschaften. Dem ehemaligen

Stadtdirektor Bolo Mayweg zufolge sah die Stadt sowie er persönlich wegen zu hoher Kosten zunächst keinen Mehrwert in der Verfolgung von Städtepartnerschaften und versuchte stattdessen, mittels Themenwochen wie der Japan-Woche oder der Britischen Woche internationale Beziehungen zu fördern.[21]

Dennoch sollten es Mitte der 1960er Jahre gerade die Japan-Tage sein, die erstmalig Düsseldorf Anlass gaben, sich um den Abschluss einer Städtepartnerschaft zu bemühen. Im ersten Programmentwurf der Japan-Tage von 1965 stand als Programmpunkt eine Städtefreundschaft zwischen Düsseldorf und der Stadt Yawata. Im darauffolgenden Jahr entschied sich jedoch das Wirtschaftsförderungsamt zusammen mit der DJG am Niederrhein um und betrachtete von da an Osaka als geeigneten Städtepartner. Auslöser für die kurzfristige Umorientierung könnte das Vertretungsbüro gewesen sein, das Osaka Mitte 1965 unter der JETRO-Niederlassung in Düsseldorf einrichtete.[22]

Aufgrund der engen Verbindung Osakas zur JETRO beauftragte Düsseldorf für erste Kontaktaufnahmen den Direktor der Düsseldorfer Niederlassung, der eine Bekanntschaft mit dem Oberbürgermeister von Osaka pflegte.[23] 1967 erhielt die Stadt darauf einen Brief von dem Oberbürgermeister Osakas, in dem er seine Überzeugung kundtat, dass ein „reger und permanenter Austausch von Informationsmaterial" zwischen beiden Städten in eine Städtepartnerschaft münden könne. Der Kontakt sollte jedoch über den Austausch von Informationsmaterialien nicht hinausgehen, sodass Anfang der 1970er Jahre Düsseldorf immer noch über keine Städtepartnerschaft verfügte[24] – Köln verzeichnete derweil über zehn Partnerstädte.[25] Linden störte sich an diesem Missstand und machte 1973 den Beigeordneten Mayweg darauf aufmerksam, „daß jeder neue japanische Generalkonsul in Düsseldorf mit diesem Thema alsbald [...] konfrontiert" werde und bat um die Inangriffnahme einer Städtepartnerschaft durch ein Gremium.[26]

Unter Oberbürgermeister Klaus Bungert startete Düsseldorf 1987 in einem offenen Brief an den Oberbürgermeister von Osaka einen neuen Anlauf, der wiederum in Hoffnung auf einen Abschluss der Partnerschaft den Stadtschlüssel Osakas zurücksendete. Zur selben Zeit machte Konkurrent Hamburg Osaka Avancen, wo man sich gleichermaßen interessiert an einer Partnerschaft mit der Hansestadt zeigte.[27] Auf die Gefahr, Osaka als Städtepartner an Hamburg zu verlieren, machte die Rheinische Post 1987 aufmerksam: „Nach rheinischer Art erst einmal auf die lange Bank schieben kann der Rat das Thema wohl nicht. Hamburg ist sei geraumer Zeit schon intensiv um eine Partnerschaft mit Osaka bemüht."[28] Während im Stadtrat von Düsseldorf weiterhin Skepsis gegenüber der angestrebten Partnerschaft herrschte, trat das von der Rheinischen Post befürchtete Szenario ein: Hamburg schloss am 11. Mai 1989 eine offizielle Partnerschaft mit Osaka ab – es handelte sich um die vierte Städtepartnerschaft der Hansestadt.[29] Düsseldorf schaffte es derweil, zwischen 1988 und 1989 seine ersten vier Städtepartnerschaften mit Chemnitz, Reading, Haifa und Warschau abzuschließen, was die fehlgeschlagene Partnerschaft mit Osaka noch unerklärlicher erscheinen lässt.[30]

Erst über 15 Jahre später gelang es Düsseldorf noch, einen Freundschaftsvertrag mit einer japanischen Stadt beziehungsweise Präfektur einzugehen: der Präfektur Chiba. Nach weiteren 14 Jahren entwickelte sich 2019 die Freundschaft in eine vollwertige Städtepartnerschaft,[31] womit der Wirtschaftsstandort Düsseldorf trotz seiner dominierenden Stellung innerhalb NRWs erst 56 Jahre nach Köln über eine Partnerschaft mit einer japanischen Stadt verfügte. Auch wenn der Japanstandort Köln sich nie als ein ernstzunehmender Konkurrent für Düsseldorf herausstellte, enthüllen die Beispiele von der Städtepartnerschaft oder dem Kulturinstitut diverse Versäumnisse der Düsseldorfer Standortpolitik. Auf der anderen Seite verdeutlicht das mangelnde Interesse Kölns die Signifikanz einer progressiven Wirtschaftsförderung für die erfolgreiche Entwicklung eines Wirtschaftsstandortes.

Standort Frankfurt am Main: Zentrum der Finanzen und Flüge

Der Japanstandort Frankfurt am Main entpuppte sich erst ab Ende der 1960er/Anfang der 1970er Jahre als ein ernstzunehmender Kontrahent im Konkurrenzkampf. 1970 belegte Frankfurt Zielkes Daten zufolge mit ungefähr 30 Unternehmensniederlassungen den dritten Platz der japanischen Wirtschaftsstandorte in der BRD – gleich hinter Düsseldorf mit ungefähr 130 und Hamburg mit etwa 65. Während sich auf Düsseldorf primär Handels- und Industrieunternehmen konzentrierten, galt Frankfurt dank seines Status als Finanzzentrum Deutschlands als besonders attraktiver Standort für die japanische Finanzbranche. Die Gesellschaft für Wirtschaftsförderung NRW kam 1992 zu dem Ergebnis, dass 54 % aller japanischen Finanzinstitutionen ihren Sitz in Hessen hatten und nur 21 % in NRW.[32]

Die hohe Attraktivität Frankfurts für die Finanzbranche führte schon im Laufe der 1970er Jahre dazu, dass die in Düsseldorf vertretenen Hausbanken der Keiretsu einschließlich der Bank of Tokyo ihre Hauptniederlassungen nach Frankfurt verlegten oder dort zusätzliche Zweigniederlassungen eröffneten. Die Versicherungsgesellschaften verblieben hingegen in Düsseldorf.[33] Damit durchlief der Japanstandort Frankfurt eine ähnliche Entwicklung wie der Düsseldorfer in seiner Entstehungsphase, als die Generalhandelshäuser wegen Düsseldorfs Status als Stahlzentrum Deutschlands aus Hamburg übersiedelten. Wie seinerzeit bei den Ansiedlungen der Generalhandelshäuser in Düsseldorf gab es auch solche Banken, die sich direkt in Frankfurt niederließen. Staatliche Banken wie die Bank of Japan und Japan Development Bank oder Langzeitkreditbanken wie die Long-Term Credit Bank of Japan eröffneten außerdem ihre Filialen in Frankfurt, was dazu führte, dass der Standort bereits Ende der 1970er Jahre mit 21 gegenüber acht Bankniederlassungen Düsseldorf als japanisches Bankenzentrum ablöste.[34]

Die Entwicklung wirkte sich dem ehemaligen Stadtdirektor Bolo Mayweg zufolge auf das Marketing der Landeshauptstadt aus, sodass man Düsseldorf nur noch als Zentrum des japanischen Außenhandels vermarkten konnte, aber nicht mehr als Bankenzentrum.[35] Als ein Grund für die Umorientierung nach Frankfurt lässt sich die Standortentscheidung der Commerzbank festhalten, die ab 1970 damit begann, ihre Hauptverwaltungen in Frankfurt zu zentralisieren. Laut Nakagawa war der Hauptsitz der Commerzbank in Düsseldorf bis zur Umsiedlung nach Frankfurt ein wichtiger Standortfaktor für die hiesigen japanischen Unternehmen gewesen.[36]

Das Wirtschaftsförderungsamt in Düsseldorf konnte Anfang der 1970er Jahre diese Trendwende nicht ignorieren und versuchte mit Standortwerbung vor Ort japanische Finanzunternehmen wieder für Düsseldorf zu gewinnen. Einen besonderen Anlass dazu gaben die Niederlassungen der größten japanischen Investmentgesellschaften in Frankfurt, die Gruppenreisen für japanische Unternehmer mit einem anschließenden Symposium über Investitionsmöglichkeiten in der BRD veranstalteten. Düsseldorf soll bei den Veranstaltungen im Gegensatz zu Hamburg, Frankfurt und München als Reiseziel keine Beachtung geschenkt worden sein, was Linden vom Wirtschaftsförderungsamt zum Handeln drängte:

> [...] daß die Frankfurter Börse inzwischen fast alle in der BRD gehandelten japanischen Papiere notiert und damit die Düsseldorfer Börse eindeutig auf den zweiten Rang zurückverwiesen hat und auch die Stadt Frankfurt selbst beträchtliche Ansiedlungsanstrengungen unternimmt, erscheint es dringend geboten, auf das vorgenannte Geschehen Einfluß zu nehmen.[37]

Linden reiste 1974 persönlich nach Frankfurt und besuchte die Sitze von fünf japanischen Investmentgesellschaften, um sie von Düsseldorf als Reiseziel der Delegationen sowie einer potenziellen Umsiedlung zu überzeugen. Dazu übergab er Werbematerial an die Manager der Niederlassungen mit der Bitte, die Muttergesellschaften in Japan über die Standortvorteile Düsseldorfs zu unterrichten. Nach ergebnislosen drei Jahren stufte Linden die Verlagerung der Investmentgesellschaften nach Düsseldorf als unwahrscheinlich ein und beschloss das Vorhaben ad acta zu legen.[38]

Die Wirtschaftsförderung der Stadt Frankfurt erwies sich gleichermaßen nicht als untätig in der Anwerbung japanischer Unternehmen. Einem Artikel der Frankfurter Allgemeinen Zeitung nach verfolgte man innerhalb der Stadtverwaltung bereits 1966 den Gedanken, eine engere Verbindung zwischen Frankfurt und der japanischen Geschäftswelt aufzubauen und lud dazu japanische Entsandte ins Rathaus ein. 1983 wurde diese Maßnahme wiederholt, als der Frankfurter Magistrat 75 japanischen Unternehmensrepräsentanten aus Düsseldorf und Hamburg im Rathaus einen Werbefilm über die Vorzüge des lokalen Standortes vorführte.[39] Zu dem Ereignis befragte die Frankfurter Allgemeine Zeitung Mitarbeiter der Frankfurter Wirtschaftsförderung, die der Zeitung von ihrer Überzeugung berichteten, dass die Expansionsmöglichkeiten für japanische Unternehmen in Düsseldorf und Hamburg ausgereizt seien und nun ihre Stadt an der Reihe wäre.

Zusätzlich geht aus dem Artikel hervor, dass Frankfurt das Deutsch-Japanische Center in Düsseldorf als einen ernstzunehmenden Standortvorteil der Landeshauptstadt betrachtete und sich deshalb für die Errichtung einer solchen Einrichtung engagierte. Zum Zeitpunkt des Artikels ließ sich hinwieder kein geeignetes Grundstück ausfindig machen.[40] Mit dem Vorhaben ist höchstwahrscheinlich das „Japan Center" gemeint, das im März 1997 im Bankenviertel Frankfurts seine Pforten öffnete, doch entgegen seinem ursprünglichen Zweck heutzutage von der Europäischen Zentralbank genutzt wird statt von japanischen Unternehmen.[41]

Während Düsseldorf durch das Deutsch-Japanische Center Konkurrenzdruck ausübte, setzte Frankfurt mithilfe seines Flughafens die Landeshauptstadt unter Zugzwang. Auch wenn der Düsseldorfer Flughafen als das wichtigste internationale Drehkreuz in NRW gilt und dank seiner zentralen Lage zweifellos einen attraktiven Standortvorteil für die japanischen Unternehmen darstellte, fehlte es bis 1985 an einer direkten Flugverbindung nach Japan. Die Japan Airlines flog bis dato nur zwei Standorte in der Bundesrepublik an: die Konkurrenten Hamburg und Frankfurt am Main.[42] Bereits die ersten Entsandten in der Nachkriegszeit bemängelten, für den Empfang ihrer Gäste aus Japan bis nach Frankfurt fahren zu müssen.[43] Das Wirtschaftsförderungsamt erkannte diese Lücke in der Infrastruktur und unternahm mit Projekten wie dem Deutsch-Japanischen Center Versuche, die Japan Airlines von der Einrichtung einer Direktverbindung in Düsseldorf zu überzeugen.[44] In dem Darlehensantrag an die Deutsche Bank für den Bau des Centers von 1976 hieß es: „Japan-Zentrum und Hotel werden für die Japan Airlines ein ganz wesentliches zusätzliches Argument für die von der Stadt Düsseldorf nachhaltig unterstützten Bemühungen dieser Gesellschaft liefern, Düsseldorf als das seit Jahren größte japanische Wirtschaftszentrum direkt anzufliegen".[45]

Schon die Eröffnung des Japan Airlines-Büros von 1961 und ein Empfang des Vizepräsidenten der Fluggesellschaft zu diesem Anlass ließen Düsseldorf vergebens auf eine eigene Flugverbindung hoffen (London erhielt eine im selben Jahr).[46] Die Lufthansa richtete 1961 derweil in Frankfurt ihre erste Flugroute von Deutschland nach Japan ein, die das Reisen nach Tokio über Rom, Kairo, Karachi, Bangkok und Hongkong ermöglichte. Drei Jahre später folgte die sogenannte Polarroute mit Zwischenstopps in Hamburg, Kopenhagen und Anchorage, die ab 1965 auch von Hamburg aus startete.[47] Durch die Lufthansa gab es 1968 aber einen Lichtblick für Düsseldorf mit einer Aufnahme der Landeshauptstadt in die Polarroute über Hamburg.[48] Zehn Jahre später folgte dann dank der Busse, die täglich vom Hotel Nikko zum Frankfurter Flughafen abfuhren, eine weitere Möglichkeit, um von Düsseldorf nach Japan zu reisen.[49] Eine Direktverbindung fehlte aber nach wie vor, sodass Japan Anfang der 1980er Jahre weiterhin nur über die beiden Konkurrenzstandorte Frankfurt und Hamburg zu erreichen war.[50]

Erst im Juni 1985 nahm die Japan Airlines Kurs auf den Düsseldorfer Flughafen und bot von da an wöchentliche Direktflüge nach Tokio an. Ein ehemaliger Mitarbeiter der Japan Airlines in Hamburg schilderte mir sein Unverständnis über den späten Zeitpunkt der Verbindung:

> Die JAL ist am 4. Juni 1985 nach Düsseldorf gekommen. Es war wirklich verwunderlich, wieso es bis dahin keine Fluglinie nach Japan gab, obwohl es dort so viele Japaner und japanische Unternehmen gibt. Bis dahin musste man entweder nach Hamburg oder Frankfurt und ist dort mit JAL umgestiegen, um dann über Anchorage zu fliegen.[51]

Der Missstand der fehlenden Flugverbindung sollte mit der Direktverbindung von 1985 aber nicht endgültig gelöst sein: Aufgrund einer zu kurzen Startbahn für vollbetankte Boeing 747-Flugzeuge entschloss sich die Japan Airlines 1991 dazu, die Flüge in Düsseldorf wieder zu streichen und stattdessen eine Verbindung von Berlin nach Frankfurt einzurichten.[52] Die NRZ schrieb am 9. Juni 1991 zu dem Ereignis: „Damit fällt die letzte direkte Verbindung zwischen Tokio und der nordrhein-westfälischen Landeshauptstadt […]. Nutznießer ist Frankfurt am Main, dessen Flughafen die Japaner dann öfter ansteuern werden. Wer nach Düsseldorf will, muß dort in den Bus umsteigen."[53]

Die JIHK fürchtete, dass die Entscheidung der JAL auf eine Bevorzugung Frankfurts unter den japanischen Unternehmen bei ihrer Standortwahl hinauslaufen könnte. Düsseldorf gab dies sofortigen Anlass, eine Werbeanzeige des Flughafens in der Februar-Ausgabe des Düsseldorf Magazins von 1993 aufzugeben, um auf die Dringlichkeit der Japanverbindung für den Wirtschaftsstandort aufmerksam zu machen und neue Fluggesellschaften für die Aufnahme einer Flugverbindung wie jene der JAL zu überzeugen. Konkrete Verhandlungen startete das Amt mit JALs Konkurrenten „All Nippon Airways" (kurz: ANA),[54] die erst im März 2014 Realität werden sollten.

Wie wichtig eine erfolgreiche Vermarktung des Düsseldorfer Flughafens für die Stadtverwaltung war, illustriert das Beispiel der Japan Business News, die das Wirtschaftsförderungsamt in den 1960er Jahren als Werbemittel in Japan nutzte. Verkehrsdirektor Schweig empörte sich über eine von der Lufthansa geschaltete Werbeanzeige, in der Angaben zu den Flugverbindungen des Düsseldorfer Flughafens fehlten:

> Ich bedaure ausserordentlich, dass ausgerechnet die Stadt mit ihrem Flughafen, die zur Zeit die grösste japanische Kolonie in Europa besitzt […], in der Anzeige unberücksichtigt blieb […]. Insofern ist die gemachte Aussage in der Anzeige unrealistisch, und unsere ganzen Werbebemühungen werden illusorisch, wenn die Deutsche Lufthansa diese nicht entsprechend unterstützt. Sowohl vom Zentralflughafen Rhein-Main als auch vom Flughafen Hamburg bestehen tägliche Verbindungen nach der Landeshauptstadt.[55]

Der Sachverhalt dokumentiert, wie benachteiligt Düsseldorf im Vergleich zu Hamburg und Frankfurt aufgrund der lange fehlenden Flugverbindung der Japan Airlines war und dass die Stadt bis zu deren Einrichtung ihre Standortwerbung auf Verbindungen zu den Flughäfen der beiden Kontrahenten auslegen musste.

Auch Hamburg verlor Ende der 1980er Jahre seine Flugverbindung durch sowohl die Japan Airlines als auch die Lufthansa, da man in Hinblick auf die Direktverbindung in Frankfurt den Anflug nicht mehr als rentabel genug erachtete.[56] In der Hansestadt geriet die Stadtverwaltung 1986 sogar in die Kritik der japanischen Seite für eine mangelnde Infrastruktur und Ausstattung des Flughafenbereichs. Die Japan Airlines bemängelte insbesondere das Fehlen eines Warteraumes für Transitpassagiere, wodurch diese bei Zwischenlandungen an Bord bleiben mussten.[57] Düsseldorf ist bei den japanischen Entsandten von solcher Kritik über die Jahrzehnte dank des insgesamt guten Rufs seines Flughafens verschont geblieben. Ungeachtet dessen zeigt die fehlende Flugverbindung zusammen mit den Abwanderungen der Banken, wie der Wirtschaftsstandort Düsseldorf nicht für sämtliche Branchen der attraktivste Standort in Deutschland war und so dessen Ruf als japanisches Wirtschaftszentrum zwischenzeitlich in Gefahr geriet. Den Aufstieg des Frankfurter Japanstandortes gilt es dennoch in Relation zu betrachten: Bis Mitte der 1990er Jahre erreichte die Stadt mit ungefähr 200 juristischen und 1800 natürlichen Personen nur ungefähr ein Drittel von den Zahlen Düsseldorfs.[58]

Standort Hamburg: Zwischen Ambition und Resignation

Dank seines Hafens und den Niederlassungen deutscher Unternehmen mit Handelsbeziehungen nach Japan wie der C. Illies & Co. erwies sich Hamburg bis zu den Abwanderungen der japanischen Generalhandelshäuser als Zentrum der japanischen Wirtschaftsaktivitäten in Deutschland. Aus diesem Grund wurden einige der japanischen Institutionen zunächst in Hamburg gegründet. Ähnlich wie in Düsseldorf formierte sich ein lokales Diasporanetzwerk, das 1959 zu der Errichtung eines Japanischen Clubs führte, dem Nihonjinkai Hamburg e. V. Darüber hinaus existierten mit der 1956 neugegründeten DJG-Hamburg[59] und dem Ostasiatischen Verein Institutionen, die den Entsandten Kontakt zu wirtschaftlichen und politischen Akteuren der Aufnahmegesellschaft ermöglichten.[60] Zu ihrer Entstehungszeit zählte die DJG Hamburg ungefähr 80 Mitglieder – darunter den Vorsitzenden der C. Illies & Co., Carl Jürgen Illies, als Präsidenten und den General Manager der Hamburger Bank of Tokyo-Filiale als Vizepräsidenten. Wie ihr Pendant in Düsseldorf engagierte sich die DJG Hamburg an der „Förderung der Beziehungen zwischen Japan und Deutschland" und veranstaltete dazu eine Reihe von kulturellen wie wirtschaftlichen Events. Besonders begehrt soll das sogenannte Deutsch-Japanische Gänsebratenessen mit Gästen aus der Industrie und Politik gewesen sein.

In Bezug auf staatliche Organisationen unterhielt der Hamburger Standort ein eigenes Generalkonsulat, die Hauptniederlassungen der JETRO und das Deutsch-Japanische Wirtschaftsbüro, die sich ab den 1960er Jahren auf gleiche Weise in Düsseldorf etablierten.[61] Wegen der überlappenden Institutionen und Unternehmensniederlassungen galt die Hansestadt in den 1950er/60er Jahren noch als unmittelbarster Konkurrent Düsseldorfs. Im Gegensatz zu Standorten wie Köln hegte Hamburg ein größeres Interesse daran, den Trend Richtung Düsseldorf zu stoppen und die Stellung als Japanzentrum Deutschlands zurückzugewinnen. Mit diesem Ziel vor Augen griff die Hansestadt in Zusammenarbeit mit den japanischen Institutionen auf ähnliche Maßnahmen zurück wie die Wirtschaftsförderung in Düsseldorf.

Nach einer prototypischen Japan-Woche im Jahr 1961 anlässlich des 100. Jahrestages des preußisch-japanischen Handelsvertrages veranstaltete die DJG Hamburg 1964 gemeinsam mit dem Generalkonsulat und dem Deutsch-Japanischen Wirtschaftsbüro eine weitere Japan-Woche zum 775. Jubiläum des Hamburger Hafens. Der Höhepunkt der Japan-Woche 1964 war die Ankunft des japanischen Messeschiffes „Sakura Maru", das Anfang Juli für drei Tage einen Zwischenstopp in Hamburg einplante. An Bord des Messeschiffes befand sich eine vom MITI und MOT (Ministry of Transport) geförderte „Schwimmende Ausstellung", die in elf europäischen Hafenstädten japanische Exporterzeugnisse vorstellte. Dabei handelte es sich hauptsächlich um leichtindustrielle Güter wie Nahrungsmittel, Perlen oder Bücher, was in Anbetracht der Standortfaktoren Hamburgs erklärt, wieso die Stadt die Gelegenheit für die Austragung dieser ersten Japan-Woche erhielt.

Für die Tage rund um den Besuch des Schiffes organisierten die japanischen Institutionen eine Kunstausstellung, eine Sonderschau japanischer Musikinstrumente durch die JETRO sowie ein Deutsch-Japanisches Wirtschaftsgespräch im Ostasiatischen Verein. Das Amt für Wirtschaft und Verkehr der Stadt Hamburg zeigte sich mit der Durchführung der Veranstaltung einverstanden, entschloss sich aber gegen eine finanzielle Förderung, da es in dem Event keine wirtschaftliche Bedeutung sah. Das mangelnde Interesse der Stadt wird besonders durch die Absage des damaligen Bürgermeisters deutlich, den der Generalkonsul zu dem Eröffnungsempfang einlud.[62]

Ab 1968 begann Hamburg, sich selber aktiv für die Durchführung von Japan-Wochen einzusetzen, um die Wirtschaftsaktivitäten der 900 Japanerinnen und Japaner in der Stadt zu würdigen. Anlässlich einer Schenkung von 363 Kirschbäumen durch die lokale Diaspora plante die Stadt zusammen mit dem Generalkonsulat von Mai bis Juni 1968 die sogenannten Japan-Tage. Neben zahlreichen kulturorientierten Veranstaltungen führte die JETRO als Teil des Programms eine Reihe von Sonderausstellungen durch, die im selben Jahr die Stadt Düsseldorf für die Organisation ihrer Japan-Tage zu gewinnen versuchte. Die Höhepunkte des Programms waren ein Feuerwerk über der Alster sowie die Krönung einer „Kirschblütenprinzessin", die auf einer anschließenden Japanreise begleitet durch die Asahi Shimbun als eine Art Werbemittel für die Hansestadt agierte. In Hamburg begrüßte man im Gegenzug eine „Kirschblütenkönigin" aus Japan. Um eine Assoziation der Japan-Tage mit der Reise der Kirschblütenprinzessin zu schaffen, erhielten die Japan-Tage den Beinamen „Kirschblütenfest" – angelehnt an das jährlich stattfindende *Hanami* in Japan. Der Wirtschaftsförderung Hamburg gelang damit ein Marketingstunt: Dank des Veranstaltungsnamens, der Reise der Prinzessin und der Kirschbäume bewarb die Stadt den Wirtschaftsstandort sowohl im In- als auch Ausland.[63] Die intendierten Werbezwecke hinter dem Event und die erstmalige Beteiligung der Stadt Hamburg sorgten dafür, dass auch die Wirtschaftsförderung in Düsseldorf auf das Ereignis aufmerksam wurde.[64]

Während man in Düsseldorf mit institutionellen Problemen für die Durchführung einer Japan-Woche zu kämpfen hatte, führte der vermeintliche Erfolg in Hamburg dazu, das Kirschblütenfest jährlich zur Blütezeit der Bäume an der Alster stattfinden zu lassen – bis heute setzt sich diese Tradition fort. Die Hansestadt schaffte es damit, ganze 34 Jahre vor Düsseldorf ein jährliches Event wie den Japan-Tag einschließlich eines Feuerwerks in die Wege zu leiten.

In Hinblick auf Japan-Wochen der Konkurrenz blickte Hamburg zur damaligen Zeit allerdings eher auf die Hafenstadt Bremen, die 1969 japanische Unternehmensvertreter im Rahmen eines dreitägigen Programms in Empfang nahm. 1970 entschloss sich daher Hamburg, das Kirschblütenfest erneut im Umfang einer Japan-Woche stattfinden zu lassen und um eine Einladung von japanischen Handelshaus- und Reederei-Vertretern zu erweitern. Das Amt für Wirtschaft und Verkehr verschickte in Kooperation mit der Handelskammer Hamburg und der Hafenverwaltung Einladungen an 180 Unternehmensvertreter aus konkurrierenden Standorten wie Düsseldorf und Frankfurt, um diese bei einem Empfang im Rathaus und einer anschließenden Hafenrundfahrt von den Standortfaktoren Hamburgs zu überzeugen – unter den geladenen Gästen befand sich unter anderem Akira Arikawa, der Geschäftsführer der JIHK. Auf die Unternehmensvertreter warteten neben der Stadtspitze Hamburgs 45 Vertreter von hamburgischen Handelshäusern und Hafenbetrieben, die als potenzielle Handelspartner die japanischen Unternehmer zu einer Geschäftsaufnahme in der Hansestadt bewegen sollten.[65] Die Japan-Tage 1970 dienten demnach noch intensiver als die vorausgegangenen Veranstaltungen als ein direktes Werkzeug der Standortwerbung und Ansiedlungspolitik Hamburgs. In einem Werbeschreiben anlässlich der Japan-Tage 1970 hieß es:

> […] als größte Industriestadt der Bundesrepublik, als bedeutender Verkehrsknotenpunkt mit einem hochleistungsfähigen Hafen und als Handelsplatz von internationalem Rang hat Hamburg immer schon die Interessen der Japaner auf sich gelenkt. Andererseits sind aber auch von hier aus ständig Bemühungen ausgegangen, um Kontakte zu Japan herzustellen und bestehende Beziehungen zu vertiefen.[66]

Die Zeilen belegen, wie Hamburg sich mithilfe der Japan-Wochen Anfang der 1970er Jahre aktiv am Konkurrenzkampf beteiligte und für eine Trendwende gegen Düsseldorf einsetzte. Aber auch in den darauffolgenden Jahren bemühten sich Hamburg und die lokalen japanischen Institutionen um eine kontinuierliche Standortwerbung durch das Kirschblütenfest, indem man die Anzahl der Kirschbäume stetig aufstockte und weitere Japan-Wochen im größeren Umfang durchführte.[67]

Über die Japan-Wochen und das Kirschblütenfest hinaus versuchte sich Hamburg zugleich an einer Reihe von direkten Werbemaßnahmen in Japan. Von 1967 bis 1973 beteiligte sich beispielsweise die Handelskammer Hamburg jährlich an den sogenannten Deutschen Werbe- und Verkaufswochen der Deutschen Botschaft und Deutschen Industrie- und Handelskammer in Japan. Hamburger Unternehmen boten ihre Erzeugnisse in japanischen Kaufhäusern wie Daimaru, Mitsukoshi oder Isetan zum Verkauf an. Bei den Verkaufsartikeln handelte es sich ausschließlich um Konsumgüter wie Lebensmittel, Haushaltswaren oder Textilien, die den Hamburger Wirtschaftsstandort auszeichneten.[68] Für die Verkaufswochen von 1973 zog auch Düsseldorf eine Teilnahme in Erwägung, doch beschränkte sich letzten Endes auf die zur selben Zeit geplanten Werbeaktionen der „Big-8".[69]

Ein weiteres Beispiel für Werbeaktionen Hamburgs war die Nutzung von japanischen Medienformaten. Schon vor Düsseldorf beteiligte sich Hamburg an der Gestaltung von Sonderbeilagen der Japan Business News über den Wirtschaftsstandort Hamburg, die 1964, 1966 und 1973 erschienen.[70] Die jedoch unmittelbarste Form von Medienwerbung sowie Ansiedlungspolitik übte Hamburg mithilfe seines „Hamburg-Büros" unter der Iris Shōkai K. K. (Zweigniederlassung der C. Illies & Co.) in Tokio aus. Die Errichtung des Büros erfolgte nach langer Diskussion über dessen Zweckmäßigkeit 1972 als Gegenmaßnahme zur schwindenden Bedeutsamkeit des Hamburger Wirtschaftsstandortes in Japan. Die Aufgabe des Hamburg-Büros bestand darin, im Namen der Stadt Ansiedlungs- und Tourismuswerbung zu betreiben sowie den städtischen Behörden Informationen über den japanischen Markt zu liefern.[71] In einer Pressemitteilung zur Eröffnung des Büros stellte die Stadtverwaltung dessen Sinn und genauen Tätigkeiten vor:

> Aufgabe der Hamburg-Vertretung soll es sein, Informationen über mögliche Ansatzpunkte für hamburgische Aktivitäten zu beschaffen sowie die Standortvorteile Hamburgs und das Leistungsangebot der Hamburger Wirtschaft in Ostasien vorzustellen. Neben der Förderung des Außenhandels, der Schifffahrt und des Fremdenverkehrs sollen vor allem Hamburgs Möglichkeiten und Vorteile als Dienstleistungszentrum und Standort den Unternehmen in Ostasien nahegebracht werden, die in Europa tätig werden wollen.[72]

In der Pressemitteilung wurde zudem der Wirtschaftssenator Helmuth Kern zitiert, der erklärte, wie dringend erforderlich es sei, die Attraktivität Hamburgs „stärker in das Bewußtsein der japanischen Wirtschaft und Öffentlichkeit zu rücken".[73]

In dem ersten Jahr seiner Tätigkeit (1972–1973) gab das Hamburg-Büro Anzeigen in Fachzeitschriften auf, verteilte ins Japanische übersetzte Werbeprospekte und suchte den Kontakt zu diversen Institutionen und Unternehmen. Unter den

Kontakten befanden sich neben Kommunalbehörden der Städte Nagoya und Yokohama Reiseagenturen sowie Fluggesellschaften, die zu einem Ausbau der Flugverbindungen Hamburgs animiert werden sollten.[74] Des Weiteren ließ das Büro 1973 ein dreiköpfiges Fernsehteam des japanischen Senders NTV in die Hansestadt entsenden, das zwei Filme über touristische Attraktionen einschließlich Interviews mit ansässigen Japanerinnen und Japanern drehte. 1974 folgte ein weiterer Werbefilm, der als Teil der „Big 8-Aktion" ausgestrahlt wurde, an der sich gleichermaßen das Büro beteiligte.[75]

Im Rahmen seiner Ansiedlungspolitik stellte das Hamburg-Büro in erster Linie Kontakt zu Automobil- und Elektronikherstellern wie Toyota oder Oki Denki her, da beide Branchen im Laufe der 1970er Jahre die Spitze des japanischen Außenhandels einnahmen und ihre Direktinvestitionen in Europa erhöhten. Hamburg erkannte in den Entwicklungen einen neuen Abschnitt in Japans Außenwirtschaft und damit eine Chance, mittels einer konzentrierten Anwerbung dieser Branchen den ersehnten Umschwung von Düsseldorf nach Hamburg herbeizuführen.[76] Dies bedeutete aber nicht, dass man aufgab, Unternehmen aus Branchen, die vornehmlich der Düsseldorfer Standort anzog, von einer Umsiedlung nach Hamburg zu überzeugen. Das Hamburg-Büro versuchte beispielsweise, den Maschinenhersteller Tsugami von der Errichtung einer Niederlassung in Düsseldorf abzubringen, oder das Mitsubishi-Keiretsu zu der Etablierung neuer Unternehmensniederlassungen in der Hansestadt zu bewegen. Selbst an die japanischen Großbanken trat es mit der Bitte heran, bei der Beratung ihrer Kunden vermehrt Hamburg als Niederlassungsstandort in Erwägung zu ziehen. In Anbetracht der Konkurrenz durch Bremen, das mit einer eigenen Hafenrepräsentanz in Tokio folgte, kontaktierte das Hamburg-Büro zugleich japanische Hafengesellschaften und Reedereien, um deren Ansiedlungsaktivitäten zu bekräftigen. Dazu verkündete das Büro, die Aktivitäten von Delegationen aus Konkurrenzhäfen wie Bremen oder Rotterdam intensiv zu beobachten und regelmäßig der Hamburger Hafenverwaltung Bericht zu erstatten.[77]

Trotz der vielseitigen Vorhaben soll die Organisation einer Hamburger Delegationsreise von Dezember 1972 die meiste Zeit des ersten Geschäftsjahres beansprucht haben, sodass das Büro nicht in geplanter Intensität seinen Aufgaben nachkommen konnte – auch den Besuch der Kirschblütenprinzessin begleitete es. Zusätzlich bemängelte der Leiter des Büros und Geschäftsführer der Iris Shōkai K. K., Wilhelm Michels, im ersten Jahresbericht das unzureichende Budget und Personal, was die Erfolgsrate bei den einzelnen Maßnahmen behinderte.[78] Im Tätigkeitsbericht von 1973 bis 1974 stellte sich daraufhin heraus, dass nicht alle Aufgabenbereiche, die dem Büro zugeteilt wurden, in gleichem Maße realisierbar waren und sich die Tätigkeiten in dem Jahr hauptsächlich auf die Unterstützung von Reisegruppen sowie die Erstellung von Werbematerialien beschränkten. Insbesondere die Ölkrise von 1973 beeinträchtigte das Büro auf dem Gebiet der Industrieansiedlung, da in Japan die Bereitschaft für Auslandsinvestitionen stagnierte. Um das Interesse der japanischen Industrie an Investitionen in Europa zu überprüfen, verteilte das Büro Fragebögen an 112 Unternehmen, von denen nur 22 eine positive Rückmeldung gaben.[79]

Unversucht ließ das Hamburg-Büro die Anwerbung von Industrieunternehmen dennoch nicht und schlug 1974 dem Amt für Wirtschaft und Verkehr eine Reihe von geeigneten Veranstaltungen zur Umsetzung vor. Ein Vorschlag beinhaltete die Durchführung eines Seminars, das Verhandlungen mit japanischen Unternehmen über Niederlassungsmöglichkeiten vertiefen sollte. Das Amt für Wirtschaft und Verkehr sah aber gemessen am finanziellen Aufwand den Sinn der Veranstaltung nicht als gerechtfertigt an und stellte das benötigte Budget nicht zur Verfügung. Unter den Vorschlägen fand sich außerdem die Idee für einen „Hamburg-Club", zu dem wie beim Düsseldorfer Abend ehemalige Entsandte eingeladen werden sollten, um die Präsenz der Hansestadt in Japan zu bestärken. Auch dieses Vorhaben blieb von der städtischen Wirtschaftsförderung unbeachtet, sodass 1974 nur ein Hamburger Abend in Form eines Abendessens mit Industrievertretern und anschließender Filmvorführung stattfand.[80] Zwar symbolisiert somit die Errichtung des Hamburg-Büros das Interesse der Hansestadt an einer aktiveren Standortpolitik, weist aber durch die mangelnde Unterstützung von dessen Initiativen auf eine vergleichsweise geringe Bereitschaft Hamburgs zur Förderung des lokalen Japanstandortes hin. In Düsseldorf schreckte man demgegenüber von den hohen Ausgaben des Düsseldorfer Abends nicht zurück.[81]

Die anhaltenden Restriktionen gaben einem Vertreter des Hamburg-Büros 1978 dazu Anlass, bei der Handelskammer Hamburg die fehlende Initiative der Stadt zu kritisieren. Er forderte die Behörden dazu auf, „endlich eine schlagkräftige Organisation für die Hamburg-Werbung zu schaffen". Um den Druck zu erhöhen, machte der Vertreter auf die Errichtung des Deutsch-Japanischen Centers samt Hotel Nikko in Düsseldorf aufmerksam, die seiner Ansicht nach für eine zunehmende Attraktivität des dortigen Wirtschaftsstandortes sorgte. In Verbindung mit Zeitungsartikeln, die die Handelskammer Hamburg zu der Errichtung des Deutsch-Japanischen Centers sammelte, machen die Aussagen des Vertreters deutlich, wie das Düsseldorfer Großprojekt Druck auf die Wirtschaftsförderung Hamburgs ausübte.[82] Hamburg erregte 1973 wiederum mit der Eröffnung des Hamburg-Büros die Aufmerksamkeit der Wirtschaftsförderung in Düsseldorf, wo man als Gegenmaßnahme über die Errichtung eines „Informationsbüros Düsseldorf" in Osaka nachdachte.[83] In einem Bericht über das Hamburg-Büro von Direktor Linden an den Beigeordneten Mayweg hieß es:

> Es wird sich herausstellen, ob die japanische Wirtschaft diesen Vorstellungen folgt oder ob man nach wie vor der Ansicht ist, daß das Gebiet der 9er EWG von dem geographisch und wirtschaftsgeographisch optimalen Standort Düsseldorf aus zu bearbeiten ist. Auf jeden Fall verpflichten die Hamburger Maßnahmen zu erhöhter Aufmerksamkeit.[84]

Während Düsseldorf auf die Errichtung des Hamburg-Büros reagierte, sollte der Bau des Deutsch-Japanischen Centers keine Veränderungen in der restriktiven Haushaltspolitik Hamburgs nach sich ziehen. 1985 reichte so die Finanzierung für die Tätigkeiten des Hamburg-Büros nicht mehr aus, weshalb es kurz darauf seinen Betrieb einstellen musste.[85] Erst nachdem 1986 die Vertreter des Hamburger *Nihonjinkai* den Kontakt zur Handelskammer Hamburg suchten, um sich über das unzureichende Interesse der Stadt und die fehlende Förderung des Standortes zu beschweren,[86] räumte die Handelskammer Hamburg gegenüber einem Reporter des NDR Fehler in der Standortpolitik ein:

> Wir erläuterten ihm, daß sich die Wirtschaft, als die Japaner vor langen Jahren sich hier ansiedelten, etwas sperrig gezeigt habe, weil die Importeure glaubten, ihnen würde damit das Geschäft abgenommen. Deshalb sei es u. a. auch zur Ansiedlung in Düsseldorf gekommen mit der Folge, daß Düsseldorf heute wohl als das Japan-Zentrum der Bundesrepublik bezeichnet werden müsse. Andererseits habe man in Hamburg recht bald bemerkt, daß man seinerzeit falsch reagiert habe.[87]

Auch wenn die rekonstruierten Beispiele ein unterschiedliches Engagement der behandelten Städte dokumentieren und dies zweifellos Einfluss auf das Wachstum ihrer Wirtschaftsstandorte nahm, so lassen sich die Aktivitäten der Wirtschaftsförderung nur als eine sekundäre Ursache für die Entscheidung des Konkurrenzkampfes werten. Statt einer gezielten Ansiedlungspolitik erwies sich dafür erneut die Eigenorganisation der Diaspora als der primäre Faktor. Mit der Errichtung einer Bildungsinfrastruktur veränderte sie den Düsseldorfer Japanstandort auf eine nachhaltige Weise und erzielte einen Umschwung in Japans Europaaktivitäten.

7 Bildungsinfrastruktur als Schlüssel zum Durchbruch

Als die Unternehmensentsandten damit begannen, ihre Familienangehörigen aus Japan nachziehen zu lassen, stellte sich die Bildung ihrer Kinder als das größte Problem des Aufenthaltes heraus. Bereits der erste Präsident der Deutschen Mitsubishi Export- und Import-Gesellschaft, Morihide Hattori, beklagte in der Jubiläumsschrift des Japanischen Clubs die unzureichenden Bildungsmöglichkeiten: „Als ich ein Jahr nach meiner Entsendung [1955] meine Familie nachziehen ließ, war für uns Eltern die Bildung der Kinder das Problem. Dies sollte natürlich auch für die anderen, stetig mehr werdenden Entsandten ein Problem werden [...]."[1]

Die Ursache für die Klagen der Entsandten lagen im Bildungssystem Japans, das für die Aufnahme an einer Oberschule oder Universität Eintrittsprüfungen voraussetzt, die ein umfangreiches Verständnis der japanischen Sprache und des japanischen Curriculums abverlangen. Deshalb waren Kinder, die aufgrund der Arbeit ihrer Eltern im Ausland aufwuchsen und eine lokale Schule besuchen mussten, bei der Rückkehr nach Japan mit einer Reihe von sprachlichen, kulturellen und sozialen Anpassungsschwierigkeiten konfrontiert. Die Wiedereingliederung in das japanische Bildungssystem und die damit einhergehenden Schwierigkeiten erwiesen sich aufgrund der kurzen Aufenthaltsdauer der Entsandtenfamilien (drei bis fünf Jahre) als unvermeidlich. Dieser Missstand betraf nicht nur die Entsandtenfamilien in Düsseldorf, sondern jene auf der ganzen Welt – vor allem in westlichen Nationen, da es insbesondere dort an einer angepassten Bildungsinfrastruktur fehlte.[2]

Aufgrund der hohen Tragweite drang das Bildungsproblem in den 1960er/70er Jahren in den öffentlichen Diskurs Japans, wo man mit dem Begriff *Kikokushijo* den aus dem Ausland zurückkehrenden Kindern eine eigene Bezeichnung verlieh. Der Sozialwissenschaftler Roger Goodman analysierte in seinem Aufsatz „From Pitiful to Privileged?" den damaligen Diskurs in Japan rund um die *Kikokushijo* und unterteilte ihn in zwei grundlegende Phasen. Für die erste Phase nennt Goodman die 1960er bis 80er Jahre, als noch die Überzeugung im Land herrschte, die „westlichen Eigenschaften" der Kinder durch eine Anpassung an die japanische Kultur und Sprache korrigieren zu müssen. Als zweite Phase konstatiert er die späten 1980er/90er Jahren, als *Kikokushijo* im Zuge von Japans Internationalisierungspolitik dank ihrer Auslandskenntnisse ein positives Image erhielten. In der ersten Phase sorgten nationalistische und homogene Vorstellungen dafür, dass Kinder bei ihrer Rückkehr nach Japan kategorisch nicht als „vollwertig-japanisch" angesehen wurden und sie neben den Bildungsschwierigkeiten mit sozialen Problemen wie Ausgrenzung und Mobbing zu kämpfen hatten.[3]

Letztendlich sorgten die Besonderheiten des japanischen Bildungssystems in Verbindung mit dem Diskurs der *Kikokushijo* dafür, dass die Stimmen der Entsandtenfamilien für die Errichtung anerkannter japanischer Bildungsinfrastrukturen in den Aufenthaltsländern immer vernehmbarer wurden. Doch auf welche Weise entstand solch eine Bildungsinfrastruktur in Düsseldorf, und was für einen Einfluss nahm diese auf die Entwicklung des Wirtschaftsstandortes? Kern der japanischen Bildungsinfrastruktur ist die Japanische Internationale Schule Düsseldorf (kurz: JISD), die vom Generalkonsulat neben dem Japanischen Club und der JIHK als die dritte Säule der „japanischen Gemeinde" bezeichnet wird.[4] In den 1970er/80er Jahren hatte ihre Errichtung weitreichende Folgen für die wirtschaftliche Entwicklung des Düsseldorfer Japanstandortes und brachte zusammen mit anderen Bildungseinrichtungen einschneidende Veränderungen für die Lebensumstände der lokalen Diaspora mit sich.

Die Errichtung der Japanischen Schule

Die erste japanische Bildungseinrichtung in Düsseldorf kam 1960 in Form einer Nachhilfeklasse für Japanisch zustande, deren Organisation der Japanische Club übernahm. Ein japanisches Lehrerehepaar namens Kadowaki, das an einem Austauschprogramm der Universität Bonn teilnahm, eröffnete 1954 in Bonn eine japanische Nachhilfeklasse. Dies bewegte die Entsandtenfamilien in Düsseldorf dazu, das Ehepaar Kadowaki darum zu bitten, auch ihre Kinder vor Ort in Japanisch zu unterrichten – hierunter befand sich unter anderem der erste Präsident der Mitsubishi-Niederlassung. So kam es, dass der Japanische Club (zu dem Zeitpunkt noch unter dem Namen *Nihonjinkai*) an das Leibniz-Gymnasium in Düsseldorf mit der Bitte um die Bereitstellung von Unterrichtsräumen herantrat und ab Mai 1960 das Lehrerpaar aus Bonn jeden zweiten Samstag für 14 Grundschul- und sechs Mittelschulkinder Japanischunterricht erteilte.[5] Für die sonstigen Schulfächer verteilten sich die Kinder der Entsandten unter der Woche völlig unsystematisch auf lokalen deutschen Schulen wie dem Theodor-Fliedner-, Cecilien-, Jacobi- oder eben Leibniz-Gymnasium.[6]

Im Dezember 1960 endete das Austauschprogramm der Kadowakis, sodass übergangsweise die Eltern der Kinder und japanische Studierende der Universität Köln zur Fortführung des Unterrichts einsprangen, bis schließlich 1962 die in Köln ansässigen japanischen Klosterschwestern des Misono-Ordens den Unterricht übernahmen. In dieser Form blieb die Nachhilfeklasse über die 1960er Jahre hinweg bestehen und verzeichnete von Jahr zu Jahr immer höhere Schülerzahlen. 1966 lag die Klasse dabei mit rund 70 Schülerinnen und Schülern gleichauf mit der japanischen Nachhilfeschule in Hamburg. Bis 1968 nahm die Nachfrage für die Nachhilfeklasse in solch einem Maße zu, dass die Schülerzahlen auf ungefähr 140 anstiegen und die Schule um eine Klasse für Vorschulkinder erweitert wurde, die jeden Freitag Unterricht hatte – 1970 folgte eine Klasse für Oberschüler.[7]

Trotz der zunehmenden Größe und Bedeutung der Nachhilfeklasse standen viele Kinder aufgrund ihrer überwiegenden Deutschkenntnisse unverändert bei der Rückkehr und Wiedereingliederung in das japanische Schulsystem den genannten Anpassungsproblemen gegenüber. Ende der 1960er Jahre waren dadurch viele Entsandtenfamilien der Überzeugung, das Bildungsproblem nur mit der Errichtung einer japanischen Ganztagsschule lösen zu können. Befeuert wurde ihre Ansicht durch die Errichtung der japanischen Ganztagsschule in Sydney im Jahr 1969.[8] Bei der Schule in Sydney handelte es sich um die erste japanische Ganztagsschule in einer westlichen Industrienation. Bis dato hatte es Ganztagsschulen nur in Entwicklungsländern in Südostasien gegeben, da insbesondere dort das japanische Bildungsministerium aufgrund hegemonieller Vorstellungen eine kulturelle und sprachliche Assimilation der Kinder vermeiden wollte.[9]

Dem ehemaligen Geschäftsführer der JIHK Akira Arikawa zufolge löste die Idee der Ganztagsschule zur damaligen Zeit Diskussionen unter der japanischen Diaspora in ganz Europa über die Notwendigkeit solcher Einrichtungen aus. Während ein Teil der Diaspora sich für die Errichtung der Ganztagsschule aussprach, stimmte der andere Teil dagegen, da deren Ansicht nach eine Ganztagsschule für eine Isolation der Kinder sorgen würde und ihnen die Chance nehme, ihr internationales Verständnis sowie ihre Fremdsprachenkenntnisse zu fördern.[10] In Düsseldorf war der Wunsch nach einer Ganztagsschule – insbesondere unter den Müttern – jedoch so stark gewesen, dass 1970 der Japanische Club und die JIHK eine Umfrage unter ihren Mitgliedern durchführten, bei der 145 Familien für und nur eine Familie gegen die Gründung einer Ganztagsschule stimmten.[11]

Das Ergebnis bewegte den damaligen Vorsitzenden des Japanischen Clubs und Präsidenten der Mitsubishi Export- und Import-Gesellschaft Tsutomu Tago dazu, die Errichtung einer japanischen Ganztagsschule noch im Jahr der Umfrage anzugehen. In der Jubiläumsschrift zum 10-jährigen Bestehen der Japanischen Schule berichtet Tago über seine damalige Motivation und seine Zweifel hinsichtlich des Vorhabens:

> Ich dachte mir, wenn man eine Japanische Schule baut, spielen die japanischen Kinder nur noch unter sich und ihr einmaliger Aufenthalt in Deutschland verliert an Bedeutung. Wenn japanische Kinder doch die Chance haben, sollten sie dann nicht lieber internationales Verständnis erlangen und ihre Weltsicht erweitern? Ist es wirklich eine gute Sache, sich die Mühe zu machen und eine Japanische Schule zu errichten, um dann die Kinder in solch eine isolierte Gesellschaft zu schließen? Ununterbrochen kamen und gingen in mir die Zweifel. […] Was mich in dieser Situation jedoch ermutigt hat, war der starke Wunsch der Eltern für die Errichtung. Eltern, die ich zuvor kaum getroffen hatte, fragten mich regelmäßig: „Wann wird es nur endlich eine Ganztagsschule geben?".[12]

Zusätzlich zu Tagos persönlichen Erfahrungen mit dem „*Kikokushijo*-Problem" durch seine eigenen Kinder führte letztendlich der Umstand, dass japanische Kinder an deutschen Schulen zwei bis drei Klassen zurückgestuft wurden, zu seinem endgültigem Entschluss, die Errichtung der Ganztagsschule in Angriff zu nehmen.[13] Für die Umsetzung reichte Tago bereits im Februar 1970 eine Petition des

Japanischen Clubs beim damaligen Generalkonsul Saiki ein und formierte mit ihm ein Komitee, das sich aus Akteuren der lokalen japanischen Institutionen zusammensetzte – die offizielle Gründung des Komitees fand am 29. Januar 1971 statt. Die Ursprungsmitglieder des Komitees waren der damalige Generalkonsul Saiki, Kazurō Sonoda von der Bank of Tokyo, Tōru Kusukawa von der Fuji Bank, Saburō Iwai von Shin-Nippon Steel und der Leiter der Nachhilfeklasse Ken'ichi Kakurai von Hitachi – den Vorsitz übernahm Tago.[14] Als Sitz des Komitees fungierte die JIHK, die selber zur damaligen Zeit noch die Räumlichkeiten der Bank of Tokyo-Niederlassung nutzte. In den Konferenzräumen der JIHK tauschten sich die Mitglieder über die Schritte für die Errichtung der Schule aus, während Akira Arikawa und der für das Vorhaben jüngst eingestellte Yutaka Okada Protokoll führten und sich um die bürokratischen Aufgaben kümmerten.[15]

Die erste Aufgabe der Beteiligten bestand 1970 darin, eine Genehmigung des japanischen Bildungsministeriums (*Monbushō*) für das Vorhaben zu erhalten, um in den Haushaltsplan des Fiskaljahres 1971 mit aufgenommen zu werden und so die Finanzierung und Entsendung von Lehrpersonal der Schule zu sichern. Da die Errichtung einer Ganztagsschule in einer westlichen Industrienation noch ein unübliches Vorhaben war, warben Generalkonsul Saiki und dessen Nachfolger Tomizō Arimoto zusammen mit dem Japanischen Club um Unterstützung bei einflussreichen Akteuren aus der japanischen Politik und Wirtschaft anlässlich derer Deutschlandbesuche. Auf diese Weise gelang es dem Komitee, im Laufe des Jahres 1970 Unterstützungszusagen von hochrangigen LDP-Politikern wie dem damaligen Bildungsminister Michita Sakata zu erhalten, der zudem für eine Inspektion der japanischen Nachhilfeklasse nach Düsseldorf reiste. Unter den Befürwortern der Ganztagsschule befanden sich außerdem Akteure wie Nobusuke Kishi und der *Keidanren*, die sich mehrfach in der Standortgeschichte gegenüber dem Düsseldorfer Wirtschaftsstandort wohlwollend zeigten.

Die zahlreichen Unterstützungszusagen sorgten dafür, dass noch rechtzeitig im Dezember 1970 die Errichtung einer japanischen Schule in Düsseldorf von den Ministerien genehmigt und in den Etat des *Monbushō* für das bevorstehende Fiskaljahr ab April 1971 aufgenommen wurde. Dem Komiteemitglied und Präsidenten der Nippon Steel-Niederlassung Saburō Iwai zufolge waren die zur damaligen Zeit starken Diskussionen über *Kikokushijo* in Japan ein wichtiger Faktor für die erfolgreichen Unterstützungsgesuche. Die öffentliche Aufmerksamkeit für das Thema führte am zufälligerweise selben Tag wie die Errichtung des Schulkomitees (29. Januar 1971) zur Gründung der gemeinnützigen Organisation „Japan Overseas Educational Services“, die bis heute Hilfsprogramme für Familien mit *Kikokushijo* aufstellt. Bereits einen Monat vor ihrer offiziellen Gründung erteilte die Organisation Saburō Iwai bei seinem Besuch in Tokio eine Zusage für ihre Kooperation bei der Errichtung der Ganztagsschule in Düsseldorf.[16]

Um den Schulunterricht rechtzeitig bis April 1971 mit den zugesprochenen Geldern aufnehmen zu können, benötigte das Schulkomitee ein geeignetes Schulgebäude. Zu diesem Zweck setzten sich vornehmlich die Mitglieder Kazurō Sonoda und Tōru Kusukawa mit der Stadt Düsseldorf in Verbindung, die sich zur Bereitstellung eines geeigneten Grundstücks beziehungsweise Gebäudes bereit erklärte. Verantwortung für diese Aufgabe übernahm der Direktor des Wirtschaftsförderungsamtes Edmund Linden. Linden bemühte sich, innerhalb der bis April 1971 verbleibenden Zeit dem Komitee ein geeignetes Grundstück anzubieten. In den Unterlagen des Wirtschaftsförderungsamtes machte Linden auf die Wichtigkeit einer schnellen Grundstücksbereitstellung aufmerksam: „Andererseits liegen den japan. Herren zahlreiche Angebote von Nachbargemeinden auf Zurverfügungstellung preisgünstiger und gut gelegener Grundstücke vor. Man will unter allen Umständen jedoch eine Errichtung der japan. Schule außerhalb des Stadtkreises Df. vermeiden."[17] Die Zeilen demonstrieren, wie Linden schon früh das wirtschaftliche Potential hinter der Errichtung einer japanischen Ganztagsschule in Düsseldorf erkannte. In einem Schreiben an das Wirtschaftsmagazin The Japan Business News anlässlich einer erneuten Ausgabe über den Düsseldorfer Wirtschaftsstandort verkündete Linden: „Ein ganz wesentlicher Standortfaktor für die Japaner in Düsseldorf ist bzw. wird natürlich die japanische Schule."[18]

Als geeignete Grundstücke schlug Linden im August 1970 Tōru Kusukawa eine Reihe von Grundstücken mit potenziellen Schulgebäuden vor, wie beispielsweise auf der Lindemannstraße 61 oder Dorotheenstraße 85. Aufgrund von unzureichenden Gebäudeausstattungen oder abweichenden Vorstellungen hinsichtlich der Umgebung und des Preises gelang es dem Schulkomitee und Linden nicht, sich auf ein geeignetes Grundstück zu einigen.[19] Angesichts der erfolglosen Grundstückssuche entschloss sich das Schulkomitee im Februar 1971 dazu, ein eigenes Schulgebäude errichten zu lassen und bis zum Abschluss des Baus den für April vorgesehenen Unterricht in angemieteten Unterrichtsräumen stattfinden zu lassen. Auch die Suche nach geeigneten Unterrichtsräumen stellte sich zunächst als ein schwieriges Unterfangen heraus. Nach ergebnislosen Verhandlungen mit den amerikanischen Besatzungsstreitkräften erfuhr Tsutomu Tagos Frau durch die Fußballmannschaft ihres Sohnes von einem leerstehenden Gebäude der St. Antonius Pfarrei in Oberkassel, woraufhin das Schulkomitee unverzüglich die Verhandlungen mit der Pfarrei aufnahm.[20]

Am 21. April 1971 war es dann so weit: Die erste japanische Ganztagsschule in Europa nahm mit 43 Schülerinnen und Schülern, fünf entsandten Lehrerinnen sowie einem Schuldirektor aus Japan ihren Unterricht im „Canisius-Haus" der St. Antonius Pfarrei in Oberkassel auf. Aus Platzgründen richtete der Unterricht sich zunächst nur an Kinder der fünften Grundschul- bis dritten Mittelschulklasse, da diese angesichts der bevorstehenden Prüfungen in Japan einen dringenderen Bildungsbedarf hatten. Die ersten bis vierten Klassen der Grundschule unterrichteten derweil weiterhin die Misono-Schwestern in der Nachhilfeklasse. Auch wenn sich das Canisius-Haus von seiner Gebäudeausstattung her nicht wirklich für die Einrichtung einer Schule eignete und es zunächst an Lehrmaterialien mangelte, erteilten die aus Japan entsandten

Lehrkräfte wie geplant dort täglich Unterricht nach dem Curriculum des japanischen Bildungsministeriums.[21] Wie ein ehemaliger Schüler aus der „Canisius-Zeit" der japanischen Schule mir im Interview berichtete, bestand aufgrund der geringen Größe des Gebäudes und Anzahl an Schülerinnen und Schülern ein familiäres Verhältnis zwischen ihnen und den Lehrkräften.[22]

Ungefähr ein Jahr nach der Eröffnung im Canisius-Haus erschloss die Japanische Schule weitere Räumlichkeiten im Stadtteil Oberkassel, um außerdem Grundschülerinnen und -schülern der ersten bis vierten Klasse täglichen Unterricht nach den japanischen Bildungsrichtlinien gewährleisten zu können. So besuchten ab 3. Mai 1972 90 japanische Grundschulkinder die Don-Bosco-Schule, die täglich ab 13 Uhr nach Ende des regulären Schulunterrichts ihre Unterrichtsräume für die Japanische Schule zur Verfügung stellte. Als Folge wurde der Nachhilfeunterricht der Misono-Schwestern eingestellt, da man keinen Bedarf mehr sah.[23] Doch auch die Unterbringung in der Don-Bosco-Schule stellte nur eine provisorische Lösung dar, bis das Schulkomitee den Bau des Schulgebäudes abschließen konnte. Für die Errichtung des Gebäudes bedurfte es allerdings noch der Klärung einiger bürokratischer Schritte – vor allem der Frage der Finanzierung.

Mit der Errichtung der japanischen Schule in Sydney entstand ein Finanzierungssystem der japanischen Regierung für japanische Schulen im Ausland, das vor dem Baubeginn ein Budget durch Staatskredite für 15 bis 20 Jahre vorgab. Dem ehemaligen Verwaltungsleiter der Schule zufolge konnte man jedoch im Fall der japanischen Schule in Düsseldorf nicht voraussehen, wie sich die Schülerzahlen bis zur Fertigstellung des Gebäudes entwickeln würden, weshalb man aus zeitlichen Gründen nur unvollständige Anträge bei der japanischen Regierung einreichte.[24] Da das Schulkomitee aufgrund dessen mit keiner finanziellen Unterstutzung der japanischen Regierung mehr rechnete, baten die Entsandten um Spendengelder ihrer Muttergesellschaften in Japan. Bei der Eintreibung der Spenden half der Japanischen Schule der Japan Overseas Educational Service, was für die Organisation gleichzeitig das erste Großprojekt nach ihrer jüngst erfolgten Gründung darstellte. Dank der Hilfe des Japan Overseas Educational Service und der Muttergesellschaften in Japan konnten 170 der nötigen 200 Millionen Yen für den Bau des Gebäudes gesammelt werden. Letztendlich beteiligte sich auch die japanische Regierung an den Baukosten, wenn auch in einem geringeren Umfang.[25] Die hohen Ausgaben, die die Spenden den japanischen Unternehmen aufbürdeten, machen verständlich, weshalb Generalkonsul Arimoto die Anfrage der Stadt Düsseldorf für die Ausrichtung einer ersten Japan-Woche in dem Jahr ablehnte (siehe Kapitel 5).

Damit die Schule die Spenden der hiesigen Unternehmen entgegennehmen konnte, gründete das Schulkomitee am 6. April 1971 einen eigenen gemeinnützigen Verein, der die Trägerschaft und Verwaltung der Schule übernahm. Der Vorstand des Vereins setzte sich unter der Leitung von Tsutomu Tago aus den Komiteemitgliedern zusammen: Ken'ichi Kakurai von Hitachi, Tōru Kusukawa von der Fuji Bank und Kazuo Okada von Mitsui. Dass ausgerechnet die Manager der hiesigen Unternehmen den Vorsitz des Schulvereins übernahmen, beschrieb mir der langjährige Verwaltungsleiter der Japanischen Schule Düsseldorf als ein übliches Vorgehen bei japanischen Schulen im Ausland. Die Initiative für deren Errichtung stamme in der Regel aus den Reihen der Unternehmen, weshalb beispielsweise auch die japanische Schule in London 1976 dank der Finanzierung der dortigen japanischen Unternehmen möglich wurde. Aus diesem Grund setzt sich bis heute – wie beim Japanischen Club – der Vorstand des Japanischen Internationalen Schule e. V. in Düsseldorf aus den lokalen Unternehmensmanagern zusammen.[26]

Abseits der Finanzierungsfrage musste der Schulverein noch eine weitere Hürde nehmen, um den Unterricht offiziell in einem eigenen Schulgebäude aufnehmen zu können: die Genehmigung des Landes NRW. Für die Übernahme der Verhandlungen mit dem Land bat Vorstandsmitglied Ken'ichi Kakurai von Hitachi den damaligen Generalkonsul Tomizō Arimoto. Während es den Akteuren dank der Kooperationen der japanischen Behörden und der Stadt Düsseldorf bis dahin gelungen war, das Schulvorhaben erfolgreich voranzutreiben, stellten sich die Verhandlungen mit dem Land NRW als deutlich schwieriger heraus. Die Bildungsrichtlinien des Landes NRW sahen vor, dass die Kinder der japanischen Entsandten nach vier Jahren Grundschulausbildung die gleichen lokalen Schulen besuchen sollten wie die Kinder anderer Ausländergruppen mit langfristigen Aufenthaltsgenehmigungen. Generalkonsul Arimoto bemühte sich, in Anbetracht der Kurzzeitaufenthalte der japanischen Entsandten das Bildungsministerium NRWs von der Notwendigkeit einer japanischen Schule mit einem japanischen Curriculum zu überzeugen; doch er stieß zu Beginn nur auf Ablehnung. Als 1971 bekannt wurde, dass das Land der Amerikanischen Schule in Kaiserswerth ohne Einwände eine Genehmigung erteilte, machte sich zunehmendes Unverständnis innerhalb der japanischen Expatgemeinschaft breit.[27] Generalkonsul Arimoto, der mit der Genehmigung der Amerikanischen Schule als Argument noch einmal beim Bildungsministerium des Landes vorstellig wurde, gibt in der Jubiläumsschrift der Japanischen Schule die darauf erfolgte Erklärung des Ministeriums wieder:

> Als ich in Anbetracht der Lage von dem Landesministerium eine Erklärung darüber gefordert habe, wieso man der Amerikanischen Schule eine Erlaubnis gewährt hatte und verlangt habe, dass man sich der Japanischen Schule gegenüber genauso wohlwollend zeigt, entgegnete man mir, dass es im Fall der Amerikanischen Schule bereits in anderen deutschen Bundesländern als Nordrhein-Westfalen weitere Schulen geben würde und darüber hinaus in Anbetracht, dass insbesondere Amerika nach dem Krieg Deutschland beim Wiederaufbau außerordentlich unterstützt hat, man aus politischer Überzeugung die Genehmigung gewährt hatte. Im Fall einer Japanischen Schule sei die Situation jedoch anders, weshalb man mich darum bat, sich bei der Errichtung ohne eine Genehmigung des Ministeriums streng an die Vorgaben zu halten. Die Verhandlungen waren dadurch in der zweiten Hälfte von 1971 an einem toten Punkt angelangt.[28]

Während das Land NRW eine klare Trennung zwischen den Bildungsbelangen der amerikanischen und japanischen Schulkinder zog, bot ein Jahr zuvor die Amerikanische Handelskammer dem japanischen Schulkomitee an, sich das neue Grundstück der Amerikanischen Schule in Kaiserswerth zu teilen. Das Angebot der Amerikanischen Handelskammer lässt die Begründung des Bildungsministeriums für die geringe Kooperationsbereitschaft gegenüber dem japanischen Schulkomitee noch unverständlicher erscheinen und enthüllt das damals noch geringe Interesse des Landes an der Förderung des Japanstandortes. Trotz großer Dankbarkeit lehnte das Komitee den Vorschlag der Amerikanischen Handelskammer ab.[29]

Anhand der abweisenden Haltung des Bildungsministeriums erkannte Arimoto, dass er es nunmehr auf politischer statt bürokratischer Ebene versuchen musste, die Genehmigung für die Schulgründung zu erhalten. Um die notwendige politische Unterstützung zu sichern, machte Arimoto von der Hilfe der DJG am Niederrhein Gebrauch, die bekanntlich den Entsandten bei Problemstellungen oftmals als Kanal zu wichtigen Akteuren der Aufnahmegesellschaft diente. Gemeinsam mit dem Präsidenten der Gesellschaft Erich Schulte reichte der Generalkonsul eine Petition beim Bildungsministerium NRWs ein. Darüber hinaus kontaktierte Arimoto den japanischen Botschafter sowie den deutschen Außenminister, um den Abschluss eines bilateralen Abkommens anzuregen, das die japanischen Kinder von der deutschen Schulpflicht befreien sollte. Zusätzlich gelang es Arimoto, den Ministerpräsidenten NRWs Heinz Kühn vor einer Japanreise „abzufangen" und seine direkte Zusage für das Vorhaben zu gewinnen.[30]

Die politischen Eingriffe zeigten ihre Wirkung: Anfang 1973 erhielt das Japanische Generalkonsulat vom Bildungsminister NRWs die offizielle schriftliche Genehmigung für die Inbetriebnahme der Schule mit der Begründung, dass – entsprechend Arimotos initialer Argumentation – Kinder japanischer Entsandten in Anbetracht ihrer kurzen Aufenthalte besondere Bildungsmaßnahmen benötigen würden. Für die späte Genehmigung musste Arimoto innerhalb der japanischen Diaspora Kritik ernten. Dennoch erachtete er seinen Versuch, die Genehmigung zuerst über einen bürokratischen Weg zu erhalten, in Hinblick auf die deutsch-japanischen Beziehungen als förderlicher.[31]

Noch vor der Erteilung der Genehmigung gab es aber noch einen wichtigen Schritt, den es für den Bau des Schulgebäudes zu tätigen galt: die Suche nach einem geeigneten Grundstück. Bei der Suche zeigte sich den Akteuren des Schulvereins zufolge Edmund Linden und die Stadt Düsseldorf weiterhin äußerst kooperativ.[32] In Verbindung mit Arimotos Erzählung macht dies erneut eine Diskrepanz zwischen der Stadtverwaltung und den Landesbehörden hinsichtlich den jeweiligen Interessen an der Förderung des Japanstandortes deutlich. Wie aus einem Tätigkeitsbericht des Wirtschaftsförderungsamtes von 1963 hervorgeht, interessierte sich die Stadt Düsseldorf schon frühzeitig für die Schaffung einer Bildungsinfrastruktur für ausländische Schulkinder, indem sie diese als „von allergrößter Wichtigkeit" einstufte.[33]

Nach gescheiterten Vorschlägen Lindens, die Japanische Schule südlich des Eller-Schlossparks oder neben der Amerikanischen Schule errichten zu lassen,[34] gelang es der Stadt und dem Schulvorstand, sich auf ein 13.500 qm großes Grundstück am Niederkasseler Kirchweg 38 in Oberkassel zu einigen. Für den Erwerb des Grundstücks bot das Liegenschaftsamt dem Schulverein den direkten Kauf des Grundstücks für ungefähr 150.000 DM oder eine Vergabe auf erbbaurechtlicher Basis mit einem Erbbauzins von 4 % an. Der Schulvorstand entschied sich für die zweite Variante und schloss im Februar 1972 einen Erbbaurechtsvertrag mit der Stadt Düsseldorf für die Pacht des Grundstückes ab, sodass am 4. Oktober 1972 mit den Bauarbeiten des Schulgebäudes begonnen werden konnte.[35] Auf Seiten des Schulvereins war man für die Bereitstellung des Grundstückes sehr dankbar, was dazu beitrug, dass die japanischen Institutionen sich 1973 zur Finanzierung des Japanischen Gartens bereiterklärten.[36]

Nach Sicherstellung der Finanzierung und des Grundstückes konnten am 1. Februar 1973 die nunmehr 232 Schulkinder und 11 Lehrkräfte aus dem Canisius-Haus und der Don-Bosco-Schule gemeinsam in das neu errichtete Schulgebäude am Niederkasseler Kirchweg umziehen. Aus Dankbarkeit für Lindens Engagement bei der Grundstückssuche lud der Schulverein ihn zur Eröffnungsfeier der Schule am 9. März 1973 ein, an der außerdem Oberbürgermeister Willi Becker und Arimotos Nachfolger Generalkonsul Ōchi teilnahmen.[37] Ein Tag nach der Feier schrieb die NRZ anlässlich der Eröffnung:

> Nach langen Provisorien haben die japanischen Jungen und Mädchen mit ihrer neuen Schule das große Los gezogen. Was den Schülern geboten wird, gehört für ihre deutschen „Kollegen" immer noch ins Reich der Träume: Sprachlabor, Naturwissenschaftlicher Raum, ein perfekt eingerichteter Zeichensaal, eine große Turnhalle, Bibliothek und Klubräume. Auf dem 13000 Quadratmeter großen Gelände, das von der Stadt Düsseldorf in Erbpacht zur Verfügung gestellt wurde, reichte es sogar zum Sportplatz mit Originalmaßen.[38]

Mit der Bereitstellung des Grundstückes und Eröffnung der Schule sollte die Unterstützung der Japanischen Schule seitens der Stadt Düsseldorf noch längst nicht enden: Im Oktober 1974 beschloss das Liegenschaftsamt zunächst den jährlichen Erbbauzins von 5,10 DM pro Quadratmeter auf 0,15 DM pro Quadratmeter zu senken. Die Japanische Schule musste somit statt 68.000 DM pro Jahr nur noch 2000 DM Zinsen an die Stadt Düsseldorf zahlen, was für den Schulverein überraschend kam und seine finanzielle Belastung erheblich verringerte.[39]

Kurze Zeit später beschloss die Stadtverwaltung eine erneute Senkung, die letztendlich der Schule das Grundstück für insgesamt nur 1 DM pro Jahr zur Verfügung stellte.[40] Initiator dieser Förderungsmaßnahme war wieder einmal der ehemalige Liegenschaftsdezernent und Stadtdirektor Bolo Mayweg, der im Laufe der Standortgeschichte mit Werbemaßnahmen wie der ersten Japan-Woche und dem Düsseldorfer Abend das Wachstum des japanischen Wirtschaftsstandortes begünstigte.

Während der ehemalige Verwaltungsleiter der Schule im Interview keine Erklärung für Maywegs damalige Entscheidung hatte, den Erbbauzins zu erlassen,[41] gelang es mir in einem direkten Gespräch mit Mayweg seine Motivation hinter der Geste zu erfahren:

> [...] da ja kein Düsseldorfer Schüler Grundstückkosten zahlt, habe ich gesagt, ich erlasse den drei Schulen [Japanische, Amerikanische, Französische Schule] die wir hatten, die Grundstückskosten [...]. Und einen Erfolg hat das gehabt, was uns so gut wie nichts gekostet hat. Es war nicht nur die Japanische Schule, die heute noch drüber spricht, sondern auch die Amerikanische Schule [...]. In jeder anderen Stadt, wo sie eine Schule hätten, zahlten sie weiter Erbpacht und Miete, nur in Düsseldorf nicht, weil man der ausländischen Wirtschaft so positiv gegenübersteht.[42]

Maywegs Aussagen deuten eine wirtschaftliche Absicht hinter der Grundstückskostensenkung an, die Düsseldorfs Image als ausländischen Unternehmensstandort insgesamt stärken und der Stadt einen Vorsprung im Konkurrenzkampf mit anderen Wirtschaftsstandorten verschaffen sollte. Die Investition der Stadt zahlte sich aus: Bereits Mitte der 1970er Jahre stellte sich die Japanische Internationale Schule als ein ernstzunehmender Standortvorteil Düsseldorfs heraus.

Wirtschaftliche Auswirkungen

Weil die Bildung der Kinder das größte Problem der Unternehmensentsandten war und es sich zudem bei der Japanischen Internationalen Schule zu Beginn um die einzige ihrer Art in ganz Europa handelte, stellte sie in den 1970er/80er Jahren den wichtigsten Standortfaktor des japanischen Wirtschaftsstandortes in Düsseldorf dar. Japanische Unternehmen in ganz Europa und Japan fingen an, den Raum Düsseldorf gegenüber anderen Standorten für die Errichtung ihrer Niederlassungen zu bevorzugen. Der ehemalige Mitarbeiter des Deutsch-Japanischen Wirtschaftsbüros Karl-Heinz Meid schrieb zur Bedeutung der Schule:

> Wer die Diskussionen in der japanischen Öffentlichkeit über die Probleme verfolgt, die japanische Kinder bei ihrer Rückkehr in die heimatlichen Schulen normalerweise haben, und wer weiß, daß sich die berufliche Karriere in Japan weitaus stärker als in der Bundesrepublik Deutschland nach den Ergebnissen der schulischen Laufbahn richtet, kann ermessen, welches Gewicht der japanischen Schule in Düsseldorf bei der Entscheidung japanischer Firmenleitungen für die Standortauswahl ihrer Niederlassungen in der Bundesrepublik Deutschland zukommt.[43]

Im Rahmen meiner Interviews gelang es mir, das Gewicht der Japanischen Schule, von dem Meid schrieb, zu bestätigen. Ein Mitarbeiter des Klavierherstellers Kawai, der 1976 die Niederlassung des Unternehmens mit aufbaute, berichtete mir, dass die Japanische Schule der „wichtigste Grund überhaupt" gewesen war, weshalb das Unternehmen ausgerechnet Düsseldorf als Niederlassungsziel wählte: „Und damit war eben auch für Kawai klar, es musste irgendwie Düsseldorf sein."[44]

Kawai blieb mit seinem Vorhaben nicht alleine. Ein ehemaliger Lehrer der Japanischen Schule, der von 1972 bis 2003 dort unterrichtete, erzählte mir von regelmäßigen Besichtigungen der Schule durch Unternehmensangehörige. Demnach hätten sie sich von der Einrichtung der Schule überzeugen wollen, als ihre Unternehmen sich auf der Suche nach einem geeigneten Niederlassungsstandort befanden.[45] In welchem Ausmaß die Japanische Schule Unternehmen zu einer Expansion oder Umsiedlung nach Düsseldorf bewegte, lässt sich anhand der damaligen Statistiken erkennen. Tabelle 5 dokumentiert die Entwicklung der japanischen Bevölkerungsstatistik von Düsseldorf im Vergleich zu den konkurrierenden Wirtschaftsstandorten:

Tabelle 6: Japanische Bevölkerungsentwicklung in der BRD im Vergleich

Jahr	Düsseldorf	Hamburg	Frankfurt	BRD
1961	279	276	50	–
1970	1312	1135	233	6126
1971	1497	1348	308	7017
1972	1740	1517	401	7810
1973	1994	1717	451	9485
1974	–	1745	436	10.302
1975	2396	1691	495	11.091
1976	2397	1645	502	11.173
1977	2497	1727	555	11.600
1978	2531	1820	642	12.170
1979	2724	1894	731	12.838
1980	2876	1991	746	14.188
1981	3083	2036	815	15.233
1982	3234	2031	836	16.147
1983	3374	2038	893	16.675
1984	3503	2050	956	16.560
1985	3692	2017	1115	17.551
1986	4080	2158	1261	18.367
1987	4355	2240	1342	19.628
1988	4470	2285	1592	18.090
1989	4679	2285	1612	20.094
1990	4975	2321	1762	22.096

(eigene Tabelle)[46]

Wie die Tabelle zeigt, differierte bis zur Eröffnung des Schulgebäudes im Jahr 1973 die japanische Bevölkerung in Düsseldorf im Vergleich zu der Hamburgs um lediglich 200. Von einer eindeutigen Orientierung nach Düsseldorf ließ sich daher Anfang der 1970er Jahre noch nicht sprechen. Auch wenn die Stadt Düsseldorf (insbesondere Linden) bereits 1967 den Standort als japanisches Wirtschaftszentrum in Europa bezeichnete[47] und die Landeshauptstadt in der Tat zu der Zeit einen statistischen Vorsprung gegenüber Hamburg hielt, konnte man den Konkurrenzkampf noch nicht als entschieden betrachten. Bereits zwei Jahre nach der Eröffnung des Schulgebäudes ergab sich hinwieder eine zunehmende Differenz zwischen den Bevölkerungszahlen der beiden Städte von 705. Diese Differenz wuchs bis in die 1980er Jahre hinein rapide, sodass 1986 die Landeshauptstadt fast doppelt so viele Japanerinnen und Japaner beheimatete wie die Hansestadt und damit 22 % der gesamten japanischen Bevölkerung in der Bundesrepublik.

Während Düsseldorf ein durchgehendes Wachstum seiner japanischen Bevölkerung verzeichnete, nahmen sowohl die von Hamburg als auch von Frankfurt kurz nach der Eröffnung der Düsseldorfer Schule ab, was Umsiedlungen in die Landeshauptstadt vermuten lässt. Diese Annahme bestätigte sich in meinem Interview mit dem ehemaligen Lehrer der Schule, der mir davon berichtete, dass Eltern aus Hamburg zu ihm kamen, um eine Aufnahme der Kinder in die japanische Ganztagsschule in Düsseldorf zu erbitten:

> Als ich der Klassenlehrer der sechsten Grundschulklasse war, sagte der Chef von Matsushita Denki, also dem heutigen Panasonic zu mir […], mich mit seiner Frau am Sonntag bei mir zu Hause besuchen zu wollen. […] Als ich fragte, was sein Anliegen sei, sagte er zu mir, dass er zwei Jungen im Alter der sechsten und vierten Grundschulklasse hat, die er gerne auf die Japanische Schule wechseln lassen würde. […] In Hamburg gab es ja eine Nachhilfeschule, also fragte ich, ob sie dort nicht gut lernen könnten. Daraufhin erwiderte er, dass er seine Kinder auf eine Oberschule schicken wolle und dafür reiner Sprachunterricht nicht ausreicht […]. Ich sagte ihm, dass ich überhaupt nichts dagegen hätte, also zogen seine Frau und Kinder nach Düsseldorf, während er in Hamburg blieb.[48]

Die Erzählung des Lehrers demonstriert, was für einen bedeutsamen Standortfaktor die Schule ausmachte, indem sie für Abwanderungen aus konkurrierenden Standorten sorgte. Vergleicht man die Entwicklung der japanischen Bevölkerungsstatistik in Düsseldorf mit den Schülerzahlen der Japanischen Schule, lässt sich der Einfluss der Schule auf den Bevölkerungszuwachs statistisch erhärten:

Abbildung 1: Jap. Schülerzahlen in Relation zur jap. Bevölkerungszahl

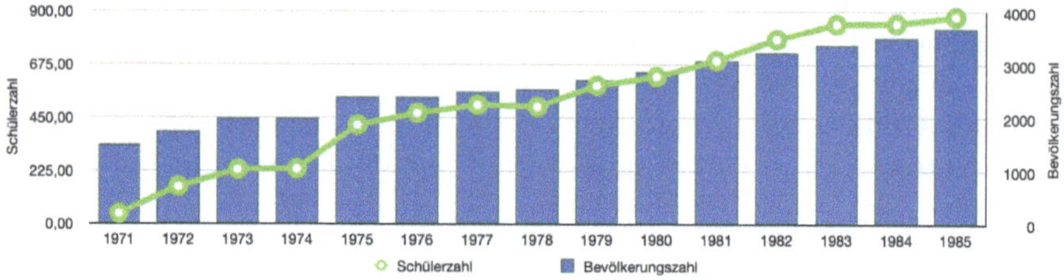

(eigene Abbildung)[49]

Sowohl die japanische Bevölkerung Düsseldorfs als auch die Schülerzahlen der Schule verzeichnen bis Mitte der 1980er Jahre einen durchgehenden Aufwärtstrend, was eine Korrelation zwischen der Zunahme an Schülerinnen und Schülern und dem Anstieg der Bevölkerung aufzeigt. Die Errichtung der Japanischen Schule in Düsseldorf nahm somit einen direkten Einfluss auf das Wachstum der lokalen Diaspora. Von 1982 bis 1985 überstieg die Wachstumsrate der Schüleranzahl sogar die der japanischen Bevölkerung vor Ort. Gleichzeitig übertraf in diesem Zeitraum die Japanische Schule in Düsseldorf gemessen an ihrer Schülerzahl von 850 die konkurrierenden Ganztagsschulen in den bevölkerungsstärkeren Regionen Europas wie London[50] und Paris.[51] Auch bezüglich der Anzahl an ansässigen japanischen Geschäftsleuten überstieg Nakagawas Daten nach Düsseldorf schon Anfang der 1970er Jahre London und Paris. Nakagawa zog daraus die Schlussfolgerung, dass sich das japanische Wirtschaftszentrum in Europa von London nach Düsseldorf bewegt hatte und argumentierte ebenfalls für die Japanische Schule als einen ausschlaggebenden Faktor des Konkurrenzkampfes.[52]

Es waren aber nicht nur die Entsandtenfamilien, die verstärkt zu einer An- oder Umsiedlung nach Düsseldorf tendierten, sondern auch die Unternehmen. Während sich ein Jahr vor Errichtung des Schulgebäudes ungefähr 115 japanische Unternehmen in Düsseldorf – gegenüber 54 in Hamburg[53] – befanden, stieg deren Anzahl in den Folgejahren auf ungefähr 199 im Jahr 1975 und 276 im Jahr 1979.[54] Dank dieser Zahlen schaffte Düsseldorf es, bis Ende der 1970er Jahre seinen Abstand vor Hamburg (circa 100 Unternehmen)[55] und Frankfurt (circa 50 Unternehmen)[56] deutlich zu vergrößern sowie seine Position als japanisches Wirtschaftszentrum in Deutschland zu festigen.

Auch auf europäischer Ebene machte sich der Vorsprung Düsseldorfs bemerkbar. Zielke stellt in seiner Arbeit „Die Japaner in Düsseldorf" von 1982 die damaligen Unternehmenszahlen Düsseldorfs denen anderer Standorte in Europa gegenüber. Obwohl seine Zahlen zwar durchschnittlich etwas höhere Werte als andere Veröffentlichungen[57] wiedergeben, verdeutlicht seine direkte Gegenüberstellung Düsseldorfs damalige dominierende Stellung als japanischer Unternehmensstandort. Demzufolge lag in den Jahren 1978/1979 Düsseldorf mit 295 Unternehmen noch vor London (120 Unternehmen) und Paris (80 Unternehmen), was die Landeshauptstadt zwar nicht hinsichtlich der Größe ihrer Diaspora, aber hinsichtlich der Größe ihres japanischen Unternehmensstandortes zum bedeutsamsten in Europa machte.[58]

Dem Mitarbeiter der IHK Düsseldorf Herbert te Kloot gab die hohe Unternehmenskonzentration in Düsseldorf Anlass, in seiner Analyse des Wirtschaftsstandortes von 1974 die Landeshauptstadt als das „japanische Wirtschaftszentrum Europas" zu betiteln.[59] Das Handelsblatt schrieb am 26. Dezember 1974 zu te Kloots Studie:

> Die größten japanischen Industrieunternehmen haben neben der heimischen meist nur zwei ausländische Anschriften: eine in New York und die zweite in Düsseldorf [...]. Nach den Untersuchungen der IHK sind damit durchweg alle japanischen Großunternehmen in Düsseldorf vertreten. Dabei ist der Abstand zu anderen Wirtschaftszentren in Europa, zum Beispiel London als drittgrößtem Auslandsstandort mit 91 Firmenniederlassungen 1974 eher noch gestiegen.[60]

Der Trend setzte sich den Daten der IHK zufolge bis 1986 mit 288 Unternehmen in Düsseldorf gegenüber 289 in ganz Großbritannien und 184 in Frankreich fort. Te Kloot bezeichnete deshalb in einer weiteren Analyse von 1987 Düsseldorf unverändert als den „wichtigsten Standort in Europa". Hamburg registrierte hingegen 1986 nur noch 84 Unternehmensniederlassungen,[61] was in Anbetracht der oben genannten Daten einen deutlichen Abwärtstrend für die Hansestadt seit Eröffnung der Japanischen Schule in Düsseldorf offenlegt. Folglich stellte in den 1980er Jahren Hamburg sowohl in Bezug auf die Größe seiner Bevölkerung als auch der Anzahl von Unternehmen keinen ernstzunehmenden japanischen Wirtschaftsstandort und Konkurrenten mehr für Düsseldorf dar.

Im Zuge des einschlägigen Erfolges in Düsseldorf erkannte man in anderen Standorten die Notwendigkeit und das wirtschaftliche Potential hinter der Errichtung einer japanischen Ganztagsschule. So folgten nach langjähriger Inbetriebnahme einer Nachhilfeschule 1973 in Paris und 1976 in London die nächsten japanischen Ganztagsschulen in Europa. Wie sehr sich die Akteure aus den konkurrierenden Wirtschaftsstandorten dabei die Japanische Schule in Düsseldorf als Vorbild nahmen, zeigt sich daran, dass die Schulchronik der Japanischen Schule in Düsseldorf für Anfang Juni bis Ende Juli 1976 Besichtigungsbesuche japanischer Nachhilfeschulen aus Frankfurt und Stockholm sowie den japanischen Ganztagsschulen aus London und Paris dokumentiert.[62]

Insbesondere für die Diaspora aus Standorten wie Frankfurt, die lediglich über Nachhilfeschulen verfügte, könnten die Besichtigungen als Inspirationsquelle zur Errichtung einer eigenen Ganztagsschule gedient haben. Anfang der 1980er Jahre wurde der Stadtspitze Frankfurts bewusst, dass der lokale Wirtschaftsstandort dringend einer japanischen Infrastruktur nach Düsseldorfer Vorbild bedurfte. Die

Frankfurter Allgemeine Zeitung veröffentlichte 1983 in einem Artikel mit der Überschrift „Es fehlt vor allem eine Schule" folgende Zeilen:

> Was gegen die Main-Metropole spricht, wurde [...] deutlich: Es fehlen japanische Vereine, Treffpunkte, Restaurants, vor allem aber eine eigene Schule. Weil die Frankfurter Stadtväter feststellen, daß die Standortnachteile ihrer Stadt vor allem mit dem Fehlen einer japanischen Schule zusammenhängen, fuhr Bürgermeister und Wirtschaftsdezernent Hans-Jürgen Moog (CDU) nach Tokio und führte Gespräche.[63]

Auch wenn Frankfurt damit versuchte, Standortvorteile Düsseldorfs zu imitieren, stellte dies dem Artikel zufolge keinen direkten Versuch mehr dar, Unternehmen aus Düsseldorf für die Main-Metropole zu gewinnen: „Weil Moog weiß, daß sich die Japaner aus Düsseldorf so schnell nicht an den Main locken lassen, setzt er seine Hoffnungen vor allem auf noch in Japan residierende Unternehmen, die eine deutsche Niederlassung erwägen."[64]

Die Zeilen weisen auf eine Resignation innerhalb der Frankfurter Stadtverwaltung gegenüber der Attraktivität des Düsseldorfer Japanstandortes hin. Da die Stadtspitze beziehungsweise die Frankfurter Allgemeine Zeitung dabei explizit die Japanische Schule nennt, erweist sich ihre Errichtung erneut als der ausschlaggebende Faktor für die Entscheidung des langjährigen Konkurrenzkampfes der Wirtschaftsstandorte. Dass ich den Artikel der Frankfurter Allgemeine Zeitung in Archivalien der Handelskammer Hamburg fand, demonstriert zudem, wie das Thema der Japanischen Schule gleichermaßen die städtischen Institutionen in Hamburg beschäftigte.

Anders als in Frankfurt existierte eine japanische Ganztagsschule in Hamburg bereits zum Veröffentlichungszeitpunkt des Zeitungsartikels. Genau zehn Jahre nach Düsseldorf eröffneten die Diasporainstitutionen in Hamburg am 23. April 1981 eine japanische Ganztagsschule in einem von der Stadt Hamburg zur Verfügung gestellten Schulgebäude auf der Osdorfer Landstraße 390/392 im Stadtteil Groß Flottbek. Trotz der scheinbar zügigen und reibungslosen Errichtungsphase sollte die Schule in Hamburg nicht den gewünschten Effekt erzielen. Schon im Jahr der Eröffnung beschwerte sich die Schule bei der Stadtverwaltung über potenzielle Gefahrenquellen für die Schülerinnen und Schüler aufgrund fehlender Fußwege auf dem Schulweg und unzureichender Zufahrtsmöglichkeiten.[65]

Anfang 1986 führten die Unzufriedenheiten mit der Schule und der städtischen Förderung im Allgemeinen dazu, dass der *Nihonjinkai* im Namen der Unternehmensentsandten die Hamburger Wirtschaftsförderung und Handelskammer um ein Treffen zur Diskussion der verschiedenen Streitpunkte bat. Abseits der in Kapitel 6 behandelten Themenpunkte – wie der Genehmigungsverfahren von Visa und des Zustands des Hamburger Flughafens – bemängelten die Repräsentanten des *Nihonjinkai* bei dem Treffen die unzureichenden Förderungsmaßnahmen der Stadt gegenüber der Schule. Insbesondere die hohen Nebenkosten der Schule stießen auf Unverständnis bei den Entsandtenfamilien, die als Argument Bezug auf die Situation in Düsseldorf nahmen:

> In Düsseldorf bezahle demgegenüber die japanische Schule, die ein Seitengebäude einer deutschen Schule benutze, nur DM 50.000 pro Jahr. Dies bedeute in der Praxis, daß die japanischen Eltern in Düsseldorf DM 50,– weniger für den Schulbesuch ihrer Kinder zahlten als in Hamburg, wo sie DM 210,– pro Schüler entrichten müßten [...]. Man wies in diesem Zusammenhang darauf hin, daß die Düsseldorfer Schule 850, die Hamburger Schule 220 Schüler habe. Außerdem könnten in Düsseldorf Schulgebühren, die über DM 80,– liegen, von der Steuer abgesetzt werden; in Hamburg dagegen nicht.[66]

Die Beschwerden des *Nihonjinkai* in Hamburg belegen, wie Maywegs Entscheidung, die Nebenkosten der Schule zu ermäßigen, ihren gewünschten Effekt erzielte. Es sollten aber nicht ausschließlich die niedrigen Kosten der Schule sein, die der Stadt Düsseldorf einen Vorteil gegenüber Hamburg verschafften. Bei dem Treffen von 1986 bemängelte der *Nihonjinkai* zusätzlich die unzureichende Ausstattung und Größe des Schulgeländes sowie fehlende Bereitschaft der kommunalen Schulbehörde, bei der Suche nach einem größeren Grundstück zu helfen.[67] Die Stadt Düsseldorf war hingegen dem Verwaltungsleiter der Japanischen Schule nach bei anstehenden Revisionen und Erweiterungen des Schulgeländes stets der Schulverwaltung entgegengekommen.[68]

Wie aus der bisherigen Analyse hervorging, basierte die Kooperationsbereitschaft der städtischen Institutionen Düsseldorfs vor allem auf einem wirtschaftlichen Interesse, da sie das wirtschaftliche Potential der Bildungseinrichtung früh erkannten. Bereits zur Eröffnung des Schulgebäudes im Jahr 1973 ließ Linden die wirtschaftlichen Absichten der Stadt durchblicken, als er die Schule um die Erstellung eines Exposés über deren infrastrukturelle Beschaffenheiten bat:

> Für die meisten japanischen ansiedlungswilligen Firmen ist die Existenz der in Düsseldorf ansässigen Schule ein ganz beachtlicher Standortfaktor, und nicht selten ist gerade diese Tatsache ausschlaggebend für die letzte Entscheidung. Zur Ergänzung meines Informationsmaterials über Bildungsmöglichkeiten ist deshalb eine detaillierte Kenntnis der Verhältnisse der japanischen Schule in Düsseldorf unbedingt erforderlich, und Sie würden mich sehr verpflichten, wenn Sie mir hierüber in Form eines kurzen Exposés berichten könnten.[69]

Wie eine Einverständniserklärung des Verwaltungsleiter der Schule andeutet, scheint das Amt zusätzlich zur Erstellung des Exposés noch um Schulführungen von japanischen Besuchergruppen gebeten zu haben.[70] Die Anfragen Lindens verdeutlichen das Kalkül hinter den Hilfestellungen der Stadtverwaltung Düsseldorf, weiche Standortfaktoren wie die Schule nach erfolgreicher Förderung für ihre Werbezwecke nutzen zu wollen. Sämtliche Unterstützungszusagen der Stadt wie die Senkung der Grundstückskosten lassen sich daher als direkte Investitionen in den

Wirtschaftsstandort werten. Diese Beobachtung bestätigte mir noch einmal Mayweg persönlich: „Ich habe letztes Mal schon gesagt, die Schulen waren der Hauptwerbefaktor für uns. Und der kostete uns so gut wie nichts, außer dass wir ihnen die Miete, die Erbpacht erlassen haben".[71] Anders als in Düsseldorf scheinen die kommunalen Behörden Hamburgs hingegen das wirtschaftliche Potential weicher Standortfaktoren wie der Schule verkannt zu haben.

Auch wenn sich somit im Laufe der Jahrzehnte weitere japanische Schulen in Deutschland etablierten, gelang es ihnen aufgrund unzureichender Förderungsmaßnahmen der Kommunen nicht, eine gleichwertige positive Wirkung wie das Düsseldorfer Vorbild zu erzielen. Erneut wird deutlich, wie hinreichend das persönliche Interesse einzelner Entscheidungsträger Einfluss auf die Entwicklung der lokalen Wirtschaftsstandorte nahm. Zudem verpassten die Schulen in Hamburg und Frankfurt Mitte der 1980er Jahre wegen der späten Reaktion der lokalen Diaspora das Momentum, das der Düsseldorfer als einziger japanischer Ganztagsschule in der BRD über die 1970er Jahre hinweg Auftrieb gab. Der wirtschaftliche Erfolg der Japanischen Schule in Düsseldorf ist damit sowohl auf die schnelle Initiative der hiesigen Diaspora als auch auf die Kooperationsbereitschaft der Stadtverwaltung zurückzuführen. Die Japanische Schule war aber nicht die einzige Maßnahme, die über die Jahrzehnte die Schaffung einer Bildungsinfrastruktur und Position des „japanischen Wirtschaftszentrum Europas" begünstigte.

Erweiterung des Bildungsangebotes

Trotz des einschlägigen Erfolges der Japanischen Ganztagsschule gab es Anfang der 1970er Jahre weiterhin Eltern, die eine Nachhilfeschule in Ergänzung zum Unterricht an den lokalen Schulen für ihre Kinder bevorzugten. Auf Wunsch der Familien nahmen 1977 die Misono-Schwestern den zuvor eingestellten Japanischunterricht für Grundschülerinnen und -schüler der ersten bis vierten Klasse wieder auf – zeitgleich zog der Schwesternorden nach Düsseldorf um. Bald daraufhin wuchs unter den Eltern die Nachfrage für eine Erweiterung der Nachhilfeschule, sodass sie die Schwestern um eine Unterrichtsaufnahme der fünften Grund- bis dritten Mittelschulklassen baten. Die Misono-Schwestern lehnten jedoch aufgrund mangelnder Ressourcen die gewünschte Erweiterung ab, weshalb die Eltern im September 1978 eine Petition für die Eröffnung einer Nachhilfeschule mit weiterführenden Klassen beim Japanischen Club, dem Generalkonsulat und der Japanischen Ganztagsschule einreichten. Anfang des darauffolgenden Jahres stimmte daraufhin der Vorstand der Japanischen Schule zusammen mit den Mitgliedern des Schulvereins für die Einrichtung einer Nachhilfeklasse innerhalb der Ganztagsschule für Grundschulkinder der fünften und sechsten Klasse. 1984 erweiterte die Japanische Schule auf erneuten Wunsch der Eltern das Angebot der Nachhilfeklasse um die drei verbleibenden Klassen der Mittelschule – drei Jahre später erkannte das japanische Bildungsministerium die Nachhilfeklasse offiziell an.[72]

Während bereits die Nachhilfeklasse des Japanischen Clubs ab 1965 Hilfsgelder der japanischen Regierung erhielt, stand der Nachhilfeunterricht der Japanischen Schule von nun an zusätzlich unter dem japanischen Curriculum. Vorher war dies nicht möglich gewesen, da das Bildungsministerium keine Nachhilfeschulen in Orten anerkannte, die bereits über Ganztagsschulen verfügten.[73] Unter einem Teil der Entsandtenfamilien machte sich jedoch Unverständnis über die Zweckmäßigkeit der Nachhilfeklasse breit, da sie der Meinung waren, dass die japanischen Kinder auf die japanische Ganztagsschule gehören.[74] Der Zwiespalt innerhalb der Diaspora lässt sich damit begründen, dass es sich bei den hauptsächlichen Zielgruppen der Japanischen Ganztags- und Nachhilfeschule um zwei unterschiedliche handelt. Shimizu-Bethe forschte zu den Eigenschaften und Richtlinien der japanischen Nachhilfeschulen in Düsseldorf und kam zu dem Ergebnis, dass die Kinder, die die Nachhilfeschulen besuchen, aus Familien stammen, die keine konkrete Rückkehr nach Japan planen.[75] In den 1970er/80er Jahren handelte es sich dabei in der Regel um Eltern, die als selbstständige Geschäftsleute oder Dienstleister nach Düsseldorf kamen. Wie bereits dargelegt, führte ab Mitte der 1960er Jahre der Bedarf der Unternehmensentsandten nach einer passenden Infrastruktur zur Ansiedlung zahlreicher Geschäftsleute und Dienstleister aus Japan, die im Gegensatz zu den Entsandten sich meist auf unbestimmte Zeit am Standort aufhielten.

Befu zufolge weisen die Unternehmensexpats und Geschäftsleute beziehungsweise Dienstleister aufgrund ihrer unterschiedlichen Aufenthaltsbedingungen wenig Gemeinsamkeiten hinsichtlich ihrer sozialen Hintergründe und Haltungen gegenüber Japan auf.[76] Während die Unternehmensentsandten durch ihren hohen Status und flüchtigen Aufenthalt nicht auf tiefgreifende Interaktionen mit der Aufnahmegesellschaft angewiesen sind[77] und zu einer Idealisierung Japans tendieren, kann für die Geschäftsleute und Dienstleister durch die Unbestimmtheit ihres Aufenthaltes und ihren vergleichsweise geringeren Status das Gegenteil der Fall sein.[78] Diese sozialen Differenzen wirken sich dementsprechend auf die Bildung ihrer Kinder aus. Unternehmensentsandte schicken ihre Kinder in der Regel auf die japanische Ganztagsschule, um eine Garantie für eine reibungslose Wiedereingliederung in das japanische Bildungssystem nach ihrer Rückkehr zu erhalten. Für die Langzeitauswanderer reichen meist hingegen die Nachhilfeschulen aus, da für ihre Kinder die Integration in die lokale Gesellschaft durch den Besuch einer deutschen Schule wichtiger erscheint.[79] Die Unterschiede verdeutlichen noch einmal die Schwierigkeit, die individuellen Akteure innerhalb einer Diaspora mit Bezeichnungen wie „Gemeinschaft" oder „Community" als eine vermeintliche Einheit darzustellen.

Das „Phänomen" der Geschäftsleute und Dienstleister beschäftigte 1976 die NRZ, die den Geschäftsführer des japanischen Restaurants Daitokai bezüglich der Schulbesuche seiner Kinder interviewte. Der Geschäftsführer gab der Zeitung als Antwort: „Wir haben zwar eine japanische Schule in Oberkassel, aber ich fand, daß es für meine Mädchen besser war, auf eine deutsche Schule zu gehen. Die japanische Schule lehrt sehr schnell. Die Kinder sollen Zeit zum Spielen haben".[80] Auch im Rahmen meiner Interviews kristallisierte sich eine Präferenz der Nachhilfeschulen unter den Geschäftsleuten und Dienstleistern heraus. Der Geschäftsführer des japanischen Lebensmittellieferanten erklärte mir, seine vier Kinder auf japanische Nachhilfeschulen in Verbindung mit deutschen Schulen geschickt zu haben. Im Laufe des Interviews lobte er mehrfach die auf seine Bedürfnisse angepasste japanische Infrastruktur Düsseldorfs.[81]

Für den Wirtschaftsstandort Düsseldorf brachte die Erweiterung der Bildungsinfrastruktur durch die Nachhilfeschulen folglich eine höhere Attraktivität für japanische Geschäftsleute und Dienstleister und damit eine Stärkung der lokalen japanischen Infrastruktur. In Verbindung mit der japanischen Ganztagsschule stand somit Mitte der 1980er Jahre für japanische Kinder sowohl Nachhilfe- als auch Ganztagsunterricht von der ersten Klasse der Grundschule bis zur letzten Klasse der Mittelschule zur Verfügung. Es fehlte einzig und allein eine japanische Oberschule (10.–12. Klasse). Nach Einstellung der Nachhilfeklasse des Japanischen Clubs im Jahr 1972[82] existierten keine Fortbildungsmöglichkeiten für Oberschüler in Düsseldorf, die auf dem Curriculum des japanischen Bildungsministeriums basierten. Der ehemalige Stadtdirektor Bolo Mayweg erläuterte mir, dass er sich einst für die Errichtung einer japanischen Oberschule in Düsseldorf bei seinen Besuchen von japanischen Universitäten wie der Waseda-, Keio- oder Tokio-Universität eingesetzt hatte, um die Lücke in der Bildungsinfrastruktur zu schließen. Das Vorhaben sei jedoch aufgrund diverser Vorbehalte der Universitäten gescheitert.[83] Als Ersatz für die fehlende Oberschule schicken japanische Entsandtenfamilien bis heute ihre Kinder im Oberschulalter in der Regel auf die seit 1968 bestehende Internationale (Amerikanische) Schule im Stadtteil Kaiserswerth. Mit ihrem in englischsprachigen Ländern anerkannten Curriculum stellt die Internationale Schule eine attraktive Alternative für die japanischen Entsandtenfamilien dar und ergänzt somit auf indirekte Wiese die japanische Bildungsinfrastruktur Düsseldorfs.[84]

Die schulischen Institutionen waren aber nicht die einzigen Bildungseinrichtungen, die die japanische Infrastruktur für die Diaspora im Laufe der Jahrzehnte komplementierten. Als Ergänzung zur Japanischen Schule etablierten sich bis Ende der 1990er Jahre vier japanische Kindergärten in Düsseldorf, die Eltern mit Vorschulkindern einen reibungslosen Aufenthalt ermöglichen sollten. Die erste Einrichtung, die einem japanischen Kindergarten nahe kam, war die bereits genannte Vorschulklasse des Japanischen Clubs von 1968, die unter der Leitung der Misono-Schwestern stand.[85] Bis heute betreiben sie unter dem Namen „Schwestern der Liebe Jesu" neben der Nachhilfeschule einen eigenen japanischen Kindergarten.

1980 folgte dann mit dem „Japanischen Kindergarten e. V." der erste „vollwertige" japanische Kindergarten in ganz Deutschland, der drei Jahre später in einem eigens errichteten Gebäude neben der Japanischen Ganztagsschule seine Türen öffnete.[86] Erneut fand der Bau des Gebäudes vor dem Hintergrund einer Grundstückserwerbung in Erbpacht von der Stadt Düsseldorf statt. Finanziert wurde das Projekt durch Bankkredite der hiesigen japanischen Banken. Einem Artikel der Westdeutschen Zeitung zufolge war die Grundstücks- und Finanzierungsfrage Grund für die vergleichsweise späte Errichtung des Kindergartens – der Plan habe bereits seit 1976 existiert.[87]

Die Gründung des nächsten Kindergartens fand im Rahmen eines weiteren Großprojektes statt, das gleichzeitig die japanische Infrastruktur und Standortattraktivität stärken sollte: das EKŌ-Haus der japanischen Kultur. Der Gründer des japanischen Messgeräteherstellers Mitsutoyo und des buddhistischen Vereins „Society for Buddhist Understanding" Yehan Numata plante zur Verbreitung des Buddhismus im Ausland die weltweite Errichtung buddhistischer Tempel im japanischen Stil. 1984 kam er nach Düsseldorf, wo Mitsutoyo seit 1968 seinen Europasitz hatte, um nach einem geeigneten Grundstück für den Bau eines Tempels in Europa zu suchen. Erneut zeigte sich das Wirtschaftsförderungsamt der Stadt Düsseldorf behilflich, das 1987 Numata ein circa 10.000 Quadratmeter großes Grundstück im Stadtteil Niederkassel zum Erwerb bereitstellte – die Finanzierung des Projektes übernahm Mitsutoyo.[88] Der damalige Leiter des Wirtschaftsförderungsamtes berichtete mir, dass das Grundstück ursprünglich für die Errichtung einer städtischen Gesamtschule vorgesehen war. Aufgrund der sinkenden Schülerzahlen im Stadtteil und der voraussichtlichen Standortstärkung, die Numatas Projekt mit sich brachte, revidierte das Amt die Pläne für die Gesamtschule und verkaufte das Grundstück kostengünstig an Mitsutoyo.[89] Der Amtsleiter begründete mir die Absicht der Stadt hinter der Entscheidung: „Und da haben wir natürlich auch für eine Kultureinrichtung einen Grundstückpreis verlangt, [...] aber das war ein Anerkennungspreis. Das diente dazu sozusagen, dass Japanzentrum im Bewusstsein der Leute nicht nur hier sondern über die Stadt hinaus zu stärken".[90]

Die Erzählung des Amtsleiters zeigt nicht nur erneut die wirtschaftliche Intention der Stadt Düsseldorf hinter der Grundstücksvermittlung, sondern auch eine Tendenz, Projekte zu priorisieren, von denen man sich eine Stärkung des japanischen Wirtschaftsstandortes versprach. Diese Priorisierung sorgte jedoch für Empörung unter der Düsseldorfer Bevölkerung. Die Ausgabe der NRZ vom 19. März 1987 schrieb von einer öffentlichen Anhörung zum Tempelbau, bei der sich Bürgerinnen und Bürger aus dem Stadtteil Oberkassel aus Frust über den Verlust von Grünfläche über die Unterstützung des Projektes seitens der Stadt Düsseldorf beschwerten und ihr „Erpressbarkeit" vorwarfen.[91] Der Zwischenfall legt dar, wie die sonst als freundschaftlich vermarktete Beziehung zwischen den Bürgerinnen und Bürgern der Stadt und der japanischen Diaspora zuzeiten durch die Ausdehnung des Wirtschaftsstandortes in Mitleidenschaft gezogen wurde.

Die Beschwerden der Anwohnerinnen und Anwohner sowie baurechtliche Probleme sorgten dafür, dass der Grundstein für den EKŌ-Tempel erst im April 1988 gelegt werden konnte. An der Grundsteinlegung nahmen neben Numata und dem Geschäftsführer der Mitsutoyo-Europaniederlassung Stadtdirektor Mayweg und Generalkonsul Tsuyoshi Kurokawa teil.[92] Bauherr des Projektes war der von Numata eigens gegründete Verein „Buddhist Promoting Foundation (Europe)", der 1992 zur Einweihung des Tempels den Namen „EKŌ-Haus der Japanischen Kultur" annahm. Von Beginn an plante der Verein ein Kulturzentrum, das an den Tempel anschließt, um eine Begegnungsstätte zwischen der lokalen japanischen Bevölkerung und Japaninteressierten zu schaffen. Zu diesem Zweck veranstaltete das EKŌ-Haus ab Anfang der 1990er Jahre regelmäßig Ausstellungen, Kulturaufführungen oder wissenschaftliche Symposien.[93]

Einhergehend mit der Fertigstellung der gesamten Anlage im Jahr 1999 setzte der Verein des EKŌ-Hauses mit der Errichtung des EKŌ-Kindergartens ein langjähriges Bauvorhaben um.[94] Die Besonderheit des EKŌ-Kindergartens ist bis heute, dass er die offizielle Anerkennung des Düsseldorfer Jugendamtes als städtische Kindertageseinrichtung genießt. Um die Bedingungen für die Aufnahme in den städtischen Verwaltungsbereich zu erfüllen, stellt der Kindergarten seit jeher zusätzlich deutsche Erzieherinnen und Erzieher ein – die japanischen absolvieren eine gesonderte vierjährige Ausbildung. Der EKŌ-Kindergarten ermöglicht damit sowohl japanischen als auch deutschen Familien, sein Bildungsangebot zu nutzen, wodurch er anders als die anderen Bildungseinrichtungen auf einen kulturellen Austausch zwischen deutschen und japanischen Kindern setzt.[95]

Der letzte Kindergarten ist der „Rhein-Kindergarten". Er wurde 1997 (zwei Jahre vor dem EKŌ-Kindergarten) auf Initiative eines privaten Geschäftsmannes aus Japan gegründet, der eine Alternative zum Japanischen Kindergarten e. V von 1983 bieten wollte. Im Gegensatz zum EKŌ-Kindergarten handelt es sich bei dem Rhein-Kindergarten daher um eine private Einrichtung, die einzig und allein darauf abzielt, einen problemlosen Übergang in das japanische Schulsystem zu garantieren. Aus diesem Grund ist das dortige Personal ausschließlich nach japanischen Pädagogikkonzepten ausgebildet.[96] Wie der Gründer und Leiter des Kindergartens mir im Interview darlegte, gingen fast alle Kinder, die den Rhein-Kindergarten besuchten, danach auf die Japanische Schule. Aus diesem Grund stehe er persönlich zum Informationsaustausch im Kontakt mit der Leitung der Japanischen Schule – zu den anderen Bildungseinrichtungen pflege er hingegen abseits des EKŌ-Kindergartens keinen direkten Kontakt.[97]

Auch wenn sich die Nachhilfeschulen und Kindergärten mit Blick auf ihre einzelnen Bildungsrichtlinien unterscheiden, machen sie sich alle zur Aufgabe, Alternativen zum Bildungsangebot der japanischen Ganztagsschule zu bieten oder dieses zu erweitern. Dadurch tragen sie alle einen Teil zur Förderung einer japanischen Bildungsinfrastruktur in Düsseldorf bei. Diese Gemeinsamkeit sorgte dafür, dass sich alle Bildungseinrichtungen im Umkreis der japanischen Ganztagsschule in den Stadtteilen Nieder- und Oberkassel etablierten. Seit der Errichtung der Japanischen Schule Anfang der 1970er Jahre führte diese Entwicklung zu einer hohen Konzentration an japanischen Ansässigen in den linksrheinischen Stadtteilen.

Soziale Implikationen

Schon seit Anbeginn der japanischen Migration in Düsseldorf bevorzugten die japanischen Entsandten bei der Auswahl ihres Wohnsitzes Stadtteile Düsseldorfs, deren Einwohnerinnen und Einwohner einen hohen sozio-ökonomischen Status aufweisen.[98] In den 1960er Jahren waren dabei die Stadtteile wie das Zoo-Viertel von großer Beliebtheit, die nahe der Unternehmenssitze in der Innenstadt lagen, da die Kinder der Expats die dortigen lokalen Schulen besuchten. Mit der Errichtung des Gebäudes der Japanischen Schule im Jahr 1973 entwickelte sich in den Folgejahren jedoch eine starke Tendenz für die Stadtteile auf der westlichen Rheinseite wie Oberkassel, Niederkassel und Lörick.[99] 1979 waren es die einzigen Stadtteile, deren Anteil an japanischen Einwohnerinnen und Einwohner die Zwei-Prozent-Marke überstieg.[100] Dem ehemaligen Geschäftsführer der JIHK Akira Arikawa zufolge verließen durch die Eröffnung der Ganztagsschule in Niederkassel Anfang der 1970er Jahre ungefähr 200 japanische Kinder das Zoo-Viertel.[101]

In seinen geografischen Aufsätzen teilt Glebe die Ansiedlungsmuster der japanischen Bevölkerung in Düsseldorf in vier grundsätzliche Wohnraumcluster: 1. der nördliche Rand der Innenstadt, 2. die östliche Rheinseite (Kaiserswerth/Lohausen), 3. die westliche Rheinseite (Oberkassel/Niederkassel) und 4. das Stadtinnere (Nähe des Hauptbahnhofs/Immermannstraße). Als Ursache für die Entstehung des ersten und zweiten Clusters betrachtet Glebe die Beliebtheit der dortigen Stadtteile bei der Düsseldorfer Oberschicht und die hohen Immobilienpreise, wobei sich die östliche Rheinseite in den 1980er Jahren insbesondere aufgrund der Internationalen Schule bei den Expats als attraktive Wohngegend erwies. Im Gegensatz dazu sind nach Glebe die südlichen Stadtteile, die als sozial schwächer gelten, unbeliebter bei den Expats, was außerdem dazu führe, dass sich kaum japanische Unternehmen und Institutionen dort niederlassen. Der vierte Wohnraumcluster ist in Glebes Argument der kleinste und kommt nur aufgrund von Hotelübernachtungen von Entsandten zustande, die bei Antritt ihrer Aufenthalte noch über keine Wohnung verfügen. Als den größten und wichtigsten Wohnraumcluster bezeichnet Glebe die westliche Rheinseite, was er im Zusammenhang mit der teuren Wohnlage und der Bildungsinfrastruktur stehen sieht.[102]

Dass es sich bei der Bildungsinfrastruktur um den ausschlaggebenden Faktor für die Entstehung des dritten Wohnraumclusters handelt, zeigt sich an der hohen Wohnraumkonzentration, die Glebe innerhalb der Stadtteile Ober- und Niederkassel im Umkreis der Japanischen Schule und der japanischen Kindergärten ausmacht. Im Gebiet des EKŌ-Hauses sei demnach in den 1990er Jahren jeder fünfte Ansässige aus Japan gewesen.[103] Das von Glebe dargelegte Ansiedlungsmuster beschränkt sich dabei nicht auf die Entstehungszeit der Schule, sondern bleibt seiner Forschung nach über Jahrzehnte hinweg konstant.[104] Die Stadt Düsseldorf registrierte 2019 noch mit 2719 japanischen Staatsangehörigen weit über ein Drittel der japanischen Bevölkerung in den Stadtteilen, die im Umkreis der Japanischen

Schule liegen (Oberkassel, Niederkassel, Lörick und Heerdt). Obwohl die Japanerinnen und Japaner weniger als zwei Prozent der gesamten ausländischen Bevölkerung der Stadt ausmachen, nehmen sie in den vier Stadtteilen ungefähr 25 % der dortigen ausländischen Bevölkerung ein, was ihre hohe und anhaltende Konzentration auf den Bezirk statistisch bestätigt.[105]

Die durchgehende Attraktivität von Niederkassel und Oberkassel als Wohnort lässt sich damit erklären, dass die Zuzüge der Entsandtenfamilien und die Erweiterung des Bildungsangebotes sich gegenseitig bedingten: Je mehr Bildungseinrichtungen in den Stadtteilen entstanden, desto mehr Entsandtenfamilien ließen sich dort nieder und umgekehrt. Beispielsweise gab der Gründer des Rhein-Kindergartens mir zu verstehen, den Stadtteil Niederkassel für die Errichtung gewählt zu haben, da die meisten Japanerinnen und Japaner dort sesshaft waren.[106] Aber auch die kontinuierliche Wohnortauswahl der Entsandtenfamilien für die westliche Rheinseite bedingte die Ansiedlung weiterer.[107]

Wie bereits aufgeführt, hegten die Unternehmensentsandten aufgrund ihrer kurzen Aufenthaltszeit großes Interesse daran, ihren Lebensstil aus dem Heimatland so gut wie möglich fortführen zu können.[108] Dank der hohen Dichte an japanischen Ansässigen und Bildungseinrichtungen gewährten die Stadtteile auf der westlichen Rheinseite ihnen seit den 1970er Jahren einen solchen Lebensstil, indem die Familien mithilfe der japanischen Bildungsinfrastruktur ein soziales Netzwerk bildeten, das die Notwendigkeit von Interaktionen mit der Aufnahmegesellschaft auf ein Minimum reduzierte. Stabilisiert wird dieses soziale Netzwerk Glebe zufolge durch das Rotationsprinzip der Unternehmensentsandten. Auch wenn demnach die Expats vor ihren Aufenthalten wenig über die Wohnraumbedingungen Düsseldorfs wissen, halten die Weiterempfehlungen ihrer Vorgänger sowie die Unternehmen mithilfe von japanischen Immobilienmaklern die räumliche Konzentration auf die Stadtteile aufrecht.[109]

Paul White beschreibt in seinem Aufsatz „The Japanese in London" ein ähnliches Wohnraumverhalten für die japanische Diaspora in London und erkennt dabei die dortigen japanischen Unternehmen und Immobilienmakler als treibende Faktoren an:

> The activities of two sets of organisations – the Japanese companies and the Japanese estate agencies – working in large part together, have been crucial in dictating the life circumstances of Japanese company migrants in London, and in maintaining the possibility of a high level of separation between Japanese and other groups (including native Londoners) living in the city. They have fostered the creation of a transient Japanese community through the limitation of opportunities to integrate more widely in London society, and through ensuring that all that is needed for Japanese autonomy is available.[110]

Wie aus Whites Argument hervorgeht, trägt das autonome soziale Netzwerk der Entsandten – das durch die dienstleistende Infrastruktur und die Wohnraumcluster konstruiert wird – zu einer Isolation von der lokalen Gesellschaft bei. Diesen Isolationsprozess beschrieb Cohen 1977 als Konstruktion einer „Umgebungsblase". Die „Umgebungsblase" ermöglicht den Entsandten es demnach, auf Kosten der Integration in die lokale Gesellschaft in einem vertrauten soziokulturellen Umfeld zu operieren.[111] Glebe sieht die japanische Bevölkerung Düsseldorfs auf gleiche Weise in solch einer Isolation leben und ordnet ihr dabei einen höheren Grad an Segregation zu als den restlichen ausländischen Bevölkerungsgruppen in der Stadt – insbesondere denen mit einem niedrigeren sozio-ökonomischen Status.[112]

Die Segregationsvorwürfe gegenüber der japanischen Diaspora in Düsseldorf beschränken sich nicht nur auf wissenschaftliche Analysen. Schon in den 1970er Jahren drängte durch die Errichtung der Japanischen Schule ein Image der Isolation über die japanische Bevölkerung Düsseldorfs in den öffentlichen Diskurs, das Tageszeitungen und Fachzeitschriften mitkonstruierten:

> So sehr diese [die Japanische Schule] einerseits die Ausbildung der Kinder verbessert und vielen Firmen die Ansiedlungsentscheidung erleichtert, so trägt sie auf der anderen Seite zur ohnehin schon großen Isolation der Japaner in Düsseldorf noch bei. Bis 15:30 Uhr sind die japanischen Schüler ausschließlich unter sich – da bleibt nur wenig Zeit für Kontakt mit deutschen Kindern. Ihren Eltern geht es kaum besser: nur selten finden sie Zugang zu den ihnen schon von der Mentalität her sehr fremden Rheinländern.[113]

Die Isolationsvorwürfe drangen bis zu den Diasporainstitutionen vor, weshalb laut Akira Arikawa von der JIHK der ehemalige Präsident der DJG am Niederrhein Erich Schulte beklagte, dass aufgrund der Japanischen Schule die japanischen Kinder nicht mehr mit deutschen Kindern in Kontakt kämen und die Expatcommunity vermehrt unter sich bliebe.[114] Auch Interviewpartner von mir teilten in ihren Erzählungen das Bild einer isolierten japanischen „Gemeinschaft" in Düsseldorf.[115]

Trotz der Isolationsvorwürfe genießt Tagsold zufolge die japanische Diaspora ein positives Bild bei den Bürgerinnen und Bürgern Düsseldorfs, was einerseits mit ihrem wohlhabenden Status zusammenhängt und andererseits dem wirtschaftlichen Erfolg Japans. Für das Stadtmarketing sind sie „ideale Ausländer", da sie der Stadt einen wirtschaftlichen Nutzen einbringen, ohne dabei Fragen von Integration aufzuwerfen.[116] Laut Glebe erfährt die japanische Bevölkerung in Düsseldorf wenig Diskriminierung und einen hohen Grad an Akzeptanz, auch wenn dabei sämtliche Interaktionen mit ihr auf institutioneller statt individueller Ebene stattfinden.[117]

Den Akteuren der Diasporainstitutionen waren die Abschottungsvorwürfe in den 1970er/80er Jahren bewusst, sodass sie versuchten, mit Veranstaltungen wie den Japan-Wochen oder öffentlichen Auftritten der Japanischen Schule dem negativen Image entgegenzuwirken. Im April 1988 besuchten die Vorsitzenden der japanischen Institutionen zusammen mit dem Generalkonsul die Redaktion der Rheinischen Post, um dort einen Aufruf für eine stärkere Integration der Diaspora zu starten.[118] Unter dem Titel „Wir wollen Mitbürger sein!" zitierte die Zeitung die Repräsentanten folgendermaßen:

> „Wir müssen unseren Leuten das Bewußtsein einprägen, Mitbürger dieses Landes zu sein, auch wenn die Aufenthaltszeit begrenzt ist!" Dazu bekannten sich die führenden Repräsentanten der Japaner in der Region Düsseldorf [...]. Schon die Vorgänger des Generalkonsuls Kurokawa bemühten sich um bessere Kontakte zwischen ihren Landsleuten und den Deutschen. Spektakuläre Ereignisse wie beispielsweise die große japanische Woche 1983 mit einem überragenden Angebot von Veranstaltungen förderten mannigfache Kontakte, aber das gegenseitige Verständnis erfordert mehr [...].[119]

Wie ich zeigte, dienten die Japan-Wochen durch ihre homogenen kulturellen Repräsentationen im Gegenteil eher dazu, Ungleichheiten zu betonen statt ein bedeutungsvolles Maß an Integration zu fördern.[120] Der Aufruf der Institutionen ist daher als ein Versuch zu werten, das Image der Diaspora in der Stadt zu verbessern, ohne dabei den Grenzerhalt zur Aufnahmegesellschaft aufzugeben.

Auch die Japanische Schule, die im Zentrum der Abschottungsvorwürfe stand, bemühte sich mithilfe diverser Maßnahmen dem negativen Image entgegenzuwirken. So erteilte die Schule seit ihrer Eröffnung mithilfe von lokal eingestelltem Personal den Kindern zwei Unterrichtsstunden Deutsch pro Woche. Außerdem organisierte sie Exkursionen zu historischen Orten wie der Berliner Mauer, um den Schülerinnen und Schülern mehr über Deutschlands Kultur und Geschichte beizubringen.[121] Darüber hinaus knüpfte die Schule 1981 eine offizielle Partnerschaft mit dem nahe gelegenen Cecilien-Gymnasium, indem man Veranstaltungen wie Schulkonzerte oder Sportfeste gemeinsam organisierte, um einen Austausch zwischen den Kindern beider Schulen zu fördern. Die Schülerinnen und Schüler des Cecilien-Gymnasiums konnten im Zuge der Partnerschaft Japanisch als ein neues Schulfach wählen.[122] Dem von mir interviewten ehemaligen Lehrer der Japanischen Schule zufolge hätten diese Maßnahmen dennoch wenig Wirkung gezeigt:

> Aber weder konnten die japanischen Kinder Deutsch sprechen noch die Kinder des Cecilien-Gymnasiums Japanisch. Sie können sich nicht austauschen, weil sie nur miteinander singen. Es ist unmöglich. Es ist doch klar, dass wenn ungefähr 15 Kinder nur einfach ein paar Lieder zusammen singen, dabei nichts Bedeutungsvolles zustande kommt. Ich denke daher, dass so etwas nicht notwendig ist. Vielmehr sollten sie zusehen, dass sie zu ihren Nachbarn ein gutes Verhältnis pflegen und dadurch Kontakte knüpfen, wenn die Familien schon nur zwei bis drei Jahre in Deutschland sind.[123]

Der Lehrer erläuterte mir, sogar selber Maßnahmen gegen die potenzielle Isolation der Kinder unternommen zu haben, indem er einem Schützenverein in Niederkassel beitrat und an Düsseldorfer Karnevalssitzungen teilnahm, um so seinen Schülerinnen und Schülern am Ende des Unterrichts mehr über die lokale Kultur beibringen zu können.[124]

Um mehr über das damalige soziale Umfeld der Schulkinder zu erfahren, sprach ich im Laufe meiner Forschung mit ehemaligen Schülern des Lehrers aus der Anfangszeit der Japanischen Schule, die im Zuge der Unternehmensentsendung ihrer Väter nach Düsseldorf kamen. Zwei von ihnen erklärten mir, dass sich ihr damaliger Alltag fast ausschließlich um die Schule und das Wohngebiet in Ober- und Niederkassel drehte. Abseits von flüchtigen Bekanntschaften mit deutschen Kindern aus der Nachbarschaft oder dem Fußballverein bestand daher ihr Freundeskreis hauptsächlich aus anderen Kindern der Japanischen Schule. Auch die sozialen Kontakte ihrer Eltern hätten sich abseits von einzelnen deutschen Nachbarsfamilien aus den anderen japanischen Eltern zusammengesetzt, die in Oberkassel wohnten und ihre Kinder auf die Ganztagsschule schickten.[125]

In Bezug auf seine Sprachkenntnisse schilderte mir einer der beiden Schüler, dank eines Privatlehrers Deutsch gesprochen zu haben – seine Eltern hätten hingegen über keinerlei Deutschkenntnisse verfügt.[126] Er selber beschrieb mir den damaligen Alltag in Düsseldorf folgendermaßen: „Aber die Lehrer waren Japaner und die Freunde waren ausschließlich Japaner. Dadurch war es fast wie in Japan. Wahrscheinlich waren wir sogar noch enger miteinander verbunden als in Japan."[127] Trotzdem betonten beide Schüler in ihren Erzählungen, dass nicht die Schule an der sozialen Isolation schuld gewesen sei, sondern die Gesellschaft, die sich um diese herum bildete. Viele Lehrer der Schule hätten sich wie der genannte darum bemüht, die Schülerinnen und Schüler durch Teilnahme an Bräuchen (zum Beispiel Karneval) in das Geschehen der lokalen Gesellschaft mit einzubinden.[128] Ungeachtet ihrer vereinzelten Interaktionen mit der lokalen Gesellschaft verweisen die Erzählungen der Schüler insgesamt auf eine Segregation der japanischen Diaspora in Düsseldorf auch auf qualitativer Ebene.

Nichtsdestotrotz gilt es diese Schlussfolgerung mit Vorsicht und differenziert zu betrachten: Ein weiterer ehemaliger Schüler aus der Zeit des Canisius-Hauses berichtete mir davon, wie er sich nach Abschluss des dritten Mittelschuljahres dazu entschloss, in das deutsche Schulsystem zu wechseln, statt für den Besuch einer Oberschule nach Japan zurückzukehren. Die Entscheidung führte dazu, dass er aus Eigenmotivation heraus privaten Deutschunterricht nahm und nach Ablauf der Aufenthaltszeit seiner Eltern mit 18 Jahren in Düsseldorf zurückblieb, um seine Schulausbildung an einer deutschen Schule abzuschließen. Nach dem Abitur trat er ein Studium an der Universität Münster an und verfolgte von da an eine Karriere an deutschen Universitäten, die bis zur Habilitation und sogar Professur führte. Ununterbrochen blieb er somit bis heute in Deutschland sesshaft, mit der Folge, dass auch seine eigenen Kinder mit einer deutschen Schulausbildung ihren Karrieren nachgingen.[129] Als Motivation für seine damalige Entscheidung nannte der ehemalige Schüler mir folgende Gründe:

> Es gab zweierlei Motive. Also sportlich, Fußball und dieser Zweifel am japanischen Schulsystem. Das war der Hintergrund. Und dann kam ich hierher, und an der japanischen Schule habe ich gleich gesagt, dass ich hier bleibe. Ich brauche gar keine Prüfungsvorbereitung, Ich bleibe hier. [...] Und alle haben gesagt, auch die Lehrer: „Das schaffst du nie. Das wirst du nie schaffen ans deutsche Gymnasium und weiter."[130]

Der Lebenslauf des Schülers und seine Aussagen sind ein Gegenbeispiel für das im öffentlichen Diskurs konstruierte Bild der segregierten japanischen Gesellschaft. Im Gegensatz zu den anderen beiden Schülern stand er persönlich kaum in Kontakt mit seinen Peers aus Japan und entwickelte aufgrund seines kritischen Denkens gegenüber der japanischen Gesellschaft ein distanziertes Verhältnis zur lokalen Diaspora. Während des Interviews erklärte er obendrein, dass er sich heute nicht mit der japanischen „Gemeinde" identifiziere, und das, obwohl er durch die Entsendung seines Vaters Anfang der 1970er Jahre noch selber zu dieser zählte.[131]

Das Gegenbeispiel dieses Schülers ist dabei kein Einzelfall: Der ehemalige Geschäftsführer der Hitachi Power Tools-Niederlassung erzählte mir davon, wie seine Tochter trotz Abschluss der japanischen Ganztagsschule ihre Schulkarriere an einer deutschen Universität fortsetzte und heute fließend Deutsch spricht.[132] Er selber pflegte hingegen als Vereinsmitglied der Schule und Vizevorsitzender des Japanischen Clubs eine stets enge Beziehung zur „Entsandtengemeinschaft".[133]

Dass die Isolationsvorwürfe sich nicht auf die gesamte japanische Bevölkerung Düsseldorfs übertragen lassen, hat bereits das Beispiel der Geschäftsleute und Dienstleister in Verbindung mit den Nachhilfeschulen gezeigt. Ein japanischer Anwalt, der in den 1970er Jahren für eine deutsche Anwaltskanzlei in Düsseldorf tätig war, schilderte mir, während seines Aufenthaltes – mit Ausnahme seiner Klienten – keinen Kontakt zu der „Entsandtengemeinschaft" gepflegt zu haben.[134] Japaner wie er, die für deutsche Unternehmen oder Dienstleister tätig waren, seien seiner Meinung nach nicht Teil der japanischen Gesellschaft vor Ort gewesen: „Wir wurden von der japanischen Gesellschaft ausgeschlossen. [...] Die japanische Gesellschaft nimmt nur diejenigen auf, die auch für die japanischen Unternehmen tätig sind. Ich bin als Anwalt nach Deutschland gekommen, aber weil ich für eine deutsche Kanzlei tätig war, war ich für die Japaner vor Ort ein Ausländer."[135] Im Ergebnis verspürte der Anwalt Abneigung gegenüber den japanischen Unternehmen vor Ort und verbrachte in seinem Privatleben hauptsächlich Zeit mit einem japanischen Mitarbeiter der Commerzbank und dessen deutschen Kollegen. Insbesondere Expats, die kein Interesse daran zeigten, Deutsch zu lernen, mied er.[136] Das Beispiel des Anwalts untermauert, wie heterogen die Migrationsformen schon zur Entstehungszeit der Japanischen Schule waren und das soziale Umfeld individueller Akteure von dem im Diskurs gezeichneten Bild der Diaspora divergierte.

Auch Glebe sieht die japanische Bevölkerung in Düsseldorf keineswegs als homogen an und teilt sie aufgrund der unterschiedlichen Migrationsformen und Lebensweisen in verschiedene Untergruppen auf. Die Expatfamilien verortet er in seiner Argumentation aufgrund ihrer Anzahl als Kerngruppe im Zentrum der Diaspora. Daher sieht er durch die Untergruppen keinen Trend entstehen, der dem Argument der sozialen Abschottung widerspricht. Im Gegenteil bestärkt Glebe nach die Untergruppe der Geschäftsleute und Dienstleister durch ihr Angebot die Segregation nur noch weiter.[137]

Selbst wenn die aufgeführten Gegenbeispiele Lücken im homogenen Bild des Diskurses aufzeigen, so belegen die – durch die Bildungsinfrastruktur bedingten – Wohnraumcluster und sozialen Netzwerke eine klare Tendenz für die Existenz einer „Umgebungsblase" unter den Entsandten und ihren Familien. Wie der Initiator der Japanischen Schule Tsutomu Tago bereits vor ihrer Errichtung befürchtete,[138] erbrachte damit die Bildungseinrichtung zwar den erhofften infrastrukturellen und wirtschaftlichen Durchbruch des Düsseldorfer Standortes, verringerte aber gleichzeitig die sozialen Interaktionen zwischen der Diaspora und den Akteuren der lokalen Gesellschaft. Hinzukommend schwand das allgemeine Bewusstsein gegenüber der Existenz von heterogeneren Migrationsformen.

Einher ging das homogene Bild der Diaspora in den 1970er/80er Jahren mit dem wirtschaftlichen Erfolg Japans, den man mittels Narrativen zur kulturellen Einzigartigkeit des Japanischseins (*Nihonjinron*) zu erklären versuchte.[139] Während zu dieser Zeit gegenüber den Unternehmensentsandten trotz der Abschottungsvorwürfe ein tendenziell positives Bild herrschte, bestimmten negative und „feindliche" Bilder den Diskurs rund um die japanische Wirtschaft, die zu der Zeit eine sehr exportorientierte Außenhandelspolitik verfolgte.[140] Ab den 1990er Jahren sollten diese wirtschaftlichen Entwicklungen zu einer Reihe von strukturellen Umbrüchen führen, die einen Abstieg Düsseldorfs als japanisches Wirtschaftszentrum in Europa einläuteten.

8 Das Ende einer Ära? Strukturelle Umbrüche in der Standortentwicklung

Dank der nunmehr „lückenlosen" japanischen Infrastruktur und der verstärkten globalen Expansion der japanischen Wirtschaft markierten die späten 1980er bis frühen 1990er Jahre den Höhepunkt in der Geschichte des japanischen Wirtschaftsstandortes Düsseldorf. Gleichzeitig ebneten die wirtschaftlichen und sozialen Entwicklungen in dieser Zeit den Weg für eine Reihe von strukturellen Umbrüchen, die zum Ende der Hochphase hin eine Stagnation der Standortentwicklung implizierten. Veränderte Niederlassungsstrategien, Unternehmensumstrukturierungen sowie heterogenere Migrationsformen forderten jene Faktoren heraus, die bis dato das durchgehende Wachstum des Wirtschaftsstandortes garantierten.

Doch auf welche Weise kamen diese strukturellen Umbrüche zustande und inwieweit deuten sie trotz der beachtlichen Größe des Düsseldorfer Japanstandortes sogar auf einen Abstieg der Stadt als Japanzentrum Europas hin? Um die Hintergründe der jeweiligen Umbrüche zu verstehen, ist es notwendig, die dafür verantwortlichen ökonomischen und gesellschaftlichen Kontexte zu rekonstruieren. Als relevanter Ausgangspunkt erweist sich dabei das bilaterale Handelsungleichgewicht zwischen den westlichen Industrienationen und Japan, das in den 1970er/80er Jahren den öffentlichen Diskurs rund um Japans wirtschaftliche Entwicklung bestimmte und durch eine Reihe von Gegenmaßnahmen Einfluss auf das weitere Wachstum des Düsseldorfer Wirtschaftsstandortes nahm.

Die japanische Exportoffensive und deren Gegenmaßnahmen

Zur Zeit des ersten Deutsch-Japanischen Handelsabkommens[1] von 1960, als die japanischen Handelshäuser noch in ihren Ansiedlungsphasen steckten, konzentrierten sie sich vermehrt auf den Import von Investitionsgütern und Technologielizenzen zur Modernisierung der heimischen Industrie. Dadurch überstieg der deutsche Export nach Japan erheblich den Import aus Japan (siehe Tabelle 7). Die japanischen Exporte setzten sich zu dieser Zeit noch hauptsächlich aus leichtindustriellen Erzeugnissen wie Textilien, Ferngläsern, Bestecken oder Nähmaschinen zusammen, die allerdings drohten, deutsche Konkurrenzprodukte vom Markt zu verdrängen. Die deutsche Industrie reagierte mit Dumpingvorwürfen und Vorbehalten gegenüber den jüngst errichteten Niederlassungen der japanischen Handelshäuser in der Bundesrepublik, von denen man glaubte, dass sie den deutschen Japan-Importeuren die Marktanteile entziehen würden. Aus Überzeugung, dass beide Länder von einem freien Markt nur profitieren würden, entgegnete die deutsche Politik im Laufe der 1960er Jahre nichtsdestotrotz mit Einfuhrliberalisierungen japanischer Erzeugnisse – insbesondere von Keramik und Textilien.[2]

In Verbindung mit Japans Hochwachstumsphase und der Devisenfreigabe von 1964 stellte sich Mitte der 1960er Jahre langsam eine Trendwende im deutsch-japanischen Handel ein. Dank der nunmehr modernisierten Industrie beteiligten sich die japanischen Handelshäuser selber am Exportgeschäft von schwerindustriellen Erzeugnissen und reduzierten dementsprechend den Import deutscher Konkurrenzprodukte. Exporte von leichtindustriellen Gütern gingen derweil zurück.[3] Dadurch überstiegen 1965 erstmalig seit 1951 die japanischen Exporte mit umgerechnet 489 Millionen Euro gegenüber 383 Millionen Euro die deutschen, sodass sich für die Bundesrepublik ein Handelsdefizit von etwa 106 Millionen Euro ergab (siehe Tabelle 7). Während das Export-Import-Verhältnis beider Länder sich dank des anhaltenden Bedarfs an deutschen Maschinen und Know-How für die nächsten zehn Jahre noch relativ ausgeglichen verhielt, fingen kurz nach dem Ende der Ölkrise von 1973 die japanischen Exporte an, sich gegenüber den deutschen zu vervielfachen. Von 1970 bis 1975 erhöhten sie sich um 302 %.[4]

Die darauffolgenden Jahrzehnte markierten eine Zeit, in der Japan im Rahmen einer Exportoffensive einen so großen Zahlungsüberschuss gegenüber der BRD und anderen westlichen Industrienationen verzeichnete, dass ein Handelsstreit loszubrechen drohte. Tabelle 7 gibt die Außenhandelsstatistik zwischen Japan und der BRD von 1960 bis 1990 wieder und zeigt, wie rapide sich das Handelsungleichgewicht ab 1975 entwickelte:

Tabelle 7: Deutsch-Japanischer Außenhandel 1960–1990 in 1000 Euro

Jahr	Export nach Japan	Import aus Japan	Zahlungsüberschuss
1960	257.384	146.020	111.364
1961	385.542	191.756	193.786
1962	393.313	231.376	161.937
1963	405.108	266.067	139.042
1964	447.378	325.143	122.235
1965	383.897	489.958	-106.061
1966	445.571	525.811	-80.240
1967	650.542	474.020	176.522
1968	714.030	594.103	119.927
1969	790.334	819.913	-29.580
1970	1.000.434	1.049.081	-48.647
1971	928.032	1.292.379	-364.348
1972	1.006.482	1.624.619	-618.137
1973	1.405.549	1.838.794	-433.245
1974	1.658.450	1.778.203	-119.752
1975	1.201.816	2.195.935	-994.119
1976	1.429.663	2.780.084	-1.350.421
1977	1.540.881	3.319.885	-1.779.004

Jahr	Export nach Japan	Import aus Japan	Zahlungsüberschuss
1978	1.777.671	3.670.401	-1.892.730
1979	2.122.281	4.045.408	-1.923.127
1980	2.024.732	5.334.992	-3.310.260
1981	2.433.093	6.600.803	-4.167.710
1982	2.641.213	6.466.082	-3.824.869
1983	2.864.648	7.576.900	-4.712.252
1984	3.537.215	9.359.804	-5.822.588
1985	4.033.261	10.593.863	-6.560.603
1986	4.451.657	12.286.563	-7.834.906
1987	5.391.334	12.907.590	-7.516.257
1988	6.703.591	14.503.152	-7.799.561
1989	7.806.327	16.434.591	-8.628.264
1990	8.949.447	16.872.419	-7.922.972

(Übernommen aus: Statistisches Bundesamt, *Außenhandel nach Ländern: Japan*)

Die Ursache für das zunehmende Ungleichgewicht lag darin, dass die japanischen Unternehmen damit begannen, sich auf den Export von Fertigerzeugnissen aus Industriezweigen zu konzentrieren, mit denen sie aufgrund einer vergleichsweise kostengünstigen Herstellung zu einem hohen Qualitätsstandard der ausländischen Produktion Konkurrenz machen konnten. Zu diesen Industriezweigen beziehungsweise Produktgruppen zählten insbesondere die Elektronik-, Maschinenbau- und Automobilindustrie sowie Kameras, Uhren und optische Instrumente. Auch in der Eisen- und Stahlindustrie – für die die japanischen Unternehmen sich ursprünglich in Düsseldorf ansiedelten – übertraf 1980 die weltweite japanische Ausfuhr die deutsche mit 15,4 gegenüber 11,5 Milliarden US-Dollar.[5] Im selben Jahr veröffentlichte das deutsche Bundeswirtschaftsministerium eine Analyse zu den deutsch-japanischen Wirtschaftsbeziehungen, in der man versuchte, sich das zunehmende Handelsungleichgewicht zu erklären:

> Angesichts der gegenwärtig insgesamt wenig zufriedenstellenden weltwirtschaftlichen Lage hat das starke japanische Exportwachstum in bestimmten industriellen Sektoren besonderes Aufsehen erregt. Sowohl in den USA als auch in Europa nimmt der politische Druck zu, diese Entwicklung längerfristig nicht tatenlos hinzunehmen […]. Probleme im Handel mit Japan ergeben sich besonders durch die starke Konzentration und das rasche Vordringen japanischer Anbieter auf wenigen Sektoren […]. Unter aktuellem Anpassungsdruck stehen besonders die Unterhaltungselektronik und Automobilindustrie. Entscheidend für die starke japanische Position sind hier u. a. die Großserienproduktionen, effizientere Fertigungsmethoden und damit Kostenvorteile bei hoher Produktqualität sowie eine häufig sehr wirksam angelegte Marktstrategie.[6]

Die USA und Europa stießen sich jedoch nicht in erster Linie am Zuwachs der japanischen Exporte, sondern an den Import- und Investitionsbeschränkungen, mit denen sich die heimischen Unternehmen beim Markteintritt in Japan konfrontiert sahen, sodass man Japan wirtschaftliche Isolation und unfaire Handelspraktiken vorwarf. Während in den 1970er Jahren der Anteil an industriellen Erzeugnissen in der japanischen Einfuhr durchweg bei durchschnittlich 25 % lag, stammten in der BRD ungefähr 60 % aller Importgüter aus Japan aus diesem Bereich.[7]

Im bilateralen Handel zwischen der damals noch als Europäische Wirtschaftsgemeinschaft (kurz: EWG) agierenden Europäischen Union und Japan machte sich diese Diskrepanz auf gleiche Weise bemerkbar. Tabelle 8 zeigt die Top 10 Export- und Importgüter zwischen Japan und der EWG von 1988 sowie deren unterschiedliche Größenwerte. Die geringen Werte der nach Japan exportierten Industrieerzeugnisse aus der EWG verdeutlichen das bilaterale Ungleichgewicht.

Tabelle 8: Japans Top 10 Außenhandelsgüter 1988 in 1000 Yen

Plätze	Export – Welt	Import – Welt	Export – EWG	Import – EWG
1.	Kraftwagen (6.247.856)	Erdöl (2.411.758)	Kraftwagen (1.086.383)	Kraftwagen (338.483)
2.	Bildübertragungsgeräte (1.554.310)	Meeresprodukte (1.344.566)	Computer und Peripheriegeräte (455.266)	Chemische Erzeugnisse (185.516)
3.	Eisen- u. Stahlerzeugnisse (1.962.007)	Nichteisenmetalle (1.193.595)	Optische Instrumente (449.227)	Pharmazeutische Erzeugnisse (164.319)
4.	Elektronische Bauelemente (1.579.341)	Bauholz (911.899)	Bildübertragungsgeräte (366.413)	Erzeugnisse aus nichtmetallischen Mineralien (137.025)
5.	Computer und Peripheriegeräte (1.460.919)	Erdölerzeugnisse (889.427)	Tonübertragungsgeräte (273.005)	Textilien (117.963)
6.	Optische Instrumente (1.388.423)	Bekleidung u. Zubehör (864.831)	Elektronische Bauelemente (220.647)	Nichteisenmetalle (114.729)
7.	Kraftwagenteile (1.169.942)	Steinkohle (688.770)	Kommunikationsgeräte (212.695)	Bekleidung u. Zubehör (108.747)
8.	Motoren (863.402)	Flüssigerdgas (662.608)	Computerbauteile (151.138)	Fleischprodukte (87.004)
9.	Kommunikationsgeräte (849.434)	Eisen- u. Stahlerzeugnisse (592.221)	Kraftwagenteile (129.309)	Taschen (49.089)
10.	Integrierte Schaltkreise (845.707)	Chemische Erzeugnisse (583.202)	Chemische Erzeugnisse (126.948)	Optische Instrumente (45.221)

(eigene Tabelle)[8]

In Hinblick auf die weltweiten japanischen Gesamteinfuhren spiegeln die Daten aus der Tabelle die japanische Außenhandelsstrategie wider, mithilfe von Fertigerzeugnissen Devisen für den Import von Rohstoffen zu erwirtschaften, an denen es Japan mangelte.[9] Dem Wirtschaftswissenschaftler David Flath zufolge agierte Japan bei der Zusammenstellung seiner Exporte und Importe frei nach dem klassischen Prinzip des komparativen Vorteils von David Ricardo, welches besagt, dass ein Land dazu tendiert, die Güter zu exportieren, für die es geringere Kosten als das andere Land aufweist, und die Güter importiert, für die das Gegenteil gilt.[10]

Um die japanische Regierung auf einen Abbau der non-tarifären Handelshemmnisse für Fertigerzeugnisse aufmerksam zu machen, veröffentlichte der Bundesverband der deutschen Industrie (kurz: BDI) eine Auflistung der jeweiligen Praktiken, die zur vermeintlichen Diskriminierung von deutschen Unternehmen in Japan führten. Demnach hätten unter anderem aufwendige und undurchsichtige Prüfverfahren ausländischer Fertigerzeugnisse sowie eine Abhängigkeit von japanischen Importeuren dafür gesorgt, dass deutschen Unternehmen der Markteintritt in Japan verwehrt wurde, um so eine Konkurrenz mit der heimischen Industrie zu vermeiden. Nur für Produkte, denen man von Grund auf wenig Chancen auf dem japanischen Markt gab, hätten Unternehmen ohne sonderliche Probleme Genehmigungen erhalten.[11] Am Ende seiner Untersuchung zu den Import- und Investitionsbeschränkungen zog der BDI folgende Schlussfolgerung: „Die im folgenden aufgeführten Beispiele zeigen, daß ein Engagement ausländischer Unternehmen in Japan schon durch administrative Hemmnisse erheblich behindert wird und das Land insgesamt von dem Verhalten einer liberalen Welthandelsnation noch weit entfernt ist."[12]

Die harsche Wortwahl des BDI demonstriert die Verärgerung, die zur damaligen Zeit gegenüber der japanischen Exportpolitik unter den politischen Akteuren sowie Institutionen in Deutschland herrschte. Den Präsidenten des Deutschen Industrie- und Handelstages zitierte das hauseigene Nachrichtenblatt mit den Worten: „So kann man den Freihandel, auf den dieses Land […] so sehr angewiesen ist, kaputtexportieren." Auch die Presse in Deutschland nahm in ihre Tagesberichte die zunehmenden Beschwerden gegenüber der Exportoffensive und den Importbeschränkungen mit auf, sodass das Thema des Handelskonfliktes bis in den öffentlichen Diskurs drang. Mit Schlagzeilen wie „Tokio muß weitere Schritte zur Liberalisierung der Märkte machen" oder „Um den Zugang zum japanischen Markt zu erleichtern" machten die Zeitungen auf die Problematik des ungleichen Handels aufmerksam.[13] Die Tageszeitung Die Welt schrieb 1978 zu dem Thema:

> In der westlichen Welt und bei allen Handelspartnern in Europa existiert das Vorurteil, die Japaner überschwemmten mit ihren Produkten die kaufkräftigen Industrieländer – aber sie zeigten sich arg zugeknöpft, wenn sie ausländischen Produzenten die eigenen Grenzen öffnen sollen. Mitunter wurden die Japaner wegen ihrer „Exportwut" auch schon die „Störenfriede" des Welthandels genannt.[14]

Dem Soziologen Kazuhiko Yatabe zufolge hatte die zunehmende Stigmatisierung der japanischen Wirtschaft in Paris keine Auswirkungen auf das Verhalten der Einheimischen gegenüber den Japanerinnen und Japanern vor Ort, was eine Diskrepanz zwischen dem Diskurs und der Praxis offenlegt.[15] Ähnlich wie Yatabe konnte ich für Düsseldorf in meiner Recherche keine unmittelbaren Ausgrenzungen oder Anfeindungen seitens der lokalen Bevölkerung gegenüber der japanischen Diaspora feststellen. Nichtsdestotrotz ging das Image Japans von einer expandierenden und isolierten Wirtschaft mit den Abschottungsvorwürfen gegenüber der lokalen Diaspora einher, die sich mit der Ausweitung der japanischen Infrastruktur mehrten.

Die USA und Europa schauten dem rapide steigenden Handelsungleichgewicht nicht für lange Zeit tatenlos zu, sodass sie in den 1980er Jahren eine Reihe von Gegenmaßnahmen in die Wege leiteten. Während die USA mithilfe von Exportbeschränkungen japanischer Industrieerzeugnisse versuchte, das Handelsungleichgewicht zu bekämpfen,[16] setzte die Bundesregierung in Deutschland nach wie vor auf den freien Markt und strebte eine Erweiterung der deutschen Direktinvestitionen in Japan an. So glaubten wirtschaftspolitische Akteure in Deutschland, dass deutsche Unternehmen in Japan nicht nur durch die administrativen Hemmnisse unterrepräsentiert waren, sondern auch aufgrund unzureichender Kenntnisse über den japanischen Markt und der Landeskultur.[17]

Für eine Übersicht über die Präsenz der deutschen Unternehmen in Japan veröffentlichte die Deutsche Industrie- und Handelskammer in Tokio eine umfassende Analyse, in der sie auf eine Gesamtzahl von 245 deutschen Unternehmen kam, die Mitte 1979 in Japan vertreten waren. An erster Stelle stand dabei die Maschinenbauindustrie mit 62 Unternehmen, gefolgt von der Chemieindustrie mit 58[18] – hierunter unter anderem das Düsseldorfer Großunternehmen Henkel.[19] Gegenüber den 355 Millionen DM, die deutsche Unternehmen in Japan von Ende des Zweiten Weltkrieges bis Ende 1978 investierten, standen japanische Direktinvestitionen in der BRD in Höhe von 1795 Millionen DM.[20] Diese Diskrepanz bestätigte die vergleichsweise untergeordnete Rolle deutscher Unternehmen in Japan.

Um das Image deutscher Unternehmen auf dem japanischen Markt zu stärken und Handelskontakte nach Japan zu fördern, initiierte der damalige Bundeswirtschaftsminister Otto Graf Lambsdorff mit der „Deutschen Leistungsschau 1984" eine einschlägige Gegenmaßnahme. Die Deutsche Leistungsschau, oder auch „Doitsu Haku", war eine vom Bundeswirtschaftsministerium veranstaltete Industriemesse, die 1984 vom 23. April bis zum 6. Mai auf dem 25.000 Quadratmeter großen Harumi-Messegelände in Tokio stattfand. Für die Organisation beauftragte das Ministerium die Düsseldorfer Messegesellschaft NOWEA. Unter dem Motto „Made in Germany – gestern, heute, morgen" präsentierten sich circa 280 deutsche Unternehmen aus Industriezweigen, denen die japanische Industrie drohte, die Marktanteile in Deutschland zu nehmen: dem Maschinen- und Anlagenbau, der Elektronik- und Automobilindustrie sowie dem Konsumgüterbereich. Von Düsseldorfer Seite nahmen mit der Mannesmann AG und der Thyssen-Gruppe unter anderem solche Unternehmen teil, die ursprünglich für die Ansiedlung der japanischen Unternehmen in Düsseldorf verantwortlich waren – auch die Henkel AG & Co. KGaA beteiligte sich.[21] Gemessen an den positiven japanischen Presseberichten und Besucherzahlen von ungefähr 100.000 Fachbesucherinnen und Fachbesuchern galt die Leistungsschau als ein Erfolg.[22]

Zusätzlich zu den Unternehmen waren einige Bundesländer und Kommunen durch ihre politischen Repräsentanten oder mit eigenen Ständen auf dem Messegelände vertreten. Während sich das Land NRW darum bemühte, die Produkte der regionalen Schneid- und Besteckwarenindustrie in Japan bekannter zu machen, nutzte die Stadt Düsseldorf die Messe als Gelegenheit, um mithilfe des Düsseldorfer Abends in Eigenregie Werbung für ihren Wirtschaftsstandort und damit weitere Ansiedlungen japanischer Unternehmen zu betreiben.[23] Dass man innerhalb Düsseldorfs das Handels- und Investitionsungleichgewicht nicht in einem gleichen kritischen Maße wie auf Bundes- oder Landesebene auffasste, machte mir der damalige Stadtdirektor Bolo Mayweg klar, der zusammen mit Oberbürgermeister Josef Kürten für die Leistungsschau nach Japan reiste. Auf die Frage, ob die wirtschaftlichen Spannungen zur damaligen Zeit für ein negatives Image der japanischen Aktivitäten in Düsseldorf gesorgt hätten, entgegnete mir Mayweg mit: „Nein, Düsseldorf war auf seine Japaner immer stolz. Das war der Vorteil und deswegen haben wir ja auch diese Japanwoche gemacht mit dieser unheimlichen Ausstrahlung […].“[24]

Inhaltlich diente auch die Japan-Woche von 1983 als eine Art Gegenmaßnahme zum drohenden Handelskonflikt, indem sie als Veranstaltungsort für ein Wirtschaftssymposium zu den bilateralen Beziehungen diente, bei dem nachhaltige Kontakte zwischen dem BDI und dem *Keidanren* geknüpft werden konnten. Auf gleiche Weise boten die Japan-Wochen in Hamburg von 1989 zur Bekämpfung von Japans Exportpraktiken eine Plattform für den Austausch zwischen wirtschaftspolitischen Akteuren beider Länder mit der Veranstaltung eines Wirtschaftssymposiums.[25] Regelmäßige Gelegenheiten zu einem derartigen Austausch bot seit 1973 außerdem die Deutsche Industrie- und Handelskammer in Tokio in Form der „Deutsch-Japanischen Wirtschaftsgespräche“, an denen sich verschiedene Institutionen und Vereine aus der deutschen und japanischen Wirtschaft beteiligten – das siebte Wirtschaftsgespräch fand 1983 im Rahmen der Japan-Woche in Düsseldorf statt.[26]

1986 sollten die verschiedenen Austauschprogramme zwischen beiden Ländern in der Gründung einer konkreten Institution münden: dem Deutsch-Japanischen Wirtschaftskreis (kurz: DJW). Anlässlich des Erfolges der Deutschen Leistungsschau regten führende Akteure aus der Wirtschaft und Politik zusammen mit dem

MITI 1985 beim Weltwirtschaftsgipfel in Bonn die Etablierung einer Plattform zur Förderung der deutsch-japanischen Wirtschaftsbeziehungen an. Kurze Zeit später fand am 15. Januar 1986 die Gründungsversammlung des DJW im Industrie-Club in Düsseldorf statt, an der unter anderem Graf Lambsdorff, der Vorsitzende der JETRO in Japan, der Präsident der JIHK sowie der Geschäftsführer der NOWEA teilnahmen. Die Führung des DJW übernahm der Vorsitzende des Außenhandelsausschusses des Verbandes Deutscher Maschinen und Anlagenbau e. V. Arno Mock, der den Posten aber bereits 1992 an Ruprecht Vondran, den Präsidenten der Wirtschaftsvereinigung der Eisen- und Stahlindustrie, übergab.[27] Das Sekretariat des DJWs übernahm die JMS Düsseldorf GmbH in Kooperation mit der JETRO,[28] deren Aktivitäten sich in den 1980er Jahren weg von der Exportförderung der japanischen Industrie hin zu der Hilfeleistung ausländischer Unternehmen entwickelten.[29] Finanziert wurde das Sekretariat von der Westdeutschen Landesbank in Düsseldorf, deren Räumlichkeiten gleichzeitig als Geschäftsstelle des Vereins fungierten.[30]

Das Ziel des DJWs bestand darin, mittels eines regen Informationsaustausches und Beratungsdienstleistungen den Markteintritt für deutsche mittelständische Unternehmen in Japan zu erleichtern und so non-tarifäre Handelshemmnisse abzubauen. Das MITI erhoffte sich derweil von der Gründung des Kreises eine gleichzeitige Erhöhung der japanischen Investitionen in NRW.[31] Zur Frage, ob sich der DJW durch die Kooperation mit dem MITI für die Interessen des Ministeriums einsetzte, erzählte mir der ehemalige Vorsitzende Ruprecht Vondran, dass es sich bei dem DJW um eine neutrale Einrichtung handelt, die gleichwertig im Sinne Japans und Deutschlands agiert.[32] Auf die anschließende Frage, inwieweit die Arbeit des DJWs zur Zeit des Handelsungleichgewichtes den Handelsbeziehungen beider Länder half, erwiderte er:

> Der DJW hatte kein großes Sekretariat. Aber er konnte auf Marktchancen aufmerksam machen, auch in Form von kleineren Marktstudien. Er hat eine Plattform geboten, um Interessen von beiden Seiten zusammenzubringen, z. B. wenn ein deutscher Produzent in Japan einen Handelspartner suchte, der zu ihm passte. Er hat entsprechende Brücken gebaut. Weitgehend ehrenamtlich, mit einem kleinen Sekretariat von zwei oder drei Mitarbeitern. Breite Feldarbeit konnte der DJW nicht leisten, wohl aber wertvolle Kontakte herstellen.[33]

Die Aussage demonstriert, wie der DJW lediglich Impulse setzte, um dem angespannten Verhältnis der deutsch-japanischen Handelsbeziehungen entgegenzuwirken und keine unmittelbare Gegenmaßnahme darstellte.

Weitreichender als vereinzelte „lokale" Maßnahmen, die ausschließlich das Verhältnis zwischen der BRD und Japan bestimmten, fielen in den 1980er Jahren solche Gegenmaßnahmen aus, die mittels Entscheidungen von weltpolitischer Tragweite direkten Einfluss auf den Außenhandel Japans nahmen. Zwei einschneidende

Maßnahmen, die die japanischen Unternehmen zu einem Umdenken in ihrem Auslandsgeschäft bewegten, bestanden im „orderly marketing" und dem „Plaza-Abkommen". Mit „orderly marketing" waren Export-Selbstbeschränkungen der japanischen Industrie gemeint, die ab den 1970er Jahren auf Druck der USA und Europa hin zur Vermeidung von protektionistischen Maßnahmen in den Absatzländer in die Wege geleitet wurden, jedoch zu kartellartigen Absprachen zwischen den japanischen Unternehmen führten.[34]

Das Plaza-Abkommen war ein Beschluss zwischen den G5-Nationen, der 1985 im Plaza-Hotel in New York vereinbart wurde und eine Abwertung des Dollars auf Kosten einer Aufwertung des Yens sowie der Deutschen Mark vorsah. Die USA erhofften sich auf diese Weise die Preise für japanische Erzeugnisse gegenüber den amerikanischen steigen zu lassen und so die japanischen Exporte auf „natürliche" Weise zu reduzieren.[35] In der Praxis bedeutete die Aufwertung des Yen aber, dass die japanischen Unternehmen sich gezwungen sahen, ihre Produktionen in Nachbarländer in Asien zu verlegen, wo sie ihre Erzeugnisse zu kostengünstigeren Konditionen herstellen konnten. Das erhöhte Realeinkommen der Bevölkerung in Japan sorgte derweil für einen Nachfrageboom im heimischen Markt, was den Unternehmen die finanziellen Mittel für die genannten Auslandsexpansionen bereitstellte.[36]

Auch in Europa erhöhten sich aufgrund des „orderly marketing" und Plaza-Abkommens die japanischen Direktinvestitionen in den 1980er Jahren in einem erheblichen Maße. Den Wirtschaftsgeografen Peter Dicken, Adam Tickell und Henry Yeung zufolge war das Schengener Übereinkommen von 1985 ein weiterer wichtiger Auslöser für die Zunahme an japanischen Direktinvestitionen in Europa, das den japanischen Unternehmen Sorgen wegen einer Ausschließung vom europäischen Markt bereitete.[37] Japanische Hersteller, die sich bis zu den 1970er Jahren hauptsächlich in Form eines Repräsentanzbüros in Düsseldorf beziehungsweise Europa niederließen, fingen an, sich von den *Sōgō Shōsha* ihrer Gruppe und deren Vertriebswegen loszulösen, indem sie Kapital für die Errichtung eigener Vertriebsniederlassungen oder gar Produktionsstätten investierten.[38]

Der ehemalige Geschäftsführer der Fujifilm-Niederlassung erläuterte mir zu diesem Prozess, dass die Hersteller in den 1970er Jahren erkannten, dass sie beim Verkauf ihrer Produkte im Ausland nicht mehr auf die Vertriebswege der Generalhandelshäuser angewiesen waren. Bei Fujifilm trennte man sich so letztendlich von dem Generalhandelshaus Nissho-Iwai und entschied sich für die Errichtung eigener Niederlassungen, um mehr Profit an den eigenen Produkten zu generieren.[39] Wie sich die japanischen Direktinvestitionen in der BRD von Mitte der 1970er Jahre bis Ende der 1990er Jahre entwickelten, veranschaulicht Abbildung 2:

Abbildung 2: Japanische Direktinvestitionen in der BRD in Millionen DM

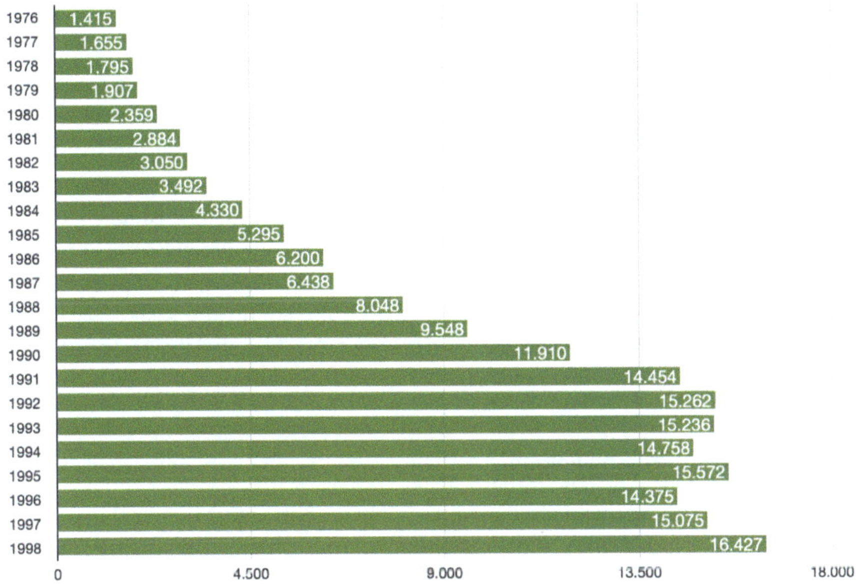

(eigene Abbildung)[40]

Die Daten veranschaulichen, wie die japanischen Direktinvestitionen parallel zum Handelsungleichgewicht ab den 1970er Jahren immer weiter stiegen – insbesondere in der Zeit nach dem Plaza-Abkommen und dem Schengener Übereinkommen.[41]

Aus den Daten der Bundesbank ließ sich zudem entnehmen, dass sich jährlich über die Hälfte aller Investitionen auf den Handels- und Dienstleistungssektor erstreckten.[42] Dicken, Tickell und Yeungs Daten zufolge dominierten die japanischen Direktinvestitionen in Europa grundsätzlich im Dienstleistungsbereich statt im produzierenden Gewerbe, was mit den hohen Lohnkosten auf dem Kontinent in Verbindung zu bringen ist.[43] Die Wirtschaftsgeografin Irmgard Schickhoff bezieht sich in ihrem Aufsatz „Japanische Unternehmen in Europa" auf eine Untersuchung des MITI von 1981, aus der hervorging, dass 71 % aller Niederlassungen von japanischen Herstellern in Europa Handel statt Produktion betrieben – in Asien lag der Wert gerade einmal bei 16,5 %.[44] Besonders auf das Vereinigte Königreich und Deutschland traf dies Dicken, Tickell und Yeung nach zu, wo Anfang der 1990er Jahre über die Hälfte aller japanischen Investitionen in Europa getätigt wurden. Das Vereinigte Königreich lag dabei als wichtigster Standort für das Finanzwesen auf dem ersten Platz mit 30 % aller japanischen Niederlassungen in Europa, gefolgt von der BRD mit 22 % als wichtigster Standort für Vertriebsniederlassungen.[45]

Innerhalb Deutschlands konzentrierten sich Anfang der 1990er Jahre rund die Hälfte aller japanischen Direktinvestitionen auf das Land NRW und waren zu 70 % im Vertriebs- sowie zu 14 % im Produktionssektor verortet.[46] 1993 gab es im Land ungefähr 560 japanische Unternehmensniederlassungen,[47] worunter sich laut einer Analyse des IHK-Mitarbeiters Herbert te Kloot 134 nicht-produzierende und 40 produzierende Unternehmen befanden, die mindestens über ein Nominalkapital von 1 Million DM verfügten. Von diesen Unternehmen waren wiederum 158 in der Region Rhein-Ruhr angesiedelt, was te Kloot in Verbindung mit der ausgebauten japanischen Infrastruktur des Düsseldorfer Standortes bringt.[48] Te Kloots Betrachtung der gesamten Rhein-Ruhr-Region deutet bereits darauf hin, dass die Direktinvestitionen japanischer Unternehmen sich nicht ausschließlich auf das Gebiet der Landeshauptstadt beschränkten. Trotz steigender Zahlen für die Region hatte der drastische Wandel der Niederlassungsstrategien der japanischen Unternehmen Folgen für den Düsseldorfer Standort.

Wirtschaftsgeografische Folgen

Zu Beginn der japanischen Geschäftsaktivitäten in Düsseldorf in den 1950er/60er Jahren konzentrierten sich die Ansiedlungen der japanischen Unternehmen durchweg auf den Bereich der Stadtmitte (Berliner Allee, Schadowstraße und Immermannstraße). Die japanischen Banken befanden sich dabei in der Nähe ihrer deutschen Konkurrenten auf der Königsallee.[49] Die mit Abstand meisten Unternehmen mit eigenständigen Niederlassungen zu der Zeit waren die Generalhandelshäuser. Die Hersteller, welche in hoher Abhängigkeit zu den Funktionen und Vertriebswegen der *Sōgō Shōsha* standen, waren dabei meist nur in Form von Repräsentanzbüros vertreten, die sie unter den Generalhandelshäusern ihres Keiretsu eröffneten.

Mit dem Anstieg an Direktinvestitionen der Hersteller ab Mitte der 1970er Jahre veränderten sich deren Bedürfnisse bei der Errichtung und Standortwahl ihrer Niederlassungen. Aufgrund der umfangreicheren Geschäftsaktivität, die die Errichtung eigener Vertriebsniederlassungen oder Produktionsstätten mit sich brachte, machten sich die Hersteller auf die Suche nach größeren Gewerbeflächen zu kostengünstigen Preisen. Da die Düsseldorfer Stadtmitte dafür völlig ungeeignet war, entschlossen sich mehr und mehr Industrieunternehmen dazu, sich in Randgebieten wie dem Düsseldorfer Norden in Richtung des Flughafens niederzulassen. Der Düsseldorfer Süden erwies sich dabei nach wie vor als unbeliebter Standort, was Glebe und Montag nach mit dem hohen Status der Expats zusammenhängt, der dazu führt, dass sie sich tendenziell in wohlhabenderen beziehungsweise sozial stärkeren Gebieten niederlassen.[50]

Die Randgebiete Düsseldorfs konnten jedoch nicht vollends den Bedarf an großen Gewerbeflächen decken, sodass im Laufe der 1970er Jahre japanische Unternehmen vermehrt in umliegende Städte umsiedelten oder gar direkt dorthin expandierten.[51] Besonders beliebte Standorte waren dabei Ende der 1970er Jahre die Städte Neuss, Ratingen, Haan oder Erkrath. Zielke zählte für 1979 bereits 43 gegenüber 257 Unternehmen, die sich außerhalb des Düsseldorfer Stadtgebietes niederließen – bei 27 davon handelte es sich um Abwanderungen aus Düsseldorf. Zielke selber schrieb von einem Wanderungsverlust für das Stadtgebiet Düsseldorf und einem Ansiedlungsgewinn für das Umland.[52]

Im Rahmen meiner Interviews mit Angehörigen von japanischen Unternehmen, die eine Umsiedlung von Düsseldorf in die Nachbarstandorte unternahmen, konnte ich weitere Details zu den Beweggründen der Unternehmen erfahren. Ein ehemaliger Mitarbeiter des Klavierherstellers Kawai veranschaulichte mir, aus welchen Gründen das Unternehmen für die Errichtung einer eigenständigen Vertriebsniederlassung Mitte der 1970er Jahre von Düsseldorf nach Haan und 1990 nach Krefeld zog. Begonnen hatte das Unternehmen seine Aktivitäten in Düsseldorf als ein Repräsentanzbüro unter dem Generalhandelshaus Marubeni. Dem Mitarbeiter nach zog Kawai nach Haan, da sie dort ein deutsches Speditionsunternehmen fanden, das sich zur Vermietung einer Lagerhalle bereiterklärt hatte. Mit zunehmender Kapitalausstattung und einem wachsenden Warenaufgebot stellte sich die Größe der Lagerhalle jedoch als nicht mehr ausreichend heraus, sodass man sich bei Kawai – nach einer weiteren Anmietung einer Lagerhalle in Erkrath – zum Bau einer eigenen Vertriebsniederlassung in Krefeld entschloss.[53] Dass die Entscheidung für den Bau der Niederlassung auf Krefeld und nicht Düsseldorf fiel, erläuterte mir der Mitarbeiter folgendermaßen:

> Düsseldorf wäre natürlich die erste Wahl gewesen für unsere Japaner. Da gab es aber zu diesem Zeitpunkt kein Bauland. [...] Sonst wäre es in Richtung Solingen gegangen oder Hilden oder sowas in der Art. Aber tatsächlich ist Krefeld für die Japaner näher als Hilden, wenn man jetzt immer diese Schule im Kopf hat. Die A44 direkt vor der Haustür zu haben, war ein ganz großer Punkt. Von hier ist man in einer Viertelstunde in Oberkassel. [...] Aber ein weiterer Grund ist eben auch, dass der Hebesatz hier günstiger ist, also hier bezahlt man ein Stück weit weniger Steuern.[54]

Die Aussagen des Mitarbeiters bestätigen, dass die Beweggründe für die Standortverlagerungen der japanischen Hersteller primär die Verfügbarkeit großer Gewerbeflächen und deren Kosten waren. Darüber hinaus verdeutlicht seine Erzählung, wie die japanische Infrastruktur Düsseldorfs die Entscheidung der japanischen Unternehmen bei der Wahl des Nachbarstandortes für die Umsiedlung beeinflusste. Trotz der Abwanderungen aus dem Düsseldorfer Stadtgebiet zentrierten sich die Standortverlagerungen um Düsseldorf und seine weichen Standortfaktoren. Es galt: Je näher und besser der Nachbarstandort zu Düsseldorf angebunden war, desto attraktiver erwies er sich.

Das prägnanteste Beispiel für dieses Ansiedlungsmuster ist die Kleinstadt Willich im Kreis Viersen, die sich ab den 1980er Jahren als besonders attraktiver Standort für japanische Vertriebsniederlassungen aus technischen Industriezweigen herausstellte. Angefangen bei dem Unternehmen Photex im Jahr 1982 ließen sich bis heute in Willich über 30 japanische Unternehmen nieder, wovon ungefähr die Hälfte bereits in den 1980er/90er Jahren den Standort wählten – rund zehn von ihnen stammten dabei aus Düsseldorf.[55] Unter den Unternehmen, die zu dieser Zeit Willich wählten, befanden sich bekannte Unternehmensgrößen wie Sumitomo Electric, Hitachi Power Tools oder Yonex Sports.

Als Standortfaktoren Willichs hebt die Wirtschaftsförderung der Kleinstadt vor allem ihre große Anzahl an Gewerbeflächen durch das Gewerbegebiet Münchheide und den Gewerbepark Stahlwerk Becker sowie die vergleichsweise niedrigen Gewerbesteuersätze hervor. 2018 verzeichnete Willich mit einem Gesamtbetrag von 42.945,18 € geringere Gewerbesteuereinnahmen als die Städte Kaarst, Meerbusch, Neuss, Krefeld oder Mönchengladbach und damit die niedrigsten in der Umgebung.[56] Als weiteren Standortfaktor nennt die Wirtschaftsförderung Willichs die guten Verkehrsanbindungen zur Landeshauptstadt Düsseldorf durch die Autobahnen. In einem Flyer mit dem Titel „Nur 2 Ampeln bis zum Flughafen" bewirbt die Stadt den Standort folgendermaßen: „Willich, ideal gelegen im Städtedreieck Düsseldorf/Krefeld/Mönchengladbach, überzeugt durch seine gute Lage sowie die ideale Anbindung, unter anderem zum Flughafen Düsseldorf."[57] Die Formulierung macht deutlich, wie die Kleinstadt die Bedürfnisse der japanischen Unternehmen und Entsandten nach einer günstigen und geräumigen Gewerbefläche sowie dem Zugriff auf die Infrastruktur Düsseldorfs erkannte und ihre Standortwerbung darauf anpasste.

Zur genauen Strategie der Willicher Wirtschaftsförderung interviewte ich den ehemaligen Bürgermeister der Stadt Josef Heyes, der sich seit seinem Amtsantritt im Jahr 1999 stark für die Beziehungen zwischen Willich und Japan einsetzte. Hinsichtlich der Vorteile, die Willich durch das günstige Gewerbegebiet in Münchheide und die Anbindung zu Düsseldorf hatte, führte er mir aus:

> Dadurch konnten wir preisgünstiger […] die Gewerbeflächen anbieten – im Vergleich zu Düsseldorf, wo es teuer war. Ob Eigentümer oder Mieter oder Käufer war es dann hier weitaus günstiger. Das war der Impuls. Und weil viele japanische Unternehmen auch in Düsseldorf oder in Neuss oder in Kaarst saßen, die auch expandieren wollten und sagten: „Oh da ist die A44, da ist der Flughafen, da ist die Messe […]". Und damit waren schnell auch Entscheidungen gefallen.[58]

Im Anschluss daran betonte er, dass insbesondere der geringe Gewerbesteuersatz die Entscheidungen der Unternehmen für Willich beeinflussen.[59] Wie wirksam der geringe Gewerbesteuersatz und die hohe Verfügbarkeit an Gewerbeflächen die japanischen Unternehmen von Willich überzeugten, gelang es mir mithilfe der Geschäftsführer zu bestätigen, die mir von der Umsiedlung ihrer Unternehmen in die

Kleinstadt berichteten. So argumentiert der Geschäftsführer von Hitachi Power Tools, die Niederlassung des Unternehmens aufgrund der geringen Verfügbarkeit an Gewerbeflächen in Düsseldorf nach Willich verlegt zu haben.[60] Der Präsident des Japan-Club Willichs und Geschäftsführer des Herstellers für optische Instrumente Topcon bestätigte in unserem Interview die Wichtigkeit der niedrigen Gewerbesteuer für die Unternehmen:

> Ich habe das extra von unserem Steuerberater bestätigen lassen. Zum Beispiel wenn ein Unternehmen in einem Jahr 100.000 € gewinnen könnte, dann könnte dieses Unternehmen ca. 10.000 € sparen. Das ist schon ein großer Unterschied. Und zum Beispiel Essen, Düsseldorf oder Köln sind da besonders teuer. [...] Und da war Willich ganz, ganz günstig.[61]

Die Vergleiche von Willichs und Düsseldorfs Gewerbesteuersätzen, die der Bürgermeister und der Club-Präsident ziehen, deuten auf ein konkurrenzartiges Verhältnis zwischen beiden Standorten hin. Auf die Frage, wie sich das Verhältnis Willichs zum Wirtschaftsstandort Düsseldorf genau äußert, gab Bürgermeister Heyes mir zu verstehen, dass Willichs Attraktivität von der Standortnähe zu Düsseldorf abhängig ist und sehr stark seine Vermarktung darauf auslegt. Aus diesem Grund sprach er von einem leichten Konkurrenzverhältnis zwischen den beiden Standorten. Direktere Konkurrenten seien für Willich wiederum andere Städte in der Umgebung wie Krefeld, Meerbusch oder Kaarst, die über ein ähnlich hohes Maß an freier Gewerbefläche verfügen.[62]

In Bezug auf die japanische Migration steht Heyes Aussagen nach Willich hinwieder in keinem Konkurrenzverhältnis zu Düsseldorf, da es an einer vergleichbaren Infrastruktur fehlt. Vielmehr lebe der Standort von der japanischen Infrastruktur Düsseldorfs, die dazu führe, dass Unternehmen nach einem an die Landeshauptstadt gut angebundenen Standort suchen würden.[63] Daraus resultiert, dass gerade einmal zehn Japanerinnen und Japaner in Willich leben. Darüber hinaus führt der 1982 gegründete Japan-Club Willichs ausschließlich Unternehmen als Mitglieder, sodass er nicht als ein Äquivalent zu dem Japanischen Club in Düsseldorf verstanden werden kann.[64]

Der zur damaligen Zeit amtierende Amtsleiter des Wirtschaftsförderungsamtes der Stadt Düsseldorf entwarf in unserem Interview ein ähnliches Bild. Für die Düsseldorfer Standortpolitik sei nicht das Entscheidende gewesen, mithilfe einer niedrigen Gewerbesteuer die Unternehmen an den Standort zu locken. Vielmehr habe man darauf gesetzt, durch die japanische Infrastruktur die Unternehmen und ihre Angestellten an Düsseldorf zu binden:

> Ich habe die Gewerbesteuer nie für so entscheidend gehalten, wenn sie nicht so unterschiedlich war, dass ein Gewerbegrundstück in Düsseldorf 100 € war und in Willich nur 2 €. [...] Dann wäre das betriebswirtschaftlich sehr relevant gewesen, aber ob es 100 € zu 85 € war, das war nicht so entscheidend. [...] Dafür war

> aber die Nähe zu den Einrichtungen, die sie genutzt haben für ihre Mitarbeiter, wo sie gewohnt haben und das ganze japanische Innenleben hier. Weil die ganzen Clubs und was wir so alles hier haben, da wohnte man natürlich lieber in Düsseldorf als in Willich.[65]

Das Beispiel Willichs in Verbindung mit der Geschichte Kawais bestätigt, wie trotz der Zunahme an Unternehmensniederlassungen in den Nachbarstandorten Düsseldorf aufgrund seiner einzigartigen japanischen Infrastruktur unverändert über die größte japanische Bevölkerung verfügte. Insbesondere die Bildungsinfrastruktur mit der japanischen Ganztagsschule band dabei die Entsandtenfamilien an den Standort in Düsseldorf. Statistisch gesehen lässt sich diese Schlussfolgerung besonders an der explosionsartig steigenden Anzahl an japanischen Schülerinnen und Schülern von Mitte der 1980er bis Anfang der 1990er Jahre ablesen, die mit der Unterzeichnung des Plaza-Abkommens und der einhergehenden Zunahme an Direktinvestitionen in dieser Zeitspanne korreliert.[66] Düsseldorf profitierte damit zwar vom erhöhten Aufgebot an Direktinvestitionen in den 1980er Jahren, indem die japanische Bevölkerung in der Stadt weiter anstieg, verlor aber gleichzeitig seine Attraktivität als Unternehmensstandort aufgrund der veränderten Niederlassungsstrategie der Unternehmen. Nur die Exklusivität der weichen Standortfaktoren wie die Japanische Schule garantierte somit noch die Stellung des Standortes als japanisches Europazentrum.

Im Fall der Produktionsstätten fiel der Attraktivitätsverlust Düsseldorfs noch stärker ins Gewicht als bei den Vertriebsniederlassungen. Bereits die Ansiedlung der ersten japanischen Produktionsstätte des Kugellagerherstellers NTN in Deutschland deutete darauf hin, dass Düsseldorf keinen attraktiven Wirtschaftsstandort für den sekundären Bereich darstellt. 1974 ließ das Unternehmen seine Produktion direkt in Mettmann errichten, obwohl sich die Handelsniederlassung bis zu ihrem fast gleichzeitigen Umzug nach Erkrath in Düsseldorf befunden hatte.[67] Der damalige Geschäftsführer der NTN-Handelsniederlassung bestätigte mir im Interview, dass Mettmann aufgrund der besseren Grundstücks- beziehungsweise Standortbedingungen für die Produktion ausgewählt wurde.[68] Auch der ehemalige Geschäftsführer der Fujifilm-Niederlassung gab mir zu verstehen, dass man Düsseldorf zwar als Standort für die Hauptzentrale des Unternehmens bevorzugte, jedoch für die Errichtung der Produktionsstätte beziehungsweise des Fotolabors (Photex) den Standort Willich.[69]

Da in den Produktionsstätten hauptsächlich lokal eingestelltes Personal statt Entsandte aus Japan tätig war, erübrigte sich für diese Art von Niederlassungen die Notwendigkeit einer auf die Bedürfnisse ihrer Angestellten zugeschnittenen Infrastruktur. Darüber hinaus stellt sich für Produktionsstätten aufgrund der besonderen Anforderungen, die der Fertigungsprozess mit sich bringt, die Suche nach einem geeigneten Gewerbegelände im städtischen Raum schwieriger heraus als in außerhalb liegenden, eher ländlichen Gebieten. Infolge dessen ergibt sich bei den

Produktionsstätten ein noch höherer geografischer Verteilungsgrad als bei den Handels- und Vertriebsniederlassungen.

Für die Aktivitäten der japanischen Unternehmen im Vereinigten Königreich stellten Dicken, Tickell und Yeung fest, dass sich produzierende Niederlassungen auf den Nord-Osten Englands, Süd-Wales und die Mitte Schottlands verteilen, während sich Vertriebsniederlassungen und Banken auf den Raum London konzentrieren.[70] Auch auf die Bundesrepublik Deutschland traf diese Beobachtung zu: 1987 stellte te Kloot in einer weiteren Analyse des japanischen Wirtschaftsstandortes Düsseldorf fest, dass sich nur 17 der 58 ansässigen japanischen Produktionsstätten in der BRD in NRW befanden – die restlichen 31 entfielen auf die nördlich und südlich gelegenen Bundesländer. Innerhalb NRWs nahm Mönchengladbach die Spitzenposition mit acht Produktionsstätten ein, während sich nach te Kloots Daten in Düsseldorf lediglich eine einzige japanische Uhrenmontage befand. Auch te Kloot zog daraus das Fazit, dass die besondere Infrastruktur, die Düsseldorf den Japanerinnen und Japanern bietet, die Standortauswahl der Produktionsstätte nur bedingt beeinflusst.[71]

Während somit die Handels- und Vertriebsniederlassungen trotz ihrer Verlagerungen in Randbezirke weiterhin den Wirtschaftsstandort Düsseldorf durch die Zuzüge der Entsandtenfamilien stärkten, nahmen die produzierenden Aktivitäten der japanischen Hersteller kaum Einfluss auf dessen Wachstum. Anfang der 1990er Jahre nahm jedoch im Zuge der bis dato größten japanischen Wirtschaftskrise der Nachkriegszeit selbst der Zustrom an Entsandtenfamilien ab.

Das Nachbeben der Bubble Economy

1992 erreichte das Wachstum des japanischen Wirtschaftsstandortes Düsseldorf mit etwa 400 Unternehmensniederlassungen und 5283 Japanerinnen und Japanern seinen bis dato absoluten Höhepunkt. Auch die Japanische Schule verzeichnete mit 998 Schülerinnen und Schülern ihren Höchstwert. Ab hier endete jedoch das durchgehende Wachstum, was der Standort seit den 1950er Jahren verzeichnete. Die Anzahl an Entsandtenfamilien reduzierte sich von Jahr zu Jahr immer weiter, sodass zur Jahrtausendwende sich nur noch 4786 Japanerinnen und Japaner und 672 Schülerinnen und Schüler in Düsseldorf aufhielten.[72] Die Ursache für diesen gravierenden Einschnitt war die damalige konjunkturelle Lage Japans, die das Land aufgrund des Platzens der sogenannten „Bubble Economy" in eine massive Rezession stürzte.

Die Aufwertung des Yen durch das Plaza-Abkommen von 1985 und die einhergehende Wohlstandssteigerung der Bevölkerung in Japan sorgten dafür, dass Unternehmen und private Haushalte mithilfe von gelockerten Bankkrediten exzessive Investitionen in den Aktien- und Immobilienmarkt tätigten, was Preise über ihren eigentlichen Wert hinaus nach oben trieb. Als 1992 dann die Anlagenpreise in die Tiefe stürzten und damit die generierte Spekulationsblase platzte, überstiegen die

Kreditschulden die tatsächlichen Werte der Anlagen, sodass die Kredite der Banken nicht mehr gedeckt werden konnten. Während aus diesem Grund eine zunehmende Anzahl an kleinen und mittelständigen Unternehmen in Japan Bankrott ging, waren die Finanzinstitutionen Japans durch notleidende Kredite im Wert von 13 Trillionen Yen am härtesten betroffen. Im Ergebnis erlitt die japanische Wirtschaft durch das Platzen der Bubble den längsten Abstieg in der Nachkriegszeit.[73] Die Jahre nach der Bubble werden daher als die „verlorene Dekade" bezeichnet.

Wie die eingangs genannten Statistiken darlegen, gingen das Platzen der Bubble und die verlorene Dekade am Düsseldorfer Wirtschaftsstandort nicht spurlos vorbei. Um angesichts der Krise Kosten zu sparen, zogen viele Unternehmen ihre Entsandten aus den Auslandsstandorten zurück, was sich unmittelbar auf die Größe der japanischen Bevölkerung vor Ort und die Schülerzahlen der Japanischen Schule auswirkte.[74] Anlässlich des Besuchs von Kaiser Akihito im September 1993 machte die Westdeutsche Zeitung auf den statistischen Rückgang aufmerksam:

> Die Topstimmung der japanischen Gemeinde während des Tenno-Trubels kann nicht darüber hinwegtäuschen, daß sich Nippons Wirtschaftsflaute auch auf „Klein-Tokio" auswirkt. […] Etwa 1000 Japaner wurden seit 1992 aus Düsseldorf in ihre Heimat zurückgerufen. In der japanischen Schule drücken mit 892 Kindern rund 100 weniger die Schulbank als 1992.[75]

Tabelle 9 zeigt, wie nach 1992 kontinuierlich die Größe der japanischen Bevölkerung stagnierte und erst 2014 einen neuen Höchstwert erreichen konnte:

Tabelle 9: Japanische Bevölkerung in Düsseldorf 1991–2018

Jahr	Einwohneranzahl
1991	5205
1992	5283 (Alter Höchststand)
1993	4969
1994	4645
1995	4520
1996	4559
1997	4569
1998	4673
1999	4699
2000	4786
2001	4960
2002	4985
2003	5020
2004	4786
2005	4844
2006	4951

Jahr	Einwohneranzahl
2007	4978
2008	5098
2009	4936
2010	4885
2011	5040
2012	5209
2013	5279
2014	5387 (Neuer Höchststand)
2015	5460
2016	5596
2017	5829
2018	5982

(Übernommen aus: Amt für Statistik und Wahlen der Landeshauptstadt Düsseldorf, *Gemeldete japanische Personen in Düsseldorf seit 1961*)

Nicht nur das Wachstum der japanischen Bevölkerung in Düsseldorf war von der verlorenen Dekade betroffen, sondern auch die Unternehmensniederlassungen vor Ort. Das Wirtschaftsförderungsamt der Stadt Düsseldorf registrierte von Anfang bis Ende der 1990er Jahre die bis dato meisten Abmeldungen japanischer Unternehmen in einem Jahrzehnt und nur rund 80 Neuansiedlungen.[76] Obendrein nahm die allgemeine Investitionsbereitschaft japanischer Unternehmen ab. Wie Abbildung 2 zu entnehmen, stagnierten die japanischen Direktinvestitionen in der BRD ab 1992 bis Ende des Jahrzehnts und beliefen sich auf durchschnittlich 15 Milliarden DM. Te Kloot dokumentierte in seiner Standortanalyse von 1993, wie sich in dem Jahr nur noch halb so viele Unternehmen (21) in Düsseldorf neu ansiedelten wie 1991. Angesichts der damit einhergehenden Abnahme der lokalen japanischen Bevölkerung fragte er am Ende seiner Analyse: „Wird Düsseldorf Federn lassen müssen?“[77]

„Federn“ musste der Wirtschaftsstandort auf Dauer nicht in erster Linie wegen der Rezession lassen, sondern in Folge eines langfristigen Umdenkens, das diese mit sich brachte. Zwei essenzielle Faktoren, die verantwortlich für den wirtschaftlichen Aufschwung Japans nach dem Krieg und der Entwicklung des Wirtschaftsstandortes in Düsseldorf waren, verloren im Zuge der Wirtschaftskrise erheblich an Relevanz: die Unternehmensnetzwerke der Keiretsu und der japanische Unternehmensmanagementstil.

Die Finanzkrise, in der sich die japanischen Banken aufgrund der notleidenden Kredite befanden, und die gesetzlichen Hilfsprogramme zu deren Rettung leiteten bis zur Jahrtausendwende eine fundamentale Veränderung des japanischen Bankensektors ein. Um dem Bankrott zu entgehen, führten die sechs Hausbanken der horizontalen Keiretsu eine Reihe an Fusionen durch, sodass sie sich bis 2005 nur noch auf drei große Finanzkonglomerate verteilten: der Sumitomo Mitsui Banking Corporation (Mitsui Bank + Sumitomo Bank), der Mizuho Financial Group (Dai-Ichi Kangyō Bank + Fuji Bank + Industrial Bank of Japan) und der MUFG Bank (Mitsubishi Bank + Bank of Tokyo + Sanwa Bank). Im Zuge dieser Fusionen und der zunehmenden Öffnung des japanischen Kapitalmarktes nahmen gleichzeitig die Anteile an langfristigen Geschäftsbeziehungen und gegenseitige Aktienverflechtungen ab, was das Fundament der Keiretsu erschütterte.[78] Für den Düsseldorfer Standort bedeutete somit die Bankenkrise nicht nur eine drastische Reduzierung der japanischen Finanzinstitutionen vor Ort, sondern auch die Schwächung eines wesentlichen Pull-Faktors, der in den 1960er und 1970er Jahren sein Wachstum maßgeblich begünstigt hatte.

Neben der Existenz der Keiretsu wurde nach dem Platzen der Bubble der japanische Unternehmensmanagementstil hinterfragt. Statt weiterhin ausschließlich auf das Rotationsprinzip zu setzen und alle drei bis fünf Jahre neue Mitarbeiter in die Auslandsniederlassungen zu entsenden, stellten die japanischen Unternehmen in Europa vermehrt lokales Personal aus den jeweiligen Auslandsstandorten ein, um den hohen Ausgaben zu entgehen, die die Expats den Unternehmen bescherten und so gleichzeitig die Niederlassungen zu internationalisieren.[79] Das Wirtschaftsförderungsamt der Stadt Düsseldorf zählte 2005 22.000 nicht-japanische gegenüber 2500 japanischen Angestellten in den Niederlassungen der hiesigen japanischen Unternehmen.[80]

1995 interviewte die Westdeutsche Zeitung zur Umstrukturierung der Unternehmen und dem Rückgang der Entsandten den damaligen Düsseldorfer Stadtdirektor Jörg Bickenbach, der seine Einschätzung über deren Auswirkungen für den Wirtschaftsstandort abgab:

> Die Ursache für den Rückgang der Japaner in Düsseldorf ist differenziert zu sehen. Außer der Umstrukturierung der Betriebe sieht Bickenbach eine Tendenz zum weltweiten Abbau von Personal. […] Der Standort Düsseldorf für die japanische Kolonie wird von Bickenbach demonstrativ betont. Es seien zwar zwei, drei Firmen nach Berlin gegangen, sie seien jedoch reumütig zurückgekehrt. Die Japaner würden längt wissen, daß im Rheinland mehr Menschen zusammen leben als anderswo.[81]

Auch wenn den Aussagen des Stadtdirektors entsprechend die Unternehmensumstrukturierungen keinen direkten Verlust an Unternehmen bedeuteten und sich nicht ausschließlich auf den Standort in Düsseldorf beschränkten, so gefährdeten sie dessen Alleinstellungsmerkmal: die japanische Infrastruktur. Diese richtete sich vorwiegend an die Bedürfnisse der Unternehmensentsandten und war der primäre Faktor für die Ansiedlung japanischer Unternehmen im Raum Düsseldorfs. Zudem bedeutete der Rückgang an Entsandten eine stagnierende Weiterentwicklung der Infrastruktur, da die Eigenorganisation der Diaspora deren treibende Kraft war. Folglich sind bis heute die Japanische Schule und das EKŌ-Haus die letzten großen infrastrukturellen Einrichtungen der japanischen Diaspora in Düsseldorf. Die Stagnation der Infrastruktur lässt sich aber auch auf das mangelnde Engagement der Düsseldorfer Wirtschaftsförderung zurückführen. Dem ehemaligen Amtsleiter zufolge fand Anfang der 2000er Jahre unter Oberbürgermeister Erwin innerhalb der Stadtverwaltung eine Art Fokuswechsel auf die Förderung des chinesischen Wirtschaftsstandortes statt,[82] was eine Erklärung für das Ausbleiben weiterer Großprojekte sein könnte. Diese Schlussfolgerung bedarf allerdings weiterer Untersuchung durch anknüpfende Forschungen.

Herausgefordert wurde die Relevanz der japanischen Infrastruktur nicht ausschließlich von dem „Nachbeben" der Bubble. Generell waren die 1990er Jahre eine Zeit, in der die japanische Migration nach Düsseldorf nicht mehr ausschließlich von den Entsandten und ihren Familien bestimmt wurde. Heterogenere Migrationsformen sorgten für diversere Lebensbedürfnisse der japanischen Bevölkerung vor Ort.

Heterogenere Migrationsformen

Heterogenere Migrationsformen aus Japan, die besonders verstärkt ab den 1980er/90er Jahren in Düsseldorf auftraten, teilen sich vor allem in Langzeitaufenthalte ehemaliger Expats sowie Aufenthalte alleinstehender Frauen und Studierender auf.[83] Erstere gingen aus der Entsandtenmigration hervor, die seit den 1950er Jahren ihren Lauf nahm. Immer häufiger kam es vor, dass sich entsandte Unternehmensangehörige nach ihrer drei- bis fünfjährigen Tätigkeit statt nach Japan zurückzukehren, zu einem permanenten Leben im Aufenthaltsland entschlossen. Jäger erfasst für das Jahr 2013 15,5 % der japanischen Bevölkerung, die eine unbefristete Aufenthaltserlaubnis hielten und vergleicht sie mit den weniger als 1 % von 1977, die Zielke in seiner Arbeit angab. Daraus lässt sich eine deutliche Zunahme an Langzeitaufenthalten in dem Zeitraum erkennen.[84]

Als Startzeitraum für die Langzeitaufenthalte ließen sich im Rahmen meiner Interviews die 1980er/90er Jahre ausmachen. Die hauptsächlichen Beweggründe meiner Interviewpartner waren selbstständige Geschäftstätigkeiten, binationale Ehen oder eine allgemeine Bevorzugung eines Lebens in Deutschland. Die Interviewpartner, die sich selbstständig machten, üben in der Regel Tätigkeiten aus, bei denen sie ihre Erfahrungen aus ihrer Zeit als Unternehmensentsandter einbringen konnten, was Glebe und Zielke als ein typisches Muster dieser Migrationsgruppe beschreiben.[85] So nutzte beispielsweise ein ehemaliger Entsandter des japanischen Elektronikherstellers Alps Electric seine Expertise als gelernter Ingenieur und gründete ein Beratungsunternehmen für Unternehmen der Elektronikindustrie.[86] Ein weiterer Interviewpartner eröffnete eine Handelsgesellschaft für japanische Lebensmittel, nachdem er sich durch seine Tätigkeit bei Japan Air Lines genügend Fachwissen über den Güterverkehr zwischen Deutschland und Japan angeeignet hatte.[87] In beiden Fällen trugen die Unternehmen die Namen ihrer Gründer. Zwei

Interviewpartner, die bei Institutionen wie der JETRO oder JIHK tätig waren, betätigen sich heutzutage als Berater oder Übersetzer für japanische und deutsche Unternehmen, die einen Einstieg in den deutsch-japanischen Handel beabsichtigen.[88]

Auch wenn sich die Hintergründe ihrer langfristigen beziehungsweise permanenten Aufenthalte gleichen, gaben meine Interviewpartner unterschiedliche Motivationen für ihre Entscheidung zur Selbstständigkeit an. Der Gründer des Beratungsunternehmens für Elektronikhersteller führte aus, dass er nach Abschluss seiner Entsandtentätigkeit aufgrund seiner Ehe mit einer deutschen Frau und generellen Vorliebe für Deutschland nicht nach Japan zurückkehrte und sich stattdessen zu der Gründung eines eigenen Unternehmens entschloss.[89] Sein Beispiel zeigt auf, wie sich in manchen Fällen selbstständige Tätigkeiten und Eheschließungen als Faktoren für Langzeitaufenthalte gegenseitig bedingen und keine exklusiven Kategorien darstellen. Im Fall des genannten Gründers des Beratungsunternehmens für Elektronikhersteller führten seine deutsche Familie und seine Kenntnisse über Deutschland sogar dazu, dass er privat kaum mit der Entsandtengemeinschaft in Kontakt stand und sich aufgrund der unterschiedlichen Lebensvorstellungen bewusst von dieser abgrenzen wollte:[90]

> Deswegen bin ich nicht ein einziges Mal im Japanischen Club oder der JIHK gewesen, um dort irgendeine Funktion zu tragen und mich an Dingen zu beteiligen. Da habe ich auch keine Lust zu. Ich bin halt etwas anders als die [üblichen] Japaner. Für mich besteht nicht die Notwendigkeit, mein Leben so sehr in einem japanischen Stil zu führen.[91]

Insbesondere in Bezug auf die JIHK erklärte er, als selbstständiger Unternehmer nicht auf das Angebot der Institution angewiesen zu sein.[92] Seine Erzählung unterstreicht damit die speziellen Bedürfnisse von selbstständigen Japanerinnen und Japanern mit langfristigen Aufenthalten und hinterfragt die Bedeutsamkeit der Diasporainstitutionen, auf denen sich die Entwicklung des Wirtschaftsstandortes bis dato stützte.

Während sich die Unternehmensentsandten in der Regel mithilfe der angepassten Infrastruktur nach einem so reibungslosen Aufenthalt wie möglich sehnen, kann bei den Japanerinnen und Japanern mit einem langfristigen Aufenthalt genau das Gegenteil der Fall sein. Wie aus dem oben stehenden Zitat zu entnehmen, geht dabei oftmals eine Art Stolz aus ihren Erzählungen über die eigenen Fähigkeiten und Deutschkenntnisse hervor, die sie von der Entsandtengemeinschaft abheben. Aus diesem Grund betonten viele von ihnen im Laufe der Interviews, wie sehr sich ihre Lebenssituation von der eines Entsandten unterscheiden würde.

Ein ehemaliger Unternehmensentsandter des Backmaschinenherstellers Rheon, der sich für einen permanenten Aufenthalt entschied, erzählte mir davon, wie er als erster Japaner in Deutschland die Prüfung zum Steuerberater bestand:[93]

> Also mein Lebenslauf ist überhaupt nicht vergleichbar zu dem von anderen normalen japanischen Businessmen hier. Wie gesagt, es gibt so viele andere Japaner hier in Deutschland oder in Düsseldorf, die nicht zu einer bestimmten japanischen Firma gehören. Da sind also Steuerberater, Rechtsanwälte oder sonstige Spezialisten [...]. Oder natürlich auch Künstler im Opernhaus, im Konzerthaus oder Professoren an den Unis.[94]

Die Aufzählung am Ende des Zitates lässt darauf schließen, wie wichtig dem Steuerberater eine Anerkennung der erhöhten Heterogenität der japanischen Bevölkerung in Düsseldorf ist. Wie Tagsold argumentiert, wird die Heterogenität der japanischen Diaspora von dem Stadtmarketing der Stadt Düsseldorf weitestgehend ignoriert.[95] Fehlende öffentliche Aufmerksamkeit gegenüber den unterschiedlichen Lebensläufen innerhalb der lokalen Diaspora können daher als Mitgrund für die Erzählweisen der Interviewpartner betrachtet werden. Für den Steuerberater waren gleichermaßen seine deutsche Ehefrau und seine in Deutschland aufgewachsenen Kinder die Gründe für die dauerhafte Niederlassung.[96]

Nicht bei allen Interviewpartnern stellten sich familiäre Hintergründe als Motivation für eine permanente Niederlassung heraus. Der ehemalige JIHK-Mitarbeiter, der sich seit den 1990er Jahren als Unternehmensberater betätigt, entschloss sich, obwohl er alleinstehend ist, gegen eine Rückkehr nach Japan. Aufgrund seiner Abneigung gegenüber der japanischen Gesellschaft wählte er das Leben in Deutschland und seine selbstständige Tätigkeit:[97] „Ich wollte die Dinge, die ich machen sollte und machen möchte selber finden, ohne dabei etwas gesagt zu bekommen und dafür musste ich mich halt selbstständig machen."[98] Safran schreibt in seiner Definition des Diasporakonzeptes von Diasporamitgliedern, die nicht in ihr Heimatland zurückkehren, weil sie sich nicht mit diesem politisch, ideologisch oder sozial identifizieren können.[99] Dies traf auf den ehemaligen Lehrer der Japanischen Internationalen Schule zu, der aufgrund der Freude an seiner Tätigkeit und seiner kritischen Einstellung gegenüber Japan sich als einziger Lehrer gegen eine Rückkehr nach Japan und für eine unbefristete Anstellung an der Japanischen Schule entschied, sodass er selbst nach seinem Eintritt in den Ruhestand in Düsseldorf wohnen blieb.[100]

Unzufriedenheiten gegenüber den gesellschaftlichen Strukturen des Heimatlandes als Grund zur Auswanderung treffen gleichermaßen auf die alleinstehenden japanischen Frauen zu, deren Anzahl ab den 1990er Jahren zunahm. Junge Frauen, die sich meist aufgrund definierter Geschlechterrollen in ihren Karriereoptionen in Japan eingeschränkt fühlen, entschlossen sich vermehrt, auf unbestimmte Zeit ins Ausland zu gehen, um dort ein Studium anzufangen oder zu arbeiten. Weil sie ihre Aufenthalte auf unbestimmte Zeit auslegen, zählen sie in manchen Fällen gleichzeitig zur Kategorie der Langzeitaufenthalte.[101] In Düsseldorf erweisen sich für diese Migrationsgruppe bis heute besonders kulturell-orientierte Studiengänge an der Robert-Schumann-Musikhochschule oder Kunstakademie[102] sowie die zahlreichen Jobmöglichkeiten innerhalb der japanischen Infrastruktur als beliebte Anlaufstellen für ihre Aufenthalte.

In welchem Ausmaß der Anteil alleinstehender Frauen zunahm, lässt sich anhand der Statistik erkennen. Abbildung 3 gibt die Geschlechterverteilung der japanischen Bevölkerung in der BRD von 1967 bis 2019 wieder:

Abbildung 3: Geschlechterverteilung japanischer Staatsbürger in der BRD

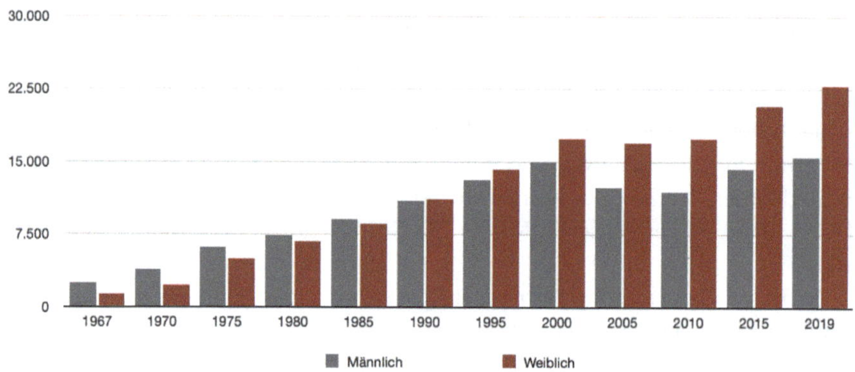

(eigene Abbildung)[103]

Die erhöhte Anzahl an Männern Ende der 1960er Jahre gibt die damalige Dominanz an Expats unter den Migrationsgruppen wieder, da fast ausschließlich männliche Mitarbeiter von den Unternehmen ins Ausland entsendet wurden.[104] Das ausgeglichenere Geschlechterverhältnis ab Mitte der 1970er Jahre lässt wiederum auf eine erhöhte Präsenz japanischer Expatfamilien schließen, was in Verbindung mit der Eröffnung der Japanischen Schule zu dieser Zeit zu bringen ist, da ihr Angebot die Familiennachzüge verstärkte. Ab Ende der 1990er Jahre fängt das Verhältnis mit mehr japanischen Frauen als Männern in Deutschland an zu kippen, was auf eine Zunahme alleinstehender Frauen hindeutet. Ab Mitte der 2000er übersteigt die Anzahl der Frauen deutlich die der Männer mit einem durchschnittlichen Unterschied von 5000 pro Jahr.

Düsseldorf weist heutzutage im Vergleich zur Bundesebene mit einem Frauenanteil von etwa 51 % ein deutlich ausgeglicheneres Geschlechterverhältnis auf,[105] was auf eine anhaltende Dominanz von Entsandtenfamilien am Standort und gleichzeitig auf eine höhere Attraktivität anderer Städte für die Migrationsgruppe der alleinstehenden Frauen und Studierenden hindeutet. Beachten muss man hier allerdings, dass auch unter den japanischen Männern in Düsseldorf ein außerordentlicher Anteil nicht der Gruppe der Unternehmensentsandten zuzuordnen ist, sondern der der Studierenden und Arbeitskräfte von japanischen Geschäften und Dienstleistern.

In Zusammenwirkung mit den permanenten Ansiedlungen ehemaliger Entsandter verweist die verstärkte Migration der alleinstehenden Frauen und Studierenden auf einen Wandel der japanischen Diaspora in Deutschland hin. Die Bedeutsamkeit der Strukturen, die bis dato für das Wachstum des Wirtschaftsstandortes verantwortlich waren, wird zunehmend brüchig.[106] White stellt in seiner Forschung eine parallele Entwicklung für die japanische Diaspora im Wirtschaftsstandort in London fest, wo gleichermaßen Anfang der 2000er Jahre die Anzahl an weiblichen Migranten die der männlichen übertraf:

> The majority of Japanese migrants in the United Kingdom (and in London) are females, contradicting the pattern of male (or at least family) movement that would be expected under a company-led migration model with a gendered workforce. The significance of company movement appears to be declining, while the importance of educational movement is increasing. And the proportion of resident Japanese who are classifiable as permanent settlers overseas is growing. These indicators all suggest that the company-led migration model is of decreasing importance, and that the Japanese community in the United Kingdom is changing and losing its close relationship with Japanese companies.[107]

Tagsold schreibt gleichermaßen von einem Wandel innerhalb der japanischen Diaspora und sieht Whites Argument für London auf den Standort in Düsseldorf zutreffen.[108]

Heterogenere Migrationsmuster abseits der Unternehmensentsendungen entwickelten sich nicht erst mit der steigenden Internationalisierung Japans in den 1980er/90er Jahren – lediglich ihr Trend verstärkte sich in dieser Zeit. Bereits das japanische Lehrerehepaar an der Universität Bonn und der Misono-Schwesternorden aus dem letzten Kapitel zeigten, wie seit Anbeginn der japanischen Aktivitäten in Düsseldorf alternative Ansiedlungsmuster neben dem Rotationssystem der Entsandten existierten. Ein besonderes Beispiel dafür sind die japanischen Bergarbeiter, die im Rahmen zweier Entsendungsprogramme zwischen 1957 und 1962 nach Deutschland kamen, um dem damaligen Mangel an Arbeitskräften in der deutschen Bergbauindustrie entgegenzuwirken. Insgesamt wurden in dieser Zeit 436 Bergarbeiter entsandt, die sich auf drei Zechen in Duisburg, Gelsenkirchen und Castrop-Rauxel verteilten. Nach Abschluss der Entsendungsprogramme blieben 32 von ihnen – meist aufgrund von Heirat mit einer deutschen Partnerin – in Deutschland.[109] Unter ihnen ist insbesondere der ehemalige Bergbauarbeiter Akio Ando ein spannendes Beispiel für die damalige Heterogenität der japanischen Lebensläufe in Düsseldorf. Nach seiner Tätigkeit im Bergbau arbeitete er in den 1960er Jahren als Koch im Nippon-Kan, was ihn letztendlich dazu veranlasste, 1983 seine eigene Lebensmittel- und Restaurantkette „Maruyasu“ zu eröffnen.[110] Sein Übergang vom Bergarbeiter zum Geschäftsmann demonstriert, wie früh die Lebensläufe in der japanischen Bevölkerung von der Norm der Unternehmensentsandten abwichen und sich die jeweiligen Migrationsformen überschnitten.

Dass sich durch die zahlreichen langfristigen Aufenthalte vor Ort die Bedürfnisse der japanischen Bevölkerung in Düsseldorf schon vor den 1980er/90er Jahren nicht problemlos verallgemeinern ließen, legte bereits das Beispiel der japanischen Nachhilfeschulen aus dem letzten Kapitel offen. Die Nachhilfeschulen galten unter den binationalen Ehepaaren als attraktive Bildungseinrichtungen, deren Kinder lokale deutsche Schulen besuchten. Laut Okamura stammten Anfang der 2000er Jahre 60 % der Kinder in Düsseldorf, die eine japanische Nachhilfeschule besuchten, aus binationalen Ehen. Diese starke Tendenz gibt zu erkennen, dass Kinder aus binationalen Ehen und japanischen Familien mit langfristigen Aufenthalten immer typischer für die Komposition der gegenwärtigen Diaspora wurden.[111] Die von Okamura genannte Entwicklung wird – wie von Shimizu-Bethe herausgearbeitet – ferner an der erhöhten Nachfrage für japanische Nachhilfeschulen deutlich, die 2004 in der Errichtung einer dritten in Düsseldorf mündete.[112]

Der ehemalige Lehrer der japanischen Ganztagsschule betrachtete im Interview die immer größer werdende Beliebtheit der Nachhilfeschulen als eine Ursache für die stagnierenden Schülerzahlen der Ganztagsschule nach dem Platzen der Bubble.[113] Während die Schülerzahlen der Ganztagsschule mit Beginn der 2000er Jahre immer weiter abnahmen und heutzutage sich nur noch knapp bei über 400 bewegen, nahm die Anzahl an Kindern, die die Nachhilfeklasse der Japanischen Schule besuchten, stetig zu und liegt seit Mitte der 2010er bei über 200 Schülerinnen und Schülern.[114] In Einzelfällen gab es zur Dienstzeit des Lehrers Kinder aus binationalen Ehen an der Ganztagsschule. Diese Kinder hätten jedoch in den meisten Fällen nur zur Verbesserung ihrer Japanischkenntnisse die Ganztagsschule besucht, sodass sie oftmals bereits nach Abschluss der Grundschulklassen auf ein lokales Gymnasium wechselten.[115] Insgesamt demonstriert die Schulauswahl der binationalen Ehepaare und japanischen Familien mit langfristigen Aufenthalten damit zusätzlich, wie ab den 1990er Jahren immer größere Teile der japanischen Bevölkerung in Düsseldorf den ursprünglichen Zweck der japanischen Infrastruktur und ihre allgemeine Notwendigkeit in Frage stellten. Doch selbst für die Unternehmensentsandten und ihre Familien nahm die Attraktivität der japanischen Infrastruktur fortlaufend ab.

Bedeutungsverlust des Wirtschaftsstandortes

Nach dem Platzen der Bubble Economy Anfang der 1990er Jahre gerieten die vom Japanischen Generalkonsulat genannten „drei Säulen" der japanischen „Gemeinde" (Japanischer Club, JIHK und JISD)[116] immer mehr ins Schwanken.

Der Japanische Club verzeichnete 1993 erstmalig in seiner Geschichte – sowohl bei den natürlichen als auch bei den juristischen Personen – einen Einbruch seiner Mitgliederzahlen. Die Rheinische Post interviewte im selben Jahr dazu den damaligen Vorsitzenden des Vereins Nobuo Tanaka, der den Rückgang von 6594 Mitgliedern auf 6315 einzig und allein mit der Rezession durch das Platzen der Bubble in

Verbindung brachte und von einem erneuten Anstieg ausging.[117] Entgegen seiner Erwartung besserten sich die Zahlen des Clubs allerdings auch nach der konjukturellen Erholung in Japan nicht. Parallel zum Rückgang der japanischen Bevölkerung vor Ort stagnierte die Anzahl der Mitglieder über die Jahrtausendwende hinaus,[118] sodass heutzutage nur noch grob die Hälfte aller in Düsseldorf gemeldeten Japanerinnen und Japaner Mitglied sind.

Die Ursache für die stetig niedrigen Mitgliederzahlen liegt nicht ausschließlich in den bisher behandelten strukturellen Umbrüchen wie der heterogeneren japanischen Bevölkerung oder den verstärkten Anstellungen von lokalem Personal begründet. Da die Attraktivität des Japanischen Clubs hauptsächlich auf der Bereitstellung von Hilfestellungen und Informationen für die Entsandten basiert, lässt sich die zunehmende Verbreitung des Internets als ein zusätzlicher Faktor in Betracht ziehen. Unternehmensentsandte waren durch den schnellen und vereinfachten Zugriff auf Informationen nicht mehr in demselben Grad auf die Funktionen des Clubs angewiesen wie in den 1960er oder 1970er Jahren, als ihnen noch jegliche Anhaltspunkte für eine reibungslose Gestaltung ihrer Aufenthalte fehlten.

Auch ein Teil meiner Interviewpartner sah den Japanischen Club und seine Funktionen immer mehr an Bedeutung verlieren.[119] Der ehemalige Entsandte und Gründer des Beratungsunternehmens für Elektronikhersteller schilderte mir seine Sicht auf den Club wie folgt: „Es ist schwierig zu sagen, wozu es den Japanischen Club noch gibt. […] Sie müssen die Qualität der Informationen ändern, die sie sammeln, wenn sie die japanischen Unternehmen zufriedenstellen wollen. Auch die Bedürfnisse der japanischen Unternehmen ändern sich halt."[120]

Dass sich die Bedürfnisse der Japanischen Unternehmen über die Jahrzehnte veränderten, wird gleichermaßen an den Mitgliederzahlen der „zweiten Säule", der JIHK, deutlich. Statt der 710 Mitglieder, die die Kammer zum Höhepunkt des Wirtschaftsstandortes 1992 unter sich vereinte, sind es Stand 2022 nur noch 452 Unternehmen.[121] Während die Zahlen der ordentlichen Mitglieder (Unternehmen mit Sitz in NRW) sich mit 304 im Vergleich zu den 389 von 1992 nur minimal verringerten, halbierten sich die der außerordentlichen Mitglieder (Unternehmen mit Sitz außerhalb NRWs) von 321 auf 148 – obwohl die Direktinvestitionen in anderen Regionen Deutschlands seit den 1990er Jahren zunahmen.[122] Insbesondere außerhalb NRWs scheinen damit die JIHK und ihre Funktionen an Bedeutung verloren zu haben, was sich auch in ihrem Fall mit der Globalisierung von Informationskanälen in Zusammenhang bringen lässt.

Wie die wachsende Heterogenität der japanischen Bevölkerung die Schülerzahlen der Japanischen Schule beeinflusste, ging bereits aus der bisherigen Analyse hervor. Für den Bedeutungsverlust der Schule lässt sich jedoch noch eine weitere essenzielle Entwicklung ausmachen, die sich besonders auf die Bedürfnisse der Entsandtenfamilien auswirkte. Der Kern für die Nachfrage und den Erfolg der Ganztagsschule lag in dem öffentlichen Diskurs über *Kikokushijo*, der diese in den 1970er/80er Jahren zu einem gesellschaftlichen Problem machte. In den 1990er Jahren fand hinsichtlich der Auslandserfahrungen von japanischen Schulkindern ein fundamentales Umdenken statt, was das Image von *Kikokushijo* in ein zunehmend positives Licht rückte. Nunmehr galten Kinder, die aus dem Ausland in das japanische Bildungssystem zurückkehrten, dank ihrer ausgeprägten Auslandserfahrungen und Fremdsprachenkenntnisse als eine Art Elite, die Japan beim Anschluss an die Globalisierung helfen sollten.[123]

Der Imagewandel beeinflusste die Schulauswahl von Entsandtenfamilien in westlichen Industrienationen maßgeblich. Statt ihre Kinder an einer japanischen Ganztagsschule unter dem japanischen Curriculum lernen zu lassen, fingen die Eltern an, sie auf lokale Schulen und japanische Nachhilfeschulen zu schicken. Dieses Muster traf besonders stark auf die englischsprachigen Nationen zu.[124] Anfang der 2000er registrierte die Japanische Ganztagsschule in London nur noch halb so viele Schülerinnen und Schüler wie zu Beginn der 1990er Jahre.[125] Der „*Kikokushijo*-Boom" wirkte sich auch auf den Standort in Düsseldorf aus. Dem ehemaligen Lehrer der japanischen Ganztagsschule zufolge bevorzugten die Entsandtenfamilien es, ihre Kinder schon im Grundschulalter auf die Internationale Schule im Stadtteil Kaiserswerth zu schicken statt auf die Japanische Schule, um so ihre Englischkenntnisse zu fördern. Auch er betrachtete deshalb den Imagewandel der *Kikokushijo* als eine weitere Ursache für die stagnierenden Schülerzahlen der Ganztagsschule.[126] Alle drei „Säulen" der japanischen Infrastruktur in Düsseldorf verloren damit Anfang der 1990er immer deutlicher an Attraktivität, was sich auf den Wirtschaftsstandort im Gesamten auswirken sollte.

Das Beispiel des Standortes in München zeigt, wie sich seit Anstieg der japanischen Direktinvestitionen in Deutschland immer mehr japanische Unternehmen in anderen Regionen niederließen und dadurch Düsseldorfs Position als Zentrum der japanischen Unternehmensaktivitäten in Frage stellten. Seit Mitte der 1980er Jahre engagierte sich die Wirtschaftsförderung der Stadt München für die Anwerbung japanischer Direktinvestitionen, um der japanischen Exportoffensive entgegenzuwirken. So bot die Stadt Industriezweigen wie der Automobil- und Elektronikindustrie, die den damaligen Industrieoutput Japans bestimmten, attraktive Konditionen für die Errichtung von Vertriebsniederlassungen oder Produktionsstätten.[127] Während der Standort München noch vor den 1980er Jahren nahezu bedeutungslos für die japanischen Geschäftsaktivitäten in der BRD war, zählte die Wirtschaftsförderungsgesellschaft NRWs Anfang der 1990er Jahre bereits 82 japanische Unternehmensniederlassungen in München und 95 in ganz Bayern.[128] Te Kloot verortete 1993 27 der 313 japanischen Unternehmen in Deutschland mit einem Nominalkapital von eine Millionen DM in Bayern und setzte das Bundesland auf den dritten Platz hinter Hessen und NRW.[129]

Anders als die Städte in Düsseldorfs Umgebung wie Willich oder Krefeld stellte sich München aber gleichzeitig als attraktiver Standort für natürliche Personen aus Japan heraus. Während Düsseldorfs japanische Bevölkerung in den 1990er Jahren fortlaufend abnahm (siehe Tabelle 9), vergrößerte sich die Münchens von Jahr zu

Jahr und erreichte zum Ende des Jahrzehnts einen Wert von 1514. 2014 durchbrach die japanische Bevölkerung Münchens die 3000er Marke und kam damit der Düsseldorfs immer näher, die zu der Zeit 5387 betrug.[130] Auch die japanische Bevölkerung Berlins erfuhr nach der Jahrtausendwende einen erheblichen Aufschwung und war 2018 nur noch um 1500 hinter der Düsseldorfs.[131]

Der zunehmende Verteilungsgrad der japanischen Unternehmen und Bevölkerung in Deutschland bestätigt, wie die strukturellen Umbrüche einen Abstieg Düsseldorfs als europäisches Zentrum der japanischen Wirtschaftsaktivitäten implizieren. Bis heute ist die Landeshauptstadt zwar einer der bedeutsamsten Wirtschaftsstandorte für japanische Unternehmen in Europa. Jedoch wird sie zunehmend dazu gezwungen, sich diesen Ruf mit den umliegenden Kommunen und anderen Standorten in Deutschland zu teilen. Unternehmensstrategische Veränderungen im Zuge der japanischen Exportoffensive und der Bubble-Ära sowie heterogenere Migrationsformen und Bedürfnisse der Entsandten sorgten dafür, dass Düsseldorf die Vorteile verlor, die dem Wirtschaftsstandort einst zu einem durchgängigen Wachstum und seiner quasi Monopolstellung in der BRD verhalfen. Insbesondere der Bedeutungsverlust der japanischen Infrastruktur, die bis dato das Alleinstellungsmerkmal des Standortes gewesen war, trug zu dessen Stagnation bei.

Fazit

Die Ergebnisse dieser Arbeit zeigen auf, welche Faktoren für die Entstehung und Entwicklung beziehungsweise den Durchbruch des japanischen Wirtschaftsstandortes Düsseldorf verantwortlich waren. Meinem Argument aus der Einleitung entsprechend, sind die Entstehung und Entwicklung des Standortes auf unterschiedliche Faktoren zurückzuführen und demnach als getrennt voneinander zu betrachten. Zudem vermögen die Ergebnisse es, neue theoretische und methodische Ansätze für die Verbindung von wirtschaftshistorischen Forschungsansätzen und Diasporaforschung zu liefern, die zu einer besseren Erklärung von aktuelleren Entwicklungen wie chinesischen oder indischen Wirtschaftsstandorten dienen können. So besteht die Möglichkeit, dass Standortfaktoren wie beispielsweise die heimischen Bildungseinrichtungen, die für die Ansiedlung der japanischen Unternehmen essenziell waren, gleichermaßen ausschlaggebend für die Ansiedlung chinesischer Unternehmen sind.

Zu den Standortfaktoren und der Geschichte des japanischen Wirtschaftsstandortes existiert bereits eine Vielzahl an Veröffentlichungen städtischer und japanischer Institutionen, die tendenziell die geografische Lage oder allgemeine städtische Infrastruktur Düsseldorfs als entscheidend darstellen. In einer Gegenüberstellung mit den Erzählungen der ersten japanischen Unternehmensentsandten und historischen Quellen ließ sich die Relevanz dieser Standortfaktoren jedoch nicht rekonstruieren. Es zeigte sich, dass die Auslegungen der Standortgeschichte von den jeweiligen Akteuren oftmals unter dem Einfluss eines diskursiv-konstruierten Narrativs stehen, das seit den ersten Presseberichten aus den 1960er Jahren seinen Lauf nimmt.

Stattdessen ist die Entstehung des Düsseldorfer Japanstandortes eng mit der Wirtschaftspolitik Japans verbunden, die nach dem Zweiten Weltkrieg auf einen schnellen Wiederaufbau und eine Modernisierung der heimischen Industrie setzte. Veranlasst durch industriepolitische Maßnahmen des MITI, rückten die japanischen Handelshäuser, die sich Ende des Zweiten Weltkrieges neu formieren mussten, in die USA und nach Europa aus, um Lizenzen für neue Technologien aus den priorisierten Industriezweigen einzukaufen. Da das industriepolitische System vor allem auf die Schwerindustrie abzielte, zog es Anfang der 1950er Jahre mittels Handelsverbindungen aus den Vorkriegszeiten erste Handelshäuser wie Okura & Co., Tokyo Boeki und Fuji Shōji nach Düsseldorf, weil sich dort die Hauptsitze der deutschen Unternehmen der Montanindustrie befanden und die Landeshauptstadt als das Stahlzentrum Deutschlands beziehungsweise Verwaltungsgebiet des Ruhrgebietes bekannt war. Die japanischen Handelshäuser richteten erste Repräsentanzbüros ein, um die Geschäfte mit beispielsweise Mannesmann, Schloemann oder Thyssen aufzunehmen, die wegen der noch geringen Konkurrenzfähigkeit der japanischen Industrie ihre Technologien ohne Einwände an diese verkauften. 1955 mündeten dann die Aktivitäten der Handelshäuser in die Errichtung der ersten vollwertigen Unternehmensniederlassungen von Mitsubishi und Mitsui Bussan.

Als vorherige Anlaufstelle japanischer Unternehmen in Deutschland galt die Hansestadt Hamburg, die dank ihres Hafens ein attraktiver Standort für die japanischen Generalhandelshäuser war, die ihr Geschäft auf den Export leichtindustrieller Erzeugnisse wie Textilien oder Konsumgüter ausrichteten. Der von Japans Wirtschaftspolitik geforderte industrielle Wandel ging aber auch an diesen Unternehmen nicht vorbei, sodass sie für eine erfolgreiche Geschäftsumstrukturierung auf den Handel mit schwerindustriellen Erzeugnissen bis Anfang der 1960er Jahre in Düsseldorf zusätzliche Zweigniederlassungen errichteten oder ganz dorthin umsiedelten. Zur Unterstützung der Generalhandelshäuser und ihren Technologieimporten zog es zugleich die Außenhandelsorganisation des MITI, die JETRO, sowie die Bank of Tokyo nach Düsseldorf, die ihnen als hauptsächliche Finanzquelle diente.

Weil die japanischen Unternehmen nach dem Krieg wegen der industriepolitischen Maßnahmen des MITI auf Fremdkapital durch Bankkredite angewiesen waren, formierten sich im Umkreis der ehemaligen Hausbanken der *Zaibatsu* sechs Unternehmensgruppen, die für die Entwicklung des Düsseldorfer Standortes in den 1960er und 1970er Jahren von besonderer Bedeutung waren. So lösten die Netzwerke der Keiretsu einen Pull-Effekt aus, der zahlreiche japanische Hersteller, Transportunternehmen und Finanzinstitutionen an den Standort nachrücken ließ. Die Hersteller richteten dabei zum Großteil ihre Repräsentanzbüros unter den Niederlassungen der Generalhandelshäuser ein, da sie auf deren Vertriebswege und Funktionen im Ausland angewiesen waren. Anders als in Japan machten sich die Netzwerke der Keiretsu vor Ort jedoch nicht durch finanzielle Verflechtungen bemerkbar, sondern durch reziproke Bindungen, die unter anderem mithilfe von gemeinsam organisierten Treffen aufrechterhalten wurden. Mit dem Nachzug der Keiretsu und dem nunmehr abgeschlossenen Wiederaufbau Japans wechselten Mitte der 1960er Jahre die Geschäftsaktivitäten der japanischen Unternehmen auf eine Export-orientierte Auslandsstrategie.

Treffen zwischen den Unternehmensentsandten und Angehörigen der japanischen Botschaft in Bonn sorgten derweil für die Entstehung eines Diasporanetzwerkes, das auf die Gründung erster japanischer Institutionen in Düsseldorf hinauslief: des Japanischen Clubs und der Japanischen Industrie- und Handelskammer. Die beiden Institutionen ermöglichten es den Entsandten, ihr Netzwerk vor Ort zu erweitern sowie eine erste japanische Infrastruktur zu bilden, die sich auf die besonderen Bedürfnisse ihrer Aufenthalte ausrichtete. Die Schaffung der Infrastruktur wurde dabei zusätzlich von politischen Akteuren wie dem ehemaligen Premierminister Japans Nobusuke Kishi mit der Eröffnung eines ersten japanischen Restaurants oder der Japanischen Botschaft in Bonn mit der Einrichtung eines Generalkonsulates unterstützt. Dank der angepassten Infrastruktur waren die

Entsandten erstmals in der Lage, ihre Familienmitglieder nachziehen zu lassen, was den Standort weiter wachsen ließ.

Mit der Zunahme an Entsandtenfamilien entstand gleichzeitig ein Bedarf für weitere infrastrukturelle Einrichtungen, sodass immer mehr japanische Geschäftsleute und Dienstleister nach Düsseldorf zogen, um von den Aktivitäten der Unternehmensentsandten zu profitieren. Im Umkehrschluss erhöhte die Infrastruktur der Geschäftsleute und Dienstleister die Attraktivität des Standortes, was immer mehr Unternehmen zuziehen ließ. Folglich entstand zwischen den Unternehmensnetzwerken und dem Diasporanetzwerk ein Zusammenspiel, das die Entwicklung des Wirtschaftsstandortes einleitete: Je mehr Unternehmen sich im Rahmen der Keiretsu-Netzwerke in Düsseldorf ansiedelten, desto mehr wuchs die lokale Diaspora. Je weiter die Diaspora hingegen an Größe zunahm und sich vernetzte, desto gravierender expandierte die japanische Infrastruktur, was wiederum weitere Unternehmen nach Düsseldorf brachte. Geleitet wurde das Zusammenspiel der Netzwerke von der japanischen Politik, die die Bedingungen für die Formation der Keiretsu setzte und mit den genannten infrastrukturellen Einrichtungen das Wachstum der Diaspora förderte.

Die Nachzüge der Familienangehörigen kreierten Ende der 1960er Jahre allerdings neue Probleme hinsichtlich der Bildung der japanischen Kinder vor Ort, die mit einer erschwerten Wiedereingliederung in das heimische Bildungssystem nach ihrer Rückkehr konfrontiert waren. Anfang der 1970er Jahre reagierten daraufhin die Diasporainstitutionen mit der Eröffnung der Japanischen Internationalen Schule, die eine Unterrichtung der Kinder nach dem Curriculum des japanischen Bildungssystems ermöglichte. Da es sich bei der Japanischen Schule um die erste japanische Ganztagsschule in ganz Europa handelte, zog es rapide weitere Unternehmen mit ihren Entsandten in die Landeshauptstadt. Gleichzeitig bildete sich mit der Einrichtung der Schule sowie weiterer japanischer Bildungsinstitutionen in Oberkassel ein Wohnraumcluster für die Expatfamilien, was für ein isoliertes Bild der japanischen Diaspora innerhalb der städtischen Bevölkerung sorgte.

Der Wirtschaftsstandort Hamburg, der auch nach der Abwanderung der Generalhandelshäuser in den 1960er Jahren noch zahlreiche Niederlassungen japanischer Unternehmen registrierte, war bis zur Errichtung der Japanischen Schule ein ernstzunehmender Konkurrent für Düsseldorf gewesen. Die Hansestadt vermochte es, wirtschaftsfördernde Maßnahmen wie die Veranstaltung von Japan-Tagen, den Abschluss einer Städtepartnerschaft oder die Errichtung eines Vertretungsbüros in Japan noch vor Düsseldorf umzusetzen, was in der Landeshauptstadt meist aufgrund finanziell bedingter Unstimmigkeiten zwischen der Stadtverwaltung und den Diasporainstitutionen für Jahrzehnte eine Herausforderung darstellte. Hamburg gelang es trotz der Eröffnung einer eigenen japanischen Ganztagsschule Anfang der 1980er Jahre jedoch nicht, die Bildungsinfrastruktur in Düsseldorf zu übertreffen, was an einer unzureichenden Förderung seitens der Hansestadt lag.

In Düsseldorf hingegen erkannte die städtische Wirtschaftsförderung das wirtschaftliche Potential hinter der Japanischen Schule und engagierte sich intensiv bei ihrer Förderung durch beispielsweise einer Erlassung der Grundstückskosten, was der Bildungseinrichtung die Möglichkeit gab, sich finanziell besser aufzustellen als ihre Pendants an den anderen Standorten. Auch abseits der Unterstützung der Schule beteiligte sich die Wirtschaftsförderung der Stadt Düsseldorf an einer systematischen Förderung des Japanstandortes. Mithilfe von langjährigen Großprojekten wie der Errichtung des Deutsch-Japanischen Centers, Werbemaßnahmen in Japan wie dem Düsseldorfer Abend oder diversen Hilfeleistungen für Unternehmen versuchte die Wirtschaftsförderung, die japanische Infrastruktur stetig zu erweitern und japanische Unternehmensniederlassungen für den Standort zu gewinnen.

Mitte der 1980er Jahre führte die derweil ausgebaute Bildungsinfrastruktur dazu, dass andere Wirtschaftsstandorte wie Hamburg oder Frankfurt endgültig aus dem Konkurrenzkampf ausschieden und sich Düsseldorf mit mehr als doppelt so vielen japanischen Ansässigen und Unternehmensniederlassungen als das Wirtschaftszentrum japanischer Unternehmen in Deutschland beziehungsweise Europa etablierte. Da sich somit die Bildungsinfrastruktur als der entscheidende Standortfaktor für den Durchbruch des Düsseldorfer Japanstandortes herausstellte, lässt sich das genannte Zusammenspiel zwischen den Unternehmensexpansionen und der Eigenorganisation der Diaspora als der definitive Faktor für die *Entwicklung* des Standortes bestätigen. Der Bau der Japanischen Schule wurde erst durch die Eigenorganisation der Diaspora ermöglicht, die wiederum aus den Unternehmensexpansionen resultierte. Als einen sekundären Faktor für die Entwicklung des Standortes lässt sich dabei noch die Wirtschaftsförderung der Stadt Düsseldorf anerkennen, die dank ihrer intensiven Förderung den Erfolg der Bildungsinfrastruktur maßgeblich begünstige.

Die *Entstehung* des Wirtschaftsstandortes liegt demgegenüber in der damaligen Industriepolitik und Industriestruktur Japans begründet, die Düsseldorf trotz seiner Unbekanntheit in Japan als geeigneten Standort ausmachten. Weiche Standortfaktoren waren dabei kaum von Relevanz, da es unmittelbar nach dem Krieg an einer passenden Infrastruktur fehlte. Zudem konzentrierte sich das Wirtschaftsförderungsamt, das die Schaffung weicher Standortfaktoren maßgeblich begünstigte, bis zum erhöhten Zuzug der japanischen Unternehmen und ihren Keiretsu noch verstärkt auf die Anwerbung von Unternehmen aus anderen Nationen wie zum Beispiel Indien. Die Förderungsmaßnahmen der Stadt Düsseldorf sind daher lediglich als eine Antwort auf die Aktivitäten der japanischen Unternehmen und der Diaspora zu verstehen und nicht als deren Auslöser. Der Ursprung der japanischen Aktivitäten in der Stadt bleibt somit in erster Linie mit den wirtschaftspolitischen Pfaden verknüpft, die in Japan selber angelegt wurden. Ohne die Antwort der städtischen Wirtschaftsförderung auf die Projekte der Diaspora und die Aktivitäten der Unternehmen hätte aber ein Wachstum des Standortes in gleicher Form nicht stattfinden können. Gegenbeispiele wie Hamburg zeigen, wie mangelndes Interesse und unzureichende Förderungsmaßnahmen die Attraktivität eines Wirtschaftsstandortes stagnieren lassen.

Im Gegensatz zu den vorherigen Kapiteln verweist das letzte Kapitel auf strukturelle Umbrüche, die einen Abstieg von Düsseldorf als bestimmendem Zentrum der japanischen Aktivitäten implizieren. Die wesentlichen Komponenten dieser Umbrüche sind einerseits durch veränderte Niederlassungsstrategien der japanischen Unternehmen und andererseits einen Wandel der Diaspora gekennzeichnet.

Im Zuge der Gegenmaßnahmen zur japanischen Exportoffensive in den 1970er/80er Jahren erhöhten japanische Unternehmen ihre Direktinvestitionen für den Aufbau von Vertriebs- und Produktionsniederlassungen in Europa, was zu Expansionen und Verlegungen der Unternehmenssitze in Düsseldorf führte. Düsseldorf schaffte es dennoch dank seiner japanischen Infrastruktur, die Unternehmen mit Handels- und Vertriebsniederlassungen – trotz ihrer tendenziellen Bevorzugung von Standorten mit einem größeren Angebot an Gewerbefläche – an den Raum der Landeshauptstadt zu binden. So wanderten die Unternehmen lediglich in die Randbezirke der Landeshauptstadt und umliegende Kommunen wie Neuss oder Krefeld ab, damit ihre Angestellten nach wie vor Zugriff auf die japanische Infrastruktur und das Wohnviertel in Oberkassel erhielten. Wie die Städte im Umland dabei die Nähe zu Düsseldorf und seiner japanischen Infrastruktur als eigenen Standortfaktor vermarkteten, veranschaulicht insbesondere das Beispiel Willichs.

Aufgrund einer zunehmend heterogeneren Komposition der Diaspora und veränderten Bedürfnissen der Entsandten verlor jedoch die japanische Infrastruktur im Laufe der Jahrzehnte an Bedeutung. Statt ihre Kinder auf die Japanische Schule zu schicken, fingen Expats an, internationale Schulen und japanische Nachhilfeschulen zu bevorzugen, während die japanischen Familien mit langfristigen beziehungsweise permanenten Aufenthalten zur Wahl einer lokalen Schule tendierten. Düsseldorf verlor somit seinen exklusiven Vorteil gegenüber den anderen Wirtschaftsstandorten.

Der Auf- und Abstieg des Standortes verläuft damit letzten Endes parallel zu der Entwicklung der japanischen Wirtschaft in der Nachkriegszeit. Einhergehend mit Japans Wirtschaftswachstum nahmen die Aktivitäten japanischer Unternehmen und Entsandter in Düsseldorf durchgehend bis 1992 zu. Mit dem Platzen der Bubble Economy und den strukturellen Reformen in der verlorenen Dekade geriet aber auch der Düsseldorfer Wirtschaftsstandort immer mehr ins Schwanken, da seine Vorteile sich nicht mehr als passend für die diversifizierten Bedürfnisse der Unternehmen und der Diaspora erwiesen. Zwar gilt Düsseldorf auch heute noch als der größte japanische Wirtschaftsstandort in der Bundesrepublik, doch das rapide Wachstum, das die Landeshauptstadt bis 1992 erfuhr, wich seither der Stagnation. Konkurrierende Wirtschaftsstandorte wie Berlin, München oder Frankfurt gewannen in der Zwischenzeit zunehmend an Bedeutung und fordern heutzutage Düsseldorfs Position heraus.

Damit der japanische Wirtschaftsstandort Düsseldorf in Zukunft seine Position halten kann, tut es Not, auf die wirtschaftlichen und sozialen Trends der aktuellen Zeit zu reagieren. Im globalisierten Zeitalter, geht es nicht mehr allein darum, Entsandten japanischer Unternehmen mithilfe einer angepassten Infrastruktur ein so vertrautes Umfeld wie möglich zu bieten, das für sie eine fortlaufende Orientierung an das Heimatland gewährt. Da seit dem Platzen der Bubble Economy vermehrt lokales Personal von japanischen Unternehmen eingesetzt wird und nicht mehr ausschließlich Entsandtenfamilien die Zusammensetzung der japanischen Bevölkerung bestimmen, ist das Wachstum der Diaspora längst nicht mehr so sehr an die Expansion der Unternehmen gekoppelt wie früher. Beide Cluster sind heutzutage eher als getrennt voneinander zu betrachten und bedürfen dementsprechend einer gesonderten Förderung.

Für das Wachstum Düsseldorfs als japanischer Unternehmensstandort ist es notwendig, den Unternehmen gute Konditionen für die Errichtung ihrer Niederlassungen und Abwicklung ihrer Geschäfte in den gefragten Industriezweigen zu bieten. Wie die Landeshauptstadt es einst als Verwaltungszentrale des Ruhrgebietes vermochte, die Standortvorteile bereitzustellen, die den geschäftlichen Zielen der japanischen Unternehmen entsprachen, muss sie erneut die aktuellen Interessen der japanischen Wirtschaft erkennen und die passenden Rahmenbedingungen schaffen. Für das Wachstum der lokalen Diaspora erweist sich hingegen als essenziell, dass die Stadtverwaltung die Heterogenität der japanischen Bevölkerung in einem größeren Umfang als bisher anerkennt und attraktive Aufenthaltsbedingungen für die jeweiligen Migrationsgruppen kreiert, die sich an ihren diversifizierten Bedürfnissen orientieren. Zur Verwirklichung dieser Ziele könnte die Stadt eine an diese Gruppen gerichtete Vermarktung des Standortes über Social-Media-Kanäle betreiben oder die Gründung zukunftsorientierter Institutionen anstoßen, die Vernetzungsmöglichkeiten für japanische Start-ups, Kunstschaffende und junge Arbeitskräfte bieten.

Anmerkungen

Einleitung

1 Industrie- und Handelskammer zu Düsseldorf, *IHK-Spezial: Ausländische Unternehmen*, 15.
2 ebd.
3 Amt für Statistik und Wahlen der Landeshauptstadt Düsseldorf, *Statistische Daten Düsseldorf 2020*, 15; Winkels, *Standort für japanische Unternehmen in Europa*.
4 Düsseldorfer Nachrichten, „Düsseldorf: Europäisches Zentrum der Japaner", 28. März 1964; Stadtarchiv Düsseldorf, Bestand IV 41166, Ablege Nr. M/8; Stadtarchiv Düsseldorf, Niederschrift über die Sitzung des Ausschusses für Fremdenverkehr und Wirtschaftsförderung am 14.3.1967; te Kloot, „Wichtigster Standort in Europa", 834–837.
5 Cohen, „Expatriate Communities".
6 Tagsold, „Establishing the Ideal Foreigner".
7 Bezeichnungen, die in dieser Arbeit auftauchen, zu denen eine geläufige Kurzform existiert, werden nach einmaliger Ausschreibung bei dieser genannt.
8 Dicken, Tickell und Yeung, „Putting Japanese Investment in Europe", 201f.; Meckel, „Reißzwecke und Riesentanker", 130; Stadtarchiv Düsseldorf, Niederschrift über die Sitzung des Ausschusses für Fremdenverkehr und Wirtschaftsförderung am 14.3.1967.
9 Rolf-Harald Wippich und Shōko Suzuki-Wippich, *Der Aufenthalt der ersten japanischen Gesandtschaft*; Spohr, *Erste Deutsche in Japan*.
10 Spohr, *Erste Deutsche in Japan*; C. Illies & Co. (GmbH & Co.) KG, „Über ILLIES".
11 Amt für Statistik und Wahlen der Landeshauptstadt Düsseldorf, *Gemeldete japanische Personen in Düsseldorf seit 1961*; IT.NRW, *Ausländerstatistik Japan 2006–2019*; Amt für Stadtentwicklung und Statistik der Stadt Köln, *Japanerinnen und Japaner in Köln seit 1977*.
12 Stadt Bochum, *Statistisches Jahrbuch 2017*; Stadt Dortmund, *Gemeldete japanische Bevölkerung in Dortmund*; Stadt Essen, *Bevölkerung am Ort der Hauptwohnung mit japanischer Staatsangehörigkeit 1987–2018*.
13 Japanisches Generalkonsulat Düsseldorf, „Japaner in Düsseldorf"; Schwartzkopff, *Düsseldorf: Japans Hauptstadt am Rhein*; Mauer, *Düsseldorf – Japan: Eine Beziehungsgeschichte*.
14 Inadome, „Norutorain·vesutofārenshū ni okeru nihonjin-shakai", 5; Rhenus, „Japan in Düsseldorf", 4; Neisser, „In vier Jahrzehnten entstand die Japanische Gemeinde", 5ff; Weiß, „Nippons Start am Rhein", 12f.
15 Safran, „Diasporas in Modern Societies".
16 Zielke, *Die Japaner in Düsseldorf*.
17 Japanischer Originaltitel: „Sengo Doitsu no nihonjin komyuniti".
18 Nakagawa, „Sengo Doitsu no nihonjin komyuniti".
19 Jäger, „Japanische Migration nach Düsseldorf"; Jäger, „Japans Hauptstadt in Deutschland".
20 Japanischer Originaltitel: „Nihon kigyō no kaigai shinshutsu".
21 Kitabayashi, „Nihon kigyō no kaigai shinshutsu."
22 Tagsold, „Establishing the Ideal Foreigner"; Tagsold, „Mourning for Whom and Why?".
23 Tagsold, „Establishing the Ideal Foreigner".
24 Glebe, „Düsseldorf – Nippons Hauptstadt am Rhein"; Glebe, „Segregation and the Ethnoscape".
25 Niwa, Nakagawa und Thelen, „Changing of Japanese Working Abroad".
26 Okamura, „Locality and Nationality"; Shimizu-Bethe, „The Educational Curriculums".
27 Befu, „The Japanese Diaspora".
28 Befu, „The Japanese Diaspora"; Martin, „Diaspora and Japanese Wives"; White, „The Japanese in London"; Yatabe, „Objects, City, and Wandering".

[29] Dunning, *Japanese Participation*; Flath, *The Japanese Economy*; Dicken, Tickell und Yeung, „Putting Japanese Investment in Europe"; Schickhoff, „Japanische Unternehmen in Europa".
[30] Sakai, *Japanese Bankers*.
[31] Safran, „Diasporas in Modern Societies", 84.
[32] Brubaker, „The ‚Diaspora' Diaspora".
[33] Cohen, „Expatriate Communities".
[34] Harima, „Networks Dynamics"; Martin, „Diaspora and Japanese Wives"; Tagsold, „Establishing the Ideal Foreigner".
[35] Monceri, „Theoretical Remarks".
[36] Cohen, „Expatriate Communities".
[37] Aufgrund der hohen Menge an Handels- und Vereinsregisterauszügen, auf die ich mich in dieser Arbeit beziehe, verzichte ich auf eine gesonderte Angabe dieser in den Anmerkungen und im Quellenverzeichnis. Die Registerauszüge von den jeweiligen Unternehmen und Vereinen lassen sich bei den Amtsgerichten in Düsseldorf und Hamburg vorfinden.
[38] Kaufmann, *Das verstehende Interview*.
[39] Flick, *Qualitative Sozialforschung*; Nakano, „Rekishiteki genjitsu no saikōsei", 191ff.

Kapitel 1

[1] Becker, *Japanische Investitionen in Nordrhein-Westfalen*; Winkels, *Standort für japanische Unternehmen in Europa*.
[2] Meckel, „Reißzwecke und Riesentanker", 130.
[3] Meid, „Düsseldorf – Japan am Rhein", 24.
[4] Meckel, „Reißzwecke und Riesentanker", 130; Meid, „Düsseldorf – Japan am Rhein", 24.
[5] Stadtarchiv Düsseldorf, Bestand IV 35291, Japan-Haus Vorgang.
[6] Klein, „Das kleine Reich der Mitte", 35.
[7] Weiß, „Nippons Start am Rhein".
[8] ebd.
[9] Schwartzkopff, *Düsseldorf: Japans Hauptstadt am Rhein*, 3.
[10] Bergmann und Schwarz, *Düsseldorf: Die Pracht am Rhein*, 32.
[11] Kraus, *Japanische Unternehmen in der Bundesrepublik Deutschland*, 32.
[12] Inadome, „Norutorain·vesutofārenshū ni okeru nihonjin-shakai", 5; Japanisches Generalkonsulat Düsseldorf, „Japan und Nordrhein-Westfalen"; Takeda, *Die Bedeutung des Wirtschaftsraumes Düsseldorf*.
[13] Japanische Botschaft der Bundesrepublik Deutschland, „Ein japanischer Garten für Düsseldorf".
[14] Japanisches Generalkonsulat Düsseldorf, „Japaner in Düsseldorf", 1; Japanisches Generalkonsulat Düsseldorf, „Japan und Nordrhein-Westfalen".
[15] Mizuuchi, *Hanami am Rhein*, 102 f.
[16] Interview Q.
[17] ebd.
[18] Nakagawa, „Sengo Doitsu no nihonjin komyuniti", 50–56.
[19] ebd., 37f.
[20] Nagamine, Vorwort zu *Nishidoitsu keizaijijō*, 17; Sanchōme, „Die Japaner zog es in die ‚Wolfsschlucht'", 9f.
[21] Mitsubishi Corporation, *Mitsubishi Shōji shashi*.
[22] Nagamine, Vorwort zu *Nishidoitsu keizaijijō*, 17; Sanchōme, „Die Japaner zog es in die ‚Wolfsschlucht'", 9f.
[23] Nagamine, Vorwort zu *Nishidoitsu keizaijijō*, 17.

[24] ebd.
[25] ebd.
[26] ebd.
[27] Hattori, „Sarigataki omohi", 40.
[28] ebd.
[29] ebd.
[30] Mitsui & Co. Deutschland GmbH, *Die Geschichte von Mitsui in Deutschland*, 90–94.
[31] ebd., 97f.
[32] Nagamine, Vorwort zu *Nishidoitsu keizaijijō*, 18.
[33] Mitsui & Co. Deutschland GmbH, *Die Geschichte von Mitsui in Deutschland*, 101f.
[34] ebd., 100f.
[35] ebd., 112–120.
[36] Bei der Wissenssoziologischen Diskursanalyse verbindet Reiner Keller Theorien der Wissenssoziologie mit denen des Diskurses. Sein Ansatz dient zur Rekonstruktion von Deutungs- und Handlungsstrukturen auf Institutionsebene und der Analyse ihrer gesellschaftlichen Wirkung. Siehe Keller, „Wissenssoziologische Diskursanalyse", 113f.
[37] Keller, „Wissenssoziologische Diskursanalyse", 129f.
[38] Sarasin, „Diskurstheorie und Geschichtswissenschaft", 61.
[39] Keller, „Wissenssoziologische Diskursanalyse", 126.
[40] Sarasin, „Diskurstheorie und Geschichtswissenschaft", 58ff., 72.
[41] Rheinische Post, „Türen für Hiroshima übergeben", 22. November 1954.
[42] Rheinische Post, „Festlicher Ausklang der Tokio-Woche", 23. Mai 1955; Rheinische Post „Japan noch, Deutschland wieder Missionsgebiet", 23. Mai 1955.
[43] Rheinische Post, „Ein Gast kam aus Japan", 26. Februar 1955.
[44] Düsseldorfer Nachrichten, „600 Japaner leben in Düsseldorf", 27. August 1963.
[45] ebd.
[46] ebd.
[47] ebd.
[48] Düsseldorfer Nachrichten, „Düsseldorf: Europäisches Zentrum der Japaner", 28. März 1964.
[49] ebd.
[50] Nagamine, Vorwort zu *Nishidoitsu keizaijijō*, 18.
[51] Düsseldorfer Nachrichten, „Düsseldorf: Europäisches Zentrum der Japaner", 28. März 1964.
[52] Viehöver, „Diskurse als Narrationen", 182.
[53] ebd., 183f.
[54] Keller, „Wissenssoziologische Diskursanalyse", 119.
[55] Viehöver, „Diskurse als Narrationen", 181.

Kapitel 2

[1] Flath, *The Japanese Economy*, 243.
[2] Nariai, *Exploring the Japanese Economy*, 31f.
[3] Flath, *The Japanese Economy*, 80ff.; Nariai, *Exploring the Japanese Economy*, 34f.
[4] Francks, *Japanese Economic Development*, 73.
[5] Nariai, *Exploring the Japanese Economy*, 35.
[6] Flath, *The Japanese Economy*, 83; *Lincoln und Gerlach, Japan's Network Economy*, 73; Nariai, *Exploring the Japanese Economy*, 35.
[7] Flath, *The Japanese Economy*, 84, 197f.; Johnson, *MITI and the Japanese Miracle*, 25; Pyle, *The Making of Modern Japan*, 247.

[8] Flath, *The Japanese Economy*, 197; Johnson, *MITI and the Japanese Miracle*; Pyle, *The Making of Modern Japan*, 247.
[9] Flath, *The Japanese Economy*, 185, 197f.; Johnson, *MITI and the Japanese Miracle*, 16f., 20f.
[10] Johnson, *MITI and the Japanese Miracle*, 25.
[11] Flath, *The Japanese Economy*, 186f.; Nariai, *Exploring the Japanese Economy*, 39ff; Pyle, *The Making of Modern Japan*, 247.
[12] Nariai, *Exploring the Japanese Economy*, 37f.
[13] Flath, *The Japanese Economy*, 187; Handelskammer Hamburg, Signatur: U4025c/4 Bd. 3; Pyle, *The Making of Modern Japan*, 252; Stadtarchiv Düsseldorf, Bestand IV 41161, Ablege Nr. J/18.
[14] Johnson, *MITI and the Japanese Miracle*, 27; Pyle, *The Making of Modern Japan*, 247.
[15] Handelskammer Hamburg, Signatur: U 4025c/4 Bd. 3.
[16] Flath, *The Japanese Economy*, 185f., 197, 202f.; Handelskammer Hamburg, Signatur: U 4025c/4 Bd. 2; Johnson, *MITI and the Japanese Miracle*, 29; Nariai, *Exploring the Japanese Economy*; Pyle, *The Making of Modern Japan*, 248.
[17] Handelskammer Hamburg, Signatur: U4025c/4 Bd. 2; Handelskammer Hamburg Signatur: U4025c/4 Bd. 3.
[18] Handelskammer Hamburg, Signatur: U 4025c/4 Bd. 1.
[19] Bundesanzeiger, „Betreffend Japan: Protokoll betreffend Konsultationen über deutsche Einfuhrbeschränkungen"; Handelskammer Hamburg, Signatur: U 4025c/3 Bd. 1; Handelskammer Hamburg Signatur: U 4025c/3 Bd. 2;
Handelskammer Hamburg, Signatur: U 4025c/4 Bd. 1; Handelskammer Hamburg, Signatur: U 4025c/4 Bd. 2.
[20] Flath, *The Japanese Economy*, 199–202; Johnson, *MITI and the Japanese Miracle*, 15; Nariai, *Exploring the Japanese Economy*, 39; Pyle, *The Making of Modern Japan*, 247f.
[21] Flath, *The Japanese Economy*, 202.
[22] Johnson, *MITI and the Japanese Miracle*, 10.
[23] ebd., 24.
[24] Johnson, *MITI and the Japanese Miracle*; Pyle, *The Making of Modern Japan*, 246.
[25] Pyle, *The Making of Modern Japan*, 246ff.
[26] Johnson, *MITI and the Japanese Miracle*, 22.
[27] Nariai, *Exploring the Japanese Economy*, 42.
[28] Johnson, *MITI and the Japanese Miracle*, 16; Nariai, *Exploring the Japanese Economy*, 38.
[29] Pyle, *The Making of Modern Japan*, 245.
[30] Johnson, *MITI and the Japanese Miracle*, 16.
[31] Nariai, *Exploring the Japanese Economy*, 32, 39ff; Pyle, *The Making of Modern Japan*, 244.
[32] Johnson, *MITI and the Japanese Miracle* 3, 6; Pyle, *The Making of Modern Japan*, 244.
[33] Pyle, *The Making of Modern Japan*, 252.
[34] Johnson, *MITI and the Japanese Miracle*, 3.
[35] Johnson, *MITI and the Japanese Miracle*.
[36] ebd., 19.
[37] Pyle, *The Making of Modern Japan*, 242ff.
[38] Johnson, *MITI and the Japanese Miracle*; Pyle, *The Making of Modern Japan*, 241.
[39] Johnson, *MITI and the Japanese Miracle*, 21.
[40] Flath, *The Japanese Economy*, 207f., 213.
[41] ebd., 71.
[42] Flath, *The Japanese Economy*, 208; Johnson, *MITI and the Japanese Miracle*, 3–6; Pyle, *The Making of Modern Japan*, 244f.
[43] Handelskammer Hamburg, Signatur: U 4025c/3 Bd. 1; Handelskammer Hamburg, Signatur: U 4025c/3 Bd. 2; Handelskammer Hamburg, Signatur: U 4025c/4 Bd. 1; Handelskammer Hamburg, Signatur: U 4025c/4 Bd. 2; Handelskammer Hamburg, Signatur: U 4025c/4 Bd. 3.
[44] Interview L.

45 Handelskammer Hamburg, Signatur: U 4025c/3 Bd. 1.
46 Interview L.
47 Nariai, *Exploring the Japanese Economy*, 38.
48 Stadtarchiv Düsseldorf, Bestand IV 35291, Japan-Haus Vorgang. Zielke schrieb ebenfalls über die Standortverlagerungen der Generalhandelshäuser. Siehe Zielke, *Die Japaner in Düsseldorf*, 92.
49 Handelskammer Hamburg, Signatur: U 4025a/12 Bd. 1; Handelskammer Hamburg, Signatur: U 4025a/12 Bd. 2.
50 Handelskammer Hamburg, Signatur: U 4025a/12 Bd. 1.
51 Stadtarchiv Düsseldorf, Bestand IV 41161, Ablege Nr. J/18.
52 Handelskammer Hamburg, Signatur: U 4025a/12 Bd. 2.
53 Handelskammer Hamburg, Signatur: U 4025c/3 Bd. 1.
54 ebd.
55 Interview L.
56 Interview L; Handelskammer Hamburg, Signatur: 4025/1 Bd. 1; Handelskammer Hamburg, Signatur: U 4025a/12 Bd. 1; Zielke, *Die Japaner in Düsseldorf*, 71.
57 Handelskammer Hamburg, Signatur: U 4025a/12 Bd. 1.
58 ebd.
59 Interview L; Handelskammer Hamburg, Signatur: U 4025a/12 Bd. 1.
60 Interview L.
61 ebd.
62 Japan Machine Tool Importers' Association, „History".
63 Stadtarchiv Düsseldorf, Bestand IV 41161, Ablege Nr. J/18.
64 Eli, *Sogo Shosha*, 12; Flath, *The Japanese Economy*, 72; Mitsubishi Corporation, *Mitsubishi Shōji shashi*.
65 Flath, *The Japanese Economy*, 239.
66 Eli, *Sogo Shosha*, 10f.
67 Eli, *Sogo Shosha*, 12; Flath, *The Japanese Economy*, 75; Mitsubishi Corporation, *Mitsubishi Shōji shashi*, 722.
68 Eli, *Sogo Shosha*, 12; Flath, *The Japanese Economy*, 75ff; Lincoln und Gerlach, *Japan's Network Economy*, 72.
69 Mitsubishi Corporation, *Mitsubishi Shōji shashi*, 711; Mitsui Co. Deutschland GmbH, *Die Geschichte von Mitsui in Deutschland*, 89.
70 Mitsubishi Corporation, *Mitsubishi Shōji shashi*, 722.
71 ebd., 722ff., 734, 745.
72 ebd., 721ff.
73 ebd., 734–745.
74 ebd., 747.
75 Mitsubishi Corporation, *Mitsubishi Shōji shashi*, 746f. Auch Nakagawa schrieb über die Geschichte von Mitsubishi und seine Neuunternehmen. Siehe Nakagawa, „Sengo Doitsu no nihonjin kommyuniti", 39.
76 Nagamine, Vorwort zu *Nishidoitsu keizaijijō*, 17; Sanchōme, „Die Japaner zog es in die ‚Wolfsschlucht'", 10.
77 Die Geschäftsbeziehungen zwischen der Schloemann AG und Mitsubishi gehen bis auf das Jahr 1926 zurück, als das Handelshaus noch seine Deutschlandzentrale in Berlin unterhielt. Siehe Unternehmensarchiv SMS group, Bestand Schloemann-Siemag, Signatur: SMS 02 40 6558.
78 Mitsubishi Corporation, *Mitsubishi Shōji shashi*, 750f.
79 Unternehmensarchiv SMS group, Bestand Schloemann, Signatur: Schloe 12 D1 21 2355; Unternehmensarchiv SMS group, Bestand Schloemann, Signatur: Schloe 12 D1 21 2359; Mitsubishi Corporation, *Mitsubishi Shōji shashi*, 725.

[80] Mauer, *Düsseldorf – Japan: Eine Beziehungsgeschichte;* Nakagawa, „Sengo Doitsu no nihonjin komyuniti"; Rhenus, „Japan in Düsseldorf", 5; Sanchōme, „Die Japaner zog es in die ‚Wolfsschlucht'", 8ff.

[81] Unternehmensarchiv SMS group, Bestand Schloemann, Signatur: Schloe 12 D1 21 2354; Unternehmensarchiv SMS group, Bestand Schloemann, Signatur: 12 D1 21 2355; Unternehmensarchiv SMS group, Bestand Schloemann, Signatur: Schloe 12 D1 21 2357.

[82] Eli, *Sogo Shosha,* 137–153.

[83] Unternehmensarchiv SMS group, Bestand Schloemann, Signatur: Schloe 01 D2 6 3 7103.

[84] ebd.

[85] Mitsubishi Corporation, *Mitsubishi Shōji shashi,* 752.

[86] ebd., 735, 751.

[87] Interview P.

[88] Hattori, „Sarigataki omohi" 40; Sanchōme, „Die Japaner zog es in die ‚Wolfsschlucht'", 8ff.

[89] Unternehmensarchiv SMS group, Bestand Schloemann, Signatur: Schloe 12 D1 21 2350.

[90] Unternehmensarchiv SMS group, Bestand Schloemann-Siemag, Signatur: SMS 02 40 6558.

[91] Eli, *Sogo Shosha,* 28f.

[92] Mitsui Co. Deutschland GmbH, *Die Geschichte von Mitsui in Deutschland,* 101f.

[93] Mitsui Co. Deutschland GmbH, *Die Geschichte von Mitsui in Deutschland,* 115–118.

[94] ebd., 119f.

[95] Eli, *Sogo Shosha,* 115, 337.

[96] ebd., 101–112.

[97] Zielke, *Die Japaner in Düsseldorf,* 71, 76.

[98] Eli, *Sogo Shosha,* 7, 17f.

[99] ebd., 19–90.

[100] ebd., 258.

[101] Lincoln und Gerlach, *Japan's Network Economy,* 74.

[102] Eli, *Sogo Shosha,* 15, 258ff.

[103] ebd., 262.

[104] ebd., 261, 285–290.

[105] Eli, *Sogo Shosha,* 330.

[106] Die Abwesenheit von Nozaki und Tōshoku in Düsseldorf lässt sich mit dem fehlenden Fokus auf schwerindustrielle Güter in der Geschäftstätigkeit erklären. Trotz der gezielten Förderung dieses Zweiges, blieben beide Handelshäuser ihrer Spezialisierung auf dem Gebiet der Nahrungsmittel treu. Tōshoku unterhielt aus demselben Grund nur eine Niederlassung in Hamburg, während Nozaki von vornherein nicht in den deutschen Markt eintrat. Siehe Eli, *Sogo Shosha,* 440.

[107] ebd., 428–443.

[108] Zielke, *Die Japaner in Düsseldorf,* 101f.

[109] ebd., 92.

[110] Rheinische Post, „Japan Haus im Sommer eröffnet", 06. Februar 1964.

[111] Eli, *Sogo Shosha,* 428–438.

[112] Eli, *Sogo Shosha,* 428–440; Zielke, *Die Japaner in Düsseldorf,* 96.

[113] Eli, *Sogo Shosha,* 87.

[114] Unternehmensarchiv SMS group, Bestand Schloemann-Siemag, Signatur: SMS 02 40 6558.

[115] Mitsui Co. Deutschland GmbH, *Die Geschichte von Mitsui in Deutschland,* 121.

[116] Unternehmensarchiv SMS group, Bestand Schloemann-Siemag, Signatur: SMS 02 40 6558.

[117] The Bank of Tokyo-Mitsubishi UFJ, Ltd. Düsseldorf Branch, *Die Stadt, in der Japan und Deutschland eins werden – Düsseldorf.*

[118] Die Niederlassung in Hamburg wurde am 08.12.1954 errichtet. Siehe Nakagawa, „Sengo Doitsu no nihonjin komyuniti", 36.

[119] Ono, „30-nen mae no Dyusserudorufu", 42f. Nakagawa schrieb ebenfalls über die Geschichte der Bank of Tokyo in Deutschland. Siehe Nakagawa, „Sengo Doitsu no nihonjin komyuniti", 36.

[120] Interview E; Interview V.

[121] Interview E; Interview G; Interview H; Interview J; Interview M; Interview S.

[122] Interview S.

[123] Interview M.

Kapitel 3

[1] Lincoln und Gerlach, *Japan's Network Economy,* 15.

[2] Eli, *Sogo Shosha,* 171; Lincoln und Gerlach, *Japan's Network Economy,* 15f., 21; Waldenberger, „Keiretsu", 36.

[3] Lincoln und Gerlach, *Japan's Network Economy,* 73.

[4] Eli, *Sogo Shosha,* 174; Lincoln und Gerlach, *Japan's Network Economy,* 73.

[5] Lincoln und Gerlach, *Japan's Network Economy,* 72f.

[6] Eli, *Sogo Shosha,* 179; Waldenbeger, „Keiretsu", 37.

[7] Lincoln und Gerlach, *Japan's Network Economy,* 71.

[8] Dodwell Marketing Consultants, *Industrial Groupings in Japan;* Eli, *Sogo Shosha,* 179; Flath, *The Japanese Economy,* 239; Lincoln und Gerlach, *Japan's Network Economy,* 16; Waldenberger, „Keiretsu", 36.

[9] Dodwell Marketing Consultants, *Industrial Groupings in Japan;* Flath, *The Japanese Economy,* 239; Lincoln und Gerlach, *Japan's Network Economy,* 16; Waldenberger, „Keiretsu", 36.

[10] Eli, *Sogo Shosha,* 174; Waldenberger, „Keiretsu", 36ff.

[11] Lincoln und Gerlach, *Japan's Network Economy,* 5, 30.

[12] Nicht jede *Sōgō Shōsha* nahm automatisch die Rolle einer Kerngesellschaft ein. Kleinere Handelshäuser wie Toyomenka, Okura & Co. oder Ataka & Co. blieben aufgrund ihres zu hohen Spezialisierungsgrades den größeren Handelshäusern wie Mitsui & Co., der Marubeni Corporation oder der Sumitomo Shōji Kaisha untergeordnet. Neben den *Sōgō Shōsha* und den Banken nahmen in manchen Gruppen noch Industrieunternehmen wie die Mitsubishi Heavy Industries eine Schlüsselposition ein. Siehe Dodwell Marketing Consultants; Eli, *Sogo Shosha,* 193ff.; Lincoln und Gerlach, *Japan's Network Economy,* 44.

[13] Eli, *Sogo Shosha,* 175, 252.

[14] Lincoln und Gerlach, *Japan's Network Economy,* 17–21; Waldenberger, „Keiretsu", 36.

[15] Lincoln und Gerlach, *Japan's Network Economy,* 16f.

[16] Eli, *Sogo Shosha,* 176; Lincoln und Gerlach, *Japan's Network Economy,* 74; Waldenberger, „Keiretsu", 38.

[17] Eli, *Sogo Shosha,* 176.

[18] Die sechs Gruppen erreichten eine durchschnittliche Eigenbeteiligungsquote von 12,7 % im Jahr 1965 und 17,2 % im Jahr 1971. Die höchste Quote im Jahr 1965 hielt die Sumitomo-Gruppe mit 18,8 % und im Jahr 1971 die Mitsubishis mit 22,7 %. Beide Gruppen, zeichnete eine strenge Führung und enge Bindungen aus. Siehe Eli, *Sogo Shosha,* 177, 208.

[19] Lincoln und Gerlach, *Japan's Network Economy,* 74; Waldenberger, „Keiretsu", 38.

[20] Eli, *Sogo Shosha,* 175ff.

[21] Lincoln und Gerlach, *Japan's Network Economy,* 16; Flath, *The Japanese Economy,* 239; Waldenberger, „Keiretsu", 36.

[22] Lincoln und Gerlach, *Japan's Network Economy,* 16f.; Flath, *The Japanese Economy,* 239.

[23] Lincoln und Gerlach, *Japan's Network Economy,* 16f., 28; Miwa und Ramseyer, „The Fable of the Keiretsu", 169–224.

[24] Waldenberger, „Keiretsu", 36.

25 Obwohl die meisten Unternehmen dem *Sansui-kai* angehörten, überschnitten sich dessen Mitglieder nicht zwangsläufig mit denen des *Midori-* und *Clover-kai*, was unter anderem als Ursache für die lockeren Bindungen innerhalb der Sanwa-Gruppe erachtet werden kann.

26 Dodwell Marketing Consultants, *Industrial Groupings in Japan*, 3–27.

27 Flath, *The Japanese Economy*, 244; Lincoln und Gerlach, *Japan's Network Economy*, 24.

28 Dodwell Marketing Consultants, *Industrial Groupings in Japan*, 3–27.

29 Eli, *Sogo Shosha*, 135,174, 184.

30 ebd.

31 Miwa und Ramseyer, „The Fable of the Keiretsu".

32 Eli, *Sogo Shosha*, 174.

33 Durch die protektionistischen Maßnahmen der Regierung, wie Einfuhrkontrollen und beschränkte Auslandsinvestitionen, konnten Hersteller nicht auf ausländische Zulieferer zurückgreifen und waren damit gezwungen, sich mit inländischen gemeinsam zu organisieren. Siehe Waldenberger, „Keiretsu", 42.

34 Waldenberger, „Keiretsu", 39ff.

35 Lincoln und Gerlach, *Japan's Network Economy*, 31.

36 Eli, *Sogo Shosha*, 174.

37 Lincoln und Gerlach, *Japan's Network Economy*, 14f., 31, 74.

38 Stadtarchiv Düsseldorf, Adressbuch 1962/1963.

39 Düsseldorfer Wochenspiegel, „Die größte japanische Kolonie in Europa", Juni 1994; Rheinische Post, „Neubau an der Heinrich-Heine-Allee", 20. Juni 1964.

40 Erich Zielke, *Die Japaner in Düsseldorf*, 102.

41 Zielke, *Die Japaner in Düsseldorf*, 76f.

42 Dodwell Marketing Consultants, *Industrial Groupings in Japan*, 4.

43 Rheinische Post, „Neubau an der Heinrich-Heine-Allee", 20. Juni 1964.

44 Dodwell Marketing Consultants, *Industrial Groupings in Japan*; Zielke, *Die Japaner in Düsseldorf*, 109.

45 Mitsui Co. Deutschland GmbH, *Die Geschichte von Mitsui in Deutschland*, 121.

46 ebd., 134f.

47 Interview H.

48 ebd.

49 Interview H.

50 ebd.

51 ebd.

52 Mitsui O. S. K. Lines stand im Besitz von Mitsui und Sumitomo, weshalb es gleichermaßen als Transportunternehmen für die Sumitomo-Gruppe diente. Siehe Dodwell Marketing Consultants, *Industrial Groupings in Japan*.

53 Düsseldorfer Nachrichten, „Mitsui Bank in Düsseldorf", 23. August 1975; Unsere Wirtschaft, „Mitsubishi Bank eröffnet Niederlassung in Düsseldorf", 30. August 1974.

54 Handelsblatt, „Mitsui Bank kommt nach Düsseldorf", 26. August 1975; Unsere Wirtschaft, „Mitsubishi Bank eröffnet Niederlassung in Düsseldorf", 30. August 1974.

55 Handelsblatt, „Mitsubishi-Bank baut Deutschland-Geschäft aus", 01. Oktober 1974.

56 Im Laufe der 1980er Jahre öffneten sie sich vermehrt für das Geschäft mit nicht-japanischen Kunden. Siehe te Kloot, „Wichtigster Standort in Europa", 837.

57 Zielke, *Die Japaner in Düsseldorf*, 78, 97.

58 Interview S.

59 Interview J.

60 Mitsui Co. Deutschland GmbH, *Die Geschichte von Mitsui in Deutschland*, 119.

61 Interview J.

62 Dodwell Marketing Consultants, *Industrial Groupings in Japan*.

63 Interview S.

[64] Lincoln und Gerlach, *Japan's Network Economy*, 31; Zielke, *Die Japaner in Düsseldorf*, 104.
[65] Japanische Industrie- und Handelskammer zu Düsseldorf e. V., Kaiinmeibo 1965–1992.
[66] Zielke, *Die Japaner in Düsseldorf*, 97.
[67] Eine ähnliche Auflistung unternahm Zielke für das Jahr 1979. Er zählte zur damaligen Zeit 134 Keiretsu-Unternehmen in Düsseldorf. Siehe Zielke, *Die Japaner in Düsseldorf*, 103f.
[68] Dodwell Marketing Consultants, *Industrial Groupings in Japan*; Japanische Industrie- und Handelskammer zu Düsseldorf e. V., Kaiinmeibo 1965–1992; Lincoln und Gerlach, *Japan's Network Economy*, 18ff.
[69] Dodwell Marketing Consultants, *Industrial Groupings in Japan*; Japanische Industrie- und Handelskammer zu Düsseldorf e. V., Kaiinmeibo 1965–1992.
[70] Interview M.
[71] Zielke, *Die Japaner in Düsseldorf*, 77f.
[72] Interview M.
[73] Interview E.
[74] ebd.
[75] ebd.
[76] Interview H.
[77] Interview M.
[78] Lincoln und Gerlach, *Japan's Network Economy*, 24f., 38f.
[79] ebd., 39.
[80] ebd., 25ff.
[81] Interview E.
[82] ebd.
[83] Lincoln und Gerlach, *Japan's Network Economy*, 40.
[84] ebd., 41.
[85] ebd., 41ff.
[86] ebd., 44.
[87] Japanische Industrie- und Handelskammer zu Düsseldorf e. V., Kaiinmeibo 1965.
[88] Stadtarchiv Düsseldorf, Bestand IV 41161, Ablege Nr. J/13; Stadtarchiv Düsseldorf, Niederschrift über die Sitzung des Ausschusses für Fremdenverkehr und Wirtschaftsförderung am 14.3.1967; Zielke, *Die Japaner in Düsseldorf*, 93f., 104.
[89] Industrie- und Handelskammer zu Düsseldorf, *IHK-Spezial: Ausländische Unternehmen*.
[90] Düsseldorfer Nachrichten, „600 Japaner leben in Düsseldorf", 27. August 1963; Rheinische Post, „Düsseldorf: Europäisches Zentrum der Japaner", 28. März 1964; Rheinische Post, „Japan: Düsseldorf Mittelpunkt der EWG", 15. Juni 1963.
[91] Rheinische Post, „Düsseldorf: Europäisches Zentrum der Japaner", 28. März 1964.
[92] Amt für Statistik und Wahlen der Landeshauptstadt Düsseldorf, *Gemeldete japanische Personen in Düsseldorf seit 1961*.

Kapitel 4

[1] Befu, „The Global Context of Japan outside Japan", 5; Befu, „The Japanese Diaspora", 7,18; Glebe, „Segregation and the Ethnoscape", 98; Kitabayashi, „Nihon kigyō no kaigai shinshutsu", 30.
[2] Glebe, „Segregation and the Ethnoscape", 98.
[3] Cohen nach ist die Flüchtigkeit des Aufenthaltes ein allgemeines Merkmal von Entsandtenmigration. Siehe Cohen, „Expatriate Communities", 17f.
[4] Befu, „The Japanese Diaspora", 20; Cohen, „Expatriate Communities", 18; Goodman et al., „The Experience of Japan's New Migrants", 9.
[5] Amt für Statistik und Wahlen der Landeshauptstadt Düsseldorf, *Gemeldete japanische Personen in Düsseldorf seit 1961*.

[6] Zielke, *Die Japaner in Düsseldorf*, 52, 58.

[7] Mitsui Co. Deutschland GmbH, *Die Geschichte von Mitsui in Deutschland*, 114; Ono, „30-nen mae no Dyusserudorufu", 42; Nakagawa, „Sengo Doitsu no nihonjin komyuniti", 40.

[8] Befu, „The Japanese Diaspora", 19; Befu „The Global Context of Japan outside Japan", 5.

[9] Adachi, *Japanese and Nikkei*.

[10] Sanchōme, „Die Japaner zog es in die ‚Wolfsschlucht'", 9; Sanchōme, „‚Ōkami no tani'", 34.

[11] Safran, „Diasporas in Modern Societies", 83f.; Brubaker, „The ‚Diaspora' Diaspora", 5.

[12] Adachi, *Japanese and Nikkei*; Safran, „Diasporas in Modern Societies", 91, 94.

[13] Adachi, *Japanese and Nikkei*.

[14] Barth, *Ethnic Groups and Boundaries*.

[15] Handelskammer Hamburg, Signatur: U 4025c/3 Bd. 1; Handelskammer Hamburg, Signatur: U 4025c/3 Bd. 2; Sanchōme, „Die Japaner zog es in die ‚Wolfsschlucht'".

[16] Sanchōme, „‚Ōkami no tani'", 36.

[17] Deguchi, Vorwort zu *Nishidoitsu keizaijijō*, 4f; Japanischer Club Düsseldorf e. V., *Rain no nagare*, 194f.; Hirano, Vorwort zu *Nishidoitsu keizaijijō*, 3; Hirano, „Nihon-kurabu no dekita koro", 57; Sanchōme, „‚Ōkami no tani'", 36.

[18] Japanischer Club Düsseldorf e. V., *Rain no nagare*, 194f; Shizukuishi, „Nihon-kurabu tanjō", 51.

[19] Japanischer Club Düsseldorf e. V., *Rain no nagare*, 54; Shizukuishi, „Nihon-kurabu tanjō" 51f.

[20] Jäger, „Japanische Migration nach Düsseldorf", 10.

[21] Furushō, „Dyusserudorufu no omoide", 76; Shizukuishi, „Nihon-kurabu tanjō", 51f.

[22] Shizukuishi, „Nihon-kurabu tanjō", 52.

[23] Adachi, *Japanese and Nikkei*.

[24] Hirano, „Nihon-kurabu no dekita koro", 57; Shizukuishi, „Nihon-kurabu tanjō", 51.

[25] Cohen, „Expatriate Communities".

[26] ebd., 33–37.

[27] ebd., 41.

[28] Cohen, „Expatriate Communities", 58f.; Der Spiegel, „Klotz für Baba", Nr. 32/1978; Glebe, „Segregation and the Ethnoscape" 112f.; Klein, „Das kleine Reich der Mitte", 37.

[29] Martin, „Diaspora and Japanese Wives", 114f

[30] Interview R.

[31] ebd.

[32] Adachi, *Japanese and Nikkei*.

[33] Düsseldorfer Rundschau, „Bei Kawakamis hat Goethe was zu sagen", 06. März 1976; Rheinische Post, „Japan: Düsseldorf Mittelpunkt der EWG", 15. Juni 1963.

[34] Rheinische Post, „Japan: Düsseldorf Mittelpunkt der EWG", 15. Juni 1963.

[35] Hall, „Cultural Identity and Diaspora".

[36] Sakai, *Japanese Bankers*, 10f.

[37] Amt für Statistik und Wahlen der Landeshauptstadt Düsseldorf, *Gemeldete japanische Personen in Düsseldorf seit 1961*; Takagi, *Dyusserudorufu no omoide*, 409.

[38] Hirano, Vorwort zu *Nishidoitsu keizaijijō*, 3.

[39] Arikawa, „Nihon-shōkōkaigisho setsuritsu-tōji", 75; Deguchi, Vorwort zu *Nishidoitsu keizaijijō*, 4; Hirano, Vorwort zu *Nishidoitsu keizaijijō*, 3.

[40] Deguchi, Vorwort zu *Nishidoitsu keizaijijō*, 4f; Hirano, Vorwort zu *Nishidoitsu keizaijijō*, 3; Mitsui Co. Deutschland GmbH, *Die Geschichte von Mitsui in Deutschland*, 126; Takagi, *Dyusserudorufu no omoide*, 410.

[41] Furushō, „Dyusserudorufu no omoide", 76.

[42] Deguchi, Vorwort zu *Nishidoitsu keizaijijō*, 5.

[43] Arikawa, „Nihon-shōkōkaigisho setsuritsu-tōji", 75; Deguchi, Vorwort zu *Nishidoitsu keizaijijō*, 6; Ly, „Die Japanische IHK", 72; Sanchōme, „Die Japaner zog es in die ‚Wolfsschlucht'", 9.

[44] Arikawa, „Nihon-shōkōkaigisho setsuritsu-tōji", 75; Deguchi, Vorwort zu *Nishidoitsu keizaijijō*, 6; Handelskammer Hamburg, Signatur: U 4025/1 Bd. 1; Ly, „Die Japanische IHK", 72.

[45] Stadtarchiv Düsseldorf, Bestand IV 41161, Ablege Nr. J/10.

[46] Interview F.

[47] Interview M.

[48] Interview M.

[49] Takagi, *Dyusserudorufu no omoide*, 410ff.

[50] Interview L.

[51] Japanisches Generalkonsulat Düsseldorf, „Japan und Nordrhein-Westfalen", 2.

[52] Sasaki, „Shodai sōryōji no omoide", 79.

[53] Arikawa, „Nihon-shōkōkaigisho setsuritsu-tōji", 75; Deguchi Vorwort zu *Nishidoitsu keizaijijō*, 4.

[54] Japanischer Club Düsseldorf e. V., *Rain no nagare*, 55.

[55] Sanchōme, „‚Ōkami no tani'", 34f.

[56] Safran, „Diasporas in Modern Societies", 93.

[57] Cohen, „Expatriate Communities", 19; Goodman et al., „The Experience of Japan's New Migrants", 9.

[58] Furushō, „Dyusserudorufu no omoide", 77.

[59] Interview M.

[60] ebd.

[61] Interview J; Sasaki, „Shodai sōryōji no omoide", 79.

[62] Stadtarchiv Düsseldorf, Bestand IV 41162, Ablege Nr. J/8.

[63] Interview B.

[64] Cohen, „Expatriate Communities", 63, 78; Glebe, „Segregation and the Ethnoscape", 109f.

[65] Meckel, „25 Jahre Japanischer Club in Düsseldorf", 73.

[66] Interview K; Arikawa, „Dokunichikyōkai amu Niidārain", 62; Rheinische Post, „Deutsch-Japanischer Mittagstisch", 28. Juni 1963; Stadtarchiv Düsseldorf, Bestand IV 35291, Japan-Haus Vorgang.

[67] Handelskammer Hamburg, Signatur: U 4025a/15 Bd. 1; Stadtarchiv Düsseldorf, Bestand IV 41163, Ablege Nr. J/7.

[68] Handelskammer Hamburg, Signatur: U 4025a/15 Bd. 1.

[69] Arikawa, „Dokunichikyōkai amu Niidārain", 62; Handelskammer Hamburg, Signatur: U 4025a/15 Bd. 1; Staatsarchiv Hamburg, Bestand VR3517, Signatur: 231–10_B 1973–216.

[70] Arikawa, „Dokunichikyōkai amu Niidārain", 62.

[71] Arikawa, „Dokunichikyōkai amu Niidārain", 62f.; Industriekurier Düsseldorf, „Deutsch-Japanische Gesellschaft am Niederrhein", 11. November 1965.

[72] Arikawa, „Dokunichikyōkai amu Niidārain", 63.

[73] Dreesbach, „‚Zuagroaste' aus dem Lande Nippon", *Handelsblatt*, 22. Mai 1975.

[74] Rheinische Post, „Najikawa shiranedo kokoro wabite", 01. Juni 1964.

[75] Rheinische Post, „Japan-Woche mehr als Brückenschlag", 20. Juni 1961.

[76] Zu Hybridität und Synkretismen siehe Hall, „Cultural Identity and Diaspora", 234.

[77] Cohen, „Expatriate Communities".

[78] Arimoto, „Gakkō setsuritsu-ninka shutokumondai" 111.

[79] Cohen, „Expatriate Communities", 23.

[80] Hattori, „Sarigataki omohi", 41; Hirano, „Nihon-kurabu no dekita koro", 57; Ito, „Sushimaisutā omoidebanashi", 66; Shizukuishi, „Nihon-kurabu tanjō", 51.

[81] Nobusuke Kishi war der 37. Premierminister von Japan, und zwar von 1957 bis zu seinem Rücktritt im Jahr 1960, den er aufgrund von Studentenprotesten gegen die Unterzeich-

nung des Sicherheitsvertrages mit den USA verkündete. Siehe Rheinische Post, „Kishis Rücktritt offiziell angekündigt", 22. Juni 1960.

82 Furushō, „Dyusserudorufu no omoide", 76; Hirano, „Nihon-kurabu no dekita koro", 57; Nakagawa, „Sengo Doitsu no nihonjin komyuniti", 49; Rheinische Post, „Für Japanerinnen ein Raum im altdeutschen Stil", 23. April 1964; Rheinische Post, „Japan-Haus im Sommer eröffnet", 06. Februar 1964; Rheinische Post „Nippon-Kan ein Stück Heimat für Japaner", 21. Juli 1964; Stadtarchiv Düsseldorf, Bestand IV 35291, Japan-Haus Vorgang.

83 Sanchōme, „‚Ōkami no tani'", 37.

84 Nakagawa, „Sengo Doitsu no nihonjin komyuniti", 49f.

85 Die Henkel AG startete den Verkauf ihrer Produkte in Japan im Jahr 1954 über die Nippon Henkel Chemical Co., Ltd. Im Jahre 1974 folgte das erste Joint Venture mit Hakusui Chemicals in Osaka. Bis heute ist der Konzern mit mehreren Joint Ventures und Tochtergesellschaften in Japan vertreten. Siehe Konzernarchiv Henkel, Dokumenten-Mappe D 614: „Henkel in Japan".

86 Konzernarchiv Henkel, Acc. 278–36: Wohlthat an Correns, 10. September 1969.

87 Stadtarchiv Düsseldorf, Bestand IV 35291, Japan-Haus Vorgang.

88 Sasaki, „Shodai sōryōji no omoide", 79.

89 Stadtarchiv Düsseldorf, Bestand IV 41161, Ablege Nr. J/18.

90 Interview J.

91 Rheinische Post, „Nippon-Kan ein Stück Heimat für Japaner", 21. Juli 1964.

92 Interview S.

93 Japanisches Generalkonsulat Düsseldorf, „Japaner in Düsseldorf", 2.

94 Sanchōme, „‚Ōkami no tani'", 37; Sanchōme, „Die Japaner zog es in die ‚Wolfsschlucht'", 10; Stadtarchiv Düsseldorf, Bestand IV 35291, Japan-Haus Vorgang.

95 Stadtarchiv Düsseldorf, Bestand IV 35291, Japan-Haus Vorgang.

96 Japanischer Club Düsseldorf e. V., *Rain no nagare*, 54; Japanisches Generalkonsulat Düsseldorf, „Japaner in Düsseldorf"; Shizukuishi, „Nihon-kurabu tanjō" 52; Shunzō Sanchōme, „‚Ōkami no tani'", 37.

97 Interview N; Interview Y.

98 Befu, „The Japanese Diaspora", 20f.

99 Glebe, „Segregation and the Ethnoscape", 110.

100 Martin, „Diaspora and Japanese Wives", 110.

101 Dreesbach, „‚Zuagroaste' aus dem Lande Nippon", *Handelsblatt*, 22. Mai 1975; Verfürth, „Düsseldorf – das Tokio Europas", 29. Mai 2975.

102 Takagi, „Nishidoitsu ni okeru katsujibunka", 46.

103 Henning, „Sie leben ihre japanischen Träume am Rhein", *Westdeutsche Zeitung*, 25. Mai 2019; Rheinische Post, „Die japanische Buchhandlung ‚Takagi' Entdeckungsreise", 10. Juni 1999; Takagi, „Nishidoitsu ni okeru katsujibunka", 46.

104 Kölner Stadtanzeiger, „Listen mit Opfernamen hängen im Schaufenster", 19. Januar 1995; Rheinische Post, „Sorgenvolle Gesichter im Japaner-Viertel", 10. Januar 1995.

105 Interview N.

106 Interview O; Itō, „Sushimaisutā omoidebanashi" 66.

107 Schwartzkopff, *Düsseldorf: Japans Hauptstadt am Rhein*, 6.

108 Interview M; Shikanuma, „Dyusserudorufu shihanseiki", 71.

109 Cohen, „Expatriate Communities"; Klein, „Das Kleine Reiche der Mitte", 6.

110 Interview F.

111 ebd.

112 Interview M.

113 Ono, „30-nen mae no Dyusserudorufu", 42.

114 Kitabayashi, „Nihon kigyō no kaigai shinshutsu", 37.

115 Für die Produktion einer Folge der Serie „Tadaima Jūichinin" traf im September 1965 ein Fernsehteam aus Japan am Düsseldorfer Flughafen ein, das an mehreren Orten wie der

Rheinpromenade, Lambertuskirche oder dem Nippon-Kan eine Reihe von Szenen drehte. Die Serie handelte von der Liebe eines Entsandten und einer Frau, die in Japan zurückblieb. Im Laufe der Erzählung suchte die Frau zusammen mit ihrem Vater – einem Manager eines Schwerindustrieunternehmens – den Entsandten in Düsseldorf auf, um ihn zu heiraten. Einem Bericht der Rheinischen Post zufolge erreichte die Serie in Japan regelmäßige Zuschauerzahlen von ungefähr zwei Millionen. Siehe Rheinische Post, „Ja-Wort auf Japanisch", 25. September 1965.

116 Zielke, *Die Japaner in Düsseldorf*, 58.

117 Stadtarchiv Düsseldorf, Bestand IV 41166, Ablege Nr. M/8.

118 Stadtarchiv Düsseldorf, Niederschrift über die Sitzung des Ausschusses für Fremdenverkehr und Wirtschaftsförderung am 14.3.1967, 9.

119 ebd., 7–11.

Kapitel 5

1 Zu seiner Gründungszeit hieß das Amt „Wirtschaftsplanungsamt". Aufgrund vieler Umstrukturierungen und Namensänderungen des Amtes im Laufe der Jahrzehnte werde ich zur Vereinfachung durchweg „Wirtschaftsförderungsamt" als Bezeichnung verwenden.

2 Stadtarchiv Düsseldorf, Bestand IV 35291, Japan-Haus Vorgang; Stadtarchiv Düsseldorf, Niederschrift über die Sitzung des Ausschusses für Fremdenverkehr und Wirtschaftsförderung am 14.3.1967.

3 Jäger, „Japans Hauptstadt in Deutschland", 21.

4 Stadtarchiv Düsseldorf, Niederschrift über die Sitzung des Ausschusses für Fremdenverkehr und Wirtschaftsförderung am 14.3.1967, 7.

5 Nakagawa und Jäger werteten ebenfalls Teile des Archivmaterials der Stadt Düsseldorf zur Rekonstruktion der Förderungsmaßnahmen der Landeshauptstadt aus. Einige der in diesem Kapitel rekonstruierten Ereignisse zum Bau des „Japan-Hauses" und der Planung der „Japan-Tage" sowie Zitate aus den entsprechenden Archivalien finden sich demnach auch in Jägers und Nakagawas Aufsätzen. Siehe Jäger, „Japanische Migration nach Düsseldorf"; Jäger, „Japans Hauptstadt in Deutschland"; Nakagawa, „Sengo Doitsu no nihonjin komyuniti".

6 Stadtarchiv Düsseldorf, Bestand IV 35291, Japan-Haus Vorgang.

7 Stadtarchiv Düsseldorf, Bestand IV 35291, Japan-Haus Vorgang.

8 ebd.

9 ebd.

10 ebd.

11 Rheinische Post, „Japan-Haus im Sommer eröffnet", 06. Februar 1964; Rheinische Post, „Nippon-Kan ein Stück Heimat für Japaner", 21. Juli 1964.

12 Stadtarchiv Düsseldorf, Bestand IV 35291, Japan-Haus Vorgang.

13 Stadtarchiv Düsseldorf, Bestand IV 41161, Ablege Nr. J/11; Stadtarchiv Düsseldorf, Bestand IV 35291, Japan-Haus Vorgang.

14 Stadtarchiv Düsseldorf, Bestand IV 35291, Japan-Haus Vorgang.

15 Stadtarchiv Düsseldorf, Bestand IV 41161, Ablege Nr. J/11; Stadtarchiv Düsseldorf, Bestand IV 35291, Japan-Haus Vorgang.

16 ebd.

17 Stadtarchiv Düsseldorf, Bestand IV 41161, Ablege Nr. J/11; Stadtarchiv Düsseldorf, Bestand IV 41163, Ablege Nr. J/7.

18 Stadtarchiv Düsseldorf, Bestand IV 41161, Ablege Nr. J/11.

19 Stadtarchiv Düsseldorf, Bestand IV 41166, Ablege Nr. M/8.

20 Stadtarchiv Düsseldorf, Bestand IV 41161, Ablege Nr. J/11; Stadtarchiv Düsseldorf, Bestand IV 35291, Japan-Haus Vorgang.

[21] Stadtarchiv Düsseldorf, Bestand IV 41166, Ablege Nr. M/8.
[22] ebd.
[23] ebd.
[24] Jäger, „Japans Hauptstadt in Deutschland“, 23.
[25] Stadtarchiv Düsseldorf, Bestand IV 41163, Ablege Nr. J/7.
[26] Stadtarchiv Düsseldorf, Bestand IV 41166, Ablege Nr. M/8.
[27] Jaspert, „Hotelkrieg am Rhein: Droht der Exodus der Japaner?“, *Die Welt*, 20. Februar 1976; Fischer, „Warnung vor ‚vernichtendem Preiskampf‘, *Düsseldorfer Nachrichten*, 16. Januar 1976; Schiffmann, „Protest gegen japanische Betten“, *Düsseldorfer Rundschau*, 16. Januar 1976.
[28] Stadtarchiv Düsseldorf, Bestand IV 41166, Ablege Nr. M/8.
[29] Jaspert, „Hotelkrieg am Rhein: Droht der Exodus der Japaner?“, *Die Welt*, 20. Februar 1976.
[30] Stadtarchiv Düsseldorf, Bestand IV 41166, Ablege Nr. M/8.
[31] Kölgen, „Japan will in Düsseldorf hoch hinaus“, *Neue Ruhr Zeitung*, 09. Juli 1976; Stadtarchiv Düsseldorf, Bestand IV 41166, Ablege Nr. M/8; Westdeutsche Zeitung, „Grundstein für 150-Millionen-Bau“, 9. Juli 1976.
[32] Rheinische Post, *Japan am Rhein: Sonderbeilage der Rheinischen Post*, 22. Mai 1975.
[33] Der Spiegel, „Klotz für Baba“, Nr. 32/1978; Jäger „Japanische Migration nach Düsseldorf“, 16.
[34] Der Spiegel, „Klotz für Baba“, Nr. 32/1978; Klein, „Das kleine Reich der Mitte“, 37; Meckel und Meid, *Japanwirtschaft*, 9; Rheinische Post, „Japans Präsenz noch auffälliger“, 05.08.1978; Slevogt, „Deutsch-Japanisches Center bis Ende Juni“, *Rheinische Post*, 26. April 1978; Stadtarchiv Düsseldorf, Bestand IV 41166, Ablege Nr. M/8.
[35] ebd.
[36] Interview B; Interview U.
[37] Der Spiegel, „Klotz für Baba“, Nr. 32/1978; Rheinische Post, „Japans Präsenz noch auffälliger“, 05.08.1978; Slevogt, „Deutsch-Japanisches Center bis Ende Juni“, *Rheinische Post*, 26. April 1978.
[38] Kösters, „Japaner wollen in Düsseldorf hoch hinaus“, *Neue Ruhr Zeitung*, 24. Mai 1975.
[39] Der Spiegel, „Klotz für Baba“, Nr. 32/1978; Klein, „Das kleine Reich der Mitte“; Kösters, „Japaner wollen in Düsseldorf hoch hinaus“, 24. Mai 1975.
[40] Jäger „Japanische Migration nach Düsseldorf, 2; Jäger, „Japans Hauptstadt in Deutschland“, 25.
[41] Meid, „Düsseldorf – Japan am Rhein“; Unbekannter Magazintitel, „Europäische Schaltstelle“, April 1986; Weiß, „Nippons Start am Rhein“.
[42] Glebe und Montag, „Düsseldorf – Nippons Hauptstadt am Rhein“, 75.
[43] Unbekannter Magazintitel, „Europäische Schaltstelle“, April 1986.
[44] Stadtarchiv Düsseldorf, Bestand IV 41163, Ablege Nr. J/7.
[45] Der Name des „Deutsch-Japanischen Wirtschaftsbüros“ sorgte für Aufregung innerhalb der deutschen Industrie. So beschwerten sich 1965 der Deutsche Industrie- und Handelstag sowie ein Wirtschaftsverband bei der Handelskammer Hamburg über die unklaren Absichten des Büros. Die Kammer konnte jedoch aus der Namensgebung in Zusammenhang mit den Tätigkeiten des Büros kein rechtswidriges Vorgehen ableiten, sodass der Name bestehen blieb. Siehe Handelskammer Hamburg, Signatur: U 4025a/13 Bd. 1.
[46] Zur Vereinfachung werde ich die Bezeichnung „Deutsch-Japanisches Wirtschaftsbüro“ für beide Niederlassungen verwenden.
[47] Handelskammer Hamburg, Signatur: U 4025a/13 Bd. 1.
[48] Stadtarchiv Düsseldorf, Bestand IV 41163, Ablege Nr. J/7.
[49] ebd.
[50] ebd.
[51] Handelskammer Hamburg, Signatur: U 4025c/3 Bd. 2; Stadtarchiv Düsseldorf, Bestand IV 41163, Ablege Nr. J/7.

[52] Stadtarchiv Düsseldorf, Bestand IV 41163, Ablege Nr. J/7.
[53] ebd.
[54] ebd.
[55] ebd.
[56] ebd.
[57] ebd.
[58] Jäger, „Japans Hauptstadt am Rhein", 23.
[59] Stadtarchiv Düsseldorf, Bestand IV 41163, Ablege Nr. J/7.
[60] Handelskammer Hamburg, Signatur: U 4025e/2 Bd. 1; Stadtarchiv Düsseldorf, Bestand IV 41163, Ablege Nr. J/7.
[61] Stadtarchiv Düsseldorf, Bestand IV 41161, Ablege Nr. J/18.
[62] ebd.
[63] Stadtarchiv Düsseldorf, Bestand IV 41163, Ablege Nr. J/7.
[64] ebd.
[65] ebd.
[66] ebd.
[67] Arikawa, „Nihon-teien no omoide", 110f.
[68] Stadtarchiv Düsseldorf, Bestand IV 41163, Ablege Nr. J/7.
[69] Arikawa, „Nihon-teien no omoide", 110f; Stadtarchiv Düsseldorf, Bestand IV 41162, Ablege Nr. J/9.
[70] ebd.
[71] Arnold, „Auftakt mit Flöten und Freibier", *Düsseldorfer Nachrichten*, 12. März 1975; Japanische Botschaft der Bundesrepublik Deutschland, „Ein japanischer Garten für Düsseldorf"; Stadtarchiv Düsseldorf, Bestand IV 41162, Ablege Nr. J/9. Für nähere informationen zur Entstehung und Symbolik des Japanischen Gartens siehe Tagsold „Spaces in Translation".
[72] Stadtarchiv Düsseldorf, Bestand IV 41163, Ablege Nr. J/7; Stadtarchiv Düsseldorf, Bestand IV 41166, Ablege Nr. M/8.
[73] Stadtarchiv Düsseldorf, Bestand IV 41161, Ablege Nr. J/10.
[74] Interview B.
[75] Arikawa, „1983-nen kaisai no Nihon-shūkan gyōji no omoide", 145f.; Sunaga, „Dyusserudorufu no omoide", 142f.; Kürten, „Auf Wiedersehen in Tokio!".
[76] Interview B; Mayweg, „Keidanren tono kinmitsuna kankei"; Kürten, „Auf Wiedersehen in Tokio!".
[77] Arikawa, „1983-nen kaisai no Nihon-shūkan gyōji no omoide", 145f.; Slevogt, „Fülle fernöstlicher Farbtupfer", *Rheinische Post*, 21. Mai 1983; Kürten, „Auf Wiedersehen in Tokio!".
[78] Morgenbrod, „Wer Tokio kennt, liebt Düsseldorf", *Rheinische Post*, 8. Juni 1983.
[79] Slevogt, „Millionen-Feuerwerk", *Rheinische Post*, 20. Juni 1983.
[80] Interview B.
[81] Düsseldorf Magazin, „Begegnung steht im Mittelpunkt", Februar 1993, 28f.; Vieten, „Auch das Land feiert mit", 30.
[82] Interview V; Japanisches Generalkonsulat und Gesellschaft für Wirtschaftsförderung Nordrhein-Westfalen mbH, *Japan Jahr 1999/2000.*
[83] Presseamt der Landeshauptstadt Düsseldorf, *Japan Wochen im Bild.*
[84] Schwarz, „Triumphzug für Tenno auf der Kö", April 1993, 20–23.
[85] Stadtarchiv Düsseldorf, Bestand IV 41163, Ablege Nr. J/7.
[86] Interview B; Düsseldorfer Amtsblatt „Fernost – wie ein buntes Feuerwerk", 23. März 2002.
[87] Düsseldorf Magazin, „Begegnung steht im Mittelpunkt", Februar 1993, 28f.; Japan Desk, „Deutsch-japanisches Netzwerk Japan Desk", 11; von der Wiesche, „Japan-Tag Düsseldorf/NRW", 24.
[88] Düsseldorf Magazin, „Begegnung steht im Mittelpunkt", 2/1993, 28f.
[89] Tagsold, „Establishing the Ideal Foreigner"; 155–158.
[90] ebd., 152.

91 ebd., 160.
92 Safran, „Diasporas in Modern Societies", 93.
93 Stadtarchiv Düsseldorf, Bestand IV 41166, Ablege Nr. M/8.
94 Interview U.
95 Slevogt, „Zwischen Klischee und Wirklichkeit", *Rheinische Post*, 8. Juni 1983.
96 Stadtarchiv Düsseldorf, Bestand IV 41163, Ablege Nr. J/7.
97 Rheinische Post, „Indien-Haus eröffnet als wirtschaftliches Zentrum", 18. September 1964; Stadtarchiv Düsseldorf, Bestand IV 35291, Japan-Haus Vorgang.
98 Interview D.
99 Interview B; Interview U.
100 Interview B.
101 Interview U.
102 Stadtarchiv Düsseldorf, Bestand IV 35291, Japan-Haus Vorgang.
103 ebd.
104 ebd.
105 ebd.
106 Stadtarchiv Düsseldorf, Bestand IV 29143, Signatur: 80 20–30/02–8.
107 Interview B; Interview U.
108 Düsseldorfer Amtsblatt, „Aufnahme in Tokyo sehr herzlich", 17. Mai 1980; Neue Ruhr Zeitung, „1000 Gäste beim Altbier in Tokio", 10. April 1984; Rheinische Post, „Mit Kürten in Japan", 14. Mai 1980.
109 Interview B.
110 ebd.
111 Interview U; Odrich, „Nun kommt es auf die Nacharbeit an".
112 Interview B.
113 Interview U.
114 Düsseldorfer Amtsblatt, „Ruf in Tokyo ausgezeichnet", 5. Mai 1984; Neue Ruhr Zeitung, „1000 Gäste beim Altbier in Tokio", 10. April 1984.
115 Interview U.
116 Interview U; Staatsarchiv Hamburg, Bestand 706.530–31/004 Band 1, Signatur: 371–16 II_3316.
117 Stadtarchiv Düsseldorf, Bestand IV 35291, Japan-Haus Vorgang.
118 ebd.
119 ebd.
120 Stadtarchiv Düsseldorf, Bestand IV 41166, Ablege Nr. N/3.
121 Interview U.
122 Stadtarchiv Düsseldorf, Bestand IV 41161, Ablege Nr. J/10; Stadtarchiv Düsseldorf, Bestand IV 4116 J/18; Stadtarchiv Düsseldorf Bestand IV 41166, Ablege Nr. M/22; Stadtarchiv Düsseldorf Bestand IV 41166 M/23; Stadtarchiv Düsseldorf Bestand IV 41166 N/3; Stadtarchiv Düsseldorf Bestand IV 35291, Japan-Haus Vorgang.
123 Stadtarchiv Düsseldorf, Bestand IV 41161, Ablege Nr. J/10.
124 Stadtarchiv Düsseldorf, Bestand IV 41161, Ablege Nr. J/18.
125 Interview A; Interview M; Interview W.
126 Interview B.

Kapitel 6

1 Stadtarchiv Düsseldorf, Niederschrift über die Sitzung des Ausschusses für Fremdenverkehr und Wirtschaftsförderung am 14.3.1967, 10.
2 Zielke, *Die Japaner in Düsseldorf*, 82.
3 Kraus, *Japanische Unternehmen in der Bundesrepublik Deutschland*, 30.

[4] Japanische Industrie- und Handelskammer zu Düsseldorf e. V., Kaiinmeibo 1965–1992.
[5] Amt für Statistik und Wahlen der Landeshauptstadt Düsseldorf, *Gemeldete japanische Personen in Düsseldorf seit 1961*; Amt für Stadtentwicklung und Statistik der Stadt Köln, *Japanerinnen und Japaner in Köln seit 1977*.
[6] Japanische Industrie- und Handelskammer zu Düsseldorf e. V., Kaiinmeibo 1965–1992.
[7] Interview K.
[8] ebd.
[9] ebd.
[10] ebd.
[11] Interview L.
[12] Handelskammer Hamburg, Signatur: U 4025a/14 Bd. 1.
[13] Rheinische Post, „Festlicher Ausklang der Tokio-Woche", 23. Mai 955; Rheinische Post, „Japan noch, Deutschland wieder Missionsgebiet", 23. Mai 1955.
[14] Erzbistum Köln, „Schwestern von der Liebe Jesu, SCG"; Rheinische Post, „Japanische Schwestern haben sich gut eingelebt", 23. Mai 1962.
[15] Die ursprüngliche Gründung fand 1928 statt. Siehe Fukuda, *50 Jahre Städtepartnerschaft Köln-Kyoto*.
[16] Japanisches Kulturinstitut Köln, *Festschrift zum 50. Jubiläum des Japanischen Kulturinstituts*, 158; Johring, „Teezeremonie zur Eröffnung", *Kölnische Rundschau*, 03. September 1969; Kurylo, „Ein Teich im Haus", *Kölner Stadt-Anzeiger*, 03. September 1969; Kölner Stadt-Anzeiger, „Das Japanische Kulturinstitut öffnete seine Pforten", 03. September 1969.
[17] Konzernarchiv Henkel, Acc. 278–36: Wohlthat an Correns, 10. September 1969.
[18] Stadtarchiv Düsseldorf, Bestand IV 35291, Japan-Haus Vorgang.
[19] ebd.
[20] Fukuda, *50 Jahre Städtepartnerschaft Köln-Kyoto*; Meid, „Rückblick", 32.
[21] Interview B; Mayweg, „Keidanren tono kinmitsuna kankei", 101; Stadtarchiv Düsseldorf, Bestand IV 41163, Ablege Nr. J/7.
[22] Stadtarchiv Düsseldorf, Bestand IV 35291, Japan-Haus Vorgang.
[23] Stadtarchiv Düsseldorf, Bestand IV 41161, Ablege Nr. J/18; Stadtarchiv Düsseldorf, Bestand IV 41163, Ablege Nr. J/7.
[24] Stadtarchiv Düsseldorf, Bestand IV 41163, Ablege Nr. J/7.
[25] Fukuda, *50 Jahre Städtepartnerschaft Köln-Kyoto*. Jäger stellte gleichermaßen die Anzahl der Städtepartnerschaften gegenüber. Siehe Jäger, „Japans Hauptstadt in Deutschland", 23.
[26] Stadtarchiv Düsseldorf, Bestand IV 41162, Ablege Nr. J/9.
[27] Rheinische Post, „Osaka wünscht sich Düsseldorf als Partner", 09. November 1987; Handelskammer Hamburg, Briefverkehr: Schöne an Schröder und Gelder, Betrf.: Städtepartnerschaft „Hamburg-Osaka", 5. Dezember 1986.
[28] Rheinische Post, „Osaka wünscht sich Düsseldorf als Partner", 09. November 1987.
[29] Rheinische Post, „Osaka wünscht sich Düsseldorf als Partner", 09. November 1987; Stadt Hamburg, „Grundlagen Städtepartnerschaftserklärung".
[30] Landeshauptstadt Düsseldorf, „Weltweite Kontakte: Türöffner für Bürger, Wirtschaft und Kultur".
[31] Landeshauptstadt Düsseldorf, „Chiba".
[32] Kraus, *Japanische Unternehmen in der Bundesrepublik Deutschland*.
[33] Interview U; Zielke, *Die Japaner in Düsseldorf*, 87–97.
[34] Zielke, *Die Japaner in Düsseldorf*, 87–97.
[35] Interview B.
[36] Nakagawa, „Sengo Doitsu no nihonjin komyuniti", 53.
[37] Stadtarchiv Düsseldorf, Bestand IV 35291, Japan-Haus Vorgang.
[38] ebd.
[39] Lückemeier, „Es fehlt vor allem eine Schule", *Frankfurter Allgemeine Zeitung*, 27. April 1983.

[40] ebd.
[41] Skyline Atlas, „Japan Center in Frankfurt am Main".
[42] Interview F.
[43] Nagamine, Vorwort zu *Nishidoitsu keizaijijō*, 17.
[44] Stadtarchiv Düsseldorf, Bestand IV 35291, Japan-Haus Vorgang.
[45] Stadtarchiv Düsseldorf, Bestand IV 41166, Ablege Nr. M/8.
[46] Rheinische Post, „Flügel Nippons berührt Düsseldorf", 14. April 1961.
[47] eddh-Airport.de, „Japan Airlines (JL/JAL)"; Rheinische Post, „Nach Tokio und Teheran", 23. März 1963; The Japan Business News, „Closely Linked by Air", 5. Januar 1996.
[48] eddh-Airport.de, „Japan Airlines (JL/JAL)"; Schweig, „Welcome to Duesseldorf", *The Japan Business News*, 10. Dezember 1968.
[49] Interview B; Interview E; Interview U.
[50] Houben, „Japan-Garten: Größer und mit Teehaus", *Westdeutsche Zeitung*, 29. Mai 1980.
[51] Interview F.
[52] Interview F.
[53] Neue Ruhr Zeitung, „Japaner streichen die letzten Flüge", 08. Juni 1991.
[54] Neue Ruhr Zeitung, „Japaner streichen die letzten Flüge", 08. Juni 1991.
[55] Stadtarchiv Düsseldorf, Bestand IV 35291, Japan-Haus Vorgang.
[56] eddh-Airport.de, „Japan Airlines (JL/JAL)".
[57] Handelskammer Hamburg, Signatur: U 4025a/14 Bd. 1.
[58] Kraus, *Japanische Unternehmen in der Bundesrepublik Deutschland*, 29.
[59] Die alte DJG in Hamburg wurde zur Zeit des Zweiten Weltkrieges im Jahr 1942 errichtet und erst 1962 anlässlich der Neugründung des Vereins aus dem Vereinsregister der Stadt Hamburg gelöscht. Siehe Staatsarchiv Hamburg, Bestand VR 3517, Signatur: 231–10_B 1973–216.
[60] Handelskammer Hamburg, Signatur: U4025a/15 Bd. 1.
[61] Handelskammer Hamburg, Signatur: U4025/1 Bd. 1; Handelskammer Hamburg, Signatur: U4025a/13 Bd. 1.
[62] Handelskammer Hamburg, Signatur: U4025e/2 Bd. 1; Staatsarchiv Hamburg, Bestand 706.326–02/015, Signatur: 371–16 II_2684.
[63] Handelskammer Hamburg, Signatur: U4025/1 Bd. 1; Handelskammer Hamburg, Signatur: U4025a/15 Bd. 1; Handelskammer Hamburg, Signatur: U4025e/2 Bd. 1.
[64] Stadtarchiv Düsseldorf, Bestand IV 41163, Ablege Nr. J/7.
[65] Staatsarchiv Hamburg, Bestand 706.330–12, Signatur: 371–16 II_2754.
[66] ebd.
[67] Handelskammer Hamburg, Signatur: U4025a/15 Bd. 1; Handelskammer Hamburg, Signatur: U4025e/2 Bd. 1.
[68] Handelskammer Hamburg, Signatur: U4025e/2 Bd. 1.; Handelskammer Hamburg, Signatur: U4025e/3 Bd. 1.
[69] Stadtarchiv Düsseldorf, Bestand IV 29143, Signatur: 80 20–30/02–8.
[70] Stadtarchiv Düsseldorf, Bestand IV 35291, Japan-Haus Vorgang; Staatsarchiv Hamburg, Bestand 706.530–31/004 Band 1, Signatur: 371–16 II_3316.
[71] Handelskammer Hamburg, Signatur: U 4025a/14a Bd. 1.
[72] ebd.
[73] ebd.
[74] Staatsarchiv Hamburg, Bestand 706.530–31/004 Band 1, Signatur: 371–16 II_3316.
[75] Staatsarchiv Hamburg, Bestand 706.530–31/001, Signatur: 371–16 II_3308; Staatsarchiv Hamburg, Bestand 706.530–31/004 Band 1, Signatur: 371–16 II_3316; Stadtarchiv Düsseldorf, Bestand IV 29143, Signatur: 80 20–30/02–8.
[76] Handelskammer Hamburg, Signatur: U4025/1 Bd. 1.
[77] Staatsarchiv Hamburg, Bestand 706.530–31/004 Band 1, Signatur: 371–16 II_3316.
[78] ebd.

[79] ebd.
[80] ebd.
[81] Interview U.
[82] Krummheuer, „Ein Hauch fernöstlicher Exotik mit deutscher Eiche", *Handelsblatt* 8. September 1978; Handelskammer Hamburg, Signatur: U 4025a/14a Bd. 1.
[83] Stadtarchiv Bestand IV 41161, Ablege Nr. J/11; Stadtarchiv Bestand IV 41163, Ablege Nr. J/7.
[84] Stadtarchiv Bestand IV 41161, Ablege Nr. J/11.
[85] Handelskammer Hamburg, Signatur: U 4025a/14a Bd. 1.
[86] Handelskammer Hamburg, Signatur: U 4025a/14 Bd. 1.
[87] Handelskammer Hamburg, Signatur: U4025a/15 Bd. 1.

Kapitel 7

[1] Hattori, „Sarigataki omohi", 41.
[2] Goodman, „From Pitiful to Privileged?", 32f.; Nukaga und Tsuneyoshi, „The Kikokushijo".
[3] Goodman, „From Pitiful to Privileged?", 32f.; Nukaga und Tsuneyoshi, „The Kikokushijo"; Okamura, „Locality and Nationality", 72f.
[4] Japanisches Generalkonsulat Düsseldorf, „Japan und Nordrhein-Westfalen", 2.
[5] Japanischer Club Düsseldorf e. V., *Rain no nagare,* 55; Furushō, „Dyusserudorufu no omoide", 76; Hattori, „Sarigataki omohi", 41; Okada, „Hoshūkō-setsuritsu no keii", 163; Saitō, „Düsseldorf Nihongo Hoshūkō-kyōshitsu", 102.
[6] Hattori, „Sarigataki omohi", 41; Nagamine, Vorwort zu *Nishidoitsu keizaijijō,* 18; Rheinische Post, „Japan: Düsseldorf Mittelpunkt der EWG", 15. Juni 1963.
[7] Japanischer Club Düsseldorf e. V., *Rain no nagare,* 56; Okada, „Hoshūkō-setsuritsu no keii", 163; Saitō, „Düsseldorf Nihongo Hoshūkō-kyōshitsu", 102.
[8] Iwai, „Kaisetsu ni tomonau taigaisesshō", 109; Okada, „Nihonjin-gakkō setsuritsu no keii", 162.
[9] Interview Y; Goodman, „From Pitiful to Privileged?", 33; Nukaga und Tsuneyoshi, „The Kikokushijo", 215; Sasaki, „Shodai sōryōji no omoide", 79f.
[10] Arikawa, „Nihonjin-gakkō sōritsu-tōji no omoide", 114.
[11] Iwai, „Kaisetsu ni tomonau taigaisesshō", 109; Japanischer Club Düsseldorf e. V., *Rain no nagare,* 56; Okada, „Nihonjin-gakkō setsuritsu no keii", 162.
[12] Tago, „Nihonjin-gakkō sōritsu-tōji no omoide", 105.
[13] ebd.
[14] Interview Y; Arikawa, „Nihonjin-gakkō sōritsu-tōji no omoide", 114; Arimoto, „Gakkō setsuritsu-ninka shutokumondai", 110; Japanischer Club Düsseldorf e. V., *Rain no nagare,* 56, 196; Tago, „Nihonjin-gakkō sōritsu-tōji no omoide", 105.
[15] Interview Y; Arikawa, „Nihonjin-gakkō sōritsu-tōji no omoide", 114; Okada, „Nihonjin-gakkō to sanjūgonen", 137.
[16] Iwai, „Kaisetsu ni tomonau taigaisesshō", 109; Japanische Internationale Schule e. V. in Düsseldorf, *Dyusserudorufu Nihonjin-gakkō 25-shūnen kinen-shi,* 166.
[17] Stadtarchiv Düsseldorf, Bestand IV 41161, Ablege Nr. J/15.
[18] ebd.
[19] ebd.
[20] Stadtarchiv Düsseldorf, Bestand IV 41161, Ablege Nr. J/15; Tago, „Nihonjin-gakkō sōritsu-tōji no omoide", 106.
[21] Interview C; Interview Y; Japanische Internationale Schule e. V. in Düsseldorf, *Dyusserudorufu Nihonjin-gakkō 25-shūnen kinen-shi,* 167; Okada, „Nihonjin-gakkō setsuritsu no keii", 162f.; Tago, „Nihonjin-gakkō sōritsu-tōji no omoide", 106.

[22] Interview R.

[23] Japanische Internationale Schule e. V. in Düsseldorf, *Dyusserudorufu Nihonjin-gakkō 25-shūnen kinen-shi*, 167; Okada, „Hoshūkō-setsuritsu no keii", 163; Saitō, „Düsseldorf Nihongo Hoshūkō-kyōshitsu", 102.

[24] Interview Y; Japanische Internationale Schule e. V. in Düsseldorf, „JISD no takara: dai 4 kai 1973 nen shunkō shinkōsha".

[25] Interview C; Interview Y; Iwai, „Kaisetsu ni tomonau taigaisesshō", 109; Japanische Internationale Schule e. V. in Düsseldorf, „JISD no takara: dai 4 kai 1973 nen shunkō shinkōsha"; Tago, „Nihonjin-gakkō sōritsu-tōji no omoide", 106.

[26] Interview C; Interview Y; Japanische Internationale Schule e. V. in Düsseldorf, *Dyusserudorufu Nihonjin-gakkō 25-shūnen kinen-shi*, 167;
Stadtarchiv Düsseldorf, Bestand IV 41161, Ablege Nr. J/15.

[27] Interview Y; Arimoto, „Gakkō setsuritsu-ninka shutokumondai", 110f.; Stadtarchiv Düsseldorf, Bestand IV 41161, Ablege Nr. J/15.

[28] Arimoto, „Gakkō setsuritsu-ninka shutokumondai", 111.

[29] Kusukawa, „Kaikōnarabi ni kōshakensetsu", 107.

[30] Arimoto, „Gakkō setsuritsu-ninka shutokumondai", 111f.; Stadtarchiv Düsseldorf, Bestand IV 41161, Ablege Nr. J/15.

[31] Arimoto, „Gakkō setsuritsu-ninka shutokumondai", 111f.

[32] Interview Y; Arikawa, „Nihonjin-gakkō sōritsu-tōji no omoide", 114; Arimoto, „Gakkō setsuritsu-ninka shutokumondai", 111.

[33] Stadtarchiv Düsseldorf, Bestand IV 35291, Japan-Haus Vorgang.

[34] In der Nähe der amerikanischen Schule befand sich kein geeignetes Grundstück und das Gelände südlich des Eller-Schlossparks war bereits für den Bau einer städtischen Schule verplant. Siehe Stadtarchiv Düsseldorf, Bestand IV 41161, Ablege Nr. J/15.

[35] Okada, „Nihonjin-gakkō setsuritsu no keii", 163; Stadtarchiv Düsseldorf, Bestand IV 41161, Ablege Nr. J/15.

[36] Interview Y; Japanischer Club Düsseldorf e. V., *Rain no nagare*, 95.

[37] Japanische Internationale Schule e. V. in Düsseldorf, *Dyusserudorufu Nihonjin-gakkō 25-shūnen kinen-shi*, 168; Neue Ruhr Zeitung, „Miteinander etwas aufbauen", 10. März 1973; Okada, „Nihonjin-gakkō setsuritsu no keii", 163; Stadtarchiv Düsseldorf, Bestand IV 41161, Ablege Nr. J/15.

[38] Neue Ruhr Zeitung, „Miteinander etwas aufbauen", 10. März 1973.

[39] Interview Y; Stadtarchiv Düsseldorf, Bestand IV 41161, Ablege Nr. J/15.

[40] Klein, „Das Kleine Reich der Mitte", 36.

[41] Interview Y.

[42] Interview B.

[43] Meid, „Düsseldorf – Japan am Rhein", 26.

[44] Interview A.

[45] Interview C.

[46] Amt für Statistik und Wahlen der Landeshauptstadt Düsseldorf, *Gemeldete japanische Personen in Düsseldorf seit 1961*; Ausländerzentralregister Köln, *Japanische Staatsangehörige in Frankfurt a. M. 1974 bis 1989*; Melderegister Frankfurt a. M., *Japanische Staatsangehörige mit Hauptwohnung in Frankfurt a. M. 1990 bis 2018*; Polizei- und Ordnungsbehörde Frankfurt a. M., *Japanische Staatsangehörige in Frankfurt a. M. 1950 bis 1973*; Statistikamt Nord, *Anzahl der japanischen Bevölkerung in Hamburg*; Statistisches Bundesamt (Destatis), *Ausländerstatistik Deutschland Ausländer (Anzahl)*.

[47] Stadtarchiv Düsseldorf, Niederschrift über die Sitzung des Ausschusses für Fremdenverkehr und Wirtschaftsförderung am 14.3.1967.

[48] Interview C.

[49] Japanische Internationale Schule e. V. in Düsseldorf, *Dyusserudorufu Nihonjin-gakkō 25-shūnen kinen-shi,* 158f.; Landeshauptstadt Düsseldorf Amt für Statistik und Wahlen, *Gemeldete japanische Personen in Düsseldorf seit 1961.*

[50] Whites Daten zufolge lag Ende der 1970er Jahre die Japanische Bevölkerung Londons bei knapp unter 10.000. Siehe White, „The Japanese in London", 81.

[51] Peters, „Willkommen mit Wal-Gesängen", *Rheinische Post,* 06. Mai 1985.

[52] Nakagawa, „Sengo Doitsu no nihonjin komyuniti", 42ff.

[53] Handelskammer Hamburg, Signatur: U 4025/1 Bd. 1.

[54] Japanische Industrie- und Handelskammer zu Düsseldorf e. V., Kaiinmeibo 1972; Japanische Industrie- und Handelskammer zu Düsseldorf e. V., Kaiinmeibo 1975; Japanische Industrie- und Handelskammer zu Düsseldorf e. V., Kaiinmeibo 1979.

[55] Handelskammer Hamburg, Signatur: U 4025c/10; Zielke, *Die Japaner in Düsseldorf,* 87.

[56] Lückemeier, „Es fehlt vor allem eine Schule", *Frankfurter Allgemeine Zeitung,* 27. April 1983.

[57] Japanische Industrie- und Handelskammer zu Düsseldorf e. V., Kaiinmeibo 1965–1992; Handelskammer Hamburg, Signatur: U 4025/1 Bd. 1.; Lückemeier, „Es fehlt vor allem eine Schule", *Frankfurter Allgemeine Zeitung,* 27. April 1983; Stadtarchiv Düsseldorf, Bestand IV 41166, Ablege Nr. M/8.

[58] Wiegand, „Über der Kö ging für Japan die Sonne auf", *Düsseldorfer Rundschau,* 07. Februar 1986; Zielke, *Die Japaner in Düsseldorf,* 86.

[59] Stadtarchiv Düsseldorf, Bestand IV 41166, Ablege Nr. M/8.

[60] Handelsblatt, „Japaner bauen Standort Düsseldorf zügig aus", 26. Dezember 1974.

[61] Mayweg, „Stadt des Lächelns", 833; te Kloot, „Wichtigster Standort in Europa", 834.

[62] Japanische Internationale Schule e. V. in Düsseldorf, *Dyusserudorufu Nihonjin-gakkō 25-shūnen kinen-shi,* 168.

[63] Lückemeier, „Es fehlt vor allem eine Schule", *Frankfurter Allgemeine Zeitung,* 27. April 1983.

[64] ebd.

[65] Staatsarchiv Hamburg, Bestand 63.23–30,68 Band 1, Signatur: 445–1_561.

[66] Handelskammer Hamburg, Signatur: U 4025a/14 Bd. 1.

[67] ebd.

[68] Interview Y.

[69] Stadtarchiv Düsseldorf, Bestand IV 41161, Ablege Nr. J/15.

[70] ebd.

[71] Interview B.

[72] Japanischer Club Düsseldorf e. V.., *Rain no nagare,* 56; Okada, „Hoshūkō-setsuritsu no keii", 163; Saitō, „Düsseldorf Nihongo Hoshūkō-kyōshitsu", 102; Sanchōme, „Nihongo-kyōshitsu kaisetsu-tōji no koto", 127.

[73] Japanischer Club Düsseldorf e. V., *Rain no nagare,* 54; Okada, „Hoshūkō-setsuritsu no keii", 163; Saitō, „Düsseldorf Nihongo Hoshūkō-kyōshitsu", 102.

[74] Sanchōme, „Nihongo-kyōshitsu kaisetsu-tōji no koto", 127.

[75] Shimizu-Bethe, „The Educational Curriculums", 87.

[76] Befu, „The Global Context of Japan outside Japan", 12.

[77] Cohen, „Expatriate Communities".

[78] Befu, „The Global Context of Japan outside Japan", 15.

[79] Befu, „The Global Context of Japan outside Japan", 12; Befu, „The Japanese Diaspora", 20f.

[80] Wiegand, „Bei Kawakamis hat Goethe was zu sagen", *Düsseldorfer Rundschau,* 06. März 1976.

[81] Interview F.

[82] Japanische Internationale Schule e. V. in Düsseldorf, *Dyusserudorufu Nihonjin-gakkō 25-shūnen kinen-shi,* 167.

[83] Interview B.

[84] Interview B; Interview E; Japanischer Club Düsseldorf e. V., *Rain no nagare*, 56; Rheinische Post, „Ein Stück Heimat im Ausland", 25. Oktober 1980.
[85] Japanischer Club Düsseldorf e. V., *Rain no nagare*, 55.
[86] Meister, „Erster japanischer Kindergarten eröffnet", *Westdeutsche Zeitung*, 16. August 1983; Schwartzkopff, *Düsseldorf: Japans Hauptstadt am Rhein*; Wirtschaftsförderungsamt der Landeshauptstadt Düsseldorf, „Raingawahan no Nihon no shuto", 394.
[87] Meister, „Erster japanischer Kindergarten eröffnet", *Westdeutsche Zeitung*, 16. August 1983.
[88] Interview J; Aoyama, Kuhl und Nottelmann-Feil. *30 Jahre EKŌ-Haus der Japanischen Kultur Düsseldorf*; Numata, Vorwort zu *30 Jahre EKŌ-Haus der Japanischen Kultur Düsseldorf*, 14; Rahn, „EKŌ – Haus der Japanischen Kultur", 5ff.
[89] Interview U.
[90] ebd.
[91] Liliensiek, „Aufregung um japanisches Kulturzentrum", *Neue Ruhr Zeitung*, 19. März 1987.
[92] Rahn, „EKŌ – Haus der Japanischen Kultur", 5ff.
[93] Aoyama, Kuhl und Nottelmann-Feil. *30 Jahre EKŌ-Haus der Japanischen Kultur Düsseldorf*.
[94] ebd.
[95] Interview X; Aoyama, Kuhl und Nottelmann-Feil. *30 Jahre EKŌ-Haus der Japanischen Kultur Düsseldorf*; D-Mitte, „Japanische Kindergärten in Düsseldorf nutzen die Chance, die zwei Kulturen bieten".
[96] Interview X.
[97] Interview X.
[98] Glebe, „Segregation and the Ethnoscape", 101; Zielke, *Die Japaner in Düsseldorf* 121; Glebe und Montag, „Düsseldorf – Nippons Hauptstadt am Rhein", 75f.
[99] Arikawa, „Nihonjin-gakkō sōritsu-tōji no omoide", 114f.; Glebe, „Segregation and the Ethnoscape", 103; Glebe und Montag, „Düsseldorf – Nippons Hauptstadt am Rhein", 75f.; Kitabayashi, „Nihon kigyō no kaigai shinshutsu to nihonjin-shakai", 35; Zielke, *Die Japaner in Düsseldorf*, 115f.
[100] Zielke, *Die Japaner in Düsseldorf*, 115f.
[101] Arikawa, „Nihonjin-gakkō sōritsu-tōji no omoide", 114f.
[102] Glebe, „Segregation and the Ethnoscape", 101ff; Glebe und Montag, „Düsseldorf – Nippons Hauptstadt am Rhein", 75f.
[103] Glebe, „Segregation and the Ethnoscape", 106ff.
[104] ebd., 103.
[105] Amt für Statistik und Wahlen der Landeshauptstadt Düsseldorf, *Statistische Daten Düsseldorf 2020*, 15, 25.
[106] Interview X.
[107] Zielke, *Die Japaner in Düsseldorf*, 122.
[108] Cohen, „Expatriate Communities".
[109] Glebe, „Segregation and the Ethnoscape", 108; Glebe und Montag, „Düsseldorf – Nippons Hauptstadt am Rhein", 76.
[110] White, „The Japanese in London", 88.
[111] Cohen, „Expatriate Communities", 77f.
[112] Glebe, „Segregation and the Ethnoscape" 105.
[113] Klein, „Das Kleine Reich der Mitte", 37.
[114] Arikawa, „Dokunichikyōkai amu Niidārain", 63.
[115] Interview A; Interview T.
[116] Tagsold, „Establishing the Ideal Foreigner" 146f.
[117] Glebe, „Segregation and the Ethnoscape" 99f.
[118] Slevogt, „Wir wollen Mitbürger sein", *Rheinische Post*, 14. April 1988.
[119] ebd.

[120] Tagsold, „Establishing the Ideal Foreigner", 160.
[121] Interview C; Stadtarchiv Düsseldorf, Bestand IV 41161, Ablege Nr. J/15.
[122] Japanische Internationale Schule e. V. in Düsseldorf, *Dyusserudorufu Nihonjin-gakkō 25-shūnen kinen-shi*, 170; Meister, „Cecilien-Schüler büffeln japanische Schriftzeichen", *Westdeutsche Zeitung*, 29. August 1984.
[123] Interview C.
[124] Interview C.
[125] Interview O.
[126] ebd.
[127] ebd.
[128] ebd.
[129] Interview R.
[130] ebd.
[131] ebd.
[132] Interview M.
[133] Interview M.
[134] Interview N.
[135] ebd.
[136] ebd.
[137] Glebe, „Segregation and the Ethnoscape" 110f.
[138] Tago, „Nihonjin-gakkō sōritsu-tōji no omoide", 105.
[139] Tagsold, „Establishing the Ideal Foreigner", 150f. Zum Thema „Nihonjinron" siehe Oguma, *A Genealogy of ‚Japanese' Self-images* und Yoshino, *Cultural Nationalism in Contemporary Japan*, 24ff.
[140] Yatabe, „Objects, City, and Wandering", 34.

Kapitel 8

[1] Vor dem Handelsabkommen von 1960 gab es zwei Handelsverträge von 1949 und 1951. Siehe Handelskammer Hamburg, Signatur: U 4025c/3 Bd. 1.
[2] Handelskammer Hamburg, Signatur: U 4025c/3 Bd. 1; Handelskammer Hamburg, Signatur: U 4025c/4 Bd. 1; Handelskammer Hamburg, Signatur: U 4025c/4 Bd. 2; Rheinische Post, „Japan zieht viele Kunden weg", 10. August 1962; Rheinische Post, „Japaner liefern 50 % aller Ferngläser", 13. November 1963; Rheinische Post „Kummer über Japan-Bestecke", 12. Dezember 1963.
[3] Stadtarchiv Düsseldorf, Bestand IV 35291, Japan-Haus Vorgang; von Schaper, „Außenwirtschaftspolitik und Außenwirtschaftsbeziehungen", 105, 114.
[4] Handelskammer Hamburg, Signatur: U 4025c/4 Bd. 3.
[5] Handelskammer Hamburg, Signatur: U 4025c/4 Bd. 3; Greve, „Deutsch-japanische Wirtschaftsbeziehungen", 123; von Schaper, „Außenwirtschaftspolitik und Außenwirtschaftsbeziehungen", 114.
[6] Handelskammer Hamburg, Signatur: U 4025c/4 Bd. 4.
[7] Handelskammer Hamburg, Signatur: U 4025c/4 Bd. 5; Pape, „Das Verhältnis der EG zu Japan", 119f; von Schaper, „Außenwirtschaftspolitik und Außenwirtschaftsbeziehungen", 109, 114.
[8] Ministry of Finance Japan, *Yushutsunyūgaku no suii (shuyōshōhinbetsu).*
[9] von Schaper, „Außenwirtschaftspolitik und Außenwirtschaftsbeziehungen".
[10] Flath, *The Japanese Economy*, 161.
[11] Handelskammer Hamburg, Signatur: U 4025c/4 Bd. 3; Greve, „Deutsch-japanische Wirtschaftsbeziehungen", 127f.; von Schaper, „Außenwirtschaftspolitik und Außenwirtschaftsbeziehungen", 108f.

[12] Handelskammer Hamburg, Signatur: U 4025c/4 Bd. 5.

[13] Mahnke, „Tokio muß weitere Schritte zur Liberalisierung der Märkte machen", *Die Welt*, 03. April 1982; Rheinische Post, „Um den Zugang zum japanischen Markt zu erleichtern", 8. Juni 1983.

[14] Die Welt, „Japan – ein offener Markt für westliche Industrieländer", 30. März 1978.

[15] Yatabe, „Objects, City, and Wandering", 34f.

[16] Deutscher Industrie- und Handelstag, „Wolff: ‚So exportiert Japan den Freihandel kaputt"; Flath, *The Japanese Economy*, 171–175; Greve, „Deutsch-japanische Wirtschaftsbeziehungen", 123.

[17] Die Welt, „Japan – ein offener Markt für westliche Industrieländer", 30. März 1978; Handelskammer Hamburg, Signatur: U 4025c/4 Bd. 4; Handelskammer Hamburg, Signatur: U 4025e/4 Bd. 1; Vondran, „Die Freiheit des Marktes"; Greve, „Deutsch-japanische Wirtschaftsbeziehungen" 123; von Schaper, „Außenwirtschaftspolitik und Außenwirtschaftsbeziehungen", 110.

[18] Deutsche Industrie- und Handelskammer in Japan, *Die Deutsche Präsenz in Japan*; Großmann, Kiuchi und von Schaper, „Die Deutsche Präsenz in Japan".

[19] Konzernarchiv Henkel, Dokumenten-Mappe D 614: „Henkel in Japan".

[20] Deutsche Bundesbank, *Die Kapitalverflechtung der Unternehmen*; Großmann, Kiuchi und von Schaper, „Die Deutsche Präsenz in Japan".

[21] Handelskammer Hamburg, Signatur: U 4025e/4 Bd. 1; te Kloot, „Düsseldorf präsentiert sich in Japan"; Vondran, „Die Freiheit des Marktes".

[22] Odrich, „Nun kommt es auf die Nacharbeit an"; Tajima, „Doitsu Haku '84", 154f.

[23] te Kloot, „Düsseldorf präsentiert sich in Japan"; Odrich, „Nun kommt es auf die Nacharbeit an".

[24] Interview B.

[25] Handelskammer Hamburg, Signatur: U 4025e/2 Bd. 1.

[26] Deutsche Industrie- und Handelskammer in Japan, *Festschrift zum 25. Jubiläum der Deutschen Industrie- und Handelskammer in Japan*, 52–55; Frankfurter Zeitung, „‚Den Deutschen fehlt es an Kampfgeist'", 12. Juli 1983.

[27] Deutsch-Japanischer Wirtschaftskreis, *Ergebnisprotokoll 20. Januar 1986*; Deutsch Japanischer Wirtschaftskreis, „Geschichte"; Kammerreport, „Deutsch-Japanischer Wirtschaftskreis hilft", Februar 1986.

[28] Deutsch-Japanischer Wirtschaftskreis, *Ergebnisprotokoll 20. Januar 1986*; Deutsch Japanischer Wirtschaftskreis, „Geschichte".

[29] Im Zuge der Einfuhrliberalisierung der japanischen Regierung von 1982 errichtete die JETRO in 77 Niederlassungen (darunter auch Hamburg und Düsseldorf) ein „Export to Japan Desk", das als Beschwerdestelle für ausländische Unternehmen über Importhemmnisse diente. Siehe Handelskammer Hamburg, Signatur: U 4025a/12 Bd. 2.

[30] Deutsch Japanischer Wirtschaftskreis, „Geschichte".

[31] Deutsch-Japanischer Wirtschaftskreis, *Ergebnisprotokoll 20. Januar 1986*; Deutsch Japanischer Wirtschaftskreis, „Geschichte"; Handelskammer Hamburg, Signatur: U 4025a/14 Bd. 1; Kammerreport, „Deutsch-Japanischer Wirtschaftskreis hilft", Februar 1986.

[32] Interview P.

[33] ebd.

[34] Bundesministerium für Wissenschaft und Forschung, *Japan verstärkt ‚orderly marketing'*, 21. November 1972; Dicken, Tickell und Yeung, „Japanese Investment in Europe"; Flath, *The Japanese Economy*, 179.

[35] Flath, *The Japanese Economy*, 180; Nariai, *Exploring the Japanese Economy*, 66.

[36] Nariai, *Exploring the Japanese Economy*, 66–70.

[37] Dicken, Tickell und Yeung, „Japanese Investment in Europe", 202.

[38] Glebe und Montag sowie Zielke kamen zu einem ähnlichen Ergebnis. Siehe Glebe und Montag, „Düsseldorf – Nippons Hauptstadt am Rhein" 74; Zielke, *Die Japaner in Düsseldorf.*

[39] Interview E.

[40] Deutsche Bundesbank, *Die Kapitalverflechtung der Unternehmen;* Deutsche Bundesbank, Kapitalverflechtungen mit dem Ausland. Aufgrund von mehrfachen Revisionen bei der Deutschen Bundesbank hinsichtlich der statistischen Erhebung und Zusammenstellung von Datensätzen zu ausländischen Direktinvestitionen weichen je nach Erhebungsjahr die historischen Daten, auf denen die Abbildung beruht, marginal voneinander ab. Für die Erstellung der Abbildung wurden so weit wie möglich die aktuellsten Datensätze der Deutschen Bundesbank verwendet.

[41] Dicken, Tickell und Yeung, „Japanese Investment in Europe" 202; Kraus, *Japanische Unternehmen in der Bundesrepublik Deutschland,* 0032.

[42] Deutsche Bundesbank, *Die Kapitalverflechtung der Unternehmen;* Deutsche Bundesbank, Kapitalverflechtungen mit dem Ausland.

[43] Dicken, Tickell und Yeung, „Japanese Investment in Europe"; Zielke, *Die Japaner in Düsseldorf,* 94.

[44] Schickhoff, „Japanische Unternehmen in Europa", 181.

[45] Dicken, Tickell und Yeung, „Japanese Investment in Europe", 204ff.

[46] Kraus, *Japanische Unternehmen in der Bundesrepublik Deutschland,* 11; te Kloot, *IHK-Spezial: Japanische Firmen in Europa,* 7.

[47] Kraus, *Japanische Unternehmen in der Bundesrepublik Deutschland,* 31.

[48] te Kloot, *IHK-Spezial: Japanische Firmen in Europa,* 5ff.

[49] Glebe und Montag sowie Zielke kamen zu einem ähnlichen Ergebnis. Siehe Glebe und Montag, „Düsseldorf – Nippons Hauptstadt am Rhein" 75 und Zielke, *Die Japaner in Düsseldorf,* 106.

[50] Glebe und Montag, „Düsseldorf – Nippons Hauptstadt am Rhein", 75.

[51] Zielke kam zu einem ähnlichen Ergebnis. Siehe *Die Japaner in Düsseldorf,* 106f.

[52] Zielke, *Die Japaner in Düsseldorf,* 106–109.

[53] Interview A.

[54] Interview A.

[55] Interview I; Japanische Industrie- und Handelskammer zu Düsseldorf e. V., Kaiinmeibo 1965–1992; Japanisches Generalkonsulat Düsseldorf, „Japan und Nordrhein-Westfalen", 3.

[56] Stadt Willich Zentrale Finanzen, *Steuer und Gebührenvergleich 2018.*

[57] Wirtschaftsförderung Stadt Willich, *Nur 2 Ampeln bis zum Flughafen.*

[58] Interview I.

[59] ebd.

[60] Interview M.

[61] Interview I.

[62] ebd.

[63] ebd.

[64] ebd.

[65] Interview U.

[66] Dicken, Tickell und Yeung, „Japanese Investment in Europe", 202; Japanische Internationale Schule e. V. in Düsseldorf, *Dyusserudorufu Nihonjin-gakkō sōritsu 25-shūnen kinen-shi,* 158f.

[67] Interview J; Becker, *Japanische Investitionen in Nordrhein-Westfalen,* 7; Japanische Industrie- und Handelskammer zu Düsseldorf e. V., Kaiinmeibo 1965–1992.

[68] Interview J.

[69] Interview E.

[70] Dicken, Tickell und Yeung, „Japanese Investment in Europe", 206f.

[71] te Kloot, „Wichtigster Standort in Europa", 836.

[72] Amt für Statistik und Wahlen der Landeshauptstadt Düsseldorf, *Gemeldete japanische Personen in Düsseldorf seit 1961;* Japanische Industrie- und Handelskammer zu Düsseldorf e. V., Kaiinmeibo 1992; Japanische Internationale Schule e. V. in Düsseldorf, *50-shūnenkinenshi*, 38; Kraus, *Japanische Unternehmen in der Bundesrepublik Deutschland*, 32f.
[73] Nariai, *Exploring the Japanese Economy*, 66–87.
[74] Interview U; Interview Y; te Kloot, *IHK-Spezial: Japanische Firmen in Europa*, 9.
[75] Wahl, „Klein Tokio im Tenno-Taumel", *Westdeutsche Zeitung*, 15. September 1993.
[76] Schwartzkopff, *Düsseldorf: Japans Hauptstadt am Rhein*, 3; Wirtschaftsförderungsamt der Landeshauptstadt Düsseldorf, *Chronologische Abfolge der An- und Abmeldungen japanischer Unternehmen*.
[77] te Kloot, *IHK-Spezial: Japanische Firmen in Europa*, 9.
[78] Lincoln und Gerlach, *Japan's Network Economy*; Waldenbeger, „Keiretsu"; Sakai, *Japanese Bankers*.
[79] Glebe, „Segregation and the Ethnoscape", 100; Sakai, *Japanese Bankers*, 242. Siehe auch Niwa, Nakagawa und Thelen, „Changing of Japanese Working Abroad", 210.
[80] Schwartzkopff, *Düsseldorf: Japans Hauptstadt am Rhein*, 2.
[81] Meister, „Immer weniger Japaner in der Stadt", *Westdeutsche Zeitung*, 7. Oktober 1995.
[82] Interview U.
[83] Befu, „The Global Context of Japan outside Japan", 6ff.
[84] Jäger, „Japanische Migration nach Düsseldorf" 18f.; Zielke, *Die Japaner in Düsseldorf*, 44.
[85] Glebe, „Segregation and the Ethnoscape", 110; Zielke, *Die Japaner in Düsseldorf*, 52.
[86] Interview S.
[87] Interview F.
[88] Interview J; Interview T.
[89] Interview S.
[90] ebd.
[91] ebd.
[92] ebd.
[93] Interview G.
[94] ebd.
[95] Tagsold, „Establishing the Ideal Foreigner", 159f.
[96] Interview G.
[97] Interview T.
[98] ebd.
[99] Safran, „Diasporas in Modern Societies", 91.
[100] Interview C.
[101] Adachi, *Japanese and Nikkei*; Befu, „The Global Context of Japan outside Japan", 6–9; „The Experience of Japan's New Migrants", 7.
[102] Japanisches Generalkonsulat Düsseldorf, „Japaner in Düsseldorf"; Schwartzkopff, *Düsseldorf: Japans Hauptstadt am Rhein*, 4.
[103] Statistisches Bundesamt (Destatis), *Ausländerstatistik Deutschland Ausländer (Anzahl)*.
[104] White, „The Japanese in London", 84.
[105] Amt für Statistik und Wahlen der Landeshauptstadt Düsseldorf, *Statistische Daten Düsseldorf 2020*, 15.
[106] Tagsold, „Establishing the Ideal Foreigner", 148ff; White, „The Japanese in London", 84.
[107] White, „The Japanese in London", 84.
[108] Tagsold, „Establishing the Ideal Foreigner", 149.
[109] Mori, „Japanische Bergleute in Deutschland".
[110] Maruyasu Import-Export GmbH, „Über uns".
[111] Okamura, „Locality and Nationality", 74f.
[112] Shimizu-Bethe, „The Educational Curriculums".
[113] Interview C.

[114] Japanische Internationale Schule e. V. in Düsseldorf, *50-shūnenkinenshi*, 38.
[115] ebd., 93.
[116] Japanisches Generalkonsulat Düsseldorf, „Japan und Nordrhein-Westfalen", 2.
[117] Schröder, „‚Hier kenne ich mich besser aus als in Osaka'", *Rheinische Post*, 18. September 1993.
[118] Jäger, „Japanische Migration nach Düsseldorf", 11.
[119] Interview G; Interview K; Interview S.
[120] Interview S.
[121] Japanische Industrie- und Handelskammer zu Düsseldorf e. V., „Mitgliederliste".
[122] Kraus, *Japanische Unternehmen in der Bundesrepublik Deutschland.*
[123] Goodman, „From Pitiful to Privileged?", 38ff; Nukaga und Tsuneyoshi, „The Kikokushijo".
[124] Nukaga und Tsuneyoshi, „The Kikokushijo", 220, 231.
[125] White, „The Japanese in London", 89.
[126] Interview C.
[127] Sturm, „Bayern wirbt in Japan um Investoren", *Süddeutsche Zeitung*, 13. April 1984.
[128] Kraus, *Japanische Unternehmen in der Bundesrepublik Deutschland*, 30f.
[129] te Kloot, *IHK-Spezial: Japanische Firmen in Europa*, 5f.
[130] Statistisches Amt München, *Ausländer in München nach der Staatsangehörigkeit Nationalität: Japan.*
[131] Amt für Statistik Berlin-Brandenburg, *Statistischer Bericht/A/I/3/S.*

Quellenverzeichnis

1. Archivalien

Deutsch-Japanischer Wirtschaftskreis. *Ergebnisprotokoll 20. Januar 1986* [Loose Blattsammlung aus dem Archivbestand des Japanischen Industrie- und Handelskammer zu Düsseldorf e. V.].

Handelskammer Hamburg. Briefverkehr: Schöne an Schröder und Gelder, Betrf.: „Städtepartnerschaft Hamburg-Osaka", 5. Dezember 1986 [Japan-Bestand, Signatur unbekannt].

Handelskammer Hamburg. Signatur: 4025/1 Bd. 1, Japan – Allgemeines.

Handelskammer Hamburg. Signatur: U 4025a/12 Bd. 1, Japan – JETRO – Japanische Handelszentrale Hamburg.

Handelskammer Hamburg. Signatur: U 4025a/12 Bd. 2, Japan – JETRO – Japanische Handelszentrale Hamburg.

Handelskammer Hamburg. Signatur: U 4025a/13 Bd. 1, Japan – Deutsch-Japanisches Wirtschaftsförderungsbüro.

Handelskammer Hamburg. Signatur: U 4025a/14 Bd. 1, Japan – Vereine, Verbände, Gesellschaften – Sammelakte.

Handelskammer Hamburg. Signatur: U 4025a/14a Bd. 1, Japan – „Hamburg-Büro" in Japan.

Handelskammer Hamburg. Signatur: U 4025a/15 Bd. 1, Japan – Deutsch-Japanische Gesellschaft zu Hamburg e. V. mit Juniorenkreis.

Handelskammer Hamburg. Signatur: U 4025c/3 Bd. 1, Japan – Handelsverträge und -verhandlungen.

Handelskammer Hamburg. Signatur: U 4025c/3 Bd. 2, Japan – Handelsverträge und -verhandlungen.

Handelskammer Hamburg. Signatur: U 4025c/4 Bd. 1, Japan – Handel, Ein- und Ausfuhr, einschl. Statistik.

Handelskammer Hamburg. Signatur: U 4025c/4 Bd. 2, Japan – Handel, Ein- und Ausfuhr, einschl. Statistik.

Handelskammer Hamburg. Signatur: U 4025c/4 Bd. 3, Japan – Handel, Ein- und Ausfuhr, einschl. Statistik.

Handelskammer Hamburg. Signatur: U 4025c/4 Bd. 4, Japan – Handel, Ein- und Ausfuhr, einschl. Statistik.

Handelskammer Hamburg. Signatur: U 4025c/4 Bd. 5, Japan – Handel, Ein- und Ausfuhr, einschl. Statistik.

Handelskammer Hamburg. Signatur: U 4025c/10, Japan – Firmen in Deutschland.

Handelskammer Hamburg. Signatur: U 4025e/2 Bd. 1, Japan – Japan-Wochen im OAV.

Handelskammer Hamburg. Signatur: U 4025e/3 Bd. 1, Japan – Deutsche Wochen in Japan.
Handelskammer Hamburg. Signatur: U 4025e/4 Bd. 1, Japan – Deutsche Leistungsschau in Japan v. 23.4.–6.5.1984.
Japanische Industrie- und Handelskammer zu Düsseldorf e. V., Kaiinmeibo 1965–1992 [Mitgliederliste 1965–1992; eigene Übersetzung].
Konzernarchiv Henkel. Acc. 278–36: Wohlthat an Correns, 10. September 1969.
Konzernarchiv Henkel. Dokumenten-Mappe D 614: „Henkel in Japan".
Staatsarchiv Hamburg, Bestand 63.23–30,68 Band 1, Signatur: 445–1_561, Japanische Schule, Osdorfer Landstraße 390/392.
Staatsarchiv Hamburg. Bestand 706.326–02/015, Signatur: 371–16 II_2684, Behörde für Wirtschaft und Verkehr II, Japan-Woche 1964 Bd. 1.
Staatsarchiv Hamburg. Bestand 706.330–12, Signatur: 371–16 II_2754, Behörde für Wirtschaft und Verkehr II, Japan-Tage in Hamburg Bd. 1+2.
Staatsarchiv Hamburg. Bestand 706.530–31/001, Signatur: 371–16 II_3308, Behörde für Wirtschaft und Verkehr II, Hamburg-Werbung in Japan Bd. 1.
Staatsarchiv Hamburg. Bestand 706.530–31/004 Band 1, Signatur: 371–16 II_3316, Behörde für Wirtschaft und Verkehr II, Hamburg-Werbung in Japan, Hamburg Büro „Irisu Shokai K. K." Bd. 2.
Staatsarchiv Hamburg. Bestand VR 3517, Signatur: 231–10_B 1973–216, Deutsch-Japanische Gesellschaft in Hamburg e. V.
Stadtarchiv Düsseldorf. Adressbuch 1962/1963.
Stadtarchiv Düsseldorf. Altes Archiv Akten, Bestand IV 35291, Japan-Haus Vorgang.
Stadtarchiv Düsseldorf, Bestand IV 29143, Signatur: 80 20–30/02–8, Japan-Promotion Big Eight (8).
Stadtarchiv Düsseldorf. Bestand IV 41161, Ablege Nr. J/10, Japan-Komplex – Japanische Industrie- u. Handelskammer.
Stadtarchiv Düsseldorf. Bestand IV 41161, Ablege Nr. J/11, Japan-Komplex – Japan-Haus II.
Stadtarchiv Düsseldorf. Bestand IV 41161, Ablege Nr. J/15, Japan-Komplex – Japanische Schule.
Stadtarchiv Düsseldorf. Bestand IV 41161, Ablege Nr. J/18, JETRO, Blumenstraße.
Stadtarchiv Düsseldorf. Bestand IV 41162, Ablege Nr. J/8, Japanische Generalkonsulate.
Stadtarchiv Düsseldorf. Bestand IV 41162, Ablege Nr. J/9, Japan-Komplex – Japanischer Garten in Düsseldorf.
Stadtarchiv Düsseldorf. Bestand IV 41163, Ablege Nr. J/7, Japan-Komplex – Japan Woche.
Stadtarchiv Düsseldorf. Bestand IV 41166, Ablege Nr. M/8, Marubeni.
Stadtarchiv Düsseldorf. Bestand IV 41166, Ablege Nr. M/22, Mitsubishi.
Stadtarchiv Düsseldorf. Bestand IV 41166 M/23, Mitsui.

Stadtarchiv Düsseldorf. Bestand IV 41166, Ablege Nr. N/3, NEC Electronic (Europe) GMBH.
Stadtarchiv Düsseldorf. Niederschrift über die Sitzung des Ausschusses für Fremdenverkehr und Wirtschaftsförderung am 14.3.1967.
Unternehmensarchiv SMS group. Bestand Schloemann-Siemag, Signatur: SMS 02 40 6558.
Unternehmensarchiv SMS group. Bestand Schloemann, Signatur: Schloe 12 D1 21 2350.
Unternehmensarchiv SMS group. Bestand Schloemann, Signatur: Schloe 12 D1 21 2354.
Unternehmensarchiv SMS group. Bestand Schloemann, Signatur: Schloe 12 D1 21 2355.
Unternehmensarchiv SMS group. Bestand Schloemann, Signatur: Schloe 12 D1 21 2357.
Unternehmensarchiv SMS group. Bestand Schloemann, Signatur: Schloe 12 D1 21 2359.
Unternehmensarchiv SMS group. Bestand Schloemann, Signatur: Schloe 01 D2 6 3 7103.

2. Statistische Dokumente

Amt für Stadtentwicklung und Statistik der Stadt Köln, *Japanerinnen und Japaner in Köln seit 1977* [Auf Anfrage für den Autor bereitgestellter Statistikabzug]. Köln.
Amt für Statistik und Wahlen der Landeshauptstadt Düsseldorf. *Statistische Daten Düsseldorf 2020*. https://www.duesseldorf.de/statistik-und-wahlen/statistik-und-stadtforschung/statistische-daten.html [Stand: 01.02.2022].
Amt für Statistik und Wahlen der Landeshauptstadt Düsseldorf. *Gemeldete japanische Personen in Düsseldorf seit 1961* [Auf Anfrage für den Autor bereitgestellter Statistikabzug]. Düsseldorf, 2019.
Amt für Statistik Berlin-Brandenburg. *Statistischer Bericht / A / I / 3 / S*. https://www.statistischebibliothek.de/mir/receive/BBSerie_mods_00000345?list=all [Stand: 06.12.2019].
Ausländerzentralregister Köln. *Japanische Staatsangehörige in Frankfurt a. M. 1974 bis 1989* [Auf Anfrage an die Stadt Frankfurt am Main für den Autor bereitgestellter Statistikabzug].
Deutsche Bundesbank. *Die Kapitalverflechtung der Unternehmen mit Ausland nach Ländern und Wirtschaftszweigen*. Statistische Beihefte zu den Monatsberichten der Deutschen Bundesbank Reihe 3, Zahlungsbilanzstatistik, 1983–1992.
Deutsche Bundesbank. *Kapitalverflechtungen mit dem Ausland*. Statistische Sonderveröffentlichung 10, 1993–1998.
IT.NRW. *Ausländerstatistik Japan 2006–2019* [Auf Anfrage für den Autor bereitgestellter Statistikabzug]. Düsseldorf, 2020.

Melderegister Frankfurt a. M. *Japanische Staatsangehörige mit Hauptwohnung in Frankfurt a. M. 1990 bis 2018* [Auf Anfrage an die Stadt Frankfurt am Main für den Autor bereitgestellter Statistikabzug].

Ministry of Finance Japan. *Yushutsunyūgaku no suii (shuyōshōhinbetsu).* https://www.customs.go.jp/toukei/suii/html/time.htm [Stand: 26.03.2020].

Polizei- und Ordnungsbehörde Frankfurt a. M. *Japanische Staatsangehörige in Frankfurt a. M. 1950 bis 1973* [Auf Anfrage an die Stadt Frankfurt am Main für den Autor bereitgestellter Statistikabzug].

Stadt Bochum. *Statistisches Jahrbuch 2017*. Bochum.

Stadt Dortmund. *Gemeldete japanische Bevölkerung in Dortmund: Hauptwohnungsbevölkerung (HWB)* [Auf Anfrage für den Autor bereitgestellter Statistikabzug]. Dortmund, 2019.

Stadt Essen. *Bevölkerung am Ort der Hauptwohnung mit japanischer Staatsangehörigkeit 1987–2018* [Auf Anfrage für den Autor bereitgestellter Statistikabzug]. Essen, 2019.

Statistisches Amt München. *Ausländer in München nach der Staatsangehörigkeit Nationalität: Japan* [Auf Anfrage für den Autor bereitgestellter Statistikabzug]. München, 2019.

Statistikamt Nord. *Anzahl der japanischen Bevölkerung in Hamburg* [Auf Anfrage für den Autor bereitgestellter Statistikabzug]. Hamburg, 2019.

Statistisches Bundesamt. *Ausländerstatistik Deutschland Ausländer (Anzahl) Ausländer (Anzahl) – Ausländer: Deutschland, Stichtag, Geschlecht/Altersjahre/Familienstand, Ländergruppierungen/Staatsangehörigkeit.* https://www-genesis.destatis.de/genesis/online?operation=abruftabelleBearbeiten&levelindex=1&levelid=1650812584800&auswahloperation=abruftabelleAuspraegungAuswaehlen&auswahlverzeichnis=ordnungsstruktur&auswahlziel=werteabruf&code=12521–0002&auswahltext=&nummer=6&variable=6&name=GES&nummer=5&variable=5&name= STAAG6&werteabruf=Werteabruf#abreadcrumb [Stand: 05.05.2020].

Wirtschaftsförderungsamt der Landeshauptstadt Düsseldorf. *Chronologische Abfolge der An- und Abmeldungen japanischer Unternehmen*. Düsseldorf, 2006.

3. Monografien

Adachi, Nobuko. *Japanese and Nikkei: Negotiating Identities in a Global World*. Amherst, New York: Cambria Press, 2010.

Barth, Frederik. *Ethnic Groups and Boundaries: The Social Organization of Culture Difference*. Illinois: Waveland Press, INC, 1998.

Bergmann, Michael und Dieter Schwarz. *Düsseldorf: Die Pracht am Rhein*. Düsseldorf: Nobel-Verlag, 2001.

Dodwell Marketing Consultants. *Industrial Groupings in Japan*. Tokyo, Japan: Dodwell Marketing Consultants, 1973.

Dunning, John H. *Japanese Participation in British Industry.* USA/Kanada: Routledge, 1986.

Eli, Max. *Sogo Shosha: Strukturen u. Strategien Japan. Welthandelsunternehmungen.* Düsseldorf: Econ-Verlag, 1977.

Flath, David. *The Japanese Economy.* USA: Oxford University Press, 2005.

Flick, Uwe. *Qualitative Sozialforschung: Eine Einführung.* 4. Auflage. Reinbeck bei Hamburg: Rowohlt Taschenbuch Verlag, 2011.

Francks, Penelope. *Japanese Economic Development: Theory and Practice.* London: Routledge, 2015).

Johnson, Chalmers A. *MITI (Ministry of International Trade and Industry) and the Japanese Miracle: the Growth of Industrial Policy, 1925–1975.* Stanford, Kalifornien: Stanford University Press, 1982.

Kaufmann, Jean-Claude. *Das verstehende Interview: Theorie und Praxis* [Orig: L'entretien compréhensif]. Übersetzt von Daniela Böhmler und Anke Beck. 2. Auflage. München: UVK Verlagsgesellschaft Konstanz, 2015.

Lincoln, James R. und Michael L. Gerlach. *Japan's Network Economy: A Structure, Persistence, and Change.* Cambridge, England/USA: Cambridge University Press, 2004.

Mitsubishi Corporation. *Mitsubishi Shōji shashi* [Die Geschichte der Mitsubishi Corporation; eigene Übersetzung]. Tokio: Mitsubishi Corporation, 1962.

Mitsui Co. Deutschland GmbH. Corporate Administration Division. *Die Geschichte von Mitsui in Deutschland.* Tokio: Daito, 2000.

Mizuuchi, Ryuta. *Hanami am Rhein: Japan und Düsseldorf – eine untrennbare Beziehung.* Essen: Klartext Verlag, 2019.

Nariai, Osamu. *Exploring the Japanese Economy: Historical Background, Current Topics and Japan's Role in the Global Integration.* Kashiwa-shi, Chiba-ken, Japan: Reitaku University Press, 2005.

Oguma, Eiji. *A Genealogy of ‚Japanese' Self-images.* Übersetzt von David Askew. Melbourne: Trans Pacific Press.

Pyle, Kenneth B. *The Making of Modern Japan.* Lexington, Mass: D. C. Heath, 1996.

Sakai, Junko. *Japanese Bankers in the City of London: Language, Culture and Identity in the Japanese Diaspora.* London/New York: Routledge, 2000.

Spohr, Edmund. *Erste Deutsche in Japan 1639–1866: Die Pioniertat des Düsseldorfer Kaufmannes Louis Kniffler vor 150 Jahren.* Düsseldorf: Landeshauptstadt Düsseldorf, 2012.

Tagsold, Christian. *Spaces in Translation: Japanese Gardens and the West.* USA: University of Pennsylvania Press Philadelphia, 2017.

Wippich, Rolf-Harald und Shōko Suzuki-Wippich. *Der Aufenthalt der ersten japanischen Gesandtschaft im Rheinland 1862.* Düsseldorf/Köln: Deutsch-Japanische Gesellschaft e. V. Köln, 1989.

Yoshino, Kosaku. *Cultural Nationalism in Contemporary Japan.* USA/Kanada: Routledge, 1992.

Zielke, Erich. *Die Japaner in Düsseldorf: Manager-Mobilität. Voraussetzungen und Folgen eines Typs internationaler geographischer Mobilität*. Düsseldorf: Selbstverlag des Geographischen Institutes der Universität Düsseldorf, 1982.

4. Aufsätze aus Sammelbänden

Befu, Harumi. „The Japanese Diaspora: Dekasegi, Imperialism, and Transnational Trade." In *Pan-Japan: The International Journal of the Japanese Diaspora*, herausgegeben von Nobuko Adachi und James Stanlaw. Special issue, *Japan Goes West: Reflections on a Diaspora* 6, Nr. 1&2, herausgegeben von Shingo Shimada und Christian Tagsold (Frühling/Herbst 2008): 1–27.

Befu, Harumi. „The Global Context of Japan outside Japan." In *Globalizing Japan: Ethnography of the Japanese Presence in Asia, Europa, and America*, herausgegeben von Harumi Befu und Sylvie Guichard-Anguis, 3–22. London/New York: Routledge, 2001.

Brubaker, Rogers. „The ‚Diaspora' Diaspora." In *Ethnic and Racial Studies* 28, Nr. 1 (Januar 2005): 1–19. DOI: 10.1080/0141987042000289997.

Cohen, Cohen. „Expatriate Communities". *Current Sociology* 24, Nr. 5, (1977): 5–90. DOI: 10.1177/001139217702400301.

Dicken, Peter, Adam Tickell und Henry Yeung. „Putting Japanese Investment in Europe in Its Place". *Area* 29, Nr. 3 (September 1997): 200–212. https://www.jstor.org/stable/20003801.

Harima, Aki. „Network Dynamics of Descending Diaspora Entrepreneurship: Multiple Case Studies with Japanese Entrepreneurs in Emerging Economies." *Journal of Entrepreneurship Management and Innovation* 4, (2014): 65–92.

Kitabayashi, Yōji. „Nihon kigyō no kaigai shinshutsu to nihonjin-shakai: Dyusserudorufu no kēsusutadi" [Die Auslandsexpansion der japanischen Unternehmen und die japanische Gesellschaft: Eine Fallstudie am Beispiel Düsseldorfs; eigene Übersetzung]. Shihon to chiiki 3 (Oktober 2010): 23–39. http://hdl.handle.net/2433/66156.

Glebe, Günther. „Segregation and the Ethnoscape: the Japanese business community in Düsseldorf." In *Global Japan: The Experience of Japan's New Immigrant and Overseas Communities*, herausgegeben von Roger Goodman, Ceri Peach, Ayumi Takenaka und Paul White, 98–115. USA/Kanada: Routledge Curzon, 2003.

Glebe, Günther und Birgit Montag. „Düsseldorf – Nippons Hauptstadt am Rhein". In *Der Düsseldorf Atlas: Geschichte und Gegenwart der Landeshauptstadt im Kartenbild*, herausgegeben von Harald Frater, Günther Glebe, Clemens von Looz-Corswarem, Birgit Montag, Helmut Schneider und Dorothea Wiktorin, 74–77. Deutschland: Hermann-Josef Emons Verlag, 2004.

Goodman, Roger, Ceri Peach, Ayumi Takenaka und Paul White. „The Experience of Japan's New Migrants." In *Global Japan: The Experience of Japan's New Immigrant and Overseas Communities*, herausgegeben von Roger Goodman,

Ceri Peach, Ayumi Takenaka und Paul White, 1–20. USA/Kanada: Routledge Curzon, 2003.

Goodman, Roger. „From Pitiful to Privileged? The Fifty-Year Story of the Changing Perception and Status of Japan's Returnee Children (kikokushijo)." In *A Sociology of Japanese Youth: From returnees to NEET's*, herausgegeben von Roger Goodman, Yuki Imoto und Tuuka Toivonen, 30–53. USA/Kanada: Routledge, 2012.

Greve, Ingo. „Deutsch-japanische Wirtschaftsbeziehungen: Dialog tut Not". In *Wirtschaftspartner Japan*, herausgegeben von Institut für Asienkunde Hamburg und Deutsche Industrie- und Handelskammer in Japan (in Zusammenarbeit mit dem Ostasiatischen Verein Hamburg e. V. und dem Deutsch-Japanischen Wirtschaftsförderungsbüro, Düsseldorf), 122–130. Hamburg: Institut für Asienkunde, 1985.

Hall, Stuart. „Cultural Identity and Diaspora." In *Identity: community, culture, difference*, herausgegeben von Jonathan Rutherford, 222–238. London: Lawrence & Wishart, 1990.

Jäger, Kristina. „Japans Hauptstadt in Deutschland – wie Düsseldorf sich zum wichtigsten Ziel japanischer Investitionen machte". *Standort* 41, Springer-Verlag (Februar 2017): 20–26. DOI: 10.1007/s00548–017–0462–4.

Jäger, Kristina. „Japanische Migration nach Düsseldorf seit den 1950er Jahren: Entwicklungstendenzen und aktuelle Perspektiven." Unveröffentlichtes Manuskript. Erscheint in: Tagsold, Christian, Hrsg. *Japan in Düsseldorf: Geschichte und Struktur der Diaspora*. Düsseldorf: Düsseldorf University Press, 2023.

Keller, Reiner. „Wissenssoziologische Diskursanalyse." In *Handbuch Sozialwissenschaftliche Diskursanalyse – Band 1: Theorien und Methoden*, herausgegeben von Reiner Keller, Andreas Hirseland, Werner Schneider und Willy Viehöver, 113–144. Opladen: Leske + Budrich, 2001.

Martin, Ruth. „Diaspora and Japanese Wives: Transience to Permanence in the Japanese Community." In *Pan-Japan: The International Journal of the Japanese Diaspora*, herausgegeben von Nobuko Adachi und James Stanlaw. Special issue, *Japan Goes West: Reflections on a Diaspora* 6, Nr. 1&2, herausgegeben von Shingo Shimada und Christian Tagsold (Frühling/Herbst 2008): 105–135.

Miwa, Yoshirō und Mark J. Ramseyer. „The Fable of the Keiretsu." *Journal of Economics & Management Strategy* 11, Nr. 2 (2006): 169–224.

Mori, Hiromasa. „Japanische Bergleute in Deutschland". In *Glückauf auf Japanisch: Bergleute aus Japan im Ruhrgebiet*, herausgegeben von Atsushi Kataoka, Regine Matthias, Pia Tomoko Meid, Werner Pascha und Shingo Shimada, 19–44. Essen: Klartext Verlag, 2012.

Monceri, Flavia. „Theoretical Remarks on the Notion of ‚Diaspora'." In *Pan-Japan: The International Journal of the Japanese Diaspora*, herausgegeben von Nobuko Adachi und James Stanlaw. Special issue, *Japan Goes West: Reflections on a Diaspora* 6, Nr. 1&2, herausgegeben von Shingo Shimada und Christian Tagsold (Frühling/Herbst 2008): 28–39.

Nakagawa, Shinji. „Sengo Doitsu no nihonjin komyuniti: Dyusserudorufu o megutte ‚katarareru monogatari? to ‚rekishitekijijitsu' [Die japanische Community in Deutschland nach dem Zweiten Weltkrieg: Erzählte Geschichten und historische Fakten über Düsseldorf; eigene Übersetzung]. Ekusu: Gengo bunka ronshū 8 (2013): 29–60.

Nakano, Takashi. „Rekishiteki genjitsu no saikōsei" [Rekonstruktion geschichtlicher Wirklichkeit; eigene Übersetzung]. In *Raifuhisutorii no shakaigaku* [Biografieforschung; eigene Übersetzung], herausgegeben von Takashi Nakano und Atsushi Sakurai, 191–210. Japan: Kōbundō, 1995.

Niwa, Takahito, Satoshi Nakagawa und Timo Thelen. „Changing of Japanese Working Abroad: Focused on Locally Hired Young Japanese." [auf Japanisch.] Saitama University review (Faculty of Liberal Arts) 51, Nr. 2 (2016): 205–222.

Nukaga, Misako und Ryōko Tsuneyoshi. „The Kikokushijo." In *Minorities and Education in Multicultural Japan – An Interactive Perspective,* herausgegeben von Ryōko Tsuneyoshi, Kaori H. Okano und Sarane Spence Boocock, 213–241. USA/Kanada: Routledge, 2011.

Okamura, Kayko. „Locality and Nationality for Contemporary Diaspora Children: Multicultural Identities in a Global Society." In *Pan-Japan: The International Journal of the Japanese Diaspora,* herausgegeben von Nobuko Adachi und James Stanlaw. Special issue, *Japan Goes West: Reflections on a Diaspora* 6, Nr. 1&2, herausgegeben von Shingo Shimada und Christian Tagsold (Frühling/Herbst 2008): 70–84.

Pape, Wolfgang. „Das Verhältnis der EG zu Japan." In *Wirtschaftspartner Japan,* herausgegeben von Institut für Asienkunde Hamburg und Deutsche Industrie- und Handelskammer in Japan (in Zusammenarbeit mit dem Ostasiatischen Verein Hamburg e. V. und dem Deutsch-Japanischen Wirtschaftsförderungsbüro, Düsseldorf), 116–121. Hamburg: Institut für Asienkunde, 1985.

Safran, William. „Diasporas in Modern Societies: Myths of Homeland and Return." *Diaspora: A Journal of Transnational Studies* 1, Nr. 1 (1991): 83–99.

Sarasin, Philipp. „Diskurstheorie und Geschichtswissenschaft." In *Handbuch Sozialwissenschaftliche Diskursanalyse – Band 1: Theorien und Methoden,* herausgegeben von Reiner Keller, Andreas Hirseland, Werner Schneider und Willy Viehöver, 53–80. Opladen: Leske + Budrich, 2001.

Schickhoff, Irmgard. „Japanische Unternehmen in Europa – Ein Beitrag zur Globalisierung?" *Dela* 19 (2003): 177–190.

Shimizu-Bethe, Megumi. „The Educational Curriculums of Japanese Supplementary Schools for Children of Japanese Descent in Düsseldorf." In *Pan-Japan: The International Journal of the Japanese Diaspora,* herausgegeben von Nobuko Adachi und James Stanlaw. Special issue, *Japan Goes West: Reflections on a Diaspora* 6, Nr. 1&2, herausgegeben von Shingo Shimada und Christian Tagsold (Frühling/Herbst 2008): 85–104.

Tagsold, Christian. „Establishing the Ideal Foreigner: Representations of the Japanese Community in Dusseldorf, Germany". *Encounters*, Nr. 3 (2010): 144–167.

Tagsold, Christian. „Mourning for Whom and Why? 3/11 and the Japanese in Düsseldorf, Germany." In *Diaspora and Disaster: Japanese Outside Japan and the Triple Catastrophy of March 2011*, herausgegeben von Andreas Niehaus und Christian Tagsold, 23–36. Düsseldorf: düsseldorf university press, 2016.

Viehöver, Willy. „Diskurse als Narrationen." In *Handbuch Sozialwissenschaftliche Diskursanalyse – Band 1: Theorien und Methoden*, herausgegeben von Reiner Keller, Andreas Hirseland, Werner Schneider und Willy Viehöver, 177–206. Opladen: Leske + Budrich, 2001.

von Schaper, Hans. „Außenwirtschaftspolitik und Außenwirtschaftsbeziehungen." In *Wirtschaftspartner Japan*, herausgegeben von Institut für Asienkunde Hamburg und Deutsche Industrie- und Handelskammer in Japan (in Zusammenarbeit mit dem Ostasiatischen Verein Hamburg e. V. und dem Deutsch-Japanischen Wirtschaftsförderungsbüro, Düsseldorf), 105–115. Hamburg: Institut für Asienkunde, 1985.

Waldenberger, Franz. „Keiretsu." In *Routledge Handbook of Japanese Business and Management*, herausgegeben von Parissa Haghirian, 35–47. Abingdon, Oxon/New York: Routledge, 2016.

White, Paul. „The Japanese in London: from transience to settlement?" In *Global Japan: The Experience of Japan's New Immigrant and Overseas Communities*, herausgegeben von Roger Goodman, Ceri Peach, Ayumi Takenaka und Paul White, 79–97. USA/Kanada: Routledge Curzon, 2003.

Yatabe, Kazuhiko. „Objects, City, and Wandering: the invisibility of the Japanese in France." In *Globalizing Japan: Ethnography of the Japanese Presence in Asia, Europa, and America*, herausgegeben von Harumi Befu und Sylvie Guichard-Anguis, 25–40. London/New York: Routledge, 2001.

5. Memoiren und Festschriften

Aoyama, Takao, Michael Kuhl und Jan Marc Nottelmann-Feil. *30 Jahre EKŌ-Haus der Japanischen Kultur Düsseldorf: Eine Chronik*, herausgegeben von EKŌ-Haus der Japanischen Kultur e. V. Düsseldorf: EKŌ-Haus der Japanischen Kultur e. V., 2015.

Arikawa, Akira. „1983- nen kaisai no Nihon-shūkan gyōji no omoide" [Erinnerungen an die Veranstaltung der Japan-Woche 1983; eigene Übersetzung]. In *Rain no nagare (shakai-, rekishi-hen): Nihon-kurabu sōritsu 25-shūnen kinen-shi* [Das Fließen des Rheins (Gesellschafts- und Geschichtsausgabe): Festschrift zum 25-jährigen Jubiläum des Japanischen Clubs; eigene Übersetzung], herausgegeben von Japanischer Club Düsseldorf e. V., 145–146. Düsseldorf: Japanischer Club Düsseldorf e. V., 1990.

Arikawa, Akira. „Dokunichi-kyōkai amu Nīdārain no sōritsutōsho no omoide to rekishi" [Erste Erinnerungen an die Deutsch-Japanische Gesellschaft am Niederrhein und ihre Geschichte; eigene Übersetzung]. In *Rain no nagare (shakai-, rekishi-hen*): *Nihon-kurabu sōritsu 25-shūnen kinen-shi* [Das Fließen des Rheins (Gesellschafts- und Geschichtsausgabe): Festschrift zum 25-jährigen Jubiläum des Japanischen Clubs; eigene Übersetzung], herausgegeben von Japanischer Club Düsseldorf e. V., 62–63. Düsseldorf: Japanischer Club Düsseldorf e. V., 1990.

Arikawa, Akira. „Nihonjin-gakkō sōritsu-tōji no omoide" [Erinnerungen an die Errichtungszeit der Japanischen Schule; eigene Übersetzung]. In Dyusserudorufu Nihonjin-gakkō sōritsu jūsshūnen kinen-shi: Kagayaku jūnen min'na de jampu ichi, ni, san! [Festschrift zum 10-jährigen Jubiläum der Japanischen Internationalen Schule Düsseldorf: Auf strahlende 10 Jahre springen alle bei drei!; eigene Übersetzung], herausgegeben von Japanische Internationale Schule e. V. in Düsseldorf, 114–115. Düsseldorf: Japanische Internationale Schule e. V. in Düsseldorf, 1981.

Arikawa, Akira. „Nihon-shōkōkaigisho setsuritsu-tōji no omoide" [Erinnerungen an die Errichtungszeit der Japanischen Industrie- und Handelskammer; eigene Übersetzung]. In *Rain no nagare (shakai-, rekishi-hen)*: *Nihon-kurabu sōritsu 25-shūnen kinen-shi* [Das Fließen des Rheins (Gesellschafts- und Geschichtsausgabe): Festschrift zum 25-jährigen Jubiläum des Japanischen Clubs; eigene Übersetzung], herausgegeben von Japanischer Club Düsseldorf e. V., 75. Düsseldorf: Japanischer Club Düsseldorf e. V., 1990.

Arikawa, Akira. „Nihon-teien no omoide" [Erinnerungen an den Japanischen Garten; eigene Übersetzung]. In *Rain no nagare (shakai-, rekishi-hen)*: *Nihon-kurabu sōritsu 25-shūnen kinen-shi* [Das Fließen des Rheins (Gesellschafts- und Geschichtsausgabe): Festschrift zum 25-jährigen Jubiläum des Japanischen Clubs; eigene Übersetzung], herausgegeben von Japanischer Club Düsseldorf e. V., 110–111. Düsseldorf: Japanischer Club Düsseldorf e. V., 1990.

Arimoto, Tomizō. „Gakkō setsuritsu-ninka shutokumondai o meguru: tai Doitsu-tōkyoku tono kōshō o chūshin ni shite" [Über die Probleme beim Genehmigungserhalt für den Bau der Schule: Insbesondere über die Verhandlungen mit den deutschen Behörden; eigene Übersetzung]. In *Dyusserudorufu Nihonjin-gakkō sōritsu jūsshūnen kinen-shi: Kagayaku jūnen min'na de jampu ichi, ni, san!* [Festschrift zum 10-jährigen Jubiläum der Japanischen Internationalen Schule Düsseldorf: Auf strahlende 10 Jahre springen alle bei drei!; eigene Übersetzung], herausgegeben von Japanische Internationale Schule e. V. in Düsseldorf, 110–112. Düsseldorf: Japanische Internationale Schule e. V. in Düsseldorf, 1981.

Deguchi, Yōji. Vorwort zu *Nishidoitsu keizaijijō: sōritsu jūsshūnen-kinen Dyusserudorufu Nihon-shōkōkaigisho* [Die Wirtschaftslage Westdeutschlands: Festschrift zum 10-jährigen Jubiläum der Japanischen Industrie und Handelskammer zu Düsseldorf; eigene Übersetzung], von Akira Arikawa, 4–7. Düsseldorf: Japanische Industrie- und Handelskammer zu Düsseldorf e. V., 1977.

Deutsche Industrie- und Handelskammer in Japan, Hrsg. *Festschrift zum 25. Jubiläum der Deutschen Industrie- und Handelskammer in Japan 1962–1987*. Japan: Deutsche Industrie- und Handelskammer in Japan, 1987.

Furushō, Genji. „Dyusserudorufu no omoide" [Erinnerungen an Düsseldorf; eigene Übersetzung]. In *Rain no nagare (shakai-, rekishi-hen): Nihon-kurabu sōritsu 25-shūnen kinen-shi* [Das Fließen des Rheins (Gesellschafts- und Geschichtsausgabe): Festschrift zum 25-jährigen Jubiläum des Japanischen Clubs; eigene Übersetzung], herausgegeben von Japanischer Club Düsseldorf e. V., 75–77. Düsseldorf: Japanischer Club Düsseldorf e. V., 1990.

Hattori, Morihide. „Sarigataki omohi" [Schwer zu vergessene Erinnerungen; eigene Übersetzung]. In *Rain no nagare (shakai-, rekishi-hen): Nihon-kurabu sōritsu 25-shūnen kinen-shi* [Das Fließen des Rheins (Gesellschafts- und Geschichtsausgabe): Festschrift zum 25-jährigen Jubiläum des Japanischen Clubs; eigene Übersetzung], herausgegeben von Japanischer Club Düsseldorf e. V., 40–42. Düsseldorf: Japanischer Club Düsseldorf e. V., 1990.

Hirano, Taneichi. Vorwort zu *Nishidoitsu keizaijijō: sōritsu jūsshūnen-kinen Dyusserudorufu Nihon-shōkōkaigisho* [Die Wirtschaftslage Westdeutschlands: Festschrift zum 10-jährigen Jubiläum der Japanischen Industrie und Handelskammer zu Düsseldorf; eigene Übersetzung], von Akira Arikawa, 3. Düsseldorf: Japanische Industrie- und Handelskammer zu Düsseldorf e. V., 1977.

Hirano, Taneichi. „Nihon-kurabu no dekita koro", [Die Entstehungszeit des Japanischen Clubs; eigene Übersetzung]. In *Rain no nagare (shakai-, rekishi-hen): Nihon-kurabu sōritsu 25-shūnen kinen-shi* [Das Fließen des Rheins (Gesellschafts- und Geschichtsausgabe): Festschrift zum 25-jährigen Jubiläum des Japanischen Clubs; eigene Übersetzung], herausgegeben von Japanischer Club Düsseldorf e. V., 57. Düsseldorf: Japanischer Club Düsseldorf e. V., 1990.

Itō, Fumiyo. „Sushimaisutā omoidebanashi" [Erinnerungen eines Sushimeisters; eigene Übersetzung]. In *Rain no nagare (shakai-, rekishi-hen): Nihon-kurabu sōritsu 25-shūnen kinen-shi* [Das Fließen des Rheins (Gesellschafts- und Geschichtsausgabe): Festschrift zum 25-jährigen Jubiläum des Japanischen Clubs; eigene Übersetzung], herausgegeben von Japanischer Club Düsseldorf e. V., 66–67. Düsseldorf: Japanischer Club Düsseldorf e. V., 1990.

Iwai, Saburō. „Kaisetsu ni tomonau taigaisesshō no koto nado" [Über die Verhandlungen nach Außen bei der Errichtung; eigene Übersetzung]. In Dyusserudorufu Nihonjin-gakkō sōritsu jūsshūnen kinen-shi: Kagayaku jūnen min'na de jampu ichi, ni, san! [Festschrift zum 10-jährigen Jubiläum der Japanischen Internationalen Schule Düsseldorf: Auf strahlende 10 Jahre springen alle bei drei!; eigene Übersetzung], herausgegeben von Japanische Internationale Schule e. V. in Düsseldorf, 109–110. Düsseldorf: Japanische Internationale Schule e. V. in Düsseldorf, 1981.

Japanische Internationale Schule e. V. in Düsseldorf, Hrsg. *Dyusserudorufu Nihonjin-gakkō 25-shūnen kinen-shi* [Festschrift zum 25-jährigen Bestehen]. Düsseldorf: Japanische Internationale Schule e. V. in Düsseldorf, 1996.

Japanische Internationale Schule e. V. in Düsseldorf, Hrsg. *Dyusserudorufu Nihonjin-gakkō 50-shūnen kinen-shi* [Festschrift zum 50-jährigen Bestehen; eigene Übersetzung]. Düsseldorf: Japanische Internationale Schule e. V. in Düsseldorf, 2021.

Japanischer Club Düsseldorf e. V., Hrsg. *Rain no nagare (shakai-, rekishi-hen): Nihon-kurabu sōritsu 25-shūnen kinen-shi* [Das Fließen des Rheins (Gesellschafts- und Geschichtsausgabe): Festschrift zum 25-jährigen Jubiläum des Japanischen Clubs; eigene Übersetzung]. Düsseldorf: Japanischer Club Düsseldorf e. V., 1990.

Japanisches Kulturinstitut Köln, Hrsg. *Festschrift zum 50. Jubiläum des Japanischen Kulturinstituts*. Köln: Druck & Verlag Kettler GmbH, 2020.

Kusukawa, Toru. „Kaikō narabini kōsha-kensetsu ni tomonau shuju no anken ni tsuite" [Über die verschiedenen Pläne zu der Eröffnung und dem Bau des Schulgebäudes; eigene Übersetzung]. In Dyusserudorufu Nihonjin-gakkō sōritsu jūsshūnen kinen-shi: Kagayaku jūnen min'na de jampu ichi, ni, san! [Festschrift zum 10-jährigen Jubiläum der Japanischen Internationalen Schule Düsseldorf: Auf strahlende 10 Jahre springen alle bei drei!; eigene Übersetzung], herausgegeben von Japanische Internationale Schule e. V. in Düsseldorf, 107–108. Düsseldorf: Japanische Internationale Schule e. V. in Düsseldorf, 1981.

Mayweg, Bolo. „Keidanren tono kinmitsuna kankei ga seikō no kagi" [Die enge Beziehung mit dem Keidanran war der Schlüssel zum Erfolg; eigene Übersetzung]. In *Rain no nagare (shakai-, rekishi-hen): Nihon-kurabu sōritsu 25-shūnen kinen-shi* [Das Fließen des Rheins (Gesellschafts- und Geschichtsausgabe): Festschrift zum 25-jährigen Jubiläum des Japanischen Clubs; eigene Übersetzung], herausgegeben von Japanischer Club Düsseldorf e. V., 100–101. Düsseldorf: Japanischer Club Düsseldorf e. V., 1990.

Meid, Karl-Heinz. „Rückblick." In *Festschrift zum 50. Jubiläum des Japanischen Kulturinstitutes: Rückblick – Aufblick – Ausblick*, herausgegeben von Japanisches Kulturinstitut Köln (The Japan Foundation), 32. Bönen/Westfalen: Druck & Verlag Kettler GmbH, 2020.

Meckel, Andreas. „25 Jahre Japanischer Club in Düsseldorf". In *Rain no nagare (shakai-, rekishi-hen): Nihon-kurabu sōritsu 25-shūnen kinen-shi* [Das Fließen des Rheins (Gesellschafts- und Geschichtsausgabe): Festschrift zum 25-jährigen Jubiläum des Japanischen Clubs; eigene Übersetzung], herausgegeben von Japanischer Club Düsseldorf e. V., 72–73. Düsseldorf: Japanischer Club Düsseldorf e. V., 1990.

Nagamine, Nakaji. Vorwort zu *Nishidoitsu keizaijijō: sōritsu jūsshūnen-kinen Dyusserudorufu Nihon-shōkōkaigisho* [Die Wirtschaftslage Westdeutschlands: Festschrift zum 10-jährigen Jubiläum der Japanischen Industrie und Handelskammer zu Düsseldorf; eigene Übersetzung], von Akira Arikawa, 17–18. Düsseldorf: Japanische Industrie- und Handelskammer zu Düsseldorf e. V., 1977.

Numata, Toshihide. Vorwort zu *30 Jahre EKŌ-Haus der Japanischen Kultur Düsseldorf*, von Takao Aoyama, Michael Kuhl und Jan Marc Nottelmann-Feil, 14. Düsseldorf: EKŌ-Haus der Japanischen Kultur e. V., 2015.

Okada, Yutaka. „Nihonjin-gakkō setsuritsu no keii" [Details zu der Errichtung der Japanischen Schule; eigene Übersetzung]. In *Dyusserudorufu Nihonjin-gakkō 25-shūnen kinen-shi* [Festschrift zum 25-jährigen Bestehen], herausgegeben von Japanische Internationale Schule e. V. in Düsseldorf, 162–163. Düsseldorf: Japanische Internationale Schule e. V. in Düsseldorf, 1996.

Okada, Yutaka. „Hoshūkō-setsuritsu no keii" [Details zu der Errichtung der Nachhilfeschule; eigene Übersetzung]. In *Dyusserudorufu Nihonjin-gakkō 25-shūnen kinen-shi* [Festschrift zum 25-jährigen Bestehen], herausgegeben von Japanische Internationale Schule e. V. in Düsseldorf, 163. Düsseldorf: Japanische Internationale Schule e. V. in Düsseldorf, 1996.

Okada, Yutaka. „Nihonjin-gakkō to sanjūgonen" [35 Jahre an der Japanischen Schule; eigene Übersetzung]. In *Dyusserudorufu no omoide* [Erinnerungen an Düsseldorf; eigene Übersetzung], herausgegeben von Tsunejirō Takagi, 136–143. Tokio: Atelir Rufus, 2006.

Ono, Yoshimori. „30-nen mae no Dyusserudorufu" [Düsseldorf vor 30 Jahren; eigene Übersetzung]. In *Rain no nagare* (*shakai-, rekishi-hen*): *Nihon-kurabu sōritsu 25-shūnen kinen-shi* [Das Fließen des Rheins (Gesellschafts- und Geschichtsausgabe): Festschrift zum 25-jährigen Jubiläum des Japanischen Clubs; eigene Übersetzung], herausgegeben von Japanischer Club Düsseldorf e. V., 42–43. Düsseldorf: Japanischer Club Düsseldorf e. V., 1990.

Saitō, Naoki. „Düsseldorf Nihongo Hoshūkō-kyōshitsu" [Die Japanische Nachhilfeklasse Düsseldorf; eigene Übersetzung]. In *Rain no nagare* (*shakai-, rekishi-hen*): *Nihon-kurabu sōritsu 25-shūnen kinen-shi* [Das Fließen des Rheins (Gesellschafts- und Geschichtsausgabe): Festschrift zum 25-jährigen Jubiläum des Japanischen Clubs; eigene Übersetzung], herausgegeben von Japanischer Club Düsseldorf e. V., 102. Düsseldorf: Japanischer Club Düsseldorf e. V., 1990.

Sanchōme, Keiko. „Nihongo-kyōshitsu kaisetsu-tōji no koto" [Über die Eröffnungszeit der Japanischen Nachhilfeklasse; eigene Übersetzung]. In *Rain no nagare* (*shakai-, rekishi-hen*): *Nihon-kurabu sōritsu 25-shūnen kinen-shi* [Das Fließen des Rheins (Gesellschafts- und Geschichtsausgabe): Festschrift zum 25-jährigen Jubiläum des Japanischen Clubs; eigene Übersetzung], herausgegeben von Japanischer Club Düsseldorf e. V., 34–38. Düsseldorf: Japanischer Club Düsseldorf e. V., 1990.

Sanchōme, Shunzō. „‚Ōkami no tani' de seishō-shita nihonjin-tachi no kiroku" [Die Aufzeichnungen der Japaner, die in der „Wolfsschlucht" zusammen sangen; eigene Übersetzung]. In *Rain no nagare* (*shakai-, rekishi-hen*): *Nihon-kurabu sōritsu 25-shūnen kinen-shi* [Das Fließen des Rheins (Gesellschafts- und Geschichtsausgabe): Festschrift zum 25-jährigen Jubiläum des Japanischen Clubs; eigene Übersetzung], herausgegeben von Japanischer Club Düsseldorf e. V., 34–38. Düsseldorf: Japanischer Club Düsseldorf e. V., 1990.

Sasaki, Tadayoshi „Shodai sōryōji no omoide" [Erinnerungen des ersten Generalkonsuls; eigene Übersetzung] In *Rain no nagare* (*shakai-, rekishi-hen*): *Nihon-kurabu sōritsu 25-shūnen kinen-shi* [Das Fließen des Rheins (Gesellschafts- und Geschichtsausgabe): Festschrift zum 25-jährigen Jubiläum des Japanischen Clubs; eigene Übersetzung], herausgegeben von Japanischer Club Düsseldorf e. V., 79–80. Düsseldorf: Japanischer Club Düsseldorf e. V., 1990.

Shikanuma, Kayoko. „Dyusserudorufu shihanseiki" [Ein Vierteljahrhundert Düsseldorf; eigene Übersetzung], In *Rain no nagare (shakai-, rekishi-hen): Nihon-kurabu sōritsu 25-shūnen kinen-shi* [Das Fließen des Rheins (Gesellschafts- und Geschichtsausgabe): Festschrift zum 25-jährigen Jubiläum des Japanischen Clubs; eigene Übersetzung], herausgegeben von Japanischer Club Düsseldorf e. V., 70–71. Düsseldorf: Japanischer Club Düsseldorf e. V., 1990.

Shizukuishi, Gaika. „Nihon-kurabu tanjō to shoki no katsudō no omoide" [Erinnerungen an die Geburtsstunde und Anfangszeit des Japanischen Clubs; eigene Übersetzung]. In *Rain no nagare (shakai-, rekishi-hen): Nihon-kurabu sōritsu 25-shūnen kinen-shi* [Das Fließen des Rheins (Gesellschafts- und Geschichtsausgabe): Festschrift zum 25-jährigen Jubiläum des Japanischen Clubs; eigene Übersetzung], herausgegeben von Japanischer Club Düsseldorf e. V., 51–53. Düsseldorf: Japanischer Club Düsseldorf e. V., 1990.

Sunaga, Akira. „Dyusserudorufu no omoide" [Erinnerungen an Düsseldorf; eigene Übersetzung]. In *Rain no nagare (shakai-, rekishi-hen): Nihon-kurabu sōritsu 25-shūnen kinen-shi* [Das Fließen des Rheins (Gesellschafts- und Geschichtsausgabe): Festschrift zum 25-jährigen Jubiläum des Japanischen Clubs; eigene Übersetzung], herausgegeben von Japanischer Club Düsseldorf e. V., 142–143. Düsseldorf: Japanischer Club Düsseldorf e. V., 1990.

Tago, Tsutomu. „Nihonjin-gakkō sōritsu-tōji no omoide" [Erinnerungen zu der Errichtungszeit der Japanischen Schule; eigene Übersetzung]. In Dyusserudorufu Nihonjin-gakkō sōritsu jūsshūnen kinen-shi: Kagayaku jūnen min'na de jampu ichi, ni, san! [Festschrift zum 10-jährigen Jubiläum der Japanischen Internationalen Schule Düsseldorf: Auf strahlende 10 Jahre springen alle bei drei!; eigene Übersetzung], herausgegeben von Japanische Internationale Schule e. V. in Düsseldorf, 104–106. Düsseldorf: Japanische Internationale Schule e. V. in Düsseldorf, 1981.

Tajima, Nobuhiro. „Doitsu Haku '84" [Die Deutsche Leistungsschau 1984; eigene Übersetzung]. In *Rain no nagare (shakai-, rekishi-hen): Nihon-kurabu sōritsu 25-shūnen kinen-shi* [Das Fließen des Rheins (Gesellschafts- und Geschichtsausgabe): Festschrift zum 25-jährigen Jubiläum des Japanischen Clubs; eigene Übersetzung], herausgegeben von Japanischer Club Düsseldorf e. V., 154–155. Düsseldorf: Japanischer Club Düsseldorf e. V., 1990.

Takagi, Tsunejirō. „Nishidoitsu ni okeru katsujibunka" [Die Druckkultur in Westdeutschland; eigene Übersetzung]. In *Rain no nagare (shakai-, rekishi-hen): Nihon-kurabu sōritsu 25-shūnen kinen-shi* [Das Fließen des Rheins (Gesellschafts- und Geschichtsausgabe): Festschrift zum 25-jährigen Jubiläum des Japanischen Clubs; eigene Übersetzung], herausgegeben von Japanischer Club Düsseldorf e. V., 46–47. Düsseldorf: Japanischer Club Düsseldorf e. V., 1990.

Takagi, Tsunejirō, Hrsg. *Dyusserudorufu no omoide* [Erinnerungen an Düsseldorf; eigene Übersetzung]. Tokio: Atelir Rufus, 2006.
The Bank of Tokyo-Mitsubishi UFJ, Ltd. Düsseldorf Branch. *Die Stadt, in der Japan und Deutschland eins werden – Düsseldorf*. Düsseldorf: 2009.
Wirtschaftsförderungsamt der Landeshauptstadt Düsseldorf. „Raingawahan no Nihon no shuto" [Japans Hauptstadt am Rhein; eigene Übersetzung]. In *Dyusserudorufu no omoide* [Erinnerungen an Düsseldorf; eigene Übersetzung], herausgegeben von Tsunejirō Takagi, 390–398. Tokio: Atelir Rufus, 2006.

6. Magazin- und Zeitungsartikel

Arnold, Hans-Georg. „Auftakt mit Flöten und Freibier." *Düsseldorfer Nachrichten*, 12. März 1975.
Bundesanzeiger. „Betreffend Japan: Protokoll betreffend Konsultationen über deutsche Einfuhrbeschränkungen." *Runderlaß Außenwirtschaft Nr. 45/62*, 4. Januar 1963.
Der Spiegel. „Klotz für Baba", Nr. 32/1978.
Deutscher Industrie- und Handelstag. „Wolff: ‚So exportiert Japan den Freihandel kaputt'". *DIHT Nachrichten*, Dezember 1986.
Die Welt. „Japan – ein offener Markt für westliche Industrieländer", 30. März 1978.
Dreesbach, Lutz E. „‚Zuagroaste' aus dem Lande Nippon." *Handelsblatt*, 22. Mai 1975.
Düsseldorf Magazin. „Begegnung steht im Mittelpunkt." Februar 1993.
Düsseldorfer Amtsblatt. „Aufnahme in Tokyo sehr herzlich", 17. Mai 1980.
Düsseldorfer Amtsblatt. „Ruf in Tokyo ausgezeichnet", 5. Mai 1984.
Düsseldorfer Amtsblatt. „Fernost – wie ein buntes Feuerwerk", 23. März 2002.
Düsseldorfer Nachrichten. „600 Japaner leben in Düsseldorf", 27. August 1963.
Düsseldorfer Nachrichten. „Düsseldorf: Europäisches Zentrum der Japaner", 28. März 1964.
Düsseldorfer Nachrichten. „Mitsui Bank in Düsseldorf", 23. August 1975.
Düsseldorfer Rundschau, „Bei Kawakamis hat Goethe was zu sagen", 06. März 1976.
Düsseldorfer Wochenspiegel. „Die größte japanische Kolonie in Europa", Juni 1994.
Fischer, Wolfgang. „Warnung vor ‚vernichtendem Preiskampf'." *Düsseldorfer Nachrichten*, 16. Januar 1976.
Frankfurter Allgemeine Zeitung. „‚Den Deutschen fehlt es an Kampfgeist'", 12. Juli 1983.
Großmann, Bernhard, Tōru Kiuchi und Hans von Schaper. „Die Deutsche Präsenz in Japan". *Markt Deutschland Japan*, September 1979.
Handelsblatt. „Mitsubishi-Bank baut Deutschland-Geschäft aus", 01. Oktober 1974.
Handelsblatt. „Japaner bauen Standort Düsseldorf zügig aus", 26. Dezember 1974.

Handelsblatt. „Mitsui Bank kommt nach Düsseldorf", 26. August 1975.

Henning, Joachim. „Sie leben ihre japanischen Träume am Rhein." *Westdeutsche Zeitung*, 25. Mai 2019.

Houben, Alfons. „Japan-Garten: Größer und mit Teehaus." *Westdeutsche Zeitung*, 29. Mai 1980.

Inadome, Yasuo. „Norutorain·vesutofārenshū ni okeru nihonjin-shakai no seiritsu to hatten no rekishi" [Die Entstehung und Entwicklung der japanischen Gesellschaft in Nordrhein-Westfalen; eigene Übersetzung]. *Nihonjinkaihō*, Oktober 2021.

Industriekurier Düsseldorf. „Deutsch-Japanische Gesellschaft am Niederrhein." Nr. 8, 11. November 1965.

Japan Desk. „Deutsch-japanisches Netzwerk Japan Desk." *D-Mitte*, Ausgabe 4 September 2018.

Japanische Botschaft der Bundesrepublik Deutschland. „Ein japanischer Garten für Düsseldorf." *Neues aus Japan*, Juli 1974.

Japanisches Generalkonsulat Düsseldorf, „Japan und Nordrhein-Westfalen: Ein Blick in Geschichte und Gegenwart." *nippon aktuell*, Winter 2008.

Jaspert, Werner. „Hotelkrieg am Rhein: Droht der Exodus der Japaner?" *Die Welt*, 20. Februar 1976.

Johring, Sigrid. „Teezeremonie zur Eröffnung." *Kölnische Rundschau*, 03. September 1969.

Kammerreport. „Deutsch-Japanischer Wirtschaftskreis hilft", Februar 1986.

Klein, Stefan. „Das kleine Reich der Mitte." *Düsseldorf Magazin*, März 1978.

Kölgen, Birgit. „Japan will in Düsseldorf hoch hinaus." *Neue Ruhr Zeitung*, 09. Juli 1976.

Kölner Stadt-Anzeiger. „Das Japanische Kulturinstitut öffnete seine Pforten", 03. September 1969.

Kölner Stadtanzeiger. „Listen mit Opfernamen hängen im Schaufenster", 19. Januar 1995.

Kösters, Volker. „Japaner wollen in Düsseldorf hoch hinaus." *Neue Ruhr Zeitung*, 24. Mai 1975.

Krummheuer, Eberhard. „Ein Hauch fernöstlicher Exotik mit deutscher Eiche." *Handelsblatt*, 8. September 1978.

Kurylo, Friedrich K. „Ein Teich im Haus." *Kölner Stadt-Anzeiger*, 03. September 1969.

Kürten, Josef. „Auf Wiedersehen in Tokio!" *Unbekannter Magazintitel*, April 1984.

Liliensiek, Eberhard PH. „Aufregung um japanisches Kulturzentrum." *Neue Ruhr Zeitung*, 19. März 1987.

Lückemeier, Peter. „Es fehlt vor allem eine Schule." *Frankfurter Allgemeine Zeitung*, 27. April 1983.

Ly, Judith. „Die Japanische IHK: Der größte Unternehmerverband in Europa." *D-Mitte*, Ausgabe 4 September 2018.

Mahnke, Hans-J. „Tokio muß weitere Schritte zur Liberalisierung der Märkte machen." *Die Welt*, 03. April 1982.
Mayweg, Bolo. „Stadt des Lächelns." *Unbekannter Magazintitel*, Dezember 1987.
Meckel, Andreas. „Reißzwecke und Riesentanker." *Das Tor*, Juli 1977, 130.
Meid, Karl-Heinz. „Düsseldorf – Japan am Rhein." *Das Tor*, Juni 1985.
Meister, Helga. „Erster japanischer Kindergarten eröffnet." *Westdeutsche Zeitung*, 16. August 1983.
Meister, Helga. „Cecilien-Schüler büffeln japanische Schriftzeichen." *Westdeutsche Zeitung*, 29. August 1984.
Meister, Helga. „Immer weniger Japaner in der Stadt." *Westdeutsche Zeitung*, 07. Oktober 1995.
Morgenbrod, Horst. „Wer Tokio kennt, liebt Düsseldorf." *Rheinische Post*, 08. Juni 1983.
Neisser, Hans-Joachim. „In vier Jahrzehnten entstand die Japanische Gemeinde". *Düsseldorf Magazin*, Februar 1993.
Neue Ruhr Zeitung. „Miteinander etwas aufbauen", 10. März 1973.
Neue Ruhr Zeitung. „1000 Gäste beim Altbier in Tokio", 10. April 1984.
Neue Ruhr Zeitung. „Japaner streichen die letzten Flüge", 08. Juni 1991.
Odrich, Peter. „Nun kommt es auf die Nacharbeit an." *Unbekannter Magazintitel*, Mai 1984.
Peters, Klaus. „Willkommen mit Wal-Gesängen." *Rheinische Post*, 06. Mai 1985.
Rahn, Dieter. „EKŌ – Haus der Japanischen Kultur". *EKO-Blätter*, Heft 1 Herbst 1994.
Rheinische Post. „Türen für Hiroshima übergeben", 22. November 1954.
Rheinische Post. „Ein Gast kam aus Japan", 26. Februar 1955.
Rheinische Post. „Festlicher Ausklang der Tokio-Woche'", 23. Mai 1955.
Rheinische Post. „Japan noch, Deutschland wieder Missionsgebiet", 23. Mai 1955.
Rheinische Post. „Kishis Rücktritt offiziell angekündigt", 22. Juni 1960.
Rheinische Post. „Flügel Nippons berührt Düsseldorf", 14. April 1961.
Rheinische Post. „Japan-Woche mehr als Brückenschlag", 20. Juni 1961.
Rheinische Post. „Japanische Schwestern haben sich gut eingelebt", 23. Mai 1962.
Rheinische Post. „Japan zieht viele Kunden weg", 10. August 1962.
Rheinische Post. „Nach Tokio und Teheran", 23. März 1963.
Rheinische Post. „Japan: Düsseldorf Mittelpunkt der EWG", 15. Juni 1963.
Rheinische Post. „Deutsch-Japanischer Mittagstisch", 28. Juni 1963.
Rheinische Post. „Japaner liefern 50 % aller Ferngläser", 13. November 1963.
Rheinische Post. „Kummer über Japan-Bestecke", 12. Dezember 1963.
Rheinische Post. „Japan Haus im Sommer eröffnet", 06. Februar 1964.
Rheinische Post. „Düsseldorf: Europäisches Zentrum der Japaner", 28. März 1964.
Rheinische Post. „Für Japanerinnen ein Raum im altdeutschen Stil", 23. April 1964.
Rheinische Post. „Najikawa shiranedo kokoro wabite", 01. Juni 1964.
Rheinische Post. „Neubau an der Heinrich-Heine-Allee", 20. Juni 1964.

Rheinische Post. „Nippon-Kan ein Stück Heimat für Japaner“, 21. Juli 1964.
Rheinische Post. „Indien-Haus eröffnet als wirtschaftliches Zentrum“, 18. September 1964.
Rheinische Post. „Ja-Wort auf Japanisch“, 25. September 1965.
Rheinische Post. *Japan am Rhein: Sonderbeilage der Rheinischen Post,* 22. Mai 1975.
Rheinische Post. „Japans Präsenz noch auffälliger“, 05.08.1978.
Rheinische Post. „Mit Kürten in Japan“, 14. Mai 1980.
Rheinische Post. „Ein Stück Heimat im Ausland“, 25. Oktober 1980.
Rheinische Post. „Um den Zugang zum japanischen Markt zu erleichtern“, 8. Juni 1983.
Rheinische Post. „Osaka wünscht sich Düsseldorf als Partner“, 09. November 1987.
Rheinische Post. „Sorgenvolle Gesichter im Japaner-Viertel“, 10. Januar 1995.
Rheinische Post. „Die japanische Buchhandlung ‚Takagi‘ Entdeckungsreise“, 10. Juni 1999.
Rhenus. „Japan in Düsseldorf.“ *Düsseldorf Magazin,* Februar 1993.
Sanchōme, Shunzo. „Die Japaner zog es in die ‚Wolfsschlucht‘.“ *Düsseldorf Magazin,* Februar 1993.
Schiffmann, Horst. „Protest gegen japanische Betten.“ *Düsseldorfer Rundschau,* 16. Januar 1976.
Schröder, Stefan. „‚Hier kenne ich mich besser aus als in Osaka‘.“ *Rheinische Post,* 18. September 1993.
Schwarz, Dieter. „Triumphzug für Tenno auf der Kö.“ *Düsseldorf Magazin,* April 1993.
Schweig, Karl Franz. „Welcome to Duesseldorf.“ *The Japan Business News,* 10. Dezember 1968.
Slevogt, Herbert. „Deutsch-Japanisches Center bis Ende Juni.“ *Rheinische Post,* 26. April 1978.
Slevogt, Herbert. „Fülle fernöstlicher Farbtupfer.“ *Rheinische Post,* 21. Mai 1983.
Slevogt, Herbert. „Zwischen Klischee und Wirklichkeit.“ *Rheinische Post,* 08. Juni 1983.
Slevogt, Herbert. „Millionen-Feuerwerk.“ *Rheinische Post,* 20. Juni 1983.
Slevogt, Herbert. „Wir wollen Mitbürger sein.“ *Rheinische Post,* 14. April 1988.
Sturm, Norbert. „Bayern wirbt in Japan um Investoren.“ *Süddeutsche Zeitung,* 13. April 1984.
te Kloot, Herbert. „Düsseldorf präsentiert sich in Japan.“ *Unbekannter Magazintitel,* April 1984.
te Kloot, Herbert. „Wichtigster Standort in Europa.“ *Unbekannter Magazintitel,* Dezember 1987.
Unbekannter Magazintitel. „Europäische Schaltstelle“, April 1986.
The Japan Business News. „Closely Linked by Air“, 05. Januar 1996.
Unsere Wirtschaft. „Mitsubishi Bank eröffnet Niederlassung in Düsseldorf“, 30. August 1974.

Verfürth, Heinz. „Düsseldorf – das Tokio Europas." *Handelsblatt*, 29. Mai 1975.

Vieten, Karin. „Auch das Land feiert mit." *Düsseldorf Magazin*, Februar 1993.

Vondran. Ruprecht. „Die Freiheit des Marktes." *D-Mitte*, Ausgabe 4 September 2018.

von der Wiesche, Roman. „Japan-Tag Düsseldorf/NRW." *D-Mitte*, Ausgabe 4 September 2018.

Wahl, Yuriko. „Klein Tokio im Tenno-Taumel." *Westdeutsche Zeitung*, 15. September 1993.

Weiß, Peter Josef. „Nippons Start am Rhein." *Neues Rheinland*, August 1978.

Westdeutsche Zeitung. „Grundstein für 150-Millionen-Bau", 09. Juli 1976.

Wiegand, Wolfgang. „Bei Kawakamis hat Goethe was zu sagen." *Düsseldorfer Rundschau*, 06. März 1976.

Wiegand, Wolfgang. „Über der Kö ging für Japan die Sonne auf." *Düsseldorfer Rundschau*, 07. Februar 1986.

7. Werbebroschüren und Institutionsberichte

Becker, Astrid. *Japanische Investitionen in Nordrhein-Westfalen: Ihr Investitionsstandort Nr. 1 in Deutschland*. Düsseldorf: NRW.INVEST GmbH, 2018.

Bundesministerium für Wissenschaft und Forschung. *Japan verstärkt ‚orderly marketing'*. Tn Nr. 6665, 21. November 1972.

Deutsche Industrie- und Handelskammer in Japan. *Die Deutsche Präsenz in Japan*. Japan: Deutsche Industrie- und Handelskammer in Japan, 1979.

Fukuda, Yuki. *50 Jahre Städtepartnerschaft Köln-Kyoto*. Köln: Deutsch-Japanische Gesellschaft e. V. Köln, April 2013.

Kraus, Marga. *Japanische Unternehmen in der Bundesrepublik Deutschland*. Düsseldorf: Gesellschaft für Wirtschaftsförderung Nordrhein-Westfalen mbH, Januar 1996.

Industrie- und Handelskammer zu Düsseldorf, Hrsg. *IHK-Spezial: Ausländische Unternehmen im IHK-Bezirk Düsseldorf*. Düsseldorf, 2011.

Japanisches Generalkonsulat und Gesellschaft für Wirtschaftsförderung Nordrhein-Westfalen mbH, Hrsg. *Japan Jahr 1999/2000*. Düsseldorf, Februar 2001.

Mauer, Benedikt. *Düsseldorf – Japan: Eine Beziehungsgeschichte*. Düsseldorf: Landeshauptstadt Düsseldorf, 2011.

Meckel, Andreas und Karl-Heinz Meid. *Japanwirtschaft*. Düsseldorf: Deutsch-Japanisches Wirtschaftsförderungsbüro, Februar 1978.

Presseamt der Landeshauptstadt Düsseldorf. *Japan Wochen im Bild*. Düsseldorf: Presseamt der Landeshauptstadt Düsseldorf, 1993.

Stadt Willich Zentrale Finanzen. *Steuer und Gebührenvergleich 2018*. Willich, 2018.

Schwartzkopff, Marion. *Düsseldorf: Japans Hauptstadt am Rhein*. Düsseldorf: Wirtschaftsförderungsamt der Landeshauptstadt Düsseldorf, 2005.

Takeda, Thomas J. *Die Bedeutung des Wirtschaftsraumes Düsseldorf für Japanische Unternehmen*. Übersetzt von Gesellschaft für Wirtschaftsförderung Nordrhein-

Westfalen mbH (GfW). Düsseldorf: Japanische Industrie- und Handelskammer zu Düsseldorf e. V., 1999.

te Kloot, Herbert. *IHK-Spezial: IHK-Spezial: Japanische Firmen in Europa* und insbesondere in Deutschland. Düsseldorf: Industrie- und Handelskammer zu Düsseldorf, Juni 1993.

Winkels, Theresa. *Standort für japanische Unternehmen in Europa: Düsseldorf Business Hub*. Düsseldorf: Wirtschaftsförderungsamt der Landeshauptstadt Düsseldorf.

Wirtschaftsförderung Stadt Willich. *Nur 2 Ampeln bis zum Flughafen*. Willich.

8. Webseiten

C. Illies & Co. (GmbH & Co.) KG. „Über ILLIES." Stand: 10. Januar 2022. https://www.illies.de/ueber-illies#historie.

Deutsch-Japanischer Wirtschaftskreis. „Geschichte." Stand: 19. Januar 2022. https://www.djw.de/de/djw/geschichte/.

D-Mitte. „Japanische Kindergärten in Düsseldorf nutzen die Chance, die zwei Kulturen bieten." Aktualisiert: 13. November 2018. https://dmitte.de/japanische-kindergaerten-in-duesseldorf-nutzen-die-chance-die-zwei-kulturen-bieten/.

eddh-Airport.de. „Japan Airlines (JL/JAL)". Stand: 12. Oktober 2022. https://www.eddh-airport.de/eddhairport/japan-air-lines-jl-jal/.

Erzbistum Köln. „Schwestern von der Liebe Jesu, SCG." Stand: 18. Dezember 2021. https://www.erzbistum-koeln.de/erzbistum/orden/frauenorden/Schwestern_von_der_Liebe_Jesu/.

Japanisches Generalkonsulat Düsseldorf. „Japaner in Düsseldorf." Aktualisiert: 05. November 2016. https://www.dus.emb-japan.go.jp/itpr_de/japaner_in_ddorf_2014–12.html.

Japanische Industrie- und Handelskammer zu Düsseldorf e. V. „Mitgliederliste." Stand: 30. Januar 2022. https://www.jihk.de/de/mitgliederliste?q=&sector=&type=239&sorting=companyname&commit=Suchen.

Japanische Internationale Schule e. V. in Düsseldorf. „JISD no takara: dai 4 kai 1973 nen shunkō shinkōsha." http://www.jisd.de/about_jisd/takara/takara04.html [Stand: 08.10.2015].

Japan Machine Tool Importers' Association. „History." Stand: 02. März 2022. https://www.jmtia.gr.jp/about/history.html.

Landeshauptstadt Düsseldorf. „Chiba." Stand: 18. Oktober 2021. https://www.duesseldorf.de/internationales/partnerschaften/chiba.html.

Landeshauptstadt Düsseldorf. „Weltweite Kontakte: Türöffner für Bürger, Wirtschaft und Kultur." Stand: 18. Oktober 2021. www.duesseldorf.de/internationales/partnerschaften.html.

Maruyasu Import-Export GmbH. „Über uns." Stand: 14. Februar 2022. https://maruyasu.de/ueber-uns.

Skyline Atlas. „Japan Center in Frankfurt am Main." Stand: 08. März 2022. https://www.skylineatlas.de/japan-center/.

Stadt Hamburg, „Grundlagen Städtepartnerschaftserklärung." Stand: 07. Oktober 2021. www.hamburg.de/osaka/205970/partnerschaftserklaerung/.

Index der japanischen Unternehmens- und Institutionsnamen

Danksagungen

Dieses Buch wäre nicht möglich gewesen ohne die wertvollen Ratschläge und das umfassende Vertrauen meines Doktorvaters Christian Tagsold. Die Chance, die er mir mit der Durchführung dieses Projektes gab, ließ mich sowohl in meiner Tätigkeit als Forscher als auch in meiner Selbstständigkeit wachsen. Ebenso danke ich meinem Mentor und Freund Shingo Shimada, dessen stetiges Feedback mich insbesondere in den schwierigen Zeiten des Corona-Lockdowns ermutigte und vorankommen ließ.

Ein ganz besonderer Dank gebührt der Gerda Henkel Stiftung für die langjährige Förderung dieses Projektes. Sie ermöglichte mir es, in vollem Umfang der Fertigstellung meiner Arbeit nachzugehen und geplante Meilensteine in meiner Forschung zu erreichen. Aufseiten der Stiftung halfen mir insbesondere Prof. Dr. Ulrich Lehner, Dr. Birte Ruhardt und Dr. Sybille Wüstemann dabei, meinen Forschungsergebnissen die nötige Reichweite zu verschaffen sowie deren Außenwirkung stets zu reflektieren. Ein weiterer Förderer, dem ich an dieser Stelle meinen herzlichsten Dank zum Ausdruck bringen möchte, ist Dr. Lutz Aengevelt, der mich bei der Publikation der Arbeit unterstützte.

Bezüglich der Veröffentlichung möchte ich gerne auch Björn Eichstädt von der Storymaker GmbH meinen Dank aussprechen, der aufgrund seines Interesses an meiner Forschung mir die Kontaktaufnahme mit dem Iudicium Verlag ermöglichte. Dem Iudicium Verlag danke ich für die Aufnahme meiner Arbeit in sein Verlagsprogramm und den reibungslosen Publikationsprozess. Der freundliche und konstruktive Austausch sorgte dafür, dass ich mich von der ersten Minute an mit meiner Arbeit beim Iudicium Verlag richtig aufgehoben fühlte.

Dankbar bin ich schließlich Freunden und Universitätskolleginnen und -kollegen wie Timo Thelen, Sebastian Sabas, Hisako Yoshizawa und Harald Conrad, die mich mit wichtigem Feedback, Interviewideen oder Literaturvorschlägen versorgten. Ein großes Dankeschön gebührt dabei auch meinen zahlreichen Interviewpartnerinnen und -partnern sowie Ansprechpersonen aufseiten der Stadt Düsseldorf, den japanischen Institutionen sowie den von mir besuchten Archiven für ihre Kooperation während meiner Forschungszeit. Ohne ihre Hilfsbereitschaft wäre der Abschluss meines Projektes undenkbar gewesen.

Zutiefst dankbar bin ich darüber hinaus meiner Partnerin Shizuka Uemura und meinem Kindheitsfreund Mike Enders für ihre emotionale Unterstützung während des Schreibprozesses und Hilfe bei der Interviewtranskription. Dank ihres Einsatzes ließ sich der Zeitplan meines Forschungsprojektes überhaupt erst einhalten. Zuletzt möchte ich insbesondere ganz herzlich meinen Eltern und meinem Onkel danken, deren langjährige Unterstützung meinen Lebensweg ebnete.